Do swidanija Germanija
(До свидания Германия)

Stationierung – Abzug – Hinterlassenschaften Westgruppe der Truppen

Dr. Ingo Pfeiffer

Do swidanija Germanija
(До свидания Германия)

Stationierung – Abzug – Hinterlassenschaften
Westgruppe der Truppen

Dr. Ingo Pfeiffer

2021

Carola Hartmann Miles-Verlag Berlin

Bibliografische Information der Deutschen Nationalbibliothek

Die Deutsche Nationalbibliothek verzeichnet diese Publikation in der Deutschen Nationalbibliografie; detaillierte bibliografische Daten sind im Internet über www.dnb.de abrufbar.

© 2021 Carola Hartmann Miles-Verlag, Berlin
www.miles-verlag.jimdo.com
email: miles-verlag@t-online.de

Herstellung:
Books on Demand, Norderstedt

Cover:
Russische Trikolore. Ausschnitt Mosaik-Gemälde an Giebelwand einer sowjetischen Kaserne. „Soldat 1918-1990, 72 Jahre auf Wacht für den Frieden"
(Foto: Ingo Pfeiffer)

Printed in Germany

ISBN 978-3-96776-002-6

Inhaltsverzeichnis

Vorwort

Das Buch widmet sich der Stationierung der Gruppe Sowjetischer Streitkräfte in Deutschland (GSSD) und damit in Verbindung stehenden Begleiterscheinungen ihres Aufenthaltes in der DDR. Hierbei fließen autobiographische Aspekte aus Erlebnissen des Autors sowie Ereignisse aus dem Dienst- und Lebensalltag der Angehörigen der GSSD in die Thematik ein. Ab 1989 wurden die in der DDR stationierten sowjetisch-russischen Streitkräfte als Westgruppe der Truppen in Deutschland (WGT) bezeichnet.

Die Gründung der DDR und ihr 41jähriges Bestehen waren eng mit der Präsenz der sowjetischen Streitkräfte in der Sowjetischen Besatzungszone (SBZ) und DDR verbunden.

Schwerpunkt der populärwissenschaftlichen Darstellung bildet die historisch beispiellose militärisch-logistische Operation des Abzuges der sowjetischen Streitkräfte von 1989 bis 1994 mit Rückführung aller Soldaten und ihrer Familienangehörigen, diverser Kampftechnik, Munition, Geräte und Ausrüstungen in die Heimat. Nach Auflösung der UdSSR (Ende 1991) verlegten die Truppen vorwiegend nach Russland und zu einem geringen Teil in die Gemeinschaft Unabhängiger Staaten.

Thematisiert werden die Hinterlassenschaften der GSSD bzw. WGT auf den militärisch genutzten Liegenschaften, Truppenübungs- und Flugplätzen sowie in Kasernenanlagen, Lager und Depots in den östlichen Bundesländern. Dabei konzentriert sich der Autor auf die im Land Brandenburg zahlreich vorhandenen Tanklagerobjekte sowie auf das Militärschrott-Recycling von zurückgelassener Technik und Ausrüstungen. Die Thematik der Erkundung und Beseitigung von militärischen Altlasten nimmt vorwiegend Bezug auf das Land Brandenburg.

Als maritimen Themen-Bezug behandelt das Buch die 45-jährige Präsenz sowjetischer Marineschiffe im Abstützpunkt Sassnitz (1946 bis 1991) mit der kleinen Garnison der Baltischen Flotte in Sassnitz. Die Baltische Rotbannerflotte, ab der Gorbatschow-Ära überwiegend als Baltische Flotte bezeichnet, unterstand jedoch nicht dem Oberkommando der GSSD bzw. WGT. Erwähnung finden weitere, in Mecklenburg stationierte funktechnische Einheiten der Baltischen Flotte.

Verdeutlicht wird die Einflussnahme der UdSSR und ihrer Militärführung beim forcierten Aufbau von Seestreitkräften in der DDR. Der Leser erhält damit im Zusammenhang einen Einblick in die Beratertätigkeit von Offizieren der Sowjetischen Seekriegsflotte in der Aufbauphase von Seestreitkräften der DDR zu Beginn der 50er-Jahre.

Der Autor hat als Projektmanager für „Tanklager-Entsorgung & Stahl-Recycling" in einem Industrieunternehmen den Abzug der WGT erlebt und die Hinterlassenschaften nach der sowjetischen Truppenstationierung als anspruchsvolle Herausforderung an die Konversion bis 1996 bearbeitet.

Aus der technischen Aufnahme von 42 Kasernenkomplexen, 16 größeren und 18 kleineren Tanklagern sowie sechs Truppenübungsplätzen der WGT in den fünf neuen Bundesländern bezog der Autor die Erkenntnisse, um mit erforderlichem Know how Entsorgungsleistungen sowie das Stahl- Recycling bearbeiten zu können. Hilfreich waren Gespräche mit russischen Armeeangehörigen und Einwohnern direkt vor Ort.

Was der Autor in der Abzugsphase der Truppen auf den Liegenschaften und in den Garnisonen zu sehen bekam, regte sehr zum Nachdenken an. Viele Eindrücke und Erlebnisse überstiegen alle Erwartungen und Vorstellungen. In der Dynamik des Abzuges mischten sich Gefühle des Mitleids und von Wehmut über die ungewisse Zukunft der Militärangehörigen und ihrer Familien.

Der Abzug der WGT fiel in eine Zeit der Aufbruchstimmung bei der Bewältigung von vielfältigen wirtschaftlichen Herausforderungen beim Aufbau-Ost. Diesen Arbeitselan erlebte der Autor auch in Bundesbehörden und Ämtern, die sich mit der Projekt-Bearbeitung von ehemals militärisch genutzten Liegenschaften beschäftigten. Leistungsangebote von Unternehmen zur Entsorgung von kontaminierten Objekten mit Gefahren für den Menschen und die Umwelt wurden in jener Zeit auch nach 16 Uhr von Mitarbeitern der Bundesvermögensämter entgegengenommen und bearbeitet. Zu Beginn der 90er-Jahre gab es für „Beamtenwitze" keinen Nährboden. Die erlebte Arbeitsweise der Behörden war sachorientiert, sehr zeitnah und entscheidungsfreudig.

Als Marineoffizier a.D. kamen dem Autor neben der Beherrschung der russischen Sprache auch seine Erfahrungen im Umgang mit den Angehörigen der sowjetischen Streitkräfte und Bürgern der ehemaligen Sowjetunion zugute. Viele Soldaten und Offiziere der WGT empfanden den Abzug ins „Ungewisse" nach dem militärischen Sieg über das faschistische Deutschland vor 45 Jahren nunmehr als Niederlage am Ende des Kalten Krieges.

8

In der DDR dienende ehemalige russische Offiziere erwähnen in ihrer historischen Rückschau, dass die Heimat überwiegend nicht auf die Aufnahme der zurückkehrenden Truppen und Kampftechnik vorbereitet war. Der letzte DDR-Ministerpräsident Dr. Lothar de Maiziere charakterisierte das Empfinden der abziehenden sowjetisch-russischen Soldaten und ihrer Familienangehörigen treffend mit den Worten: „Die Soldaten gehen als geschlagene Sieger, ins soziale Nichts".

In seinem 22-jährigen Dienst in der Volksmarine gewann der Autor vielfältige Eindrücke und Erfahrungen aus Kontakten mit Angehörigen der Sowjetischen Seekriegsflotte. Flottenbesuche der Volksmarine in Häfen der UdSSR (u.a. Leningrad, Tallin, Riga, Murmansk, Sewastopol) sowie Gegenbesuche von Schiffen der Sowjetischen Seekriegsflotte in der DDR (u.a. Rostock, Warnemünde, Stralsund, Ueckermünde) waren Bestandteil des maritimen Waffenbündnis beider Seestreitkräfte und der Verbundenheit der Bevölkerung beider Länder. Ein Höhepunkt bildeten die jährlich seit 1956 durchgeführten gemeinsamen Seemanöver, u.a. „Baltika" 1972, „Waffenbrüderschaft" 1970 und 1980 oder „Sojus" 1971, 1981, 1983 und 1987. Schiffe der Baltischen Flotte, Polnischen Seekriegsflotte und Volksmarine absolvierten in den 80er-Jahren gemeinsame Geschwaderfahrten in der Nord- und Ostsee.

Im Buch bleiben jedoch Aspekte der „Waffenbrüderschaft" zwischen Angehörigen der NVA und den sowjetischen Streitkräften im Allgemeinen sowie der Volksmarine und Baltischen Flotte im Besonderen weitgehend ausgespart. Ebenso werden die zahlreichen wechselseitigen Flottenbesuche von Schiffen der Volksmarine und Sowjetischen Seekriegsflotte in Häfen und Städte der befreundeten Länder nicht näher behandelt. Diese Thematik bedarf einer gesonderten Betrachtung.

Auf eine detaillierte technische Beschreibung von erwähnten sowjetischen Waffensystemen, u.a. von Operativ-taktischen und Taktischen Raketenkomplexen und Nuklearsprengköpfen, wird im Buch verzichtet. Dazu verweist der Autor auf existierende Fachliteratur und den reichhaltigen Fundus im Raketenmuseum des Militärhistorischen Vereins e.V. in Demen (Mecklenburg).

Die Stationierung und der Abzug der sowjetisch-russischen Streitkräfte werden nach persönlichem Erleben und subjektiver Sichtweise der Armeeangehörigen, Politiker, Amtspersonen, Beteiligte aus dem Wirtschafts- und Logistikbereich sowie Journalisten unterschiedlich gesehen und bewertet. Die Spezifik der Thematik unterliegt der jeweiligen Innen- und Außenansicht. Selbst innerhalb der sowjetischen Streitkräfte existieren je nach Dienstgradebene (General, Offizier, Unteroffizier, Soldat) und Zivilist bis in die Gegenwart hinein unterschiedliche Ansichten.

Auch die äußere Wahrnehmung der Stationierung der sowjetischen Truppen durch die deutsche Bevölkerung ist differenziert und regional unterschiedlich. Die direkt von der Stationierung betroffenen Bürger der DDR sehen die Präsenz der sowjetischen Truppen teilweise anders, als die nach der deutschen Wiedervereinigung in die neuen Bundesländer auf Zeit abkommandierten westdeutschen Beamten und Offiziere der Bundeswehr.

Der Abzug der sowjetisch-russischen Truppen war wegen des öffentlichen Interesses stark von den Medien geprägt. In der zeitgenössischen Literatur überwiegen Publikationen zum Zeitfenster des Abzuges der WGT von 1991 bis 1994 und weniger zu den 46 Jahren der Stationierung der GSSD zuvor. Eine Ausnahme bilden vorgelegte Forschungsarbeiten, auf die der Autor Bezug nimmt. Einige Politiker und Autoren fühlen sich mit dem im Herbst 1990 entdeckten Thema des Abzuges der WGT berufen und legitimiert, über die Stationierungs- und Abzugsgeschichte der GSSD bzw. WGT journalistische Wahrheiten zu verkünden.

Das vorliegende Sachbuch versteht sich als ein populärwissenschaftlicher Beitrag zur Diskussion von 49 Jahren Stationierungsgeschichte der GSSD und WGT mit dem „stillen Abzug" der größten militärischen Gruppierung in Mitteleuropa vor 30 Jahren.

Der Autor beabsichtigt mit seinem Werk die Deutungshoheit über die Präsenz sowjetischer Streitkräfte in der 41-jährigen Geschichte der DDR nicht allein jenen Hobbyhistorikern, Politikern und Journalisten zu überlassen, die den Osten Deutschlands gar nicht erlebt haben. Diese Leute wollen einem das eigene Land erklären, ohne selbst darin gelebt, gearbeitet oder Militärdienst geleistet zu haben. Darüber hinaus soll die Thematik das Nachdenken über Russland und seine Menschen für die Gegenwart befördern. Ohne oder gar gegen Russland gibt es keine europäische Friedensordnung.

In der Quellenlage stützt sich der Autor auf wissenschaftliche Publikationen zur Truppenstationierung und des Abzuges der Streitkräfte, Schriftgut in Bundes- und Landesarchiven, Veröffentlichungen von Bundes- und Landesbehörden sowie russischen Autoren, Pressemitteilungen sowie Aufzeichnungen und Dokumentationen aus der eigenen Unternehmenspraxis.

Persönliche Erlebnisse zur Stationierung der sowjetischen Streitkräfte und ihres Abzuges aus Deutschland fließen in die Thematik ein. Neben der Innenansicht zur Truppen-Stationierung und ihres Abzuges stellt sich das Sachbuch dem Anspruch, Ereignisse, Fakten und Personen historisch zu belegen. Wegen der Nichtzugänglichkeit von russischen Archiv-Quellen waren dem Autor dabei Grenzen gesetzt.

Fotos zur Stationierung und den Hinterlassenschaften der WGT dienen der Illustration. Das Deutsch-Russische Museum in Berlin-Karlshorst verfügt über eine umfassende Fotosammlung zum Abzug der sowjetisch-russischen Streitkräfte aus Deutschland. 28.000 Fotografien stammen allein aus dem Privatarchiv des Dokumentaristen Detlev Steinberg, der den Abzug der WGT mit seiner Kamera begleitete.

Für ihre Übersetzung von russischer Fachliteratur dankt der Autor Fregattenkapitän a.D. Klaus-Peter Gödde (letzter Kommandeur Küstenraketenregiment der Volksmarine) und Korvettenkapitän a.D. Holger Neidel (Kommandant Raketenkorvette 571, Projekt 1241 RÄ, NATO-Bezeichnung TARANTUL). Beide Absolventen der Höheren Kaspischen Schule der Seestreitkräfte in Baku (UdSSR) und zugleich Raketenspezialisten der Volksmarine standen dem Autor mit ihren Kenntnissen und Erfahrungen zu den sowjetischen Streitkräften und ihrer Seekriegsflotte beratend zur Seite.

Berlin, im Oktober 2020

1. Einführung

Im Juni 1989 begann der bis Anfang September 1994 verlaufende Abzug der sowjetisch-russischen Streitkräfte aus der DDR bzw. dann ab 3. Oktober 1990 aus den neuen Bundesländern. Bis 1988 wurden die in der DDR stationierten sowjetischen Land- und Luftstreitkräfte als Gruppe der Sowjetischen Streitkräfte in Deutschland (GSSD) bezeichnet. Ab Juni 1989 hieß sie Westgruppe der russischen Truppen (WGT) in der DDR. Diese von Moskau in Anlehnung an die in den Ostblockstaaten stationierte Nord-, Süd- und Zentralgruppe der sowjetischen Truppen geänderte Bezeichnung ging eine von SED-Chef Erich Honecker 1988 angemahnte Umbenennung voraus.

Im Mai 1945 kam die Rote Armee nach Zerschlagung der faschistischen Wehrmacht als Siegermacht in den östlichen Teil Deutschlands. In der Nachkriegszeit war sie Besatzungsmacht in der Sowjetischen Besatzungszone (SBZ) und DDR. Zugleich fungierte das Oberkommando der GSSD als Kontrollmacht in der DDR. Mit Abschluss des bilateralen Abkommens 1957 zwischen der UdSSR und DDR erhob die DDR-Regierung die im Land anwesenden sowjetischen Streitkräfte in den Status von Stationierungs-Streitkräften. Je nach empfundener regionaler Präsenz der sowjetischen Streitkräfte und damit in Verbindung stehenden Begleiterscheinungen war die GSSD für die DDR-Bevölkerung sowohl eine Sieger-, Besatzungs- als auch Stationierungsmacht. Zu Beginn der 90er-Jahre prägten Politiker in den neuen Bundesländern rückblickend den Begriff von „Gaststreitkräften".

In der zeitgenössischen deutschen Literatur zum Abzug der WGT finden die Begriffe „der Freunde" bzw. „Abschied als Freunde" eine häufige Verwendung. Dieser zuvor als Worthülse vorwiegend in Westdeutschland verschmähte Begriff erlebte ab Oktober 1990 eine Renaissance. Diese Wandlung ist eher als eine Verbeugung gegenüber den vielen Opfern des Volkes der Sowjetunion und seiner Soldaten im Zweiten Weltkrieg zu verstehen.

Ehemalige Offiziere der sowjetischen Streitkräfte, die in der DDR dienten, bewerten in ihren Erinnerungen dagegen den „Abzug ohne Freude". Angehörige der WGT, die direkt vom Abzug aus Deutschland betroffen waren, sehen diese Operation kritisch sowie zugleich für die damaligen Zeitumstände und gesellschaftlichen Umbrüche alternativlos. Die damalige Außen- und Sicherheitspolitik in Moskau mit Gorbatschows Abrüstungsinitiativen musste folgerichtig zum Abzug des sowjetisch-russischen Militärs führen. Welchen Umfang dieser dann annahm, wurde erst mit der deutschen Einheit deutlich. Untere und mittlere Dienstgrade bzw. Führungsebenen der WGT bewerten den Truppenabzug überwiegend als hektisch bzw. unter Zeitdruck stehend und menschlich zum Teil erniedrigend.

In der Festlegung, wann welche Einheit abgezogen und wohin sie verlegt wird, erwies sich das Planungsmanagement der russischen Militärführung weniger professionell. Das belegen nach 1994 bekannt gewordene Filmdokumente, Videos und Erinnerungsberichte von ehemaligen Offizieren und deren Familienangehörigen. Vielen blieb nur wenig Zeit, um ihre Habseligkeiten inklusive etwas Mobiliar geordnet in Container zu verstauen.

Aus subjektiv empfundenem Wohlstand mit finanziellem Auskommen in der DDR bzw. Bundesrepublik Deutschland wurde für viele untere und mittlere Dienstgrade unverschuldete Perspektivlosigkeit in Russland, Weißrussland und der Ukraine. Für die Angehörigen der WGT und ihre Familien waren der Standortwechsel vom „reichen Westen" in die Weiten des „ärmlichen Osten" alles andere als ein Start in ein besseres Leben.

Im Verlauf des Abzuges wuchs zunehmend die Erkenntnis, dass die Heimat völlig unzureichend auf die Rückkehr ihrer Soldaten mit Reintegration der Familienangehörigen vorbereitet war. Der persönliche Rückblick von russischen Armeeangehörigen erlaubt zudem tiefere Einblicke in das innere Dienstgefüge der sowjetisch-russischen Streitkräfte. Mit dem Zerfall der UdSSR ab Ende 1991 setzte ein zunehmendes militärisches Desinteresse in der russischen Bevölkerung und in der Gemeinschaft Unabhängiger Staaten (GUS) ein.

Im Gegensatz zu seiner zeitgenössischen Selbstdarstellung genoss der letzte Oberkommandierende der WGT, Generaloberst Matwej Burlakow, im Offizierskorps der sowjetisch-russischen Streitkräfte wegen seines zentralistischen Führungsstils keine uneingeschränkte Autorität. Sein Ansehen schwand mit den zunehmenden Problemen bei der Rückkehr und verhaltenen Aufnahme der Truppen in der Heimat.

Wegen bekannt gewordenen Devisen- und Schmuggelgeschäften, Zollvergehen und verbreiteter Bereicherungssucht innerhalb der WGT wurde Burlakow im November 1994 von seinem Posten als 1. Stellvertreter des Verteidigungsministers Russlands entbunden und bald darauf entlassen. Während seiner Dienstzeit als Oberkommandierender der WGT ging er jedoch bei bekannt gewordenen dubiosen Geschäften von Angehörigen der WGT rigoros gegen die Personen vor. Die Delinquenten wurden unabhängig von ihrem Dienstgrad oder als Zivilbeschäftigte zur Strafe sofort in die Heimat versetzt. Sie erlebten den „Abzug als Strafe".

Die Bewertung des Abzuges der WGT aus Deutschland erfährt in Aufsätzen der Gegenwart ein breites Spektrum. Es reicht vom Abzug in Freude, ohne Freude, Abschied als Freunde, als geschlagene Sieger bis hin zur Strafe. Übereinstimmung besteht in der Ansicht, dass der Abzug nach der Deutschen Einheit am 3. Oktober 1990 zeitgemäß und alternativlos war.

In den neuen Bundesländern existierte 1990 u.a. die Auffassung, die einen partiellen Verbleib sowjetischer Truppen in quantitativer Parität zum verringerten Kontingent der amerikanischen Truppen in Deutschland nicht ausschloss. Zumindest würde diese Fiktion Möglichkeiten einer demokratischen Beeinflussung der Angehörigen der sowjetischen bzw. russischen Streitkräfte in der Bundesrepublik bieten.

Das unabhängige Institut für Friedens- und Konfliktforschung Berlin-Leipzig ermittelte in einer im Juni 1990 durchgeführten empirischen Untersuchung, dass vier Prozent der befragten DDR-Bürger für den Verbleib der sowjetischen Truppen nach der deutschen Einheit plädierten. Die Mehrzahl der Probanden sprach jedoch von einem „belastenden und feindseligen Verhältnis" zu den sowjetischen Truppen in der DDR.

Auf den Aspekt des möglichen Verbleibs eines verringerten Kontingents der russischen Streitkräfte in der Bundesrepublik verwies der letzte Generalstabschef der WGT, Generaloberst Anton Terentjew, am 12. September 2019. Auf einem vom Deutsch-Russischen Museum in Berlin-Karlshorst veranstalteten Forum anlässlich des 25. Jahrestages des Abzuges der WGT aus Deutschland erwähnte Terentjew, dass Bundeskanzler Helmut Kohl in den Verhandlungen mit dem sowjetischen Staatschef Michail Gorbatschow dies 1990 vorgeschlagen hatte. Kohl soll geäußert haben, dass etwa 100.000 sowjetische Soldaten in Deutschland verbleiben könnten. Gemeinsam mit der Bundeswehr und französischen Streitkräften könne er sich z.B. Manöverhandlungen vorstellen.

Terentjew ergänzte dazu, dass der Aufbau von weitreichenden Verbindungen und Kontakten zwischen den Angehörigen dieser Streitkräfte zur Sicherheit in Europa beitragen würde. „Wer sich in Manöverpausen bei Tee und Kaffee trifft, schießet nicht aufeinander".

Die Chance für eine militärische Zusammenarbeit wurde damals durch die Ignoranz von Gorbatschow vertan. Die Gründe seiner Ablehnung sind nicht

14

bekannt. Terentjew bedauerte, dass in den Verhandlungen mit Moskau zum Aufenthalts- und Abzugsvertrag (12. Oktober 1990) Aspekte der Zusammenarbeit auf militärischem Gebiet ausgeklammert wurden. Die US-Regierung lehnte den Vorschlag von Kohl über die Stationierung eines verringerten russischen Kontingents in der Bundesrepublik strikt ab.

Die Ansichten und Bewertungen zur Stationierungsthematik sind bis in die Gegenwart hinein in der Erinnerungskultur unterschiedlich ausgeprägt. Auffallend war im Jahr 2020 die zum Teil euphorische Sicht von Veteranen der GSSD bzw. WGT zur Stationierung sowjetischer Streitkräfte in der DDR. Der mittlerweile 30 Jahre zurückliegende Militärdienst in der DDR erlebt gegenwärtig eine Auferstehung in der Erinnerungskultur von ehemaligen Soldaten. Veröffentlichungen, Videos, Ehrenwimpel, Abzeichen und Plaketten nahmen in 2020 Bezug zum Sieg der Roten Armee vor 75 Jahren. Er stand am Beginn der Truppen-Stationierung in der SBZ bzw. DDR. Die im Internet eingestellten Militärparaden, Fotos und Berichte widerspiegeln sowohl militärische Perfektion der Streitkräfte als auch überwiegend positive Eindrücke der Autoren bzw. Zeitzeugen. Die Internet-Fotos brillieren durch abgelichtete Generäle in schmucker Uniform mit vielen Kampforden im Frieden.

Im Gegensatz dazu zeichnete der Berliner Kunstfotograf Detlev Steinberg den Dienstalltag der Soldaten der WGT (siehe „Der Abzug", Dokumentation, Berlin 2016).

Das von Veteranenverbänden in Russland 2020 begangene „75-jährige Jubiläum des Sieges" (1945-2020) verband zum Teil 75 Jahre Friedensgeschichte in Europa mit der Sicht auf 49 Jahre Stationierungsgeschichte der GSSD bzw. WGT.

Die Anzahl und das Ausmaß der 49-jährigen militärischen Nutzung (1945 bis 1994) von Kasernenkomplexen, Liegenschaften, Flugplätzen, Depots, Bunkeranlagen, Truppenübungs- und Schießplätze, Tanklager, Marschstraßen, Funkmess- und Fernmeldestationen durch die sowjetischen Streitkräfte wurden erst im Verlauf ihres Abzuges ab 1991 nach und nach deutlich. Ein Teil der genutzten Kasernen, Gebäude und Truppenübungsplätze stammte noch aus der Kaiser- und Wehrmachtszeit.

Die Führung der DDR und NVA, verfügte aus Gründen der Geheimhaltung und wegen permanenter Informationsverweigerung seitens der GSSD bzw. WGT über keine komplette Übersicht zu den auf ihrem Territorium existierenden sowjetisch-russischen Liegenschaften bzw. Objekte. Selbst das Ministerium für Staatssicherheit (MfS) und das Ministerium des Innern (MdI) hatten keine vollständige Aufstellung von allen sowjetischen Militär- und Zivilobjekten auf deutschem Boden in ihren Dossiers.

Der Abzug der Westgruppe der Truppen aus Deutschland vollzog sich fast parallel mit der in Polen stationierten Nordgruppe, der Zentralgruppe in der Tschechoslowakei und Südgruppe in Ungarn. Nahezu 820.000 Soldaten und Familienangehörige mussten ins Mutterland zurückgeführt werden, dass sich im Umbruch befand. Gesellschaftliche und wirtschaftliche Strukturen befanden sich in einem Wandel. Durch die Auflösung der UdSSR und der sich formierenden Gemeinschaft Unabhängiger Staaten (GUS) geriet dabei vieles in der Heimat aus den Fugen. Das erschwerte den Verlauf des WGT-Abzuges.

Die zurückkehrenden Truppen mussten mit ihren Familien ihren Platz in der Heimat finden. Das bezog sich nicht nur auf Regionen im weiten Russland und der GUS, sondern auch auf die gesellschaftliche Integration der vielen Menschen. In einem „Spiegel"-Interview vom 28. Dezember 2009 erwähnte der letzte Oberkommandierende der WGT, Generaloberst a.D. Matwej Burlakow: „In der Sowjetunion interessierte sich niemand für das Schicksal der WGT". Das öffentliche Interesse gegenüber der WGT und ihres Abzuges aus der Bundesrepublik Deutschland war zu Beginn der 90er-Jahre in Russland und den Nachfolgestaaten der UdSSR eher gering bis nicht vorhanden. Ihre Abwesenheit an der Westgrenze des Warschauer Pakts schien auf Dauer „eingeplant".

Die Stationierung der sowjetischen Streitkräfte in der DDR, Tschechoslowakei, Ungarn und Polen im Bestand der Armeen des Warschauer Paktes diente der Erhaltung des Militärstrategischen Gleichgewichts in Mitteleuropa. Viele Menschen in den sozialistischen Ostblockstaaten dachten so. Die Stationierung an der Trennlinie zwischen NATO und Warschauer Pakt diente den Sicherheitsinteressen der UdSSR. Die NATO-Partner betrachteten dagegen die GSSD, Zentral-, Nord- und Südgruppe der sowjetischen Streitkräfte eher als militärische Bedrohung Westeuropas. Diese Truppen sollten im Kriegsfall gemeinsam mit den Armeen des Warschauer Paktes als 1. Strategische Staffel die NATO-Streitkräfte auf dem „Westlichen Kriegsschauplatz" militärisch besiegen. So war es theoretisch in geheimen Dokumenten festgeschrieben.

Der letzte Chef des Stabes der WGT, Generaloberst Anton W. Terentjew, charakterisierte die Stationierung der sowjetisch-russischen Streitkräfte in der DDR mit den Worten: „Bis 1990 hielt die UdSSR das Trumpfass in Gestalt der

16

WGT in der Hand und tauschte es gegen die gewöhnliche Sieben!" Dieser von Terentjew 2016 gezogene Vergleich mit dem Skat-Blatt stimmt in der Bewertung dieser Zeitgeschichte nachdenklich. Das Trumpfass kann im „Spiel" entscheidend sein, wenn der Gegner im Gegenzug nicht den „Buben" auf der Hand hatte. Ebenso ist die Wertigkeit des Trumpfasses gegenüber der Lusche, die gewöhnliche Sieben, im „Spiel" von Bedeutung. Die über Jahre hinweg wechselseitig demonstrierte militärische Stärke bzw. Bedrohung und Truppen-Konzentrationen auf den Generalstabskarten der NATO und des Warschauer Paktes schien 1990 endlich vorbei. Die Landkarten mit den gegeneinander gerichteten Pfeilen (NATO-blau, Warschauer Pakt-rot) mit den Stoßrichtungen gegnerischer Truppen in Mitteleuropa verschwanden. Der Auftrag und die Sinngebung der sowjetisch-russischen Streitkräfte auf dem Boden der DDR hatten sich 45 Jahre nach dem Ende des Zweiten Weltkrieges erfüllt. Ebenso hinterfragt werden muss die fortdauernde Stationierung von US-Streitkräften in der Bundesrepublik.

Für die Bürger der ehemaligen Sowjetunion und Russlands war damals und ist heute von entscheidender Bedeutung, dass das Trauma über die tragische Anfangsphase des Zweiten Weltkrieges mit den erbitterten und verlustreichen Kämpfen vor Moskau, in Stalingrad und der deutschen Belagerung vor Leningrad unvergessen bis allgegenwärtig sind. Diese historische Lehre wirkt bis heute durch die Erweiterung der NATO in Richtung Osten nach. Truppenverlegungen der US-Streitkräfte nach Polen verstärken diese Ängste in Russland.

Nach 49 Jahren verabschiedete sich am 25. Juni 1994 die 6. selbständige Garde-Mot.-Schützenbrigade Berlin als letzte kompakte Einheit der WGT auf einer Truppenparade in Berlin-Köpenick aus Deutschland. Der einstige treue Verbündete der sowjetischen Streitkräfte, die Nationale Volksarmee (NVA), war im Prozess der Deutschen Einheit personell abgewickelt und waffentechnisch längst abgerüstet.

Von 192 Kampf- und Hilfsschiffen sowie Booten der Volksmarine verblieben lediglich 8,33 Prozent bis Ende 1992 befristet im Dienst. 47,92 Prozent wurden weltweit verkauft. Der Rest von 43,75 Prozent (84 Schiffe) kam unter den Schneidbrenner bzw. in die Schrottpresse. Ein sehr geringer Anteil der Marineoffiziere wurde in die Deutsche Marine übernommen. Bis Ende 1991 reduzierte sich deren Anteil auf 12 Prozent (273 Offiziere). Ende 1992 waren es nur noch 6,8 Prozent (154 Offiziere) von ehemals 2.246 Offizieren der Volksmarine am 2. Oktober 1990.

Vergessen waren die Jahrzehnte währenden materiellen und personellen Anstrengungen der DDR und ihrer Land-, Luft- und Seestreitkräfte, um die sowjetischen Vorgaben und Erwartungen entsprechend den militärpolitischen Interessen der UdSSR auf deutschem Boden zu erfüllen.

Eine gewisse Kehrtwende von Teilen des Offizierskorps und einigen Admiralen der Baltischen Flotte in den Beziehungen zur anderen deutschen Marine, der Volksmarine, markierte der erste Besuch eines Verbandes der Bundesmarine im Oktober 1989 im damaligen Leningrad. Zuvor weilten Schiffe der Volksmarine seit 1962 vier mal zu Flottenbesuchen in Leningrad. Jetzt stattete ein Verband der Bundesmarine unter Führung von Flottillenadmiral Hans-Rudolf Boehmer in Leningrad einen mehrtätigen Besuch ab. Er bestand aus dem Lenkwaffenzerstörer „Rommel", der Fregatte „Niedersachsen" und dem Trossschiff „Coburg".

Über die Ursachen des plötzlichen Sinneswandels nach 40 Jahren Verbundenheit, treuer Gefolgschaft und Befehlserfüllung der Volksmarine kann nur spekuliert werden. Für dieses Phänomen der ad hoc-Umschaltung vom bisherigen Freund, die Volksmarine, auf den von der Baltischen Flotte zuvor propagierten Feind, die NATO-Seestreitkräfte mit der Bundesmarine, fehlte dem Autor damals das Verständnis. Allein der Name des Lenkwaffenzerstörers „Rommel", benannt nach Hitlers Generalfeldmarschall Erwin Eugen Rommel (Wüstenfuchs), hätte die sowjetische Seite in ihrer Ablehnung von Traditionsinhalten zur deutschen Wehrmacht und Kriegsmarine in helle Aufruhr bringen müssen.

Offensichtlich bewirkte die politisch-wirtschaftliche Stärke der alten Bundesrepublik und die neuen DM-Verlockungen bei einigen Offizieren in der Baltischen Flotte eine Kursänderung. Vielleicht glaubten damals einige in Leningrad in weiser Voraussicht, in der Bundesmarine einen neuen potenziellen Freund gefunden zu haben.

Einige Wochen später fiel die Berliner Mauer. Ab Mitte März 1990 zeichnete sich das staatliche Ende des kleinen Verbündeten, der DDR mit ihren Streitkräften ab. Das politische K.o. für die NVA bescherte dann der sowjetische Präsident Michail Gorbatschow bei seinem Treffen am 15./16. Juli 1990 mit Bundeskanzler Helmut Kohl in Selemtschuk im Kaukasus.

Im weltweiten Wettlauf über den Erwerb der in den Stützpunkten Peenemünde, Warnemünde und Kiel an die Kette gelegte „Konkursmasse" der Volksmarine hatte dann jedoch die Baltische Flotte überraschend das Nachsehen. Ihr

Antrag zum Erwerb der drei Küstenschutzschiffe des Projekts 1159 (Importe UdSSR, NATO-Bezeichnung KONI) und von fünf Raketenkorvetten des Projekts 1241 RÄ (Importe UdSSR, NATO-Bezeichnung TARANTUL) beantworte die Bundesregierung abschlägig.

Trotz Wehmut und Traurigkeit über den Abschied aus Deutschland zollte die Mehrzahl der Angehörigen der WGT den Bürgern der DDR Anerkennung über den von ihnen vollbrachten Fall der Mauer ohne Blutvergießen und dem anschließenden demokratischen Umbruch im Land.

Es ist nicht bekannt, wie viele Offiziere und Unteroffiziere der WGT, Familienangehörige sowie Zivilbeschäftigte in Deutschland blieben. Viele gingen nicht zurück nach Russland. Darunter befanden sich aus der WGT desertierte und Asyl beantragende Offiziere und Unteroffiziere. Armeeangehörige der WGT, die nach Beendigung ihres Dienstes in die Reserve versetzt wurden, kehrten anschließend in vertrautes Terrain zurück. Sie fanden im wiedervereinten Deutschland eine neue Heimat, Arbeit, Anerkennung und Freunde.

Garanten für Überlebensfähigkeit DDR

Spätestens seit dem gescheiterten Aufstand am 17. Juni 1953 in der DDR waren die sowjetischen Streitkräfte in einem Teil Deutschlands vor allem Garanten der Überlebensfähigkeit der DDR. Mit Hilfe der sowjetischen Militärmacht konnte dem frühzeitigen gesellschaftlichen Erosionsprozess in der DDR entgegengewirkt werden. Nach zunehmender Ohnmacht der SED-Regierung und der Sicherheitsorgane der DDR gab das Oberkommando der sowjetischen Besatzungsmacht Mitte Juni 1953 seine anfängliche Zurückhaltung auf. Das sowjetische Militär sah die Existenz der DDR bedroht und zeigte geballte militärische Präsenz.

Der damalige Oberkommandierende der sowjetischen Truppen, Armeegeneral Andrej A. Gretschko (1953-1957), alarmierte 100.000 seiner in der DDR stationierten Soldaten und hielt ca. 900 Panzer in Kampfbereitschaft. Allein in und um Ost-Berlin kamen etwa 600 gepanzerte Kettenfahrzeuge gegen die Bevölkerung zum Einsatz. Eine sich bis ins Jahr 1955 hinziehende Verhaftungswelle von etwa 14.000 Bürgern durch Justiz- und Sicherheitsorgane der DDR setzte ein. In den Junitagen 1953 wüteten auch militärische Standgerichte der Besatzungsmacht. Sowjetische Militärrichter verhängten gegen Teilnehmer des Volksaufstandes Todesurteile. Rädelsführer wurden ohne Gerichtsprozess erschossen und die Exekutionen öffentlich bekannt gegeben. Dies bestätigte der damalige „Hohe Kommissar" der UdSSR für Deutschland, Wladimir Semjonow.

Die Autoren Ahrberg, Hertle und Hollitzer („Die Toten des Volksaufstandes") ermittelten 55 Todesopfer bzw. zum Tode verurteilte deutsche Bürger im Zusammenhang mit den Juni-Ereignissen 1953. Etwa 25 Fälle sind ungeklärt. Auch sollen 41 sowjetische Soldaten, die dem Befehl zur Gewaltanwendung gegen Teile der DDR-Bevölkerung verweigerten, von den eigenen Leuten standrechtlich erschossen worden sein. Die Bilder von rollenden sowjetischen Panzern und in die Menschenmenge schießenden sowjetischen Soldaten (u.a. Berlin, Warnemünde, Stralsund und Halle) haben sich tief im Bewusstsein der Bürger eingeprägt. Darüber berichtete der Autor in seinen zum 17. Juni 1953 vorgelegten Publikationen zu Ereignissen in Küstenstädten des Bezirks Rostock.

Es gibt heute kaum jemanden, der in diese DDR-Zeiten zurück will. Die protestierende Arbeiterschaft und Bevölkerung in der DDR mussten 1953 erfahren, dass die im Land stationierten sowjetischen Streitkräfte keine politischen Änderungen in ihrem Machtbereich zulassen. Diese konnten, falls erforderlich, nur mit ihrem Einverständnis erfolgen.

Herbst 1989, WGT verblieb in Kasernen

Im Gegensatz zum Juni 1953, der militärischen Absicherung des Mauerbaus im August 1961, der Berlin-Krise im Oktober 1961 und der Niederschlagung des Prager Frühlings 1968 in der CSSR (Beteiligung von zwei Divisionen der GSSD) stellten sich die in der DDR stationierten sowjetischen Truppen im Herbst 1989 nicht der friedlichen Revolution in den Weg. Obwohl die WGT einen Tag nach der Maueröffnung am 10. November 1989 in „Erhöhte Gefechtsbereitschaft" (EG) versetzt wurde, verblieben die Truppen in ihren Kasernen. Die Führungsstäbe der WGT befanden sich vorrübergehend in „Volle Gefechtsbereitschaft" (VG). Der Sekretär des Nationalen Verteidigungsrates der DDR, Generaloberst Fritz Streletz, ersuchte den Oberkommandierenden der WGT in Wünsdorf, Armeegeneral Boris Snetkow, das geplante Herbstmanöver der sowjetischen Truppen auf dem Territorium der DDR auszusetzen. Die massiven Manöverhandlungen zu Land und in der Luft hätten die Lage unter der Bevölkerung im Herbst 1989 weiter verschärft. Das Oberkommando der WGT entsprach der Bitte und setzte das Truppenmanöver ab.

20

„Sputnik"-Affäre in DDR

Seit dem Machtantritt des sowjetischen Generalsekretärs der KPdSU, Michail Gorbatschow, im Februar 1986 blickten viele DDR-Bürger hoffnungsvoll nach Moskau. Man erwartete von den Reformideen „Glasnost" (Offenheit) und „Perestroika" (Umstrukturierung) in der UdSSR Impulse für politische Änderungen in der DDR. Angesichts der anhaltenden medialen Erfolgspropaganda in der DDR im Gegensatz zur gesellschaftlichen Realität, entfernten sich die Bürger immer mehr von der SED-Führung, besonders von den Funktionären des SED-Politbüros. Die einst geschmähten und weniger beachteten sowjetischen Presseerzeugnisse fanden auf einmal ein verstärktes Interesse bei den Lesern in der DDR.

Das von der sowjetischen Presseagentur „Novosti" (Neuigkeiten) in mehreren Sprachen herausgegebene „Sputnik"- Journal (russisch Begleiter), broschiert in Kleinformat auf Hochglanzpapier, war in der DDR-Bevölkerung sehr beliebt. 130.000 Bürger hatten ein Abonnement. 60.000 Exemplare wurden am Kiosk nahezu unter dem Ladentisch verkauft und untereinander ausgeliehen. Die Ausgaben mit brisanten politisch-historischen Aufsätzen berichteten über gesellschaftliche Reformen, die zum Nachdenken anregten und zur Nachahmung motivierten. Die Berichterstattung nahm Schwächen des Sozialismus ins Visier. Die Bürger lasen das, was auch ihrer Überzeugung entsprach. Der „Sputnik" galt in der Bevölkerung als Gegenstück für unterdrückte Presse- und Meinungsfreiheit in der DDR. Im Gegensatz dazu bewertete das SED-Führung den „Sputnik" als eine „Zeitschrift, die nicht der deutsch-sowjetischen Freundschaft diene".

In fataler Fehleinschätzung des Meinungsbildes innerhalb der Bevölkerung unterband der Minister für Post- und Fernmeldewesen (DDR) die Auslieferung der Zeitschrift „Sputnik" durch den Postzeitungsvertrieb. Das vom SED-Politbüro 1988 veranlasste Vertriebsverbot des „Sputnik" löste eine Lawine des Unwillens und Protestes in allen Schichten der Bevölkerung aus. Das belegen archievierte Stimmungsberichte des Ministeriums für Staatssicherheit. Tausende richteten Eingaben an das ZK der SED, den Zentralrat der FDJ und den Vorstand der „Gesellschaft für Deutsch Sowjetische Freundschaft" (DSF).

Ein dem Autor bekannter Fregattenkapitän und zugleich Crew-Kamerad richtete wegen dem verhängten Auslieferungsstopp eine Eingabe an den Postminister der DDR. Die dümmliche Antwort des Ministers im Stil der bekannten SED-Propaganda dokumentierte den Realitätsverlust der DDR-Führung.

Der sowjetische Literaturmarkt (Zeitungen, Bücher), Filme, Theaterstücke erfuhren ab Mitte der 80er-Jahre in der DDR durch SED-Funktionäre eine Zensur. Die altbekannte These „von der Sowjetunion lernen, heißt siegen lernen!" bekam einen ungeahnten aktuellen Schub. Die DDR-Bevölkerung erhoffte sich vom „sowjetischen Bruder" eine Erlösung aus der politischen Stagnation. Hinter den offenen und selbstkritischen Reden und Worten von Gorbatschow verbarg sich jedoch teilweise ein idealistisches Gedankengut und theoretisches Wunschdenken. Das haben viel nicht erkannt. Für die Bürgerbewegung und Reformkräfte in der DDR war Gorbatschow in jener Zeit ein Held. Die westlichen Politiker, allen voran Bundeskanzler Helmut Kohl, und einige Politik-Strategen erkannten ihre „Stunde der Geschichte" und nutzten sie konsequent. Das die Führung der Sowjetunion dann die DDR von heute auf morgen wie eine heiße Kartoffel fallen ließ, konnten die Menschen in der DDR nicht erahnen.

Mit dem Truppen-Abzug vollzog sich in Teilen der Bevölkerung ein Wandel im Verhältnis zu den Angehörigen der sowjetischen Streitkräfte in der DDR. Die Politik von Gorbatschow führte u.a. zu einem größeren Interesse der Bevölkerung gegenüber den hinter Bretterzäunen vom Leben in der DDR abgeschotteten sowjetischen Soldaten. Das überraschte selbst das Oberkommando der GSSD bzw. WGT in Wünsdorf. Dem war Armeegeneral Boris Snetkow nicht gewachsen. Er musste schnellstens gegen einen Militärführer ausgetauscht werden, der die Zeichen der Zeit verstand. So war es nicht verwunderlich, dass ein sowjetisches Panzerdenkmal (T-34) in Zossen lange Zeit in weißer Farbe den Schriftzug trug „Befreit uns noch mal".

Konzerte „Pankow" mit „Big Band" GSSD

Die „Perestroika" ermöglichte im Juni/Juli 1989 den gemeinsamen Auftritt der in den 80er-Jahren bekanntesten und einflussreichen Rockband der DDR, der Gruppe „Pankow" mit der Big Band des Stabes der GSSD in Wünsdorf. Über dieses Ereignis berichtete die FDJ-Zeitung „Junge Welt" am 20. Juni 1989 mit der Schlagzeile „Doppelte Spielfreude. Pankow mit besonderen Gästen auf Sommer-Tournee".

Der Auftritt glich einer Sensation, da die Gruppe „Pankow" mit ihren kritisch-provozierenden Songs der SED-Führung ein Dorn im Auge war. Ihr Album „Paule Panke live" verschwand nach Erschienen 1982 bei dem DDR-Plattenlabel „Amiga" im Panzerschrank. Nun erfuhr die Musik mit den Soldaten des Stabes der GSSD 1989 eine begeisterte Neuauflage unter Tausenden Fans. Es entsprach dem Wunsch der Band, mit den sowjetischen Musikern in Uniform gemeinsam aufzutreten.

Die Konzerte wirkten bei den Tournee-Besuchern im Sommer 1989 wie ein Fanal für einen politischen Aufbruch. Pankow-Songs im Big-Band Sound erzeugten einen vorauseilenden Hauch von „Perestroika" in der DDR. Die Live-Tour mit echtem „Gorbi-Gebläse" brillierte mit tollen Arrangements auf der Bühne. Der Song „Gib mir` n Zeichen" mit kräftiger Trompeten-Begleitung erhöhte den Druck auf die DDR-Oberen. Auch die Titel „Aufruhr in den Augen", „Langeweile", „Er will anders sein", „Ich bin ich" profitierten von der Virtuosität und Spielfreude der sowjetischen Bläsergruppe. Deren Repertoire umfasste auch Musik von Glenn Miller. So einen Auftritt hatten viele noch nicht erlebt.

Die Konzerte trafen das Lebensgefühl der DDR-Jugend. Die Rockmusik stärkte bei vielen das Selbstbewusstsein. Die Tournee begann in der Stadthalle von Suhl und lief in Thale, Dresden, Berlin-Friedrichhain, Frankfurt/Oder, Leipzig und Halle. Den Ausklang der Tournee bildete der Auftritt von „Pankow" mit der Big-Band der GSSD in der Botschaft der UdSSR am 10. Juli 1989 in Berlin „Unter den Linden". Wenige Wochen vor dem Mauerfall beteiligte sich „Pankow" am 15. Oktober 1989 in der Erlöserkirche in Berlin am „Konzert gegen Gewalt". Anlässlich dem Band-Jubiläum „10 Jahre Pankow" kam es am 13. Dezember 1991 im Motorenwerk Berlin-Weißensee erneut zu einem gemeinsamen Konzert mit der Big-Band des Stabes der GSSD. Wieder waren die Fans begeistert. Den russischen Musikern in Uniform schlug eine Welle der Sympathie in der Phase des Truppen-Abzuges entgegen.

7. Oktober 1989 – 40. Jahrestag DDR

Nach Erinnerung des früheren Gorbatschow Sprechers, Andrej Gratschow, entschied sich der Präsident der UdSSR und Generalsekretär der KPdSU Michail Gorbatschow, trotz der Differenzen zur Politik von Erich Honecker, an den Feierlichkeiten anlässlich des 40. Jahrestages der DDR am 6. und 7. Oktober 1989 in Berlin teilzunehmen. Nach anfänglichem Zögern beabsichtigte Gorbatschow, mit seiner Anwesenheit eine von Honecker erwogene chinesische Lösung in der DDR abzuwenden. Honecker befürwortete die Niederschlagung der Studentenproteste in China und lehnte Gorbatschows Reform-

Enthusiasmus in der UdSSR starrsinnig ab. Gorbatschow erlebte bei seinem Besuch in Berlin eine Welle der Sympathie, die das vergreiste SED-Politbüro verblassen ließ.

Heute wissen wir, ohne Gorbatschows Perestroika wäre der Mauerfall mit der anschließenden friedlichen Öffnung der Staatsgrenze, die Herstellung der deutschen Einheit und der Abzug der WGT so nicht möglich gewesen. Als Honeckers Nachfolger Egon Krenz am 1. November 1989 nach Moskau reiste, wurde auch das heikle Thema der Berliner Mauer und Staatsgrenze der DDR zur Bundesrepublik angesprochen. Gorbatschow schien sich offenbar bewusst, dass nach Ungarn auch in der DDR eine historische Zäsur gesellschaftlicher Wandlung bevorstand. Er sagte: „Man kann Probleme einer Gesellschaft nicht durch Grenzen lösen". Offensichtlich vergaß er dabei seine eigenen Landsleute.

Der Massenflucht von DDR-Bürgern im Sommer und Herbst 1989 nach außen über die CSSR und Ungarn in die Bundesrepublik musste irgendwann der Aufbruch von innen heraus folgen. Die Deutsche Einheit stand jedoch zu diesem Zeitpunkt in dem Gespräch nicht zur Disposition. Man war der Ansicht, solange die NATO und der Warschauer Pakt existieren, würde auch die DDR bestehen.

Das änderte sich am 2. und 3. Dezember 1989 auf Malta. Hier verständigten sich der sowjetische Staatschef Michail Gorbatschow und der Präsident der USA, George Bush u.a. zur Wiedererlangung der deutschen Einheit. Ihr auf Kriegsschiffen vor Malta geplantes Treffen musste wegen stürmischer See auf das im Hafen von Malta liegende sowjetische Kreuzfahrtschiff „Maxim Gorki" verlegt werden. Das Treffen zwischen den beiden Staatschefs der UdSSR und USA besiegelte das Ende des Kalten Krieges. Es eröffnete zugleich die Perspektive für eine friedliche Ära. Auf der Pressekonferenz bekräftigten beide Staatschefs, die Ost-West-Beziehungen in eine dauerhafte Zusammenarbeit umwandeln zu wollen.

Die Einheit Deutschlands mit dem Abzug der sowjetischen Streitkräfte aus Deutschland, Polen, Ungarn und Tschechoslowakei stand am Beginn dieser neuen Epoche in Europa. Gorbatschow wurde sowohl bei seinem Juli-Treffen mit Kohl im Kaukasus als auch am 12. September 1990 in Moskau die mündliche Zusicherung gegeben, dass die NATO nicht in Richtung Osten vorrücken werde. Trotz aller Euphorie über das Ende der Systemauseinandersetzung blieben Zweifel. Diese sollten sich später bestätigen. Die Gegnerschaft der

NATO gegenüber Russland und umgekehrt erfuhr zu Beginn des 21. Jahrhunderts eine Neuauflage.

Der ehemalige Generaloberst Anton Terentjew, heute Vorsitzender des Veteranenverbandes in Russland, stellte 2019 klar: „Wir haben das als natürliches Bestreben des deutschen Volkes betrachtet, sich wiederzuvereinigen. Und wir haben diese Vereinigung unterstützt". Heute leben in Deutschland etwa sechs Millionen russischsprachige Bürger. 20 Prozent der Russen haben deutsche Bekannte. Aus den sozialen und wirtschaftlichen Beziehungen zwischen Bürgern der ehemaligen DDR und Sowjetunion sowie auch der langjährigen Stationierung der GSSD resultieren bei den Menschen in Ostdeutschland höhere Sympathiewerte als in Westdeutschland. Der seit 2015 schwelende Ukraine-Konflikt änderte daran wenig.

Etwa 15.000 DDR-Bürger studierten im Zeitraum 1949 bis 1989 an Hochschulen und Fachhochschulen in 80 verschiedenen Städten der UdSSR. 2009/10 hatten sich ca. 10.000 Studierende aus Russland an deutschen Hochschulen eingeschrieben. 1.600 Studierende der Bundesrepublik weilten 2009 in Russland. Ca. 4.700 Offiziere der NVA und ihrer Vorläuferorganisation (Kasernierte Volkspolizei bis 1956) absolvierten von 1953 bis 1990 ein Studium an 16 verschiedenen sowjetischen Militärakademien und 19 Offiziershochschulen.

Bürger der DDR arbeiteten in der Sowjetunion an Industrieprojekten. Ein Beispiel war die Investitionsbeteiligung der DDR am Bau der 2.750 Kilometer langen Erdgastrasse „Sojus". Hier übernahm die DDR ab 1975 als Zentrales Jugendobjekt „Druschba-Trasse" (Freundschaft-Trasse) einen 550 Kilometer langen Bauabschnitt durch die Ukraine von Krementschug am Dnepr bis Bar in der Westukraine. Bis zu 10.000 Beschäftigte der DDR arbeiteten an der Trasse.

Deutsch-Russische Kontakte waren und sind bis heute durch Ehen, persönliche Beziehungen und Freundschaften sowie geschäftliche Verbindungen mit Wissen und Erfahrungen im wechselseitigen Umgang auf Augenhöhe geprägt. Deutsche, die die Lebensweise und Gewohnheiten der Menschen in der ehemaligen Sowjetunion bzw. Russland direkt kennen lernten, verstehen das „Empfinden" der dort lebenden Bürger besser.

Daraus ließe sich schließen, je mehr Menschen bis 1994 mit Angehörigen der sowjetischen Streitkräfte und Bürgern der Sowjetunion zu tun hatten bzw. mit ihnen in Kontakt standen, desto realer ist heute ihre Meinung über sie. Auch umgekehrt ist das der Fall. Das scheint mit ein Grund dafür zu sein, dass Bürger in den westlichen Bundesländern Russland und seine aktuelle Politik unter Wladimir Putin viel kritischer betrachten als die Menschen in den östlichen Bundesländern.

Im Selbstverständnis vieler Sowjetbürger galt die DDR als das neue Deutschland bzw. als der sozialistische Westen. Bewohner in Georgien verstanden ihren niedrigen Lebensstandart gegenüber dem höheren in der DDR als bewussten Verzicht aus der Vorpostenposition der DDR im Warschauer Vertrag.

Trotz bilateraler Meinungsverschiedenheiten und eines formalen Umganges miteinander überwogen in den Beziehungen gegenseitige Achtung, Solidarität und das Verständnis füreinander. Sonst hätte vermutlich die DDR nicht 41 Jahre existiert. Dennoch sind heute das gegenseitige Verständnis und das Wissen voneinander erschreckend beschränkt. Nach 30 Jahren fehlt uns heute eine Diskussion zur bilateralen Sozial- und Alltagsgeschichte, zur wechselseitigen, aus der Geschichte resultierenden Verflechtung von Russen und Deutschen. Gegenwärtig ist die Debatte auf eine wirtschaftliche Interessen-Durchdringung reduziert und von einer wiederauflebenden militärischen Bedrohung überlagert.

Den sowjetischen Militärs unter der Präsidentschaft von Michail Gorbatschow gebührt das historische Verdienst, die Volksbewegung in den damaligen Staaten des Ostblocks Ende der 80er-Jahre nicht unterdrückt und den Mauerfall gewaltsam verhindert zu haben. Zuvor ebneten u.a. Willi Brandt und Egon Bahr mit ihrer neuen Ostpolitik den historischen Weg zur Überwindung der Ost-West-Konfrontation und Deutschen Einheit.

Die Haltung der sowjetischen Führung und ihrer Militärs in der DDR im Herbst 1989 ermöglichte eine souveräne Volksbewegung. Der „Aufenthalts- und Abzugsvertrag" vom 12. Oktober 1990 und der Abzug der WGT bis Ende August 1994 veränderte Europa. In jener Zeit erwies sich das sowjetisch-russische Militär durch die Respektierung des breiten Volkswillens als Partner von Stabilität in Europa und im Prozess der Überwindung der Ost-West-Konfrontation. Im 30. Jahr des Mauerfalls war sich Gorbatschow „sicher, die naturgemäß guten Beziehungen zwischen uns kehren zurück!"

Die Sowjetunion vertraute 1990 auf die Sicherheitszusage des Westens, dass bei Abzug ihrer Truppen aus Deutschland im Gegenzug die NATO nicht vorrücken werde. Heute stehen jedoch NATO-Truppen samt Waffentechnik im Baltikum an der russischen Grenze. Die US-Streitkräfte verstärken ihre Präsenz an der polnischen Ostgrenze. Die Stationierung von amerikanischen Mittelstreckenraketen wurde unter USA-Präsident Donald Trump erwogen. Diese Tatsachen sind vielen russischen Bürgern nicht vermittelbar. Mehr denn je geht es heute um die Einheit Europas unter der Einbeziehung Russlands. Die von der US-Administration in Washington unter Trump betriebene Politik der Spaltung und Feindbildpropaganda stehen dem entgegen. Wiederum ist sich Russland der einstigen „Freundschaft" von Deutschen aus Zeiten der DDR-Ära und den Anfangsjahren der Deutschen Einheit durch Repräsentanten der Bundesrepublik Deutschland nicht sicher.

2. Stationierung sowjetische Streitkräfte in der DDR

2.1. Historischer Rückblick 1945-1990

Bei den gegenwärtigen politischen Differenzen in den deutsch-russischen Beziehungen lohnt ein historischer Blick nach achtern. Bürger der ehemaligen DDR können dazu Faktenwissen, Erlebnisse und Erfahrungen einbringen. Sie lebten seit Mai 1945 unter dem Einfluss einer mächtigen sowjetischen Truppenstationierung. Sie erfuhren politischen und wirtschaftlichen Beistand, aber auch Diktat und Rechtsbeugung. Die Bürger in der DDR erlebten die Hilfe und Unterstützung der sowjetischen Soldaten bei Witterungsunbilden im Winter und bei Überschwemmungen. Sie kannten aber auch Beispiele von Machtwillkür durch die Inbesitznahme von privatem Land, Wälder und Häuser. Regional unterschiedlich waren die Menschen den Umweltzerstörungen und Lärmbelästigungen durch Übungen und Manöver der GSSD ausgeliefert. Beschützt von einer Sieger-, Besatzungs- und Stationierungsmacht ertrugen die Ostdeutschen die auferlegte Last und Auswirkungen einer übermächtigen Truppenkonzentration der Sowjetischen Streitkräfte. Im Gegenzug gewährte die GSSD militärischen Schutz.

Bürger der DDR wuchsen neben sowjetischen Kasernen auf, in einem Frieden, der von Verschwiegenem und teilweisen Verdrängen sowie Gefechtslärm dröhnte. Deutsche und Sowjetbürger mit identischer sozialistischer Gesellschaftsordnung lebten zum Teil als Nachbarn mit- und nebeneinander, die wehrpflichtigen Soldaten eher abgeschottet hinter Bretterzäunen. Städte wie Potsdam, Fürstenberg, Neuruppin, Jüterbog im Land Brandenburg oder im thüringischen Nohra und Ohrdruf hatten eine hohe Stationierungs-Dichte von sowjetischen Soldaten, die zum Teil das Vielfache der Einheimischen übertraf.

Mai 1945

An der militärischen Zerschlagung der deutschen Wehrmacht bis zur Einnahme der Reichshauptstadt Berlin waren Großverbände der 1. und 2. Belorussischen Front, 1. Ukrainischen Front und Kampfverbände der 16. Luftarmee beteiligt. Aus diesen, auf deutschem Territorium kämpfenden Truppen der sowjetischen Armee rekrutierte sich die am 6. Juni 1945 gebildete Sowjetische

Militäradministration in Deutschland (SMAD) mit einer Truppenstärke von anfangs 1,5 Mio. Soldaten. Zum Ende der 40er-Jahre schwankte die Zahl der in der Sowjetischen Besatzungszone stationierten Soldaten zwischen 450.000 bis 600.000 Mann.

Die sowjetischen Truppen übernahmen Kasernenkomplexe und Truppenübungsplätze der deutschen Wehrmacht in der Sowjetischen Besatzungszone (SBZ). Der Generalstab der Roten Armee gab bekannt, dass die Truppen anfänglich 3.956 militärische Objekte in der Sowjetischen Besatzungszone besaßen. Zu den größeren Garnisonen gehörten u.a. Schwerin, Neuruppin, Neustrelitz, Eberswalde, Jüterbog, Wünsdorf, Altengrabow, Magdeburg, Burg, Halle, Wittenberg, Ohrdruf, Weimar, Zeithain, Dresden, Königsbrück usw. Im Verlauf der 50er-Jahre kamen weitere von den sowjetischen Streitkräften in Beschlag genommene Objekte und neu errichtete Kasernen hinzu, wie z.B. Vogelsang, Fürstenberg/Havel, Kurtschlag, Gross Dölln und Löwenberg im Bundesland Brandenburg.

Der operative Führungsstab des ersten Chefs der SMAD unter Marschall Georgi Konstantinowitsch Shukow befand sich südlich von Berlin in Wünsdorf bei Zossen. Dieser Militär-Standort war auch der letzte Sitz des Oberkommandierenden der WGT bis Anfang September 1994.

In Berlin-Karlshorst bezog anfangs der politisch-administrative Kern der SMAD sein Quartier. Dort war auch eine sowjetische Marineabteilung vertreten. Das Hauptquartier der SMAD befand sich in ehemaligen Wehrmachtskasernen und beschlagnahmten Gebäuden in Potsdam.

Das größte SMAD-Ressort, die „Abteilung Reparationen", hatte Autonomie-Charakter. Deren Chef war General Sorin. Die sowjetische Militärverwaltung leitete das gesamte wirtschaftliche Leben von 18,5 Mio. Menschen in der SBZ. Der Stellvertreter des Oberbefehlshabers für Wirtschaftsfragen war General Schabalin. Er gehörte u.a. zur Führungselite der KPdSU. Ihm unterstanden die Abteilungen Industrie, Handel, Versorgung, Wirtschaftsplanung, Landwirtschaft, Transport, Wissenschaft und Technik.

Der in den Westen geflüchtete sowjetische Major Gregory Klimow, mit diplomatischer Ausbildung in der Sowjetunion, lieferte mit seinem 1952 erschienenen Buch „Berliner Kreml" (Berlin-Karlshorst) eine bemerkenswerte Innenansicht zur Rolle und den Aufgaben der SMAD in der SBZ. Klimow diente in der Verwaltung für Staatssicherheit (KGB) und Rechtsabteilung der SMAD. Sein vernichtendes Urteil über die Arbeit der sowjetischen Militärverwaltung lautete: „Die Nachkriegspolitik des Kreml (Moskau) mit seinem Vollstrecker in Deutschland ließ bei den Deutschen und Alliierten nicht die Spur von Sympathien zurück, die sich der russische Soldat auf den Schlachtfeldern der Welt errungen hat". Nach seiner Ansicht blieben die im Sommer 1947 in der SBZ gebildeten deutschen Zentralverwaltungen der Deutschen Wirtschaftskommission (DWK) „Marionetten-Ministerien" der SMA. Diese Einschätzung aus der Sicht eines sowjetischen Offiziers sucht man in der zeitgenössischen Selbstdarstellung zur DDR-Geschichte bis 1989 vergeblich.

Der Militärgouverneur im Land Brandenburg, Marschall Semjon Iljitsch Bogdanow urteilte über Offiziere der SMA: „Die Generäle bzw. Kommandanten machten Politik auf eigene Faust. Die Puristen von ihnen sind halbgebildete Offiziere, die der Krieg an die Oberfläche spülte und die den Aufgaben, die eine Besatzungspolitik in Friedenszeit stellt, absolut nicht gewachsen sind". Die SMAD führte die SBZ zunehmend in einem von wirtschaftlichen Chaos geprägten Herrschaftsstil. Nach der Ansicht von Bogdanow hatte sich in der Anfangszeit der „Sowjetischen Militäradministration, als repräsentatives Organ unseres Staates, der ganze Abschaum der Armee versammelt". Diese niederschmetternde Charakterisierung hatte Auswirkungen auf die Personal-Besetzung. Man suchte geeignete, fachlich versierte Offiziere für die Tätigkeit in der SMA in den Ländern der SBZ. Intelligente sowjetische Offiziere in der SMAD deuteten die im April 1946 gegründete Sozialistische Einheitspartei Deutschland (SED) mit der Aussage: „So endet Deutschland!". 43 Jahre später sollte sich diese Voraussage im Herbst 1989 als Realität erweisen.

Im Sommer 1947 befahl die sowjetische Militärregierung in der SBZ die vollständige räumliche und psychische Trennung bzw. Isolierung ihrer Truppen von der deutschen Bevölkerung. Das Militär zog sich mit seinen Soldaten und Zivilbeschäftigten hinter grünen Bretterzäunen und Mauern in „Russen-Städtchen" zurück. Sowjetische Offiziere, die in deutschen Villen, Häusern und Wohnungen einquartiert waren, mussten diese teilweise räumen.

10. Oktober 1949

Mit Gründung der DDR am 7. Oktober 1949 trat am 10. Oktober 1949 die Sowjetische Kontrollkommission (SKK) an Stelle der SMAD. Als Reaktion auf die ablehnende Haltung der Westmächte und von Bundeskanzler Konrad Adenauer gegenüber der von Stalin 1952 unterbreiteten Offerte zur deutschen Einheit, verlegte die UdSSR ihre „erste Verteidigungslinie" an die Elbe und

Werra. Unter Federführung der UdSSR bzw. ihrer in der DDR stationierten Streitkräfte begann die Organisation einer gestaffelten militärischen Sicherung an der Westgrenze der DDR.

Nach Stalins Tod im März 1953 wurde aus der SKK am 28. Mai 1953 die „Hohe Kommission der UdSSR in Deutschland". Wünsdorf bei Zossen wurde nunmehr Sitz des Oberkommandos und der Befehlszentrale für die auf dem Territorium der DDR stationierten sowjetischen Streitkräfte. Diese hießen ab März 1954 „Gruppe der Sowjetischen Streitkräfte in Deutschland" (GSSD). Mitunter wurde auch die Bezeichnung „Gruppe der sowjetischen Truppen in Deutschland" (GSTD) verwendet. 1954 endete das „Amt" des „Hohen Kommissars". In der Formsache widerspiegelte sich das in den Sitzungen des SED-Politbüros. Diese konnten nunmehr ohne einen offiziellen sowjetischen Beisitzer stattfinden.

Bis Mitte 1955 existierten zwischen der UdSSR und DDR keine vertraglichen Regelungen über die Bedingungen der Stationierung sowjetischer Truppen auf deutschem Boden. Die Beanspruchung, Nutzung und Bewirtschaftung von Kasernen und Liegenschaften durch die SKK bzw. der GSSD basierte seit Mai 1945 allein auf dem Besatzungsstatus der Sowjetunion und den damit verbundenen eigenwilligen Auslegungen durch den jeweiligen Oberbefehlshaber.

20. September 1955

Der am 20. September 1955 zwischen der UdSSR und DDR geschlossene Vertrag über die „Bedingungen der Stationierung der Streitkräfte" enthielt die schwammige Formulierung, dass die sowjetischen Truppen „zeitweilig" in der DDR verbleiben. Der Artikel 4 beinhaltete verbale Regelungen über die Bedingungen des Aufenthaltes der sowjetischen Streitkräfte auf dem Territorium der DDR. Das Dokument entsprach mehr einer Handlungsorientierung der GSSD gegenüber der DDR-Regierung. Neben den zu erbringenden Reparationsleistungen legte das Dokument für die DDR und deren Bevölkerung fest, was den Truppen „zu überlassen, zu gewähren und zur Verfügung zu stellen" ist. Die GSSD machte expansive Ansprüche gegenüber privatem und genossenschaftlichem Grund und Boden geltend und verwandelte es über Nacht in militärisches Sperrgebiet. Detailfragen zur Stationierung sollten später ausgehandelt werden.

Ein von sowjetischer Seite dazu vorbereitetes Protokoll über die Bedingungen der Stationierung sowjetischer Truppen lehnte die DDR-Regierung unter Ministerpräsident Otto Grotewohl wegen gravierender Meinungsverschiedenheiten ab. Neben staatsrechtlichen Grundsätzen bedurfte es der Jurisdiktion in Straf- und Zivilsachen (Verkehrsunfälle, Tötungsdelikte, Vergewaltigungen, Lärmbelästigungen), der Schadensregulierung bei beschädigten Gebäuden, Straßen, Feld- und Waldflächen in Folge der Manöver und Schießübungen der GSSD. Erforderlich waren vertragliche Festlegungen zur Fixierung der jährlich zu erbringenden Stationierungskosten und Leistungen durch die DDR sowie Regeln zur Ausübung der Lufthoheit der DDR. Trotz des formellen Statuswechsel der sowjetischen Streitkräfte in der DDR von Besatzungs- zu Stationierungstruppen bestand die Moskauer Führung auf ihre bisherigen Befugnisse in der Sicherheits- und Stationierungspolitik.

12. März 1957

Nach langwierigen Verhandlungen zur Klärung der Meinungsverschiedenheiten über die Stationierung der sowjetischen Land- und Luftstreitkräfte kam der bilaterale Vertrag schließlich am 12. März 1957 zu Stande. Er trat am 27. April 1957 in Kraft. Nach 12 Jahren der Besetzung regelte er nunmehr in 22 Artikeln das Verhältnis der DDR zu den auf ihrem Territorium stationierten Streitkräften der UdSSR. Neben den Truppen der GSSD berührte der Vertrag auch jene sowjetischen Streitkräfte, die auf oder über (Luftraum) dem Hoheitsgebiet und in den Territorialgewässern der DDR präsent waren. Das betraf u.a. auch Schiffe und Einheiten der Baltischen Rotbannerflotte bzw. Baltischen Flotte, die Sassnitz bis 1991 als Anlaufhafen nutzten und auch dort eine Garnison in der Hafenstraße besaßen.

Der Artikel 15 besagte „Die Regierung der DDR gewährt den sowjetischen Streitkräften weiterhin das Recht der Benutzung von Kasernen (Wehrmacht, Kriegsmarine), Übungs- und Flugplätzen, Marschstraßen (11.700 Kilometer), Eisenbahnen usw., die die sowjetischen Streitkräfte zum Zeitpunkt der Unterzeichnung in Anspruch nehmen". Damit akzeptierte die DDR-Regierung trotz Unkenntnis über die reale Lage (Anzahl, Standorte, Größe der Liegenschaften) die von der Roten Armee seit Mai 1945 in Besitz genommenen Kasernen, Stadtteile, Anlagen, Gebäude sowie genutzten Truppenübungs- und Flugplätze und Gewässer. Eine Objektliste mit der Aufstellung aller von den GSSD genutzten Kasernen, Objekte, Liegenschaften, Schieß- und Truppenübungsplätze (inklusive Flächenangabe) fehlte. Darunter fielen u.a. auch konfiszierte Häuser und Villen von privaten Eigentümern. Es erscheint nahezu unglaublich, dass die DDR-Führung erst Mitte 1990 einen Überblick gewann, wo sich die GSSD bzw. WGT überall im Land einquartiert hatten.

Der Artikel 18 ermächtigte das Oberkommando der GSSD, Gefahren für die Sicherheit ihrer Truppen nach Konsultation mit der DDR-Regierung abzu-wenden. Welche Art von Maßnahmen zur Beseitigung einer eventuellen Be-drohung der GSSD dabei erwogen wurden, blieb ungenannt. In der Praxis bzw. im militärischen Alltag bis 1990 erwies sich die Auslegung des bilateralen Vertrages abhängig von den eigenwilligen Auslegungen des jeweiligen Ober-kommandierenden der GSSD. Alltägliche Belange der Truppenstationierung blieben weitgehend unberücksichtigt. Daraus entstanden Gewohnheitsrechte und Rechtsbeugungen durch die sowjetischen Streitkräfte.

Auch nach der Vertragsschließung häuften sich Eingaben von Bürgern über schwerwiegende Vorkommnisse, Schäden und Unfälle, die selbst die NVA zu beklagen hatte. Diese Vorfälle brachten ständig neuen Zündstoff im bilateralen Umgang zwischen der DDR und UdSSR hervor, selbst auf Regierungsebene. All das war überwiegend geheim. Trotz der wiederholt angesprochenen und teilweise von der UdSSR-Regierung bzw. dem GSSD-Oberkommando akzep-tierten Sachverhalte, änderte sich in der Folgezeit nichts. Die rücksichtslosen Übungsaktivitäten und Lärmbelästigungen, die Gerichtsbarkeit sowjetischer Soldaten sowie die von den Soldaten der GSSD verursachten Schäden, Ver-kehrsunfälle und schwerwiegenden Vorkommnisse wurden nur auf höchster Ebene angesprochen. Symptomatisch waren die politischen Verrenkungen der DDR-Regierung, um die sowjetische Seite nicht zu verärgern. Die Eingaben und Beschwerden von Bürgern an staatliche Institutionen der DDR nahmen zu. Sie wurden weitergeleitet, blieben aber geheim.

Die Vertreter der DDR wollten in den Verhandlungen zum Vertragsabschluss die wiederholt angesprochenen Aufenthaltskosten der sowjetischen Streitkräf-te, die die DDR anteilig zu tragen hatte, geklärt haben. Die sowjetischen Ver-handlungsführer erwähnten, dass neben den jährlich vereinbarten 800 Mio. Mark weitere Kosten anfallen würden. Diese zum Zeitpunkt 1957 nicht defi-nierten Zusatzkosten und das Problem der Zollfreiheit sollten entsprechend dem Wunsch der GSSD separat zu einem späteren Zeitpunkt verhandelt wer-den.

Ein zusätzlich geschlossenes „Abkommen über die Inanspruchnahme von Infrastruktur und Leistungen" wurde nur auszugsweise bekannt. Die örtlichen Instanzen machten in Unkenntnis der tatsächlichen Rechtslage weiter wie bisher.

Einige Monate später kam es in Ergänzung des Stationierungsvertrages zur Unterzeichnung eines Rechtshilfeabkommens. Es enthielt Festlegungen über die bilaterale Rechtshilfe und Zusammenarbeit von Polizei-, Justiz- und Verwaltungsorgane der DDR in Verbindung mit entsprechenden Dienststellen der GSSD. Vereinbart wurden die Rechtshilfe in Straf- und Zivilsachen, die Untersuchungshaft und Bestrafung. Es war beabsichtigt, dass bei strafbaren Handlungen DDR-Recht anzuwenden ist. Die Zuständigkeit sowjetischer Stellen betraf Delikte, die in der Dienstausübung begangen wurden oder die sich gegen Angehörige der Streitkräfte und deren Familienangehörige richten würden. Die Ermittlungen und Strafverfolgung hatte über die Militärstaatsanwaltschaft der NVA bzw. den Militär-Oberstaatsanwalt in Berlin und der sowjetischen Militärstaatsanwaltschaft zu erfolgen.

Die Durchsetzung dieser Vereinbarungen erwies sich in der Praxis jedoch als problematisch. Die Autorin Silke Satjukow dokumentierte anhand von Fallbeispielen in einigen Regionen im heutigen Bundesland Thüringen, vor welchen Hindernissen die Aufklärung von Straftaten und die Strafverfolgung von Angehörigen der GSSD in den 60er- bis 80er-Jahren stand.

7. Dezember 1957

Das Stationierungsabkommen sah die Bildung einer gemischten deutsch-russischen Kommission vor. Diese verabschiedete am 7. Dezember 1957 ein Statut seiner Tätigkeit. Beabsichtigt war die Klärung von Problemen in der Anwendung und Auslegung des Abkommens und der Abschluss von Zusatzvereinbarungen. Diese betrafen meist Schadenersatzansprüche, die Inanspruchnahme von Objekten und Leistungen sowie Sachverhalte zu einzelnen Liegenschaften.

Die Klärung von strittigen Sachverhalten dauerte den Truppenkommandeuren der GSSD und örtlichen Kommunalpolitikern oftmals viel zu lange. Meist wurden vollendete Fakten im Interesse der ungehinderten Truppenstationierung geschaffen.

Ende 50er-Jahre

In der zweiten Hälfte der 50er-Jahre unternahmen die GSSD eine Reihe von Maßnahmen zur Modernisierung ihrer Kampftechnik. Das führte zu einer massiven Gefechts-Aufwertung ihrer Streitkräfte als „schlagkräftiges Schutzschild" gegen den Westen bzw. die NATO. Es entstanden weitere Kasernenkomplexe und Flugplätze, Depots und Ausbildungszentren. Damit im Zusammenhang beanspruchten die GSSD zusätzliche Land- und Waldflächen zur Errichtung von Übungs- und Schießplätzen. All das hatte sowohl Auswirkungen auf die Infrastruktur der DDR als auch für den Flugverkehr. Die DDR-Wirtschaft hatte zusätzliche Leistungen zu erbringen.

1959 führte die Sowjetunion die ersten Taktischen Boden-Boden-Raketen in den Landstreitkräften der GSSD ein. Dies geschah ohne Wissen der DDR-bzw. NVA-Führung. Die ersten SCUD-Raketenabteilungen wurden im Mai 1959 aufgestellt, u.a. mit jeweils zwei Abschussrampen für sechs Raketen in Fürstenberg und Vogelsang (nördlich Land Brandenburg). Die Raketenabteilungen verfügten anfangs über Raketen des Typs R-5 M (NATO-Bezeichnung SS-3, NATO-Code SHYSTER) mit einer Reichweite von ca. 1.200 Kilometern. Die Sprengkraft der Atomsprengköpfe entsprach 300 Kilotonnen TNT. Anfang der 60er-Jahre erhielten die GSSD das Taktische Raketensystem LUNA-M. Jede Division der Landstreitkräfte verfügte über eine LUNA-Abteilung mit vier Startrampen.

August 1961

Im Januar 1961 trafen sich der Minister für Nationale Verteidigung, Generaloberst Heinz Hoffmann, mit dem damaligen Oberkommandierenden der GSSD, Armeegeneral Iwan Ignatjewitsch Jakubowski (1960/61 und 1962-1965). Besprochen wurden militärische Sachverhalte, die im Zusammenhang mit einer von der DDR beabsichtigten, dauerhaften Grenzsicherung standen. Ende Juni 1961 informierte der Oberkommandierende der GSSD den sowjetischen Parteichef, Nikita S. Chruschtschow, über die Lage in der DDR und insbesondere in Ostberlin. Nach einer Beratung des sowjetischen Staatschefs mit seinem Außenminister Andrej Gromyko und dem Hohen Kommissar der UdSSR für Deutschland, Wladimir S. Semjonow, signalisierte Moskau der SED-Führung unter Walter Ulbricht Ende Juli 1961 sein Einverständnis zur Abriegelung der Sektorengrenzen zu Westberlin.

In der Vorbereitungsphase erfolgten regionale Umgruppierungen von NVA-Einheiten sowie von Panzer- und Flugabwehrverbänden der GSSD. Der kriegserfahrene sowjetische Marschall Iwan Stepanowitsch Konew wurde in der Berlinkrise zum Oberkommandierenden der GSSD (1961) ernannt. Die in Berlin-Karlshorst stationierte 6. Garde-Mot.-Schützenbrigade wurde auf Divisionsstärke aufgestockt. Um den „äußeren Ring" um Berlin bezogen zwei sowjetische Panzer-Divisionen und die 35. Mot.-Schützen-Division (Krampnitz) sowie die 1. und 8. Mot.-Schützendivision der NVA Bereitstellungsräume. Entlang der Autobahn Berlin-Helmstedt nahmen weitere sowjetische Truppen Bereitschaftsräume ein. An der eigentlichen Abriegelung der Demarkationslinie und Sektorengrenze zu Westberlin waren keine Truppen der GSSD beteiligt.

1963

1963 zählte die GSSD ca. 386.000 Armeeangehörige, davon entfielen auf die 16. Luft-Armee 46.000 Soldaten. Zum Waffenarsenal gehörten ca. 7.500 Panzer, ca. 100 Taktische Raketen, 484 Jagdflugzeuge, 146 Bombenflugzeuge, 101 Aufklärungsflugzeuge und 80 Hubschrauber. In der Folgezeit kam es bis in die 70er-Jahre hinein wiederholt zu Änderungen in der Truppenstationierung und der Struktur innerhalb der GSSD. Die Ursachen resultierten aus modifizierten sowjetischen Militärdoktrin, vielfältigen internationalen Erfahrungen aus lokalen Konflikten, neue waffentechnische Herausforderungen und Entwicklungen in den NATO-Streitkräften.

1981/82

Im Zuge einer Umstrukturierung 1981/82 kam es zur Aufstockung der Panzerdivisionen von zehn auf zwölf. Parallel verringerte sich die Anzahl der Mot.-Schützendivisionen von zehn auf acht. U.a. verlegte die 10. Garde-Panzerdivision von Krampnitz bei Potsdam mit sieben Regimentern nach Altengrabow und Schönebeck in Sachsen-Anhalt. Der Stab der 2. Garde-Panzerarmee räumte seinen Standort Neubrandenburg und bezog in Fürstenberg/Havel sein neues Hauptquartier. Das 55. Garde-Panzerregiment der 7. Garde-Panzerdivision wurde aus der Region Lutherstadt-Wittenberg abgezogen.

1983/84

Im Rahmen der US-Raketenstationierung 1983/84 in der Bundesrepublik verlegten Truppenteile mit Operativ-taktischen Raketenkomplexen aus der UdSSR in die DDR. So u.a. nach Königsbrück und Bischofswerda (Sachsen) sowie Waren und Neustrelitz (Mecklenburg-Vorpommern). In Königsbrück und Bischofswerda lagerten bis 1988 in temporären Lagern Nuklearsprengköpfe für Operativ-taktische Mittelstreckenraketen 9K76 TEMP-S (NATO-Bezeichnung SS-12, SCALEBOARD). Die in den fünf Armeen bestehenden und unmittelbar dem Stab der GSSD unterstellten Raketenabteilungen wurden zu Raketenbrigaden umgebildet. Anfang der 80-er Jahre stellten die sowjetischen Streitkräfte und die GSSD ihr LUNA-M Raketensystem außer Dienst.

Ab 1982 erfolgte die Einführung des Taktischen Raketensystems 9K79 TOTSCHKA (NATO-Bezeichnung SS-21, SCARAB). 1984 installierten die sowjetischen Streitkräfte das weitreichende Flugabwehr-Raketensystem SA-10B GRUMBLE auf dem Territorium der DDR.

1987/88 - Erfassung Liegenschaften GSSD

Unter Leitung der Hauptabteilung I des Ministeriums für Staatssicherheit erarbeitete eine Sonderkommission des Ministeriums für Nationale Verteidigung und des Ministeriums des Innern im Oktober 1987 einen „Maßnahmeplan" zur „Erhöhung der Sicherheit und Ordnung an den militärischen Sperrgebieten".

Wiederholt kam es in der Vergangenheit zu schwerwiegenden Vorkommnissen im Umfeld von sowjetischen Militärobjekten. Die Kommission arbeitete im Auftrag des Ministerrates der DDR. Sie setzte sich das Ziel, alle von der GSSD genutzten militärischen Liegenschaften auf dem Territorium der DDR zu erfassen. Deshalb wurde das Oberkommando der GSSD und sein Geheimdienst, der KGB, bei der Erfassung der Liegenschaften einbezogen.

Nach monatelangem Bemühen der Kommission mündete die Geheimniskrämerei der sowjetischen Seite schließlich in die Verweigerung des Oberkommandos der GSSD in Wünsdorf zur konstruktiven Mitarbeit. Der Ministerrat der DDR versuchte am 8. Dezember 1988 durch ein an die GSSD gestelltes Ultimatum, die Erfassung der Liegenschaften auf dem Territorium der DDR durchzusetzen. In Wünsdorf bewegte sich in alter Manier jedoch in der Sache nichts. Das Oberkommando der GSSD verhielt sich wie ein Staat im Staate.

Der Minister für Nationale Verteidigung, Armeegeneral Heinz Kessler, wurde im Mai 1988 von der SED-Führung damit beauftragt, eine geheime Bestandsaufnahme zum „Ist-Zustand des Stationierungsabkommens von 1957" vorzulegen. Das SED-Führungsgremium beabsichtigte, sich einen Überblick zu allen bestehenden Vereinbarungen mit der GSSD zu verschaffen. Zur Kessler-Kommission gehörten Fachleute aus dem Ministerium für Nationale Verteidigung, Ministerium des Innern, Ministerium für Staatssicherheit, Finanzministerium, Ministerium für Auswärtige Angelegenheiten und der Staatlichen Plankommission.

Um die gestellte Aufgabe erfüllen zu können, hätten man etwa 20 zentrale Staatsorgane plus diverse Dienstleister und Behörden bis hin zur Kommunalebene in die Recherchen einbeziehen müssen. Armeegeneral Kessler lehnte das aus Gründen der Geheimhaltung ab. Außerdem befürchtete er eine Beeinträchtigung des Verhältnisses zur GSSD. Immerhin gelang es, ca. 70 zwischenstaatliche und innerstaatliche Dokumente, die in Beziehung zum Stationierungsabkommen der GSSD standen, auf ihre Aktualität zu prüfen. Dennoch blieb die am 25. November 1988 dem Nationalen Verteidigungsrat vorgelegte 180 Seiten umfassende Studie (Lesematerial) lückenhaft. Die erhoffte komplette Übersicht zu den sowjetischen Militär-Liegenschaften in der DDR kam nicht zu Stande. Man verschob die Klärung offener Sachverhalte auf den Zeitraum 1990 bis 1995.

Das Ministerium für Staatssicherheit gestand ein, dass das Oberkommando der GSSD sowohl die „hohe Konzentration brisanter militärischer Geheimnisse" als auch von „Detailkenntnissen über die Dislozierung sowjetischer Streitkräfte" in den Händen von DDR-Fachleuten bzw. Sacharbeitern nicht akzeptiert. Diese Argumentation verwundert um so mehr, da die betreffenden Mitarbeiter aus den Ministerien für Staatssicherheit, des Innern und für Nationale Verteidigung zur Geheimhaltung verpflichtet waren. Die protokollarische Erfassung der Liegenschaften und Objekte der GSSD gelang wiederum nicht. SED-Generalsekretär Erich Honecker gab zu bedenken: „Es sieht nicht gut aus, wenn an Autobahnen, Fernverkehrsstraßen und in den Wäldern kilometerlange Sperrschilder stehen". Er meinte damit Betretungsverbote für militärische Sperrgebiete.

Der Nationale Verteidigungsrat der DDR befasste sich am 6. Dezember 1988 mit der Analyse der vorgelegten Studie zum Stationierungsabkommen. Staatschef Erich Honecker soll angeblich über die Faktensammlung der Kessler-

Kommission sehr erstaunt gewesen sein. Er mahnte Veränderungen im „Aufenthaltsrecht" der sowjetischen Streitkräfte an. Damit im Zusammenhang forderte er eine Änderung des Namens „GSSD". In Distanz zu Gorbatschows Perestroika stehend, kritisierte Honecker in Richtung Moskau den Zusatz in der Truppen-Bezeichnung „in Deutschland". Die Streitkräfte befanden sich „auf dem Territorium der DDR" und nicht in „einem deutschen Staatsgebilde" bzw. „besetzten Gebiet". Für Honecker war die Hervorhebung der DDR als ein eigenständiger deutscher sozialistischer Staat sehr wichtig. Diese kritischen Töne aus Berlin waren neu und eindeutig. Im Juni 1989 beschloss die UdSSR schließlich die Umbenennung der GSSD in „Westgruppe der Streitkräfte der UdSSR". Die Wahl dieser Bezeichnung entsprach der sowjetischen Truppenstationierung in Polen (Nordgruppe), Ungarn (Südgruppe) und CSSR (Zentralgruppe). Wo sich jedoch die Westgruppe der Truppen (WGT) überall in der DDR befand, wusste immer noch keiner in Berlin und Strausberg.

November 1989

Das Verhältnis der NVA und des MfNV zum Oberkommando der WGT und dem sowjetischen Verteidigungsministerium in Moskau gestaltete sich ab Ende November 1989 zunehmend schwieriger. Bei den sowjetischen Verbündeten mehrten sich im Zuge der einsetzenden Militärreform Zweifel über die Kampfkraft und Stabilität der NVA.

Es häuften sich nach dem Mauerfall Beschwerden aus der Bevölkerung und von örtlichen Staatsorganen über illegale Militärbauten, Lärmbelästigungen in den Einflugschneisen vieler Flugplätze der WGT auch nachts und an Sonn- und Feiertagen. Durch den Flug- und Gefechtslärm fühlten sich die Anwohner belästigt. Äußerst brisant waren die Einschläge von sowjetischen Artilleriegranaten und auch Fliegerbomben außerhalb der militärischen Sicherheitszonen auf den Schießplätzen.

Der Stellvertreter Operativ und amtierende Chef des Hauptstabes der NVA, Generalleutnant Wolfgang Steger, brachte die Beschwerden gegenüber dem Stellvertreter des Chefs des sowjetischen Generalstabes, Generaloberst Wladimir Denissow, zur Sprache. Der war nahezu ungehalten und ziemlich verärgert. Er äußerte gegenüber General Steger: „Die Truppe müsse ausgebildet werden und stehe für die Bevölkerung der DDR auf Wacht. Schließlich habe die Sowjetarmee das deutsche Volk vom Faschismus befreit und verdiene eine andere Behandlung, als gegenwärtige Demonstrationen, Anpöbeleien, die in solchen Beschwerden zum Ausdruck kommen". Der damalige Minister für Nationale Verteidigung, Admiral Theodor Hoffmann, erinnerte sich: „General Steger war über die imperiale Denk- und Verhaltensweise seines sowjetischen Partners hell empört". Hoffmann sprach nunmehr beim sowjetischen Verteidigungsmister, Armeegeneral Dimitri T. Jasow vor. Der erteilte dann die notwendigen Weisungen für die WGT. Die Reaktion auf die DDR-Intervention spiegelte sich anschließend im gekränkten Verhalten des Oberkommandierenden der WGT, Armeegeneral Snetkow, wider.

1990 – Teilabzug

Am 7. Dezember 1988 verkündete der sowjetische Staatschef Michail Gorbatschow vor der UN-Vollversammlung in New York eine „einseitige Truppenreduzierung" u.a. mit dem Teilabzug seiner in der DDR, Ungarn und Tschechoslowakei stationierten sowjetischen Truppen. Das betraf etwa 50.000 Soldaten und 5.000 gepanzerte Fahrzeuge. Ab Juni 1989 begann der Abzug von vier Panzerdivisionen aus der DDR. Begonnen wurde ebenfalls mit dem Abzug der sowjetischen Operativ-taktischen Raketensysteme, Raketenträger und von Kernsprengköpfen.

Der sich bis zum ersten Quartal 1991 hinziehende Teilabzug, mit einer Unterbrechung im Mai 1990 wegen „technischen Problemen", betraf die 25. Panzerdivision mit der Garnison in Vogelsang (zwischen Zehdenick und Templin im Land Brandenburg) mit sieben Regimentern. Vom Teilabzug war die 32. Garde-Panzerdivision in der Garnison Jüterbog (südlich Berlin) mit sieben Regimentern betroffen. Abgezogen wurde die 7. Garde-Panzerdivision mit Garnisonen in Roßlau an der Elbe und Wittenberg im Land Sachsen-Anhalt mit sieben Regimentern. Die drei Panzerdivisionen wurden mit ihrer Kampftechnik und Soldaten in die Ukraine verlegt. Die anfänglich genannte Anzahl von 25.000 allein aus der DDR abzuziehenden Soldaten erhöhte sich auf 30.000 Soldaten. Der ebenfalls vorgesehene Abzug der 12. Panzerdivision aus der Garnison Neuruppin (nördlich Berlin) verzögerte sich bis 1991.

Die von Gorbatschow initiierte Abzugsaktion der sowjetischen Streitkräfte erfasste außerdem die Rückverlegung folgender Verbände und Einheiten aus der DDR: die 35. Luftsturmbrigade (Cottbus), vier Luftsturmbataillone und elf sonstige Bataillone. Abgezogen wurde bis ins Jahr 1991 hinein die 3. Garde-Spezialaufklärungsbrigade in Neuthymen bei Fürstenberg/Havel, 157. Fla-

Raketen-Brigade (Priemerwald bei Güstrow), fünf Ausbildungsregimenter für Panzer und Nachrichtenkräfte sowie der Bombenfliegergeschwader in Brand (Gemeinde Halbe südlich Berlin) und Großenhain im Land Sachsen.

In den Zeitraum 1988/89 fiel auch die Rückführung der auf dem Territorium der DDR stationierten sowjetischen Operativ-taktischen Raketensysteme 9K76 TEMP-S (NATO-Bezeichnung SS-12, SCALEBOARD) mit 36 Startrampen und 9M714 OKA (NATO-Bezeichnung SS-23, SPIDER) mit 16 Startrampen in die UdSSR.

Betroffen von dem Abzug war u.a. eine in Waren an der Müritz stationierte Raketeneinheit der GSSD. Dort hatte die GSSD seit 1983 Operativ-taktische Raketen mit nuklearen Gefechtsköpfen des Typs SS-12 stationiert. Das geräumte Raketenobjekt wurde anschließend am 13. März 1988 von der Volksmarine übernommen. Im Juli 1988 kontrollierten Inspektoren der USA in Waren den vollständigen Abzug der sowjetischen Mittelstreckenraketen aus dem Militärobjekt. Geplant war, die idyllisch in der mecklenburgischen Seenlandschaft angesiedelte Liegenschaft in ein FDGB-Ferienheim umzubauen.

Die WGT begannen vermutlich im Spätherbst 1989 mit der Rückführung der sowjetischen Operativ-taktischen Raketensysteme 9K72 (NATO-Bezeichnung SS-1c, SCUD-B) und der Taktischen Raketensysteme 9K79 TOTSCHKA (NATO-Bezeichnung SS-21, SCARAB) inklusive der Startrampen und Raketenträger. Die Gesamtanzahl der Operativ-taktischen und Taktischen Raketensysteme der GSSD betrug etwa 228 im Jahr 1987. Im Zuge der Realisierung des INF-Vertrages reduzierte sich die Anzahl auf etwa 170 bis 180 im Jahr 1990.

In der Fachliteratur wird die Anzahl der Raketensysteme unterschiedlich angegeben. Die GSSD hielten sich mit entsprechenden Angaben sehr bedeckt. Die Raketen konnten mit atomaren Sprengköpfen bestückt werden. Ihr geheimer Rücktransport in die damals noch bestehende UdSSR lief unter massiver sowjetischer Eigensicherung über den Fährhafen Mukran auf Rügen ins litauische Klaipeda.

Mit Erlangung der deutschen Einheit am 3. Oktober 1990 und dem Wegfall der Ost-West-Konfrontation war zugleich die letzte Phase der Stationierung von sowjetisch-russischen Streitkräften in den neuen Bundesländern verbunden. Bürgerbewegungen in der DDR mahnten ohnehin Ende der 80er-Jahre den Abzug der sowjetischen Streitkräfte an. Die Haltung von Teilen der DDR-Bevölkerung zu den im Land befindlichen sowjetischen Truppen wurde kritischer. Spruchbänder mit Protesten richteten sich gegen sowjetische Garnisonen. Vorwiegend nationalistisch eingestellte Bürger forderten nunmehr unüberhörbar „Russen raus!" Vereinzelt kam es zu Übergriffen und provokativen Handlungen gegenüber sowjetischen Armeeangehörigen.

Im Gegensatz zu den drei Westalliierten, deren Streitkräfte in Deutschland überwiegend als Schutzmacht bezeichnet wurden, galten die GSSD in Teilen der Bevölkerung als Besatzungs- bzw. Stationierungsmacht. Von Mai 1945 bis zu Beginn ihres vollständigen Abzugs ab 1991 verkörperten die sowjetischen Streitkräfte ein bedeutendes militärisches Machtpotential in der DDR. Für die DDR war dies u.a. mit eingeschränkten Souveränitätsrechten verbunden.

In Anerkennung ihrer Vormachtstellung im Militärbündnis des Warschauer Paktes fühlte sich die politische und militärische Führung in Moskau bis zum Ende des Bestehens der DDR befugt und ermächtigt, Entscheidungen für oder gegen die DDR zu treffen. Diese Art von politischer „Vormundschaft" gegenüber dem kleinen Partner DDR, der nach 41 Jahren plötzlich keiner mehr war, widerspiegelte sich in den Verhandlungen zwischen dem Präsidenten der UdSSR, Michail Gorbatschow, und Bundeskanzler Helmut Kohl am 16. Juli 1990 im Kaukasus. Der im März 1990 mit großer Mehrheit vom Volk gewählte letzte Regierungschef der DDR, Dr. Lothar de Maiziere (CDU) und sein Außenminister Markus Meckel, waren dort nicht vertreten. Sie wurden gar nicht erst eingeladen. Kohl vertrat die Interessen von 17 Millionen Bürger der DDR. Gorbatschow schien das zu akzeptieren.

Die fortgesetzte Anwesenheit der WGT in Deutschland wurde nach dem 3. Oktober 1990 und dem beginnenden Zerfall des Warschauer Paktes aus strategischen Gründen hinfällig. Die Finanzierung der Stationierung sowjetischrussischer Truppen, nunmehr durch die Bundesrepublik Deutschland, war der deutschen Bevölkerung schwer vermittelbar sowie aus politischen und wirtschaftlichen Erwägungen nicht länger vertretbar. Der befristete Aufenthalt und Abzug der sowjetisch-russischen Streitkräfte in Deutschland bedurfte einer vertraglichen Regelung. Diese wurde am 12. Oktober 1990 zwischen der Bundesrepublik Deutschland und UdSSR getroffen.

Die Westalliierten verringerten anschließend ihre Streitkräfte in Deutschland. Von den ca. 400.000 in den alten Bundesländern stationierten amerikanischen, britischen, französischen, kanadischen, belgischen und niederländischen Truppen zogen etwa zwei Drittel ab. Das stärkste Kontingent unterhielt die US-Armee mit etwa 225.000 Soldaten. Das 7. amerikanische Korps wurde 1992 aus Deutschland abgezogen. Etwa 195.000 GIs verblieben zunächst in Deutschland. 1997 sank deren Truppenbestand auf etwa 60 Tausend Soldaten. Die britische Rheinarmee mit 68.000 Soldaten verringerte ihren Truppenbestand bis Mitte der 90er-Jahre auf 25.000 Mann. Die mit 45.000 Soldaten in Deutschland präsenten französischen Streitkräfte zogen komplett ab. Es verblieben lediglich 1.500 Soldaten für die Deutsch-Französische Brigade. Mit dem Abzug war auch die Aufgabe und Räumung des Flugplatzes der Royal Air Force in Gatow verbunden.

2.2. Militärpräsenz Gruppe Sowjetische Streitkräfte in Deutschland und Westgruppe der Truppen

Der Oberkommandierende der Sowjetischen Streitkräfte in Deutschland (1987-1990), Armeegeneral Boris Wassiljewitsch Snetkow, befehligte 1989/90 auf deutschem Territorium den größten außerhalb der UdSSR stationierten sowjetischen Großkampfverband, bestehend aus 20 Divisionen der Landstreitkräfte (darunter 11 Panzerdivisionen) und fünf Divisionen der Luftstreitkräfte. Ihm unterstanden 363.690 Soldaten, Unteroffiziere, Offiziere und Generale. Davon befanden sich 25.890 Militärangehörige seit Juni 1989 in der Teilabzugsphase.

Wechsel Oberkommando

Am 14. Dezember 1990 löste Generaloberst Matwej Prokopjewitsch Burlakow Armeegeneral Snetkow als Oberkommandierenden der Westgruppe der Truppen (WGT) im Hauptquartier Wünsdorf ab. Burlakow galt in Moskau als Abzugsprofi. Er hatte zuvor den Abzug der Südgruppe der sowjetischen Truppen aus Ungarn erfolgreich geleitet. Kurz vor seinem Abflug nach Deutschland empfing ihn der Präsident der UdSSR und Generalsekretär des ZK der KPdSU, Michail Gorbatschow, in Moskau. Er empfahl dem neuen und zugleich letzten (16.) Oberkommandierenden der WGT, sofort mit der politischen Führung der Bundesrepublik Deutschland in Kontakt zu treten. Gorbatschow riet Burlakow, Verbindungen zu den örtlichen Behörden in den jeweiligen Stationierungsorten herzustellen. Gorbatschow verwies u.a. auf die verantwortungsvolle Verwertung der Kasernen und Liegenschaften der WGT in Deutschland. Er bezifferte deren Immobilienwert nach sowjetischen Schätzungen auf 30 Mrd. DM. Diese utopische Summe überstieg selbst Burlakows kühnste Vorstellungen.

Die Absetzung des 65jährigen Snetkow resultierte aus mehreren Gründen. Er lehnte demonstrativ den Truppenabzug aus Deutschland ab. Er wollte als 15. Oberkommandierender der sowjetischen Truppen in Deutschland (DDR) nicht zugleich deren „Totengräber" sein. Mit dieser Haltung stellte er sich gegen das bilaterale Regierungsabkommen.

Nach dem Vertragsabschluss am 12. Oktober 1990 verweigerte sich Snetkow dem Dialog mit deutschen Vertretern. So u.a. im ersten Treffen mit dem Befehlshaber des Territorialkommandos Ost der Bundeswehr, Generalleutnant Jörg Schönbohm am 25. Oktober 1990. Gegenüber dem letzten Oberkommandierenden der Vereinten Streitkräfte des Warschauer Paktes (zugleich 1. Stellvertreter des Verteidigungsministers der UdSSR), Armeegeneral Pjotr Georgijewitsch Luschew, äußerte er 1990: „Mit der Rückführung der WGT werde ich mich nicht beschäftigen". Dieses Bekenntnis machte er allerdings erst später öffentlich, in einem Interview am 9. Juni 2005 in der Zeitung „Krasnaja Zwesda" (Roter Stern).

Weitere Gründe, die per Präsidenten-Dekret am 12. Dezember 1990 zur Ablösung von Snetkow führten, lagen in seinem autoritären Führungsstil. Er fühlte sich als „oberster Militärgouverneur" in der DDR. Unter seinem Oberbefehl sank die Moral der Soldaten. Die Anzahl und Schwere von Vorkommnissen nahm erheblich zu. Sorge bereiteten Moskau und der DDR-Führung die ansteigende Disziplinlosigkeit und Kriminalität innerhalb der Truppe sowie die von der WGT verursachten Schäden in der DDR.

Äußerst brisant waren die immer häufiger werdenden Fahnenfluchten von Angehörigen der sowjetischen Streitkräfte (siehe Kapitel 2.7.). Die spektakulärste Flucht mit weitreichenden Konsequenzen ereignete sich am 29. November 1990. Regimentskommandeur Oberstleutnant Michael Kolesnikow und Hauptmann Genadi Mojsejenko flohen unter Mitnahme von super geheimen Panzergranaten in den westlichen Teil der Bundesrepublik. Beide dienten zuvor in der 27. Garde-Mot.-Schützendivision (Halle). Die Panzer brechende Munition vom Typ „Kobra" und einer Fla-Rakete Typ „Tunguska" gelangten in die Hände der NATO und US-Armee. Beide Offiziere verrieten damit ein Staatsgeheimnis. Die sowjetische Militärführung stempelte den Oberstleutnant als Verräter und „Deserteur Nr. 1" ab.

Diesen gravierenden Vorfall überstand Snetkow nicht. Hinzu kam, dass der Viersterne-General noch Ende November 1990 die illegalen Verkäufe von Waffen aus WGT-Beständen als „Lüge" der deutschen Presse beharrlich leugnete. Moskau war wegen den zunehmenden Flucht-Ereignissen mit ihren Folgen für die Moral der Truppe äußerst beunruhigt. Auch der Leiter der Politischen Abteilung der WGT in Wünsdorf, Generaloberst Alexej Kolinitschenko und zwei weitere Generäle wurden wegen den beiden desertierten Offizieren abgesetzt. Offiziere im dienstlichen Umfeld des desertierten Regimentskommandeurs wurden bestraft. Über die sensationelle Flucht und ihre Folgen berichtete die „taz. die Tageszeitung" vom 2. Januar 1991 unter der Schlagzeile „Sowjetgeneral in der Ex-DDR abgelöst".

Liegenschaften – Personal – Divisionen

Bei den folgenden Zahlenangaben ist zu berücksichtigen, dass erst im Verlauf der Abzugsaktion der sowjetisch-russischen Streitkräfte ab 1991 die tatsächlichen Größenordnungen ihrer Jahrzehnte langen Stationierung in der DDR deutlich wurden. Für die logistische Organisation des Rücktransports benötigte man exakte Angaben zu Personal, Division, Brigade bis hin zum Regiment sowie zur Art und den Umfang der Kampftechnik, Munition und zum Material. Für die Objekt-Übernahme durch den Bund waren Angaben zu Anzahl und Größe der Liegenschaften und Objekte erforderlich. Die in der Vergangenheit übliche Praxis der Geheimnistuerei oder Trickserei der sowjetisch-russischen Kommandeure hätte gravierende Folgen bei der Bereitstellung der erforderlichen Transportmittel, der Logistik des Abzuges und Übergabe der Liegenschaften und Militärobjekte an den Bund.

Zu Beginn ihres Abzuges ging man davon aus, dass die WGT eine Fläche von etwa 243.000 Hektar in den neuen Bundesländern beanspruchte. Mit Abschluss des Abzuges der russischen Streitkräfte aus Deutschland erhöhte sich die Zahl auf 290.000 Hektar. Es kann nicht ausgeschlossen werden, dass die von den WGT militärisch genutzten Flächen sogar noch höher lagen. Auf diesen Umstand verweisen einige Quellen.

Nach sowjetisch-russischen Angaben verfügte die WGT 1990 über 777 Kasernenanlagen in 616 Ortschaften der DDR bzw. in deren Nähe. Darunter befanden sich 172 größere Kasernenkomplexe. Generaloberst Burlakow erwähnte in seinen 1994 erschienenen Memoarien die Anzahl von 21.000 durch die WGT genutzte Bauten (vom Raketensilo, Bunker, Turnhalle bis zum Panzertauchbecken). An anderer Stelle nannte Burlakow 36.290 verschiedenartige Gebäude (vom Stabsgebäude, Kindergarten, Kulturhaus bis Wachlokal), die sich im Bestand der WGT befanden. Davon bauten die sowjetischen Truppen 21.000 Gebäude, angeblich auf eigene Kosten. Im Verlauf des Abzuges erhöhte sich die Anzahl der gemeldeten Bauten bzw. Gebäude kontinuierlich. Parallel stieg der von russischer Seite angegebene Immobilienwert.

Gegenüber den zum 31. Juli 1990 ermittelten 1.026 Stationierungs-Standorten der WGT erhöhte sich diese Anzahl im Verlauf der Abzugsaktion bis 1994 auf 1.115 Liegenschaften. Auch diese Anzahl muss offensichtlich mit dem Status „vorläufig" versehen werden. Quellen belegen, dass 1.300 Feldpost-Nummern von sowjetisch-russischen Dienststellen bzw. Objekten auf dem Territorium der DDR existierten.

Die WGT unterhielt 54 Flugplätze, darunter 23 mit Beton-Shelter ausgebaute Fliegerhorste. Sie nutzten 116 Truppenübungsplätze. Die größten Truppenübungsplätze befanden sich in Lieberose (26.700 Hektar im Land Brandenburg), in der Colbitz Letzlinger Heide bei Magdeburg (23.200 Hektar), Schweinrich bei Wittstock (14.200 Hektar), Altengrabow (9.600 Hektar, Land Sachsen-Anhalt), Königsbrück (7.600 Hektar, Land Sachsen), Wünsdorf (6.200 Hektar, Land Brandenburg) und Ohrdruf (4.735 Hektar, Land Thüringen).

Der Personalbestand der WGT umfasste zum Zeitpunkt Oktober 1990 insgesamt 546.200 Menschen. Darunter befanden sich nach sowjetisch-russischen Angaben 337.800 Armeeangehörige. Andere Quellen benennen 363.690 Soldaten und Offiziere der WGT zum Zeitpunkt Oktober 1990. Die Differenz von 25.890 Soldaten entspricht in etwa dem Personalbestand, der sich seit Juni 1989 in Umsetzung der von Gorbatschow verkündeten Abrüstungsinitiative in der Abzugsphase befand. Wie dieser Teilabzug 1989/90 im Detail verlief, konnte der Autor nicht ermitteln. Bekannt ist jedoch, dass es in dieser Abzugs-Phase zu Truppen-Verlegungen und Umstrukturierungen innerhalb der WGT kam.

Die WGT unterhielt doppelt so viel Militär-Personal auf dem Territorium der DDR, wie die Amerikaner in der Bundesrepublik Deutschland und Westberlin stationiert hatten. Neben den Uniformierten kamen weitere 44.700 zivile Mitarbeiter, Angestellte und Bedienstete der WGT sowie 163.700 Familienangehörige hinzu, darunter 90.430 Kinder. Burlakow bezifferte die Anzahl der Kinder in seinen Erinnerungen auf 95.000, davon ca. 50.000 Schüler.

Nach Einschätzung des Oberkommandierenden der WGT, Generaloberst Burlakow, dienten in der WGT Offiziere aus 48 Nationalitäten bzw. Völkerschaften der UdSSR. Den höchsten Anteil innerhalb des gesamten WGT-Personals hatten Russen mit 45,4 Prozent, gefolgt von Ukrainern mit 24 Prozent. 11,5 Prozent der Armeeangehörigen stammten aus Usbekistan, 11 Prozent aus anderen GUS-Staaten sowie acht Prozent aus Belorussland.

In einem Schreiben an den damaligen Verteidigungsminister, Marschall Dmitri T. Jasow, erwähnte Burlakow 1991, dass 59 Prozent des Personalbestandes in der Westgruppe Russen waren. 73 Prozent der Soldaten wurden in Militärbezirke einberufen, die in der Russischen Föderation lagen. Demnach muss sich der Anteil von russisch-stämmigen Soldaten innerhalb eines Jahres von 1990 auf 1991 bedeutend erhöht haben.

Zum Zeitpunkt Juli 1990 verfügte die WGT in der DDR über 20 Divisionen der Landstreitkräfte, davon 11 Panzerdivisionen. Bereits in den 80er-Jahren wurde die ehemals in Lutherstadt-Wittenberg stationierte 6. Panzerdivision abgezogen. Die 20 Divisionen verteilten sich auf fünf Land-Armeen: 1. Garde-Panzerarmee (Armeestab Dresden), 2. Garde-Panzerarmee (Armeestab Fürstenberg/Havel), 3. Stoß-Armee (Armeestab Magdeburg), 8. Garde-Armee (Armeestab Nohra) und 20. Garde-Panzerarmee (Armeestab Eberswalde).

Jede der fünf Land-Armeen verfügte jeweils über ein Kampfhubschrauber- und Hubschrauber-Regiment. Die auf dem Territorium der DDR entfaltete 16. Luft-Armee (Armeestab in Wünsdorf) unterhielt drei Jagdfliegerdivisionen und zwei Jagdbomberfliegerdivisionen.

Dem Oberkommando der GSSD bzw. WGT in Wünsdorf waren nochmals 32 in der DDR dislozierte militärische Verbände direkt unterstellt. Darunter befand sich die 6. Garde Mot.-Schützenbrigade in Berlin-Karlshorst, zwei Raketenbrigaden mit Operativ-taktischen Raketensystemen des Typs SS 1c (SCUD-B) in Drachhausen und Oschatz, die 34. Artillerie-Division (Potsdam-Nedlitz), drei Artilleriebrigaden (Altengrabow, Potsdam und Chemnitz), die 35. Garde-Luftsturmbrigade (Cottbus), fünf Fla-Raketenbrigaden (Typ SA-4 in Jüterbog und Gera, Typ SA-3 in Güstrow und Taucha, Typ SA-12 in Magdeburg), zwei Pionierbaubrigaden (Brandenburg und Forst Zinna), ein (1) Ponton-Brückenregiment (Apollensdorf), zwei Kfz-Brigaden sowie diverse Funkmess- und Funktechnische Brigaden (Wittenberg, Leipzig, Treuenbritzen, Merseburg und Frankfurt/Oder).

Diese Angaben zum Truppenbestand basieren u.a. auf Aussagen des Chefs des Stabes der WGT, Generaloberst Anton W. Terentjew, sowie eines Aufsatzes von Vizeadmiral Hans Frank. Er war 1992 Chef des Stabes im Führungsstab der Bundeswehr. Von 1994 bis 1999 hatte Vizeadmiral Frank die Position des Stellvertreters des Generalinspekteurs der Bundeswehr inne. Von 1999 bis 2004 war Vizeadmiral Frank Präsident der Bundesakademie für Sicherheitspolitik.

Land Brandenburg

Von allen Bundesländern hatte das Land Brandenburg die höchste Stationierungsdichte und Konzentration von militärischen Objekten bzw. Liegenschaften. Die in den neuen Bundesländern von der WGT genutzten Liegenschaften befanden sich zu 48 Prozent im Land Brandenburg. Das waren etwa 125.000 Hektar. Hinzu kamen weitere 35.000 Hektar Landesflächen, die von der NVA und Bereitschaften der Volkspolizei belegt waren. Zu den vom Militär genutzten Flächenareal gehörten u.a. 53.000 Hektar Waldflächen und 23.000 Hektar ehemals forstwirtschaftlich genutzte Flächen. Etwa 16 Prozent (20.000 Hektar) der Fläche von WGT-Liegenschaften entfielen auf Kasernen, Depots, Technikparks, Funkstationen u.a. Objekte.

In der Endphase des Abzuges stellte sich heraus, dass die vom Ministerium des Innern der DDR in „Abstimmung" mit dem WGT-Oberkommando am 31. Juli 1990 erstellte Objektliste mit vorläufig 324 den GSSD bzw. WGT in Brandenburg zugewiesenen Liegenschaften einer Korrektur bedurfte.

Einige Landräte und Oberbürgermeister verweigerten ihre Unterschrift unter die Objekt-Liste. Sie hatten geahnt, dass hier noch einige Überraschungen zu erwarten waren. Hinzu kamen in allen neuen Bundesländern weitere, von der WGT nicht gemeldete Militärobjekte. So erhöhte sich die Anzahl der im Land Brandenburg offiziell genutzten Liegenschaften auf 341 sowie 228 nicht offiziell zugewiesenen Liegenschaften.

Die vielen Truppenübungsplätze waren flächenmäßig nicht vollständig erfasst. Z.B schwankte die Flächenangabe des Truppenübungsplatzes Altengrabow in Sachsen-Anhalt zwischen 2.064 Hektar und 11.000 Hektar. Die Bundeswehr vermass ihn schließlich mit 9.033 Hektar.

In der Zeit des Kalten Krieges bildeten die sowjetisch-russischen Truppen im Land Brandenburg eine Art „Ring" um das „feindliche" Westberlin. Etwa

150.000 Armeeangehörige der WGT mit ca. 70.000 Familienangehörigen waren im Land Brandenburg stationiert. Davon entfielen auf die geschlossene Militärstadt Wünsdorf mit dem Hauptquartier der GSSD bzw. WGT schätzungs-weise 35.000 Soldaten, Offiziere und Zivilbeschäftigte mit ihren Familienangehörigen. Auf dem 6.200 Hektar-Areal befanden sich im ehemaligen Heeresstandort der deutschen Wehrmacht diverse Wohnsiedlungen (auch DDR-Plattenbauten), Stabs- und Unterkunftsgebäude, Geschäfte, Schulen, Theater bzw. Klubhaus, Museum, Sportclub, Druckerei, Hospital, Depots, Werkstätten, Brotfabrik, Übungsplätze usw.

In der Region Fürstenberg an der Havel, einem idyllischen Städtchen mit vielen Binnenseen (20 Kilometer südlich von Neustrelitz), standen 5.000 Einwohnern etwa 22.000 sowjetische Soldaten mit ihren Familienangehörigen gegenüber. Nach dem Abzug der 12. Panzerdivision aus Neuruppin standen dort 40 Prozent der städtischen Wohnungen sanierungsbedürftig leer. Die Stadt Jüterbog südlich von Berlin mit einer 160jährigen Garnisonsgeschichte war zu 68 Prozent mit sowjetischem Militär und deren Familien belegt. Neben einem großen Fliegerhorst befanden sich hier in der Region die 32. Garde-Panzerdivision, mehrere Regimenter, Brigaden, Militär-Schulen und drei Großtanklager. Im thüringischen Nohra mit ca. 500 Einwohner waren 5.375 Soldaten der GSSD bzw. WGT stationiert.

Diese Zahlen unterlagen jedoch Schwankungen, in Abhängigkeit von Strukturveränderungen und Truppen-Umgruppierungen. Gezählt wurden im Land Brandenburg etwa 25.500 Wohnungen (mehrgeschossige Wohnblocks, Einzelhäuser, Villen), die von sowjetisch-russischen Armeeangehörigen mit ihren Familien bewohnt wurden. Davon befanden sich inmitten der Städte oder in deren Randlage 17.600 Wohneinheiten für Offiziere und deren Familien. Etwa die Hälfte, 10.000 Wohnungen inklusive Villen, waren sanierungsfähig. Viele Gebäude mussten jedoch abgerissen werden.

Kampftechnik

Die Angaben zur Waffentechnik variieren, je nach der Klassifizierung des Kampfgerätes, seiner zeitlichen Erfassung sowie in Abhängigkeit von russischen oder deutschen Quellen. Der Chef der NVA, Admiral Theodor Hoffmann, bezifferte die auf dem Territorium der DDR befindlichen Panzer der WGT im Juli 1990 mit 5.880 Stück. Das waren 1.700 Panzer mehr, als die sowjetischen Militärs in ihren Veröffentlichungen angaben. Gewöhnlich war die militärische Führung der NVA und Militäraufklärung gut über die sowjetische Hauptbewaffnung informiert.

Im Folgenden bezieht sich der Autor auf Zahlen-Angaben des Oberkommandierenden der WGT, Generaloberst Burlakow und seines Chefs des Stabes, Generaloberst Terentjew. Danach verfügte die WGT im Oktober 1990 über 123.000 Stück bzw. Einheiten von militärischem Gerät. Im Bestand befanden sich 4.197 Panzer (T-80, T-72 und T-64), 11.500 gepanzerte Kampffahrzeuge (Schützenpanzer „Kette" BMP-1 und BMP-2 sowie Schützenpanzerwagen „Rad" BTR-60, 70 und 80), 3.716 Artilleriegeschütze unterschiedlicher Kaliber, 106.094 Kraftfahrzeuge aller Art (darunter Transportfahrzeuge für Raketen). Zur fliegenden Komponente der GSSD gehörten 691 Kampfflugzeuge und 683 Kampfhubschrauber.

Zum Zahlenwerk der WGT gegenüber der Waffentechnik existieren bis in die Gegenwart hinein unterschiedliche Angaben. Zum Ende des Truppenabzuges erhöhte sich z.B. die Anzahl der insgesamt zurück geführten Panzer auf 4.288 Stück. Diese Anzahl vertrat auch Generaloberst Terentjew. Dagegen verringerte sich die Anzahl der gepanzerten Kampftechnik (BMP, BTR) auf 8.208 Stück. Die Differenz von 3.292 gepanzerten Kampffahrzeugen deutet auf die parallel zum Abzug in eigener Zuständigkeit durchgeführte Verschrottung dieser Fahrzeuge hin. Gegenüber den zu Beginn des Abzuges gemeldeten 3.716 Artilleriesystemen und Abschussanlagen verringerte sich die zurück geführte Anzahl auf 3.664 Einheiten. Terentjew erwähnte nur 3.300 Artilleriesysteme.

Die WGT verfügten 1989/1990 über 170 bis 180 Raketensysteme von Operativ-taktischen und Taktischen Raketen mit etwa 850 Raketenträgern. Diese Zahlenangaben sind wegen nicht zugänglichen sowjetisch-russischen Quellen nicht belegbar. Auch unterlag die Anzahl dieser Waffen Schwankungen. Zu berücksichtigen ist für diesen Zeitraum, dass sich die Raketensysteme mit ihren Trägermitteln zum Teil in der Abzugsphase befanden.

Hinzu kamen 2.754.530 Tonnen Material und diverse Ausrüstungen, das abtransportiert werden musste. Quellen benennen u.a. auch 2.602.000 Tonnen Material. Zum Munitionsbestand existieren unterschiedliche Mengen-Angaben, die u.a. aus Gründen der Geheimhaltung zu erklären sind. So z.B. stufte Generaloberst Burlakow das in der DDR und dann in der Bundesrepublik gelagerte Kernwaffenmaterial der WGT als Atom-Munition ein. Diese Zuordnung sollte offensichtlich die Gefährlichkeit der nuklearen Gefechtsköpfe herabmindern.

Von 160 zentralen Depots der GSSD bzw. WGT in 1989/90 lagerten in 113 Depots etwa 680.000 Tonnen Munition der Landstreitkräfte. Weitere 320.000 Tonnen Munition befanden sich im beweglichen Truppenbestand. Mit dem 1989 eingeleiteten Teilabzug der GSSD bzw. WGT war auch der Rücktransport eines Teils der Munition verbunden. Nach russischen Angaben wurden von 1991 bis 1994 insgesamt 677.000 Tonnen Munition in die Heimat zurückgeführt.

In 101 Großtanklager der Landstreitkräfte, davon 25 Armee- bzw. strategische Reservelager, bevorrateten die GSSD 1989 etwa 530.000 Tonnen Treib- und Betriebsstoffe mit einer logistischen Reichweite für 40 Kampftage. Wie viel Tonnen davon in die Heimat transportiert werden mussten, konnte der Autor nicht ermitteln.

Landstreitkräfte

Zu den Landstreitkräften der GSSD gehörten: **1. Garde-Panzerarmee** mit Stationierungsorten u.a. in Dresden, Meissen, Plauen, Königsbrück, Zeithain, Brandis, Dessau, Chemnitz und Grimma, die **2. Garde-Panzerarmee** mit Garnisonen u.a. in Fürstenberg, Neustrelitz, Wulkow, Parchim, Schwerin, Perleberg, Rathenow, Stendal und Mahlwinkel, die **3. Stoßarmee** mit Standorten u.a. in Magdeburg, Altengrabow, Neuruppin, Hillersleben und Mahlwinkel, die **8. Gardearmee** mit Garnisonen u.a. in Halle, Naumburg, Zeitz, Weimar, Nohra, Gotha, Jena, Rudolfstadt und Ohrdruf sowie die **20. Allgemeine Garde-Armee** mit Standorten u.a. in Eberswalde, Bernau, Prenzlau, Vogelsang, Fürstenwalde, Jüterbog, Elstal, Krampnitz und Rüdersdorf.

Divisionen: Die fünf Armeen (ohne 16. Luft-Armee) verfügten insgesamt über 20 Divisionen. Darunter befanden sich elf Panzerdivisionen, acht Mot.-Schützendivisionen und die dem Oberkommando der GSSD direkt unterstellte Artilleriedivision (Potsdam-Nedlitz). Die Struktur einer Panzerdivision umfasste sechs Regimenter und ein (1) Bataillon. Eine Mot.-Schützendivision hatte sechs Regimenter und zwei Bataillone.

Zur Hauptschlagkraft der WGT gehörten die Panzerdivisionen (PD). Sie waren in folgenden Regionen der DDR stationiert (Nennung von Nord nach Süd): Neustrelitz (16. PD), Vogelsang (25. PD), Neuruppin (12. PD), Bernau (90. PD), Hillersleben (47. PD), Altengrabow (10. PD), Rosslau (7. PD), Jüterbog (32. PD), Riesa (9. PD), Jena (79. PD) und Dresden (11. PD). Bis Anfang der

80er-Jahre war in Lutherstadt-Wittenberg noch die 6. PD stationiert. Zusammengefasst verfügten die 20 Divisionen zuzüglich der dem Oberkommando direkt unterstellten Einheiten auf dem Territorium der DDR im Juli 1990 über insgesamt 144 Regimenter, 51 Brigaden und 48 Bataillone.

Die Anzahl der in den Divisionen vorhandenen Panzer wurde abschließend mit 4.288 Stück angegeben. Neben den schon älteren Typen T-64 und T-72 befand sich der ab 1985 in den Panzerdivisionen eingeführte supermoderne Panzer vom Typ T-80 BV und T-80 B. Er galt in den westlichen Medien als „Wunderpanzer". Der T-80 BV wog 43 Tonnen und hatte eine Reaktivpanzerung. Seine Bewaffnung bestand u.a. aus einer 125-mm-Kanone, funkgelenkte „Kobra"-Lenkraketen (Typ 9M112) und einem 12,7-mm-Fla MG Typ NSVT. Wirklich revolutionär war sein Antriebsmotor, die Gasturbine „Klimow NPO SM-1000". Die Turbine erreichte eine Leistung von 750 kW. Damit soll der Kampfpanzer eine Höchstgeschwindigkeit von 80 bis 90 km/h erreicht haben. Im Gelände fuhr er ca. 60 km/h.

Die Schwäche des Panzers lag im „Nachtkampf" bzw. bei schlechten Sichtverhältnissen (Nebel). Die Aufklärungsreichweite durch die Infrarotanlage des Schießscheinwerfers lag unter 1.200 Meter. Damit war er NATO-Panzern mit ausgestattetem Wärmebildgerät unterlegen. Der hohe Treibstoffverbrauch des T-80 BV und T-80 B führte 1989 zur Modifizierung des Panzers mit der Gasturbine des Typs 1.200 bzw. 1.500, einer neuartigen Panzerung und verbessertem Turm. Schließlich kamen die sowjetischen Konstrukteure wieder auf einen Panzer-Antrieb mit Dieselmotor zurück, den T-80 M. Dieser soll angeblich noch 1989 in den Streitkräften und der WGT eingeführt worden sein.

Raketensysteme

Jede der fünf Armeen verfügte im Juli 1990 über zwei Raketen-Brigaden mit Operativ-taktischen und Taktischen Raketensystemen. Hinzu kamen zwei weitere dem Oberkommando der WGT in Wünsdorf direkt unterstellte Raketen-Brigaden in Oschatz und Drachhausen. Damit verfügten die WGT 1989/90 über insgesamt 12 Raketenbrigaden im Truppenbestand. Die Struktur einer Raketenbrigade ähnelte der in der NVA. Danach setzte sich eine Brigade aus zwei Abteilungen mit je drei Startbatterien zu je zwei Startrampen zusammen.

Die Raketenbrigaden der WGT verfügten 1987 über 160 Operativ-taktische Raketensysteme des Typs 9K76 TEMP-S (NATO-Code SS-12,

SCALEBOARD) und des Typs 9K714 OKA (NATO-Code SS-23, SPIDER). Die Anzahl der ballistischen Raketenträger kann lediglich geschätzt werden. Sie betrug etwa 700.

Hinzu kamen 68 Taktische Raketensysteme des Typs 9K79 TOTSCHKA (NATO-Code SS-21, SCARAB) mit etwa 340 geschätzten Trägermitteln. Somit besaßen die GSSD zum Zeitpunkt 1987 insgesamt etwa 228 Raketensysteme mit 1.040 Raketen. Der Autor stützt sich hierbei auf Angaben des Raketen-Experten der NVA Peter Hall. In der Literatur existieren dazu unterschiedliche Angaben. Abweichungen sind von daher möglich. Der Taktische Raketen-komplex 2K6 LUNA mit den Kurzstrecken-Raketen Frog-3, Frog-4, Frog-5 und Frog-6 wurde bis 1982 aus den sowjetischen Streitkräften herausgelöst. Die Exportvariante des LUNA-Waffensystems in Staaten des Warschauer Paktes trug die Bezeichnung R-30.

Im Zuge des am 8. Dezember 1987 zwischen der UdSSR und den USA abge-schlossenen INF-Abrüstungsvertrages (Intermediate-Range Nuclear Forces) über die Vernichtung von Raketen mittlerer und kürzerer Reichweite (500 bis 5.500 Kilometer) wurden die Raketen mit nuklearen Sprengköpfen schrittweise ausgemustert. Das betraf die GSSD bzw. WGT mit insgesamt 52 Operativ-taktischen Raketensystemen. Diese wurden 1988 aus der DDR abgezogen. Dazu gehörten 34 Startrampen TEMP-S (SS-12, SCALEBOARD) mit 53 Ra-keten sowie 16 Startrampen 9K714 OKA (SS-23, SPIDER) mit 53 Raketen. Jedoch wurde die 11. Raketenbrigade der 8. Gardearmee (Weißenfels) im Zeit-raum 1984 bis 1988 vom 9K72 Elbrus-Raketenkomplex (SS-1c, SCUD-B) um-gerüstet auf 12 bzw. 16 Raketenkomplexe des Typs SS-23 SPIDER mit 53 Raketen.

1989/90 besaßen die WGT annähernd über 102 Operativ-taktische Raketen-systeme des Typs 9K72 (NATO-Bezeichnung SS-1c, SCUD-B) mit etwa 500 Trägerraketen sowie 68 Taktische Raketensysteme 9K79 TOTSCHKA (NATO-Code SS-21, SCARAB) mit 350 Trägerraketen. Die Anzahl der noch auf dem Territorium der DDR gelagerten ballistischen Raketen belief sich demnach auf etwa insgesamt 850 Trägermittel. Auch dazu existieren von russi-scher Seite keine belegbaren Angaben. Der Autor bezog sich in seinen Darle-gungen auf Angaben von Peter Hall. Neben konventionellen Sprengstoff konnten die Raketen mit Nuklearsprengköpfen bestückt werden.

Die NVA begann bereits im März 1990 mit der Außerdienststellung und Ver-schrottung von zwei Raketensystemen des Typs 9K714 OKA (SS-23). Mitte des Jahres 1990 beschloss die DDR-Regierung, alle NVA-Raketenbrigaden aufzulösen und die Operativ-taktischen Raketensysteme der NVA auszumustern. Im Vorfeld der mit der deutschen Einheit verbundenen Abrüstung und absehbaren Auflösung der NVA übernahmen die WGT bis 30. April 1990 zusätzlich 22 Operativ-taktische Raketensysteme des Typs 9P117 M (SS-1c, SCUD-B) mit 111 Raketen. Vom 5. zum 6. August 1990 holten die WGT acht Taktische Raketensysteme 9K79 TOTSCHKA (SS-21, SCARAB) inklusive 51 Trägermittel von der NVA ab.

Die Raketensysteme mit den Trägermitteln wurden ohne Zahlungsausgleich in die Sowjetunion überführt. Nach der deutschen Einheit und der damit verbundenen Übernahme der Waffentechnik der NVA gelangte die Bundeswehr u.a. in den Besitz des modernen Raketensystems 9K714 OKA (SS-23, SPIDER). Die Auflösung der mit sowjetischen Raketen ausgerüsteten ehemaligen Einheiten der NVA zog sich bis etwa Mitte des Jahres 1991 hin.

Die Standorte der Sonderwaffen-Lager der GSSD mit Nuklearsprengköpfen waren geheim und gut getarnt. Man schätzte ihre Anzahl auf etwa 20 Objekte, die ab 1983 auf dem Territorium der DDR errichtet wurden. Bekannt wurden nach 1991 die Standorte Lärz (Müritz, Mecklenburgische Seenplatte), Wittstock (Landkreis Ostprignitz-Ruppin), Flecken-Zechlin (Rheinsberg), Groß Dölln (Templin), Neuthymen (Fürstenberg/Havel), Werneuchen (Landkreis Barnim), Vogelsang (Zehdenick), Finsterwalde (Landkreis Elbe-Elster), Brand (Landkreis Dahme-Spreewald), Altengrabow (Fläming, Landkreis Jerichower Land), Torgau (Landkreis Nordsachsen), Kapen (Oranienbaum bei Dessau), Wurzen (Sachsen), Hohenleipisch (Landkreis Elbe-Elster), Altenhain (Landkreis Leipzig), Zeithain (Landkreis Meißen), Königsbrück (Oberlausitz in Sachsen) sowie Halle-Wörmlitz. Es ist sehr wahrscheinlich, dass Nahe der Militärflugplätze Großenhain (Landkreis Meißen) und Altenburg (Thüringen) ebenfalls Kernwaffen deponiert waren.

Zu den letzten im Juni 1991 geräumten Sonderwaffen-Lagern gehörten die Standorte in Zeithain, Altengrabow und Altenhain sowie Altenburg und Großenhain. In den beiden letzten angeführten Standorten lagerten nukleare Freifallbomben (SS-12) für die Luftstreitkräfte der GSSD.

Unter sowjetischem Kommando standen außerdem zwei weitere unterirdische Kernwaffenlager. Diese hielten für den Kriegsfall Kernsprengköpfe für die NVA-Raketentruppen vor. Beide Lager wurden 1968 bis 1970 angelegt. Dazu gehörte ein Waldareal mit einer Fläche von 100 Hektar in der Nähe des brandenburgischen Städtchen Himmelford, etwa 90 Kilometer nördlich von Berlin. Es trug den Tarnnamen „Lychen II", Objekt 4001-Nord bzw. TOTSCHKA T-7 4001. Ein weiteres, artgleiches Kernwaffenlager befand sich in Stolzenhain bei Schönwalde (Land Brandenburg). Es trug den Tarnnamen LINDA.

Zum System der Luftabwehr unterhielt die GSSD über insgesamt 29 Fla-Raketenbrigaden mit Raketen des Typs SA-3 (russisch C-125 „Newa", NATO-Code GOA), SA-4 (russisch 2K11 „Krug", NATO-Code GANEF), SA-5, SA-6 (russisch 2K12 „Kub", NATO-Code GAINFUL), SA-8 (russisch 9K33 „Osa", NATO-Code GECKO), SA-11 (russisch 9K37 „Buk", NATO-Code GADFLY) und SA-12 (russisch S-300W, NATO-Code GLADIATOR).

1984 führten die GSSD das weitreichende Flugabwehrraketensystem S-300, 70R6 ein (NATO-Bezeichnung SA-10B GRUMBLE). Das Waffensystem diente der Bekämpfung von gegnerischen Kampfflugzeugen und Marschflugkörpern. Die Abwehrraketen hatten eine Reichweite von 200 Kilometer und eine Flughöhe bis zu 27.000 Meter. Das Boden-Luft-Lenkwaffensystem auf dem Territorium der DDR war Bestandteil des gesamten Luftabwehrsystem der UdSSR.

Luftstreitkräfte

Die in der DDR entfaltete 16. Luft-Armee umfasste fünf Fliegerdivisionen. An der Ostseeküste in Rüdnitz bei Ribnitz-Damgarten war die 16. Jagdfliegerdivision stationiert mit weiteren Flugplätzen in Wittstock und Finow. Die 6. Jagdfliegerdivision befand sich in Merseburg (Sachsen-Anhalt) mit Flugplätzen in Falkenberg, Merseburg, Altenburg und Großenhain. Die 126. Jagdfliegerdivision war in Zerbst stationiert mit Flugplätzen in Zerbst, Köthen und Jüterbog. Die 125. Jagdbomberfliegerdivision hatte in Rechlin-Lärz (Mecklenburg) seinen Standort mit weiteren Flugplätzen in Neuruppin, Finsterwalde und Gross Dölln. Die 105. Jagdbomberfliegerdivision in Großenhain (Sachsen) verfügte über Flugplätze in Brand, Finsterwalde und Großenhain.

Zu jeder Division gehörten jeweils drei Fliegergeschwader. Ein Jagdfliegergeschwader umfasste 40 Kampfflugzeuge. Insgesamt verfügte die 16. Luft-Armee über 691 Kampfflugzeuge vom Typ MiG-29 FULCRUM, MiG-23M, MiG-23MLD, MiG-23ML und MiG-25PD. Die zwei Jagdbombenfliegerregimenter hatten Flugzeuge des Typs MiG-27K, Su-17M-3, Su-17M-4 und Su-24M im

Kampfbestand. Zum Fluggerät der GSSD gehörten außerdem 683 Hubschrauber (Mi-24, Mi-8, Mi-9).

Dem Stab der 16. Luft-Armee unmittelbar unterstellt waren zwei Schlachtfliegergeschwader in Brandis und Tutow mit dem Erdkampfflugzeug SU-25 FROGFOOT und L-39C ALBATROS, vier Aufklärungsfliegergeschwader in Welzow, Sperenberg, Allstedt und Werneuchen (Su-24MR, Su-24MP, IL-20, Su-17M-4R, MiG-25BM, Jak-28PP). Dem Armeestab waren außerdem direkt unterstellt ein (1) Transportfliegergeschwader in Sperenberg mit 91 Flugzeugen (An-12, An-24, An-26, Tu-134), die 292. selbständige Hubschrauberstaffel in Cochstedt (Mi-8, Mi-9), einige Ausbildungsverbände und drei Nachrichtenbrigaden in Wünsdorf, Leipzig und Treuenbritzen.

Kommandeur der 16. Luft-Armee war von 1988 bis 1993 Generalleutnant der Flieger Anatoli Fjodorowitsch Tarassenko. Er wurde 1993 von Generalleutnant der Flieger Boris I. Kasatschkin abgelöst.

Seestreitkräfte

Die in Häfen an der Mecklenburgischen Ostseeküste stationierten Schiffe und Einheiten der Baltischen Rotbannerflotte bzw. Baltischen Flotte waren von Anbeginn nicht dem Oberkommando der GSSD bzw. WGT unterstellt, sondern direkt dem Marinehauptquartier der Baltischen Flotte in Kaliningrad (Königsberg). Diese Thematik behandelt der Autor in den Schwerpunkten 2.10. und 3.2.

GSSD in Sachsen mit Großraum Dresden

Die Autorin Silke Satjukow vermittelt in ihrem Buch „Besatzer. Die Russen in Deutschland 1945-1994" ein detailliertes Bild über die in Sachsen (ehemals DDR-Bezirk Dresden) stationierten sowjetischen Truppen mit ihrer Konzentration in der Landeshauptstadt Dresden. Insgesamt waren in Sachsen 57.600 Armeeangehörige und 35.900 Zivilbeschäftigte der GSSD mit Familienangehörigen stationiert. In der Stadt Dresden befanden sich 9.767 Soldaten und Zivilbeschäftigte. In der Elbestadt war die 1. Garde-Panzerarmee mit ihrem Armeestab (u.a. Dr.- Kurt-Fischer-Allee) und der Divisionsstab der 11. Panzerdivision (u.a. Otto-Buchwitz-Straße) stationiert.

Im Ergebnis ihrer Recherchen ermittelte Silke Satjukow, dass die WGT 1989 insgesamt 165 zugewiesene Liegenschaften und Objekte (18.679 Hektar) sowie

427 nicht zugewiesene Objekte im Land Sachsen militärisch nutzte. Der sächsische Umweltminister Arnold Vaatz bezifferte 1993 die ehemaligen bzw. noch in Nutzung befindlichen Liegenschaften der WGT mit 169. Etwa 25 Prozent der sowjetischen Truppen befanden sich direkt in Stadt- und Ortslagen. 45 Prozent der Militärareale lagen am Ortsrand und 30 Prozent im ländlichen Raum. Neben der Stadt Dresden existierten weitere WGT-Stäbe und Truppenteile in drei großen und sechs kleineren Garnisonen, u.a. in Wurzen, Kochstedt, Altenburg, Allstedt und Brandis.

Zum Truppenbestand der 11. Panzerdivision gehörten insgesamt sechs Regimenter und ein Bataillon. Neben Dresden waren die Kräfte in Meissen, Königsbrück und Chemnitz stationiert. Die 9. Panzerdivision mit fünf Regimentern, einer (1) Brigade und einem (1) Bataillon befand sich in den Regionen Zeithain, Riesa, Jüterbog und Borna. Die 20. Mot.-Schützendivision mit sechs Regimentern und zwei Bataillonen war in den Ortschaften Grimma, Plauen, Wurzen, Pommsen, Glauchau und Leisnig stationiert.

Die Auflistung von diversen Militär-Einheiten mit Nennung ihrer Stationierung in Dresden liefert einen Beleg über die hohe Konzentration der sowjetischen Truppen in der sächsischen Landeshauptstadt. Nach Recherchen von Satjukow gehörten dazu u.a.: 11. Panzerdivision (Karl-Liebknecht-Straße), 9. Panzer-Aufklärungs-Bataillon (Dresden-Klotsche), Panzer-Einheiten (Wilder Mann, Dresden-Nickern und Proschhübelstraße), Panzer-Kaserne (Dr. Kurt-Fischer-Allee), Panzer-Reparaturwerkstatt (Proschhübelstraße, Panzerdepot (Hellergelände), Panzer-Ersatzteillager (Otto-Buchwitz-Straße) und Panzer-Übungsplatz (Kannhenkelweg).

Neben den Panzer-Formationen der 11. Division befanden sich in Dresden weitere Truppenteile und militärische Objekte der GSSD. Zu den von der Autorin Satjukow aufgeführten Einheiten gehörten: 249. Mot.-Schützen-Regiment (Paulstraße, Tannenstraße und Schröderstraße), Nachrichten-Brigade (Tannenstraße), 298. Funkmess- und Richtfunk-Bataillon, 51. Funktechnisches Bataillon (Hellergelände), Bataillon der Luftabwehr (Magdeburger Straße), 443. Pionier-Bataillon und 68. Ponton-Brücken-Regiment (Dresden-Ubigau), Hubschrauberflugplatz (Hellergelände), Fahrzeug-Werkstatt (Dr. Kurt-Fischer-Allee und Marienallee), Wirtschaftsversorgungslager (Otto-Buchwitz-Straße und Magazinstraße), Lazarett (Marienallee), Hospital (Stadtteil Weißer Hirsch), Exerzier- und Paradeplatz (Moritzburger Weg).

Daneben beanspruchte die 1. Garde-Panzerarmee in Sachsen vier Truppenübungsplätze, elf Standortübungsplätze, drei Flugplätze, zwei Hubschrauberlandeplätze, 13 Ausbildungszentren, fünf Fluss-Übersetzstellen, zwei Hauptmarschstraßen und zwei Rochadehauptmarschstraßen für Kettenfahrzeuge.

Zur 1. Garde-Panzerarmee gehörten zwei Raketenbrigaden in Kochstedt (181. Brigade) und Wurzen (432. Brigade). Sie verfügten über Operativ-taktische Raketensysteme des Typs 8K14, SS-1c (NATO-Code SCUD-B) und Taktische Raketensysteme TOTSCHKA SS-21 (NATO-Code SCARAB). Die 53. Fla-Raketenbrigade (Flugabwehrrakete SA-11) hatte bei Altenburg ihren Standort. Zwei Kampfhubschrauber-Regimenter (225. und 485.) befanden sich in Allstedt und Brandis. Die 308. Artillerie-Brigade war in Zeithain untergebracht.

Die in Sachsen stationierten Einheiten verfügten über 17.426 Stück militärisches Großgerät, davon 839 Kampfpanzer, 1.491 gepanzerte Kampffahrzeuge (BMP und BTR), 716 Artillerie-Waffen, 49 Kampfhubschrauber, 108 Kampfflugzeuge sowie 216.340 Tonnen Material und technische Ausrüstung.

Die geballte Militärmacht der 1. Garde-Panzerarmee in Sachsen, vor allem im Großraum Dresden, erfuhr in der Bevölkerung wenig Zustimmung. Die kritische bis ablehnende Haltung vieler Bürger gegenüber den in Sachsen stationierten sowjetischen Truppen dokumentierte der Eklat auf der Abschiedsveranstaltung in Dresden am 18. August 1992 (siehe Kapitel 3.5.).

2.3.   Stationierungskosten, Lieferungen und Leistungen der DDR

Die finanziellen Aufwendungen und Leistungen der DDR für die Stationierung der GSSD und die Sicherstellung ihrer Versorgung waren beträchtlich. Die zugänglichen Quellen liefern dazu jedoch recht obskure Daten. Die Kennzifffern verbargen sich im Staatshaushaltsplan der DDR oder im Gesamtbudget der Landesverteidigung. Diese Daten unterlagen bis 1990 der Geheimhaltung. Ein Teil der für die GSSD verausgabten Finanzmittel, erbrachten Leistungen und bereit gestellten Waren und Erzeugnisse waren in zivilen Kostenpositionen enthalten. Hinzu kam, dass die DDR bis 1978 über kein zentrales Abrechnungssystem für die finanziellen Aufwendungen der Stationierung sowjetischer Truppen im Land verfügte.

Neben den monetären Zahlungen hatte die DDR diverse Leistungen (Bauvorhaben, Instandsetzung, Handel, Versorgung), außerplanmäßige Kosten (Nennung nach Ermessen der GSSD) und Finanz-Ausfälle (Preisausgleiche, Tarifermäßigung bei der Post und Deutschen Reichsbahn) zu tragen.

Die seitens der DDR in Vorkasse (Guthaben) für die GSSD verausgabten Gelder sollten durch den oftmals säumigen Bündnispartner beglichen werden. Ob und wie das buchhalterisch erfolgte, war für den Autor nicht recherchierbar. Die in Milliardenhöhe über Jahrzehnte an die GSSD geflossenen finanziellen Mittel sind lediglich fragmentarisch belegt und nur einschränkend belastbar.

Die Autorin Silke Satjukow erwähnte in ihrem Buch: „Besatzer. Die Russen in Deutschland 1945-1994", dass sich „die jährlichen Zahlungen für den Aufenthalt der sowjetischen Truppen bis 1953 nach den Bedarfsanforderungen der `Hohen Kommission` beziehungsweise des Oberbefehlshabers in Wünsdorf richteten". Im Ergebnis ihrer Untersuchungen gewann die Autorin Satjukow die Erkenntnis, diese „willkürliche Praxis, entzog sich jeder Planung und Bilanzierung" für die DDR.

Nach offiziellen Angaben lagen die Kosten im Zeitraum von 1954 bis 1958 bei etwa 6,25 Mrd. Mark der DDR. Im Jahresdurchschnitt betrugen sie 1,042 Mrd. Mark. Entsprechend den Festlegungen des 1955 geschlossenen Staatsvertrages, war jährlich ein Betrag in Höhe von 1,6 Mrd. Mark durch die DDR bereit zu stellen. Diese Kennziffer ist in einem Dokument des Politischen Archives des Auswärtigen Amtes Berlin belegt. Danach sollte die für den Unterhalt der GSSD aufzuwendende Summe jährlich „nicht fünf Prozent der Einnahmen des Staatshaushaltes der DDR übersteigen".

Im Juli 1956 wurde die Herabsetzung der Aufenthaltskosten im laufenden Jahr und in 1957 auf 800 Millionen Mark vereinbart. Für 1958 und 1959 sollten die Kosten nochmals um jeweils 175 Millionen Mark gekürzt werden. Danach hatte die DDR jährlich 625 Millionen Mark an die GSSD zu zahlen. Von dieser Reduzierung berichtete die Zeitung „Neues Deutschland" in ihrer Ausgabe vom 25. Juni 1958. Über die jährlich veranschlagten Zusatzkosten bewahrte man Stillschweigen. Die entsprechenden Buchungen erfolgten offensichtlich „verdeckt" in irgendwelchen Positionen des Staatshaushaltes. Gegenüber der offiziell in der Presse verkündeten Reduzierung der Stationierungskosten bestehen begründete Zweifel. Die Meldung sollte eher bei den Bürgern den Eindruck einer kooperativen Zusammenarbeit erwecken.

Am 7. Juli 1958 erreichte SED-Chef Walter Ulbricht und Ministerpräsident (DDR) Otto Grotewohl ein Brief vom sowjetischen Regierungschef Nikita S. Chruschtschow. In dem Schreiben kündigte er für das Jahr 1959 den Verzicht von 600 Millionen Mark an Aufenthaltskosten der GSSD an. Das Angebot aus Moskau, was sich letztlich als ein Propagandatrick entpuppte, ließ offen, aus welchen DDR-Ressourcen die Aufenthaltskosten überhaupt entnommen bzw. beglichen werden sollten. Die offiziell deklarierten Summen für die Finanzierung der sowjetischen Truppen in der DDR sanken. Dem gegenüber stiegen die tatsächlichen Kosten und Leistungen jedoch kontinuierlich an.

Die DDR verausgabte in den 60er-Jahren bis Mitte der 80er-Jahre jährlich etwa elf Prozent des Nationaleinkommens für Militär und Rüstung. Das war eine Spitzenposition innerhalb der Staaten des Warschauer Paktes. Rainer Karlsch (Buch: „Mit sieben Siegeln") recherchierte, dass die Ausgaben der Landesverteidigung der DDR für das Jahr 1970 neun Mrd. Mark betrugen. Für 1980 ermittelte er 18,2 Mrd. Mark der DDR. 1984 erhöhten sich die Ausgaben auf 22,8 Mrd. Mark. Davon entfielen nach Ansicht von Karlsch auf die GSSD im Jahr 1970 etwa 812 Millionen Mark (9,2 Prozent). 1980 waren es 745 Millionen Mark (4,9 Prozent) und 1984 etwa 700 Millionen Mark (3,1 Prozent). Zu diesen Stationierungskosten kamen weitere nicht offiziell definierte Zusatzkosten.

Erst der 1978 vorgelegte DDR-Staatshaushalt über die „planmäßige und einheitliche Bilanzierung der Volkswirtschaftsmittel" enthielt den Posten des finanziellen Aufwandes für die Kosten der sowjetischen Truppenstationierung. Nach diesem Plan erhielten die GSSD 1,570 Mrd. Mark im Jahr 1978. Von diesem Betrag wurden Kostenpositionen u.a. für Strom- und Gaslieferungen, Instandsetzungen, den Wohnungsbau und Zuschüsse für den Radiosender „Wolga" (in Potsdam, Menzelstraße) abgezogen. Das betraf ebenso auch Einnahmedifferenzen aus Militärtarifen sowie Mietausfälle gegenüber den für die GSSD gebauten Neubauwohnungen. Insgesamt musste die DDR Ende der 70er-Jahre etwa 1,2 Mrd. Mark für die GSSD aufwenden. Damit weicht dieser Betrag erheblich von der Ansicht des Autors Karlsch ab. Er bezifferte Kosten für 1980 mit 750 Millionen Mark.

Im Januar 1978 beschloss das Politbüro des ZK der SED eine Bilanzierung der Lieferungen und Leistungen an die GSSD. Diese hatte die Staatliche Plankommission zu erstellen. Entsprechend dem von der GSSD gewünschten Waren- bzw. Leistungsbezug erteilte die Staatliche Plankommission Militär- bzw. Orderaufträge an die Lieferanten und Erzeuger in der DDR. Vor der Beschlussfassung des jährlichen Budgets für die GSSD hatte die Staatliche Plankommission und das Finanzministerium dem Staatschef Erich Honecker die Planung über die eingestellten finanziellen Mittel, Leistungen und Waren vorzulegen. Damit wollte man nachträgliche Forderungen der GSSD unterbinden. Es gehörte jedoch weiterhin zur üblichen Praxis der GSSD, den ihnen eingeräumten Finanz- und Leistungsfond fortwährend zu überziehen.

Exemplarisch steht hierfür der schriftlich fixierte „Wunsch" des Oberkommandierenden der GSSD, Armeegeneral Jewgeni Iwanowski, um eine Erhöhung der Finanzmittel zu Beginn des Jahres 1978. Er informierte die DDR-Führung, dass sie ihre Leistungen für den Wohnungsbau, die Instandsetzung von Militärobjekten und technischer Kampfmittel sowie den Bau von Flugplätzen neben den bereits genehmigten 70 Millionen Mark um weitere 30 Millionen Mark erhöhen sollte. Ab 1981 würde die GSSD jährlich 90 Millionen Mark mehr benötigen. Der Armeegeneral ließ außer Acht, dass diese Geld-Forderung sowohl im laufenden Fünfjahresplan der DDR (1976 bis 1980) als auch ab 1981 nicht bilanziert war. Der stellvertretende Vorsitzende der Staatlichen Plankommission und Chef des Militärbereichs, Generalmajor Dr. Friedrich Zeiler, lehnte die sowjetischen Forderungen für Zusatzgelder (u.a. Flugplatzbauten) entschieden ab. Das kam einem Affront gleich. Ablehnungen kannte das Oberkommando der GSSD bisher nicht, noch dazu von einem NVA-General. Das Oberkommando in Wünsdorf lehnte es ab, mit General Zeiler weiter zu sprechen bzw. zu verhandeln. Dem angesehenen NVA-General wurde unterstellt, „er wolle den Warschauer Vertrag untergraben".

Der Volkswirtschaftsplan der DDR für 1984 beinhaltete Gesamtaufwendungen für die GSSD in Höhe von 1,761 Mrd. Mark. Darin waren enthalten: Lieferungen von Konsumgütern, Produkte der Land- und Nahrungsgüterwirtschaft, Leistungen für den Bau von Wohnungen und militärischer Objekte, Reparaturen an Gebäuden, Dienstleistungen usw. Da die tatsächlichen Stationierungskosten offiziell nicht in ihrer Gesamtheit bzw. Höhe im DDR-Haushaltsplan auftauchten bzw. ermittelt werden konnten, lassen sich diese lediglich schätzen. Demnach sollen die Kosten im Zeitraum von 1980 bis 1989 etwa 12,663 Mrd. Mark betragen haben. Sie lagen ab 1980 jährlich zwischen 1,2 und 1,8 Mrd. Mark der DDR.

Im Januar 1986 musste sich das Politbüro des ZK der SED erneut mit den Kosten der GSSD befassen. Das oberste Parteigremium beschloss, dass sämtlicher von der GSSD angemeldeter Bedarf an Waren, Erzeugnissen und Leistungen zu bilanzieren und im Staatshaushaltsplan festzuschreiben ist.

Neben den traditionell bekannten Problemen, die nach wie vor ungelöst blieben, bahnte sich neuer Ärger an. Dieser resultierte aus dem reichhaltigen Waren-Angebot in den öffentlich zugänglichen Russen-Magazinen im Gegensatz zu den Engpässen in der Versorgung der DDR-Bevölkerung. Hinzu kam die Praxis, dass die GSSD die Waren und Konsumgüter zum Großhandelspreis von der DDR erhielt. Der Weiterverkauf in den Magazinen der GSSD erfolgte in eigener Regie zum Laden-Einzelhandelspreis. Der lag bedeutend höher. Aus der Differenz erwirtschaftete der Handelsbereich der GSSD Erträge, die in ihre Kassen flossen. Eine Mehrwertsteuer gab es in der DDR nicht.

Der Oberkommandierende der GSSD, Armeegeneral Boris Snetkow, richtete am 25. August 1988 an den Vorsitzenden des DDR-Ministerrates, Willi Stoph, ein bemerkenswertes Schreiben. Darin beklagte er sich über eine zu niedrige Erstattung der Stationierungskosten der GSSD gegenüber den gestiegenen Unterhaltskosten seiner Soldaten. Welche Kosten er dabei im Auge hatte, erwähnte er nicht. Der „Bedarf der Truppe" wachse nach Snetkow „jährlich um etwa drei Prozent". Demgegenüber blieben die Zahlungen der DDR seit 1986 unverändert konstant. Zur Verbesserung der Dienst- und Lebensbedingungen seiner Soldaten und Zivilbeschäftigten hielt Snetkow einen jährlichen Mehrbetrag von 150 Millionen Mark sowohl für gerechtfertigt als auch erforderlich.

Dieser zusätzlichen Geld-Forderung im laufenden Haushaltsjahr konnte nur mit erheblichen Einsparungen zu Lasten der DDR-Bevölkerung entsprochen werden. Trotz erheblicher Bedenken im Finanzministerium und in der Staatlichen Plankommission knickte die DDR-Führung wiederum ein. Sie folgte den ausufernden Zahlungsforderungen der GSSD. Nach sechs Wochen antwortete Ministerpräsident Stoph am 6. Oktober 1988. Er sicherte zu, für 1988 eine erhöhte Kostenerstattung von 65 Millionen Mark zu veranlassen. Damit beliefen sich die Stationierungskosten der GSSD in 1988 auf insgesamt 2,4 Mrd. Mark. Weitere 30 Millionen Mark an Zusatzkosten sollten für 1989 gezahlt werden.

Für das Jahr 1989 beziffern Quellen die Stationierungskosten auf 2,8 Mrd. Mark der DDR. Diese vom Bündnispartner DDR aufzubringende astronomische Summe (nachzulesen im Bundesarchiv) ist im Zuge der im Juni 1989 begonnenen Truppenreduzierung der GSSD um 25.000 Mann schwer nachvollziehbar. 1989/90 kam es in der DDR zu erheblichen Problemen, um den Truppenunterhalt der GSSD bzw. WGT nach sowjetischen Vorstellungen zu finanzieren. Dies erkannte auch die politische Führung in Moskau, ohne jedoch interne Sparmaßnahmen bzw. Kostenreduzierungen für ihre in der DDR stationierten Streitkräfte zu veranlassen.

Daneben überraschte die GSSD bzw. WGT die DDR wiederholt mit nicht geplanten Leistungen. Die Deutsche Reichsbahn musste in den Sommermonaten kurzfristig Waggons zur Überführung von Lastkraftwagen der GSSD in die Sowjetunion bereitstellen. Die Militär-Lkw wurden zur Einbringung der Getreide-Ernte in der Heimat benötigt. Problematisch war teilweise der anschließende pünktliche Rücklauf der Waggons. Zusätzlich hatte die DDR ab 1988 Logistik-Leistungen für die Verlegung und den Abzug von sowjetischen Raketenkomplexen zu erbringen.

Betriebsstoffe

Neben der Lieferung von Lebensmittel und Konsumgütern hielt die DDR-Wirtschaft die motorisierte Technik der GSSD mit Kraft- und Schmierstoffen am Laufen. Welchen Umfang diese Lieferungen Ende der 80er-Jahre hatten, lässt sich aus dem Teilabzug der WGT im Jahr 1989/90 ableiten. Aufschlussreich ist in dem Zusammenhang eine Äußerung vom Verteidigungsminister der UdSSR, Armeegeneral Dmitri Timofejewitsch Jasow am 15. Februar 1989 in Moskau. Gegenüber dem Minister für Nationale Verteidigung, Armeegeneral Heinz Kessler verwies Jasow in der Unterredung auf den bevorstehenden Abzug von vier Panzerdivisionen und weiteren 20 Truppenteilen. Das Kontingent entsprach etwa 16 Prozent des damaligen Truppenbestandes der GSSD. Jasow informierte, dass sich dadurch der Bedarf der Streitkräfte an Treib- und Schmierstoffen um jährlich 15.000 Tonnen verringern würde. Dies bedeutete, dass der Jahresverbrauch der GSSD bei etwa 94.000 Tonnen lag. Durch den Teilabzug gehe auch der Bedarf an Nahrungsgütern um jährlich 45.000 Tonnen zurück. Orderaufträge der GSSD bzw. WGT gegenüber Erzeugnissen aus der DDR-Warenproduktion reduzieren sich nach sowjetischen Schätzungen um 105 Millionen Mark. Jasow erwähnte, dass die DDR außerdem für den Abtransport der sowjetischen Truppen und Kampftechnik in 1989 etwa 135 Züge und 1990 sogar 153 Züge bereitstellen muss.

Bis 1988 errichtete die DDR-Bauwirtschaft 32.565 Neubauwohnungen für die GSSD im Wert von 1,6 Mrd. Mark aus Mitteln des Staatshaushaltes. Bis 1990 kamen nochmals 1.950 Wohnungseinheiten hinzu. Diese Häuser entsprachen vergleichbaren fünfgeschossigen Neubaublocks für die DDR-Bevölkerung. Damit fanden etwa 100.000 Soldaten-Familien eine niveauvolle Unterkunft mit Zentralheizung, Frisch- und Abwasserversorgung. Im Gegensatz dazu verfügte die GSSD 1987 über etwa 33.100 Gebäude, die kaum eine Instandsetzung erfahren hatten. Durch abbröckelnden Putz an den Hauswänden und undichte Dächer drang Regenwasser ein. Kaputte Fenster mit zersprungenen Glasscheiben wurden wegen Materialmangel zugemauert. Bei defekten Leitungen, die dringend einer Reparatur bedurften, wurde der Haupthahn zugedreht. 60 Prozent der Familien von Armeeangehörigen lebten in überbelegten Wohnungen. 2.122 Familien verfügten lediglich über eine Wohnfläche von fünf Quadratmetern pro Person.

Lebensmittelbedarf

Täglich verbrauchte die GSSD in den 80er-Jahren etwa 800 Tonnen Lebensmittel. D.h. 283.000 Tonnen mussten jährlich durch die DDR-Betriebe bzw. Wirtschaft geliefert werden. 1992 reduzierte sich der tägliche Verpflegungsbedarf der WGT auf 360 Tonnen. Das entsprach etwa 131.700 Tonnen im Jahr. Nur ein Teil der Verbrauchsgüter wurde aus der Heimat herangeschafft.

Zur Eigenversorgung hielten die GSSD bzw. WGT in ihren Objekten ca. 44.000 Schweine und mehrere Tausend Haustiere. Essen-Abfälle wurden verfüttert. Auch Erd-Silos mit Kartoffeln, Rüben und Kohl legten die Soldaten zur Selbstversorgung an. Zwölf eigene Großbäckereien belieferten die Armee- und Familienangehörigen mit Brot. Die tägliche Brot-Produktion betrug in den 70er- und 80er-Jahren 58,4 Tonnen. Uniformen, Wäsche, Stiefel und Schuhe kamen aus der Heimat. Die jährlichen Reparaturen bzw. der Ersatz von 300.000 Paar Stiefel und 200.000 Paar Schuhe erfolgte dagegen in Eigenregie.

Kosten westliche Alliierten in Berlin (West)

Anlässlich der 750 Jahrfeier von Berlin (1987) meldete die „Berliner Morgenpost" in ihrer Sonderausgabe vom 25./26. April 1987, dass „die Besatzungslasten der drei westlichen Schutzmächte" (USA, Großbritannien, Frankreich) in Westberlin „mit jährlich 1,4 Mrd. DM im Finanzhaushalt der Bundesrepublik Deutschland zu Buche schlagen". Der Bericht trug den Titel „Die Freiheit Berlins hat ihren Preis". Knapp die Hälfte dieser stattlichen Summe deckte den Ausgabeposten „Löhne und Gehälter für 11.000 Berliner". Sie arbeiteten in zivilen Diensten bei den Alliierten. Damit waren die drei westlichen Alliierten zugleich einer der größten Arbeitgeber im Westteil der Stadt Berlin.

Die jeweiligen Hauptquartiere der drei Schutzmächte befanden sich in der Berliner Clayallee (Amerikaner), am Olympiastadion (Briten) und im Quartier Napoleon (Franzosen). Am Kleistpark (Westberlin) befand sich das Gebäude des Alliierten Kontrollrates. Es war in der Zeit des Kalten Krieges die einzige militärische Institution, in der die drei Westalliierten mit sowjetischen Militärs zusammenarbeiteten. Hier befand sich auch die Luft-Sicherheits-Zentrale. Sie regelte und kontrollierte den Flugverkehr der drei Luftkorridore der Alliierten von Westberlin über das Territorium der DDR in die Bundesrepublik. Neben den Hauptquartieren und zahlreichen Unterkünften für die 13.000 Soldaten und 25.000 Familienangehörigen (1987) unterhielten die Alliierten in ihren jeweiligen Stadt-Sektoren zahlreiche Versorgungseinrichtungen, Kinos, Schulen, Bibliotheken und Zeitungsverlage.

Die Soldaten hielten regelmäßig Manöver auf ihren Übungsplätzen in „Ruhleben Fighting City" oder „Doughboy City" im Grunewald oder auf dem Wannsee ab. Alljährlich demonstrierten die drei westlichen Militärmächte gemeinsam auf einer Großen Alliierten Militärparade auf der Straße des 17. Juni ihre Präsenz in Berlin. Das deutsch-amerikanische und deutsch-französische Volksfest sowie der Tag der offenen Tür der US-Luftwaffe auf dem Flughafen Tempelhof lockten jährlich Hunderttausende Berliner an.

Die Besatzungskosten der Bundesrepublik Deutschland für die drei alliierten Westmächte betrugen ab 1950 jährlich 4,5 Mrd. DM. Mit dem Deutschlandvertrag vom 5. Mai 1955 und der Souveränität der Bundesrepublik entfielen diese Kosten. Dafür leistete die Bundesrepublik für die im Land stationierten verbündeten NATO-Truppen auf vertraglicher Basis ab 1955 einen finanziellen Beitrag. Gemäß Artikel 6 des Nordatlantikpaktes zahlte die Bundesrepublik z.B. jährlich 300 Millionen US-Dollar an die US-Army. Diese Summe verringerte sich wegen der Inflation in den 50er-Jahren. 2013 enthielt der Bundeshaushaltsplan für den Aufenthalt und Abzug ausländischer Streitkräfte die Kostenposition von 56,1 Millionen EURO.

Im Zeitraum 1990 bis 1998 reduzierte sich die Anzahl der in der Bundesrepublik stationierten US-Truppen von etwa 225.000 Mann auf ca. 60 Tausend Soldaten. 2020 hatten die USA noch 34.200 US-Soldaten in vier westlichen Bundesländern stationiert. Im Juli 2020 kündigte der damalige US-Präsident Donald Trump den Abzug von 12.000 US-Soldaten aus der Bundesrepublik Deutschland an. Von 2012 bis 2019 unterstützte die Bundesregierung die US-Truppen mit 240 Millionen EURO. Die Gelder dienten der Finanzierung von Versorgungsleistungen für ehemalige Mitarbeiter sowie zur Bewirtschaftung von Gebäuden und Grundstücken. Im gleichen Zeitraum verausgabte die

Bundesregierung 480 Millionen EURO für militärische Baumaßnahmen der NATO-Partner in Deutschland. Dieses Geld floss zum größten Teil an die US-Streitkräfte.

2.4. Begleiterscheinungen sowjetische Truppen-Stationierung in DDR

Ehemaligen DDR-Bürgern ist das russische Kinderlied „Pust` wsegda budjet solnze", zu deutsch: „immer lebe die Sonne", in guter Erinnerung. Wir haben es früher zu jeder sich bietenden Gelegenheit (Treffen Komsomol und FDJ, 1. Mai, Jahrestag Oktoberrevolution, DDR-Jubiläum) gesungen und können den Text noch heute. Im Sommer 2019 erlebte der Autor in einem Konzert zur Musik des Films „Gundermann", dass dessen Regisseur Andreas Dresen (Bandleader und Gitarrist) dieses Lied in Finow (Landkreis Barnim) anstimmte. Unvermittelt sangen viele Konzertbesucher auf Russisch mit. Ein Bürger mit schwäbischem Akzent sah sich fragend um. Er wollte wissen, was das zu bedeuten hatte. Jemand sagte ihm, der Bekanntheitsgrad des Liedes stehe im Zusammenhang mit den deutsch-sowjetischen Beziehungen in der DDR, dem obligatorischen Russisch-Unterricht und der früheren Anwesenheit sowjetischer Streitkräfte in der Region Eberswalde-Finow. Das Lied symbolisierte ein nahezu problemloses und friedliches Leben im ewigen Sonnenschein. Dunkle Wolken kamen darin nicht vor. Die Realität sah jedoch anders aus. Jeder machte sich sein eigenes Bild von den sowjetischen Truppen in der Region und im Land. Das war geprägt von eigenen Erfahrungen und persönlichen Erlebnissen sowie Begegnungen mit Angehörigen der GSSD.

Das Ansehen des „Großen Bruders", so nannte man die sowjetische Militärmacht in der DDR, durfte nicht beschädigt werden. Auch galt das Wort „Russen" als ein böses Unwort. Es erinnerte an Vergangenes direkt aus der Nachkriegszeit, was vergessen werden sollte. Offiziell galten die Truppen als Befreier und Sieger. Genannt wurde die Siegermacht mit den Synonymen „Sowjets" oder „Freunde". Umgangssprachlich fielen in humoristisch-liebevoller Art auch die Worte „Kolja" und „Natascha".

Andere sahen in den „Russen" Besatzer. Ältere Bürger, vor allem ehemalige Wehrmachtssoldaten und Rückkehrer aus der sowjetischen Kriegsgefangenschaft mieden das Thema gänzlich. Ihre Erlebnisse mit den Soldaten der Roten Armee und aus der überstandenen Kriegsgefangenschaft wogen bis in die Gegenwart hinein schwer. Viele schwiegen und gingen den sowjetischen Soldaten aus dem Weg. Sie wollten nichts mit ihnen zu tun haben.

Die ersten Kontakte zwischen der deutschen Bevölkerung mit den Soldaten der Roten Armee prägten sich tief in das Gedächtnis der Bürger ein. Ihre Erlebnisse und Erzählungen übertrugen sich auf nachfolgende Generationen. Die Sieger in Uniform verteilten in den Nachkriegsjahren nicht nur Essenrationen an die hungernde deutsche Bevölkerung. Sie ließen Betriebsanlagen, Werke, Maschinen und Bahngleise demontieren. Die Werften in Rostock, Warnemünde, Wismar und Stralsund litten zusätzlich unter der Last von Reparationsaufträgen. Die Werftarbeiter hatten diverse Handels-, Passagier- und Kriegsschiffe zu reparieren oder umzubauen. Das erforderte erhebliche materielle und personelle Ressourcen. Die sowjetischen Soldaten nahmen den Bauern und Hausbesitzern viele private Habseligkeiten. Frauen galten bei den Soldaten mit dem roten Stern anfangs als „Beutegut". Gerade dieses düstere Kapitel aus den Anfangsjahren der Truppenstationierung in der sowjetischen Besatzungszone wog im bilateralen Umgang sehr schwer.

In den westlichen Besatzungszonen mit Präsenz der Amerikaner, Engländer und Franzosen erlebten die Deutschen eine überwiegend „weiche" Installation der Besatzungsmacht mit einem wirtschaftlichen Hilfsprogramm. Am 3. April 1948 verabschiedete der Kongress der USA den Marshall-Plan. Darin unterstützten die Amerikaner den Wiederaufbau bedürftiger Staaten der Organisation für europäische wirtschaftliche Zusammenarbeit (OECD) bis 1952 mit 12,4 Mrd. Dollar.

Im Gegensatz dazu mussten die Menschen in der sowjetischen Besatzungszone zunächst einen sich teilweise rächenden „Feind" ertragen. Im Osten Deutschlands beheimatete Menschen siedelten wegen dem sowjetischen Besatzungsregime in westliche Zonen um. Im Ergebnis von Entnazifizierungs- und Säuberungsaktionen per SMAD-Befehlen in der Sowjetischen Besatzungszone gerieten bis Ende der 40er-Jahre viele unschuldige Bürger in Haft. Einige kamen sogar in sowjetische Internierungs-Lager. Die auffallend vielen Freundschaftsbekundungen ab Mitte der 50er-Jahre sollten diese negativen Eindrücke in Vergessenheit geraten lassen.

Mit Beginn des Abzuges der WGT verwendeten Politiker in den neuen Bundesländern u. a. den Begriff der „Gaststreitkräfte". Offensichtlich wollte man mit diesem Namen eine Charakterisierung der sowjetischen Streitkräfte auf dem Boden der DDR als „Sieger- oder Besatzungsmacht" diplomatisch umgehen. Der angebliche Gastgeber für die sowjetischen Streitkräfte war demnach über Jahrzehnte die DDR. Die hatte jedoch keinen Einfluss auf die Einladung von (ungebetenen) „Gästen". Die Praxis der Truppenstationierung und ihre Begleiterscheinungen waren Jahrzehnte allgegenwärtig. Es galt die Redewendung „Wer bestellt, der bezahlt!" Die UdSSR garantierte gegen Bezahlung den militärischen Schutz der DDR. Geschenke blieben aus. Die DDR-Führung erstattete die Kosten der Stationierung. Sie musste die Inbesitznahme von Liegenschaften und Gebäude akzeptieren und erfüllte diverse Extra-Wünsche. Die Zweideutigkeit in der Begriffsverwendung „Gaststreitkräfte" blieb selbst führenden sowjetischen Militärs in der Abzugsphase nicht verborgen.

2.5. Jugendjahre unter dem Roten Stern in Brandenburg/Havel

Der Autor wuchs in Kirchmöser bei Brandenburg/Havel in den 50er- und 60er-Jahren unter sowjetischer Truppenpräsenz auf. Ignorieren konnte man die Männer in den braunen Uniformen mit dem roten Stern an der Mütze bzw. Käppi nicht. Sie waren uns vertraut, wurden weder geliebt noch gefürchtet.

Das Orts-Wappen von Kirchmöser zierte seit jeher ein stolzer weißer Schwan. Das Symbol auf jeder Postkarte galt dem auf den Seen in der Region heimischen Wasservogel. Allmählich verschwanden jedoch diese Tiere. Nichts ahnend über die Sinnlosigkeit ihres Tuns, schossen die sowjetischen Offiziere einen nach dem anderen ab. Sie dachten, das Fleisch der Schwäne könne man wie Gänse essen. Sie mussten jedoch erfahren, dass Schwanenfleisch nahezu ungenießbar war. Ähnlich erging es den Fischen in den umliegenden Seen, dem Wusterwitzer See, Heiligen See, Möser-See und Breitlingsee. Die sowjetischen Soldaten „fischten" per Handgranaten. Durch die Explosion der Granaten schwammen die Fische auf. Man brauchte sie an der Oberfläche nur einsammeln. Mein Großvater, der als Seebesitzer auch die Fischereirechte besaß, richtete ein Beschwerdeschreiben an staatliche Institutionen. Die Explosionen auf den Seen nahmen ab.

In Kirchmöser befand sich eines der größten Panzerreparaturwerke der GSSD. Hier arbeiteten und lebten etwa 3.200 Soldaten und Zivilbeschäftigte mit ihren Familien. Im ersten Weltkrieg gehörte das Gelände bis 1920 zur Pulverfabrik Plaue-Kirchmöser. Von 1920 bis 1945 baute und reparierte die Reichsbahn auf dem Gelände zwischen der Wusterwitzer Straße und dem Gleisdreieck Dampf-

Loks. Ab 1941 kam die Kriegs-Produktion von Panzern hinzu. Mit Inbesitznahme durch die sowjetische Armee im Mai 1945 setzte die GSSD dort bis zum Abzug ihre Panzer instand.

Am Gleisdreieck befand sich in Richtung des Ortes Kirchmöser ein See. Die sowjetischen Soldaten verkippten allmählich das Wasserareal mit diversem Unrat, Müll und Schrott. Die Müllhalde wurde im Verlauf der Zeit immer größer und der See immer kleiner, bis er schließlich verschwand. Hunderte Möwen und Krähen kreisten über die Mülllandschaft, in der auch Essenabfälle und Altöl verkippt wurden. Die Soldaten fuhren mit ihren Fahrzeugen auf die Müllkippe, lösten die Ölablassschraube und ließen das Motoren- oder Getriebealtöl einfach ab. Anschließend wurde ein Fass mit frischem Öl ins Fahrzeug nachgekippt. Man konnte dabei zukucken.

Oftmals steckten die Soldaten den Müllberg an. Es brannte mitunter tagelang. Bei Westwind zog dann ein unerträglich süßlich riechender Qualm in Richtung der Ortschaft Kirchmöser. Der Autor erlebte bereits im Jugendalter die russische Mentalität im laxen Umgang mit Ressourcen und der Umwelt. Diese Praxis geriet in Stationierungsorten des Landes teilweise in Kollision zum deutschen Ordnungssinn und verbotener Müllentsorgung in Wäldern oder auf Freiflächen. Dafür dienten in der Nachkriegszeit die zahlreich vorhandenen Bunkeranlagen im Ort (Am Weinberg) und unterirdischen Stollen der ehemaligen Pulverfabrik als geeignetere Orte für die Müllentsorgung. Die Bunker wurden wegen der nahen Ortslage nur zum Teil von der Roten Armee gesprengt. Trotz elterlichem Verbot waren die Stollen und Bunker für uns Kinder begehrte Spielplätze.

Zu feierlichen Anlässen, dem 1. Mai, Tag der Befreiung am 8. Mai bzw. „Tag des Sieges" am 9. Mai, „Tag der Sowjetarmee und Flotte" am 23. Februar oder „Tag der Oktoberrevolution" am 6. November besuchten Schulklassen und Patenbrigaden der Gesellschaft für Deutsch-Sowjetische Freundschaft (DSF) die sowjetischen Kasernen in Kirchmöser und Brandenburg/Havel zu kulturellen Veranstaltungen. Nach einem Kulturprogramm mit Militärmusik und einem Tanzensemble gab es meistens ein schmackhaftes Essen nach russischer Tradition mit selbst gebackenem Brot und Kuchen. Was die Soldaten und Frauen auf den Essentisch zauberten, war erstaunlich. Für uns Jugendliche war das eine unbekannte Welt, die allmählich ins Bewusstsein rückte. In der Kaserne roch es nach Knoblauch und süßlichen Papirossi (Zigaretten). Außer dem mit Plakaten und Fahnen geschmückten Kulturhaus (ehemalige Reichsbahnschule) und sauber gefegten Straßen haben wir zu diesen feierlichen Anlässen nichts weiter gesehen. Auffallend lag der markant nach einer Schweine-Haltung hindeutende Geruch in der Luft. Das ganze ökologische Ausmaß der Jahrzehnte langen Objekt-Nutzung bekam der Autor 1993 bei der Altlastenerfassung zu sehen.

Meine Großeltern, die als Großbauern in Kirchmöser im Zuge der Bodenreform ein Teil ihrer Äcker abgeben mussten, sprachen oft über die von Panzern verursachten Zerstörungen auf den Feldern und in den Wäldern. Mein Opa musste das als Feld- und Waldbesitzer hinnehmen. Das betraf auch die von den Dampfloks der Deutschen Reichsbahn durch Glut- und Asche verursachten Waldbrände. Von der Panzer-Instandsetzung im Wald abgekipptes Altöl entfachte das Feuer zusätzlich. Die Feuerwehr des Ortes konnte wegen dort verbrachter Munition aus dem Krieg oftmals nicht löschen. Es rumste und krachte, Stahlsplitter flogen durch den Wald. Dann rückten sowjetische Soldaten mit schwerer Technik an. Sie zogen Schneisen durch die Wälder.

Anlässlich des Tages der Befreiung am 8. Mai gedachten die Einwohner von Kirchmöser zu DDR-Zeiten alljährlich den im Ort verstorbenen 85 Männer und Frauen aus der Sowjetunion. Nach ihrer Zwangs-Deportation aus der Heimat starben sie hier an den erlittenen Qualen als Arbeitssklaven. Sie mussten in der Munitionsfabrik arbeiten. Auch mehrere Kinder, die im Lager geboren wurden, starben in Folge von Hunger und Krankheiten. Ihnen zu Ehren errichtete die Gemeinde Kirchmöser 1949 auf der Halbinsel Wusterau auf einer Anhöhe ein stattliches Ehrenmal. Die Halbinsel ragt nördlich des Ortsteils Kirchmöser-Ost in den Plauer See hinein.

Die Toten, die man während des Krieges wahl- und würdelos begrub, wurden nun in einem Massengrab beigesetzt. Auf vier angebrachten Steintafeln waren die Namen der Toten verzeichnet. Weithin sichtbar erhob sich im Landschaftsbild des Plauer Sees ein zwölf Meter hoher Obelisk aus Stein. Er ähnelte einer viereckigen Pyramide. An deren Spitze befand sich ein großer Sowjetstern. Das gesamte 30 mal 40 Meter messende Areal war von einer kleinen Mauer aus roten Klinkerbausteinen umsäumt.

Am 8. Mai begaben sich die Einwohner von Kirchmöser gemeinsam mit einer Abordnung sowjetischer Soldaten aus der Garnison zur Gedenkstätte. Häufig begleitete uns ein sowjetisches Militärorchester. Es spielte flotte Märsche ohne Pause. Die Kranzniederlegung gehörte bis 1991 zum Ritual des brandenburgischen Ortes Kirchmöser. In der Folgezeit setzte zunehmend Bewuchs und

Zerfall durch Vandalismus ein. Mahnungen von Einwohnern an die Adresse zuständiger Behörden in Brandenburg verhalten, bis schließlich die Botschaft der Russischen Föderation in Berlin informiert wurde.

In strengen Wintern, wie z.B. 1962/63 mit bis zu minus 25 Grad und starkem Schneefall halfen die sowjetischen Soldaten, die Hauptstraßen von den Schneemassen zu räumen. Bei strengem Frost brachen sie das Eis auf den Seen auf, damit das Wasser in den Binnenseen wieder mit Sauerstoff in Verbindung kam. Ansonsten drohten die Fische zu ersticken. Zur Kartoffelernte im Herbst unterstützten sowjetische Soldaten der Garnison Kirchmöser die landwirtschaftliche Produktionsgenossenschaft (LPG) beim Einsammeln der Kartoffeln auf den Feldern. Sie erhielten dafür einige Säcke Kartoffeln.

Ewig im Gedächtnis geblieben sind mir die strapaziösen Ausdauerläufe der Soldaten in Uniform und mit Stiefeln um den „Heiligen See" in Kirchmöser. Die Strecke war ca. fünf Kilometer lang. Die Offiziere fuhren mit dem Fahrrad nebenher. Das habe ich als Jugendlicher mehrmals mitleidig erlebt. Diejenigen, die zurückblieben, wurden mit der Peitsche angetrieben. So etwas hatte ich noch nicht gesehen. Soldaten, die am Ende ihrer Kräfte waren, wurden auf das am Tampen fahrende Militärfahrzeug, dem „Besenwagen", geworfen. Wir Kinder versteckten uns hinter Bäumen oder postierten uns an schlecht einsehbaren Straßenkurven. Wir versuchten, die Soldaten mit Wurstbroten und Tee zu helfen. Sie haben unsere Brote dankend angenommen. Einige aßen gleich alles auf, andere versteckten das Brot in der Uniform. In der Schule waren die Ausdauerläufe dann Gesprächsstoff. Die Eindrücke in der Bevölkerung gegenüber dieser Schikane blieben den sowjetischen Offizieren und der Stasi nicht verborgen. Die Läufe um den See wurden Mitte der 60er-Jahre eingestellt.

Mitleid erfasste einen, wenn man in langsam vorbeifahrenden Güterzügen die an den offenen Waggontüren hockenden „Muschkoten" sah. Die meist traurigen Gesichter der jungen Soldaten aus verschiedenen Nationalitäten mit kahl geschorenen Köpfen vergisst man nicht. Wie „Sieger" sah das nicht aus.

Auch was sich hinter den Lattenzäunen in den Kasernen abspielte, wusste so recht keiner. Gelegentlich kam es vor, dass Passanten durch den Zaun „He, Kamerad, kaufen?" die armselige Habe eines Helden angeboten wurde.

Entfloh ein russischer Soldat aus der Kaserne in die ostdeutsche „Freiheit" oder büchste ein Mushik während eines Militär-Transportes aus, dann wurde er von seinen Landsleuten gnadenlos gejagt. Sie schossen mitunter auf den armseligen Kameraden, wie auf einen Hasen. Gern hätten wir dem Soldaten Unterschlupf gewährt. Das war aber verboten. Die deutsche Bevölkerung durfte sich nicht in russische Angelegenheiten einmischen. Das habe ich als Jugendlicher und viele meiner Mitschüler nicht verstanden.

Zu Kindern und Jugendlichen hatten die sowjetischen Soldaten ein sehr herzliches Verhältnis. Das hat der Autor im Jugendalter erlebt und bis heute in guter Erinnerung behalten. In der Badeanstalt Kirchmöser-Ost oder bei Schulsportveranstaltungen mit Beteiligung sowjetischer Soldaten blühten Tauschgeschäfte. Gehandelt wurden Armbanduhren und Militärabzeichen gegen Lebensmittel oder auch Schnaps. Die Soldaten nahmen auch gern Zeitungen und bunte Illustrierten. Sie drehten sich aus dem Papier Zigaretten.

Regelmäßig fuhren bis Ende der 50er-Jahre sowjetische Panzer durch den Ort Kirchmöser zum Übungsschießen im naheliegenden Wald. Der Waldbesitzer wurde enteignet und sein Kiefernareal zum militärischen Sperrgebiet erklärt. Die Annäherung eines Panzers kündigte sich im Dorf durch das übermäßig laute Motorengeräusch an. Der Ortsteil lag dann minutenlang im Dunst von ölhaltigen Abgasen. Wir Kinder durften trotz elterlichem Verbot häufig ein Stück auf den Panzern mitfahren. Die Schaukelei und das auf und ab während der Fahrt durch große Pfützen machte mächtig Spaß. Die Soldaten und Offiziere waren freundlich und sehr redselig. Trotz Sprachbarrieren verstanden wir uns gut. Mitunter haben wir für die Panzersoldaten im örtlichen Konsum oder der HO (Handelsorganisation) auch Lebensmittel eingekauft. Der Panzer hielt vor dem Laden in der Dorfstraße und wir erledigten den Einkauf. Beim Abschuss von Panzergranaten auf dem Schießstand im Wald hallte dann der laute Knall durch den Ort und über den Möser-See.

Weniger lustig wurde es, wenn wieder mal ein Panzer in der Dorf-Kurve die Häuserecke von „Fleischer Pade" in der Gränertstraße mitnahm. Fleisch und Wurst gab es dort offiziell sowieso nur selten, dafür aber nach der Ramming mächtigen Ärger im Dorf. Der Abschnittsbevollmächtigte (ABV) der Volkspolizei erschien, ohne etwas ausrichten zu können. Er sah sich den Schaden an und machte Meldung. Gewöhnlich dauerte es nicht lange, bis eine sowjetische Maurerbrigade mit einem Fahrzeug erschien. Ihr ausgebessertes Mauerwerk sah zwar nicht schön aus, hielt aber bis zum nächsten Rammstoß. Als Schadensausgleich erhielt der Fleischer mehrere große Kanister mit Benzin, umgangssprachlich „Natalie" genannt. Der Kraftstoff hinterließ bei der Verbrennung einen markant süßlichen Geruch. Passanten merkten auf der Straße sofort, wenn dort zuvor ein sowjetisches Fahrzeug entlang gefahren war. Man war gut beraten, das Benzin nicht für deutsche Personenwagen zu verwenden.

Anfang der 60er-Jahre verlegten die sowjetischen Truppen ihre Panzertrasse in Kirchmöser. Sie nutzten eine bereits vorhandene Betonstraße in einer Siedlung. Anschließend führte die Panzerfahrstrecke quer über die Äcker der Bauern und den Mühlberg. Obwohl die mit Getreide, Kartoffeln und Rüben bestellten Felder privat- und genossenschaftliches Eigentum waren, konfiszierte das sowjetische Militär den Boden. Die Straße auf den Feldern wurde militärisches Terrain. Mit der Panzertrasse trat ein neues Problem auf. Kurz nach der Kasernenausfahrt mussten die Panzer die Bahnstrecke Berlin – Magdeburg am Gleisdreieck überqueren. Zur Beobachtung des Bahnverkehrs bezog dann ein sowjetischer Soldat an den Gleisen Posten. Zum Glück blieb kein Panzer mitten auf den Bahngleisen stehen. Das geschah an einem anderen Ort.

Bei Verlegungen von Panzern, schwerer Technik oder Truppentransporten regelten Militärposten den Straßenverkehr. Das geschah meistens sehr spontan mit eigenwilligen Bewegungen. Hin und wieder kam es vor, dass stundenlang überhaupt kein Fahrzeug kam. Der Mann stand aber in voller Montur am Straßenrand, wie bestellt und nicht abgeholt. Er hatte Hunger und Durst, aber keine Verpflegung mitbekommen. Offensichtlich rechnete man damit, dass die Dorfbevölkerung ihn versorgte. Diese Rechnung ging überwiegend auf. Die jungen Soldaten haben die Essenrationen gern angenommen. Sie freuten sich über diese Geste der Dorfbewohner.

Man war jedoch gut beraten, von den dunkelgrünen, markant nach Sprit riechenden sowjetischen Militär-Lastkraftwagen, im Volksmund Klapperkisten genannt, lieber Abstand zu halten. Wenn so ein Laster auf einer öffentlichen Straße fuhr und irgendwann abbog, konnte es schon mal passieren, dass der Fahrer nicht oder verkehrt blinkte. Häufig blieben Militärfahrzeuge am Straßenrand wegen eines Defektes liegen. Es dauerte eine Weile, bis Hilfe kam und den Havaristen abschleppte. In der Dunkelheit konnte es schon mal passieren, dass dann einer auffuhr, weil die Fahrzeuge unbeleuchtet waren.

Auch das Wenden mitten auf der Autobahn Berlin-Magdeburg, die stellenweise durch Waldgebiete führte, war keine Seltenheit. In der Nähe von Burg und Ziesar kam es dabei vereinzelt zu gefährlichen Begegnungen. Im Verlauf von Truppenübungen fuhren mitunter einige Panzerfahrer so dicht an die Autobahn heran, dass das Kanonenrohr bedrohlich nah auf die Fahrbahn zeigte. Die Soldaten saßen auf ihrem Panzer und winkten den Insassen der vorbeifahrenden Fahrzeuge zu. In jener Zeit war die Autobahn noch nicht so stark befahren wie heute. Militärfahrzeuge der US-Streitkräfte, die nach Berlin fuhren oder von dort kamen, fanden das nicht so lustig.

Brandenburg/Havel

Nur etwa 12 Kilometer von Kirchmöser entfernt liegt die Kreisstadt Brandenburg/Havel. Sie wurde am 27. April 1945 von der Roten Armee befreit, ebenso das Zuchthaus des NS-Regimes in Brandenburg-Görden. Sieben Tage zuvor exekutierten die NS-Schergen dort noch etwa 100 Häftlinge. Hier befand sich auch die zentrale Hinrichtungsstätte der NS-Justiz. Auf ihrem opferreichen Kampfesweg hatten die sowjetischen und amerikanischen Soldaten schreckliche Massaker an Häftlingen in den befreiten KZ gesehen. Der legendäre Panzer T-34 rammte am 27. April 1945 das Haupttor und rollte feuerbereit auf den Hof des Zuchthauses. Gegenwehr gab es nicht, dafür Willkommen bei den Gefangenen. Unter den befreiten politischen Häftlingen befand sich der Kommunist Erich Honecker. Mit etwa 3.500 Mitgefangenen aus verschiedenen europäischen Ländern war er hier seit 1937 inhaftiert.

Neben den KZ Buchwald, KZ Sachsenhausen und KZ Ravensbrück stand das Zuchthaus Brandenburg-Görden zu DDR-Zeiten im Zentrum des Gedenkens an die inhaftierten und ermordeten Widerständler bzw. Opfer des NS-Regimes. Ein Grund der konzentrierten Aufmerksamkeit war u.a. der inzwischen prominente ehemalige Häftling, DDR-Staatschef Erich Honecker. An den jährlichen Gedenkveranstaltungen anlässlich der Befreiung am 27. April 1945 nahmen einige Male neben der DDR- und SED-Führung auch hochrangige Vertreter des Oberkommandos der GSSD in Wünsdorf und der sowjetischen Garnison Brandenburg teil. Im Beisein des sowjetischen Botschafters in der DDR, Pjotr Abrassimow, weihte Honecker 1975 in der ehemaligen Hinrichtungsstätte des Zuchthauses eine Gedenkstätte für die Opfer des Nationalsozialismus ein. Gemeinsam ehrten DDR-Politiker und sowjetisches Militär auf einer Kranzniederlegung am Ehrenmal des sowjetischen Soldaten an der Brandenburger Steintorbrücke die bei der Befreiung Brandenburgs gefallenen Soldaten der Roten Armee. Daran nahm auch eine Ehrenformation der GSSD teil.

Von 1945 bis 1992 wurde in einem Stadtviertel von Brandenburg vorwiegend nur russisch gesprochen. Das betraf Kasernen und Wohngebäude entlang der Magdeburger Straße, Karl-Marx-Straße, Fouquestraße, Fontanestraße und

Friedrich-Ebert-Straße. Neben den in der Magdeburger Straße vom Hubschraubergeschwader-34 der NVA belegten Kasernen waren hier das 40. Garde-Mot.-Schützenregiment und die 1. Bau-Pionierbrigade der GSSD stationiert. Außerdem befand sich bis Mitte der 60er-Jahre zwischen dem Stadtteil Neuendorf und der Quenz-Siedlung ein Flugfeld für einen Hubschrauververband der GSSD. Das Areal reichte westlich bis zum Quenzsee und Plauer See heran.

Nur etwa sechs Kilometer westlich von Brandenburg gelegen, befand sich bei Briest ein Hubschrauber-Flugplatz der NVA. Daran schloss sich in nördlicher Richtung ein Truppenübungsgelände der GSSD an. Es hatte eine Länge von drei Kilometer und eine Breite von 1,5 Kilometern. Ein Teil des einsehbaren Geländes war an der vorbeiführenden Verbindungsstraße Briest-Fohrde mit einer Betonmauer umgeben. Dahinter erkannte man mehrere Gebäude, eine Kampfbahn und Helikopter. Offensichtlich hatten hier auch Hubschrauber ihren Start- und Landplatz. Zeugen des einstigen Flugbetriebes der GSSD standen als ausrangiertes Fluggerät herum.

In der Stadt Brandenburg existierten mehrere rote Klinkersteingebäude aus der Zeit der Jahrhundertwende. Darunter befanden sich die ehemalige Roland-Kaserne, Flak-Kaserne und Generalfeldzeugmeister-Kaserne in der Magdeburger Straße. Hier und in weiteren mehrgeschossigen Häusern waren ca. 3.800 Soldaten, Zivilbeschäftigte und Familienangehörige der GSSD untergebracht. Heute befinden sich in dem Stadtviertel u.a. die Technische Hochschule mit einem Wohnkomplex für Studenten, das Polizeigebäude und das Finanzamt.

Jeder Bürger, der bis 1991 an den Kasernen vorbeifuhr, sah das mit der Fahne der Sowjetunion beflaggte Haupttor. Daneben hielt stets ein exzellent gekleideter Soldat mit Gardemaß Wache. Das Besondere der entlang der Straßen vom Militär belegten Kasernen lag in der räumlichen Integration mit den Wohnhäusern der Bevölkerung. Bretterzäune gab es nicht, sondern eine aus der Kaiserzeit stammende Mauer mit Eisengitter-Segmenten. Beiderseits der Hauptstraße verliefen die Gehsteige für Fußgänger. Auf der Hauptstraße führten zwei Straßenbahnlinien in Richtung der Stadtteile Görden und Quenzsee sowie zum Ort Kirchmöser-West direkt an den Kasernen vorbei.

Neben den Kasernenunterkünften befanden sich in der Garnison Kinos, Klubhäuser, die Zentralschule Nr. 7 (Kinder und Jugendliche) und das Haus der Offiziere. Das „Magasin" (Geschäft mit russischen und deutschen Waren des täglichen Bedarfs) war unter der deutschen Bevölkerung sehr beliebt. Das

Warenangebot war reichhaltig. Hier gab es u.a. das beliebte russische Brot, Obstkonserven, russisches Konfekt, echten Krimsekt, sehr gut schmeckendes Speise-Eis („Moskowskoje moroschenoje", „Plombier" oder „Eskimo") und sogar Kaviar. Mit Bewunderung verfolgten wir die Rechenkünste der Verkäuferinnen mit ihrem Rechengerät „Abakus". Sie schoben helle und dunkle Holzkugeln (analog dem Warenpreis) unter lauten Kommentaren auf verschiedenen Ebenen flink hin und her, bis schließlich irgendwie die Endsumme herauskam. Wir haben nie begriffen, wie das funktionierte. Die Frauen machten sich über uns lustig, wenn man sie um eine Erläuterung der russischen Holzkugel-Mathematik bat. Wir rechneten im Kopf nach und stellten fest, dass die Preissumme stimmte. Der Autor erwarb 1992 einen „Abakus" in der Garnison Fürstenberg/Havel für sein privates Museum.

Auf dem Militärgelände hinter den Kasernengebäuden hatten die sowjetischen Soldaten mit eigenen Mitteln zahlreiche Hallen für ihre Waffentechnik sowie Baracken als Lager und Depots gebaut. Viele dieser Bauten waren nach dem Abzug einsturzgefährdet und die Dächer undicht. Meist handelte es sich bei der Dachabdeckung um Wellasbest aus DDR-Produktion. Diese Gebäude wurden alle in den 90er-Jahren abgerissen und das Material recycelt oder entsorgt. Auf dem Gelände an der Caasmannstraße (heute Industriegebiet) befand sich ein kleineres Tanklager der GSSD. In den etwa 60 in der Erde verlegten Stahlbehältern bevorrateten die Truppen Benzin und Diesel.

Hinter der Klingenbergsiedlung bis zum Quenzsee und Plauer See befanden sich ehemals überdachte große Fahrzeughallen. Auf den betonierten Flächen waren die mit einem Schweißgerät abgetrennten Stahlträger noch gut zu erkennen. Bis Ende 1992 nutzten die sowjetischen Truppen die Flächen an der Friedrich-Engels-Straße als Fahrschul- und Übungsgelände. Mit dem Abzug wurde das Areal zugleich Abladeplatz für Baureststoffe, Militärschrott und Müll. Am Ostufer des Plauer Sees, zwischen der Havelmündung und Nordspitze der Insel Buhnenwerder, befand sich eine weithin sichtbare ca. drei Meter hohe betonierte Kaimauer. Hier wurde früher Kohle aus Binnenmotorschiffen entladen. Daneben lag eine abschüssig in den See führende 40 Meter breite Betonfläche für den einstigen Betrieb von Wasserflugzeugen. Während des 1. Weltkrieges erprobte hier die Hansa- und Brandenburgische Flugzeugwerke AG unter dem Flugzeugkonstrukteur Ernst Heinkel verschiedene Modelle von Wasserflugzeugen für die Kaiserliche Marine.

Von 1935 bis 1945 bezogen dort die Arado Flugzeugwerke GmbH mit dem Werksteil im Stadtviertel Neuendorf ihr neues Firmengelände mit eigenem Werksflugplatz. Die Konstruktionsabteilung verlegte 1935 von Warnemünde nach Brandenburg. Arado produzierte im Werk Neuendorf bis 1945 etwa 20 verschiedene Flugzeugtypen.

Im Mai 1945 besetzte die Rote Armee das Arado-Firmengelände. Werksanlagen und Maschinen wurden demontiert. Sie gingen als Reparationsleistungen in die Sowjetunion. Bis Mitte der 60er-Jahre war auf dem Neuendorfer Gelände ein Hubschrauberverband der GSSD stationiert. Der Verband verlegte dann nach Mahlwinkel in Sachsen-Anhalt. Anschließend entstand auf einem Teil des Areals, dem heutigen Industriegebiet Quenz, ein neues Stahlwerk. Im Stadtteil Brandenburg-Neuendorf unterhielt die WGT bis 1993 außerdem ein Artilleriedepot. Es war über die Friedrich-Engels-Straße zu erreichen.

Bis zu ihrem Abzug nutzten die sowjetischen Soldaten das ehemalige Arado-Flugzeugbau-Gelände als Fahrschul- und Übungsgelände. Es reichte bis zum Plauer See. Die etwa 30 Meter abschüssig in den See hinein verlaufende Betonfläche diente der GSSD jahrelang als Waschplatz für ihre Fahrzeuge und Schützenpanzerwagen. Die auf dem See vorbeifahrenden Motorboote und Segelboote störten sie dabei nicht. Erst Ende der 60er-Jahre wurde diesem von der Bevölkerung kritisierten Umweltfrevel der GSSD ein Ende gesetzt. Dem ging ein Unglück voraus. Bei einem Militär-Lastkraftwagen versagten auf der abgeschrägten Betonfläche die Bremsen. Das Fahrzeug rollte mit Karacho samt Insassen, die offensichtlich nicht schwimmen konnten, in die Fluten des Plauer See. Die Katastrophe war perfekt. Das Fahrzeug versank allmählich im See. Sportbootfreunde, die zufällig vorbei schipperten und den Untergang des Fahrzeuges bemerkten, retteten die Soldaten und nahmen sie an Bord. Die Kameraden bedankten sich. An Land bekamen die Soldaten aber wegen ihres Missgeschicks mächtigen Ärger. Der Vorfall war dann Gesprächsthema unter den Sportboot- und Campingfreunden von Brandenburg und Kirchmöser.

Präsent waren die sowjetischen Soldaten und ihre Familienangehörigen auch im Stadtbild von Brandenburg. Einkäufe erledigten die Offiziere und Fähnriche mit ihren schmuck gekleideten Frauen meist im Kollektiv im „Konsument"-Warenhaus Brandenburg in der Hauptstraße. Das war ein mehrgeschossiges Eckgebäude mit Damen- , Herren- und Kinder-Fachabteilungen. In den Etagen hatten auch kleinere Geschäfte ihre Verkaufsstände. Die Offiziers-Frauen legten großen Wert auf modische Artikel, die im Sortiment häufig

Mangelware waren. Im Umgang mit Bekleidungsstücken und Textilien, z. B. bei der Anprobe, ignorierten sie oftmals aus Verständigungsgründen die Hinweise der deutschen Verkäuferinnen. Manchmal wurde es dabei ziemlich laut. Begehrt waren vor allem Exportartikel der Damen- und Kinderbekleidung sowie Schuhe aller Größen. Auffällig wurden Kundinnen, die gleich mehrere Schuhe kauften, diese aber nur teilweise anprobierten. Beliebt waren u.a. Trainingsanzüge „Made in GDR" mit eingelassenen Taschen und Reisverschlüssen oder Damenstrumpfhosen der Marke „Esda". Gern gekauft wurde Unterwäsche der Marke „Triumpf" aus der DDR-Gestattungsproduktion. Hierbei handelte es sich um modische Artikel, die per West-Lizenz in der DDR produziert wurden. In der Hauptstraße befanden sich außerdem Kosmetikgeschäfte, ein Exquisit-Laden mit hochwertigen Bekleidungsartikeln und das Einrichtungshaus (Möbel, elektrische Geräte, Haushaltwaren). Auf dem Parkplatz des Neustädtischen Marktes warteten grüne Kleinbusse der sowjetischen Garnison auf die zufrieden wirkenden Einkäuferinnen. Ihre Männer waren mit Paketen und Einkaufstaschen voll bepackt.

Nach den kollektiven Einkäufen hatte sich in den Geschäften das Warenangebot etwas gelichtet. Innerhalb der Bevölkerung von Brandenburg, wie auch in anderen Orten der DDR, häuften sich Beschwerden der Einwohner. Die „Russenfrauen würden angeblich alles weg kaufen". In einigen Garnisonsstädten kamen DDR-Funktionäre auf die Idee, die Einkäufe für Angehörige der GSSD und der Bevölkerung zeitlich zu staffeln. Einkäufe sollten für beide Käuferklientel jeweils in die Vormittags- und Nachmittagszeit gelegt werden. Das lehnten die sowjetischen Kommandeure ab. Sie wollten ihren Frauen nicht vorschreiben, wann sie einkaufen durften oder wann nicht. Die Ursachen für die defizitäre Versorgungslage in der DDR lagen nicht im Kaufverhalten der Bürger, sondern in der Mangelwirtschaft. Viele sowjetische Bürger sahen die DDR als „den Westen" im Osten mit einem reichhaltigen Konsumangebot.

2.6. Gewohnheitsrechte, Vorkommnisse, Kriminalität

Die Beanspruchung und Nutzung der sowjetischen Liegenschaften auf dem Territorium der DDR, einschließlich der durch die DDR zu finanzierenden Aufwendungen der Truppen-Stationierung, basierte auf dem Besatzungsstatus der GSSD und den Auslegungen des jeweiligen Oberbefehlshabers bis hin zu Kommandeuren in den Garnisonen.

Es gehörte zur DDR-Staatsdoktrin und den Bürgern vermittelten Propaganda, dass die sowjetische Truppenpräsenz der militärischen Abschreckung gegenüber der NATO bzw. der Erhaltung des militärischen Gleichgewichts diente. Doch welchen Preis die Stationierung hatte und welches Übungs- bzw. Manöverszenario der GSSD sich dahinter verbarg, war den Bürgern weniger bekannt. Das GSSD-Oberkommando schien die Wirkungen ihrer Manöver- und Übungspraxis auf die Anwohner und Bürger generell zu unterschätzen. Auch hielt sich die Bereitschaft, das mitunter kritikwürdige Verhalten von sowjetischen Armeeangehörigen in der Öffentlichkeit zu tolerieren, spürbar in Grenzen.

Das Verschweigen von sowjetischen Vorkommnissen, die Teilen der Bevölkerung dennoch bekannt wurden, verstärkte eher Vorurteile, Vorbehalte und Abneigung gegenüber den sowjetischen Soldaten. Im Rahmen der Demokratiebewegung im Herbst 1989 tauchten auf den Demonstrationen Forderungen zum „Abzug der Russen" auf. Demonstranten trugen Spruchbänder mit der Aufschrift „Besatzer", „Russen go home" oder „Militärfreie Städte und Landschaften". Die Kritik resultierte vielfach aus dem oftmals rücksichtslosen Übungsverhalten der GSSD auf den Truppenübungsplätzen. Mit den Protesten machten sich auch nationalistische Tendenzen in der DDR breit.

Die bis 1989 in der DDR vorherrschende SED-Propaganda über die deutschsowjetische Freundschaft und deren Interpretation mit zeitgenössischer Glättung von diversen Zwischenfällen bedarf unter Berücksichtigung zugänglicher Quellen und fortschreitender Erkenntnisse einer differenzierten Betrachtung.

Markant war z.B. der Streit zwischen der DDR und UdSSR zur Nutzung des Flugplatzes Berlin-Schönefeld. Den betrachtete die sowjetische Seite bis 1958 als ihr Eigentum. Er wurde von der GSSD nach eigener Diktion genutzt. Die DDR protestierte wegen ihrer damit verbundenen eingeschränkten staatlichen Souveränität. Die dazu bis Ende der 50er-Jahre geführten Gespräche auf höchster Ebene zogen sich in die Länge. Die DDR erreichte in den 50er-Jahren keine zufriedenstellende Lösung.

Im Falle der Übergabe des Flughafens Schönefeld forderte die GSSD von der DDR vollwertigen Ersatz. Nach Ansicht des sowjetischen Militärs käme der seinerzeit modernste NVA-Flugplatz in Drewitz bei Berlin in Betracht. Bei einem Flughafen-Neubau (z.B. Sperenberg bei Wünsdorf) forderte das Oberkommando der GSSD von der DDR eine Kostenbeteiligung von sieben Millionen Mark. Außerdem hätte die DDR auch Baustoffe (u.a. Zement, Schalholz) und Baumaschinen zu stellen. In dem Zusammenhang sei erwähnt, dass die sowjetischen Luftstreitkräfte bei Gross Dölln (südlich Templin, Land Brandenburg) bis 1990/91 den größten Militärflugplatz außerhalb der Sowjetunion betrieb. Die ca. fünf Kilometer lange Start- und Landebahn war so dimensioniert, dass man kaum von einem Ende der Betonbahn zum anderen blicken konnte. Die Hauptpiste soll in den 80er-Jahren sogar als Notlandebahn für die sowjetische Weltraumfähre BURAN vorgesehen worden sein.

Die mit der Truppen-Stationierung bis 1990 verbundene eingeschränkte Souveränität der DDR äußerte sich in den Auffassungen des Oberkommandos der GSSD zur Regulierung der Lufthoheit über dem Territorium der DDR. Nach Ansicht des Oberkommandierenden der GSSD, Armeegeneral Pjotr Kirillowitsch Koschewoi (1965-1969) vom 7. Dezember 1966 „hat der Gefechtsstand der GSSD das Recht, die allgemeine Ordnung der Flüge von Luftfahrzeugen aller Art sämtlicher Organisationen zu regulieren, Anordnungen über die Erlaubnis, Begrenzung und das Verbot aller Flüge über dem Territorium der DDR zu erlassen". Infolge unzureichender Koordination zwischen der GSSD und den NVA-Luftstreitkräften in der Luftraumüberwachung kam es am 15. Juni 1972 im Luftraum Nahe Neubrandenburg zum Zusammenstoß einer MiG-21 der NVA mit einer SU-7 BM der GSSD. Die Piloten überlebten den Absturz nicht.

Als sich Ende der 70er-Jahre ein Hubschrauber der Volksmarine während eines Aufklärungsfluges über die westliche Ostsee in Folge eines Navigationsfehlers zu sehr dem dänischen Territorium näherte, drohte dem Helikopter der Abschuss durch sowjetische Jagdflugzeuge. Der Alarmstart von zwei Flugzeugen der GSSD vom Fliegerhorst Pütnitz bei Damgarten wurde nach Intervention des operativen Führungsstabes der Volksmarine im letzten Moment abgebrochen. Die sowjetische Seite vermutete die Flucht des NVA-Hubschraubers ins NATO-Gebiet. Dagegen gefährdeten sowjetische zivile und Militär-Flugzeuge, die im „Regierungsauftrag" unterwegs waren, wiederholt die Flugsicherheit über dem DDR-Territorium.

Vorkommnisse in GSSD

Neben der allgemein in den Medien und im SED-Parteiapparat propagierten „Hurra-Sicht" im Verhältnis zu den Angehörigen der sowjetischen Streitkräfte in der DDR gab es zwischen DDR-Behörden und dem Oberkommando der GSSD auch Differenzen in der Handhabung von Vorkommnissen. Soweit diese bekannt wurden, kamen sie auf höchster politischer und militärischer Ebene zur Sprache. Man war bemüht, dabei das Ansehen der GSSD nicht zu beschädigen.

Nicht selten passierte es, dass NVA-Angehörige durch sowjetische Soldaten im Verlauf von Übungen versehentlich beschossen wurden. So z.B. hatte sich eine NVA-Fahrzeugkolonne im März 1961 im unwegsamen Gelände bei Torgau verfahren. In der Nähe eines Munitionslagers der GSSD gerieten sie, trotz eindeutiger NVA-Hoheitszeichen, unter Beschuss sowjetischer Wachposten. Dabei wurden zwei NVA-Soldaten verwundet. Die sowjetischen Soldaten umstellten mit der MPi im Anschlag den NVA-Konvoi. Sie nahmen die deutschen Waffenbrüder fest und entwaffneten den NVA-Kommandeur. Er und seine Soldaten wurden mit erhobenen Händen abgeführt. Der Hauptmann protestierte auf Russisch. Er hatte jedoch keine Chance der Einrede. Er und seine Truppe könnten ja westdeutscher Spione oder Diversanten sein. Selbst seine Bitte um medizinische Hilfeleistung gegenüber seinen verletzten Kameraden wurde anfänglich abgelehnt. Erst mit dem Einschreiten von höheren Offizieren der GSSD fand das absurde Theater ein Ende.

Für die beteiligten NVA-Soldaten hatte diese seltsame Begegnung schwerwiegende seelische Nachwirkungen. Einige machten aus ihrer Ablehnung gegenüber diesen sowjetischen Waffenbrüdern keinen Hehl. Trotz verordneter Geheimhaltung sprach sich das Vorkommnis in der Einheit und auch in der Bevölkerung herum. Einige der sich damals freiwillig zum NVA-Dienst gemeldeten Soldaten stellten einen Entlassungsantrag. Ihr Vertrauen in die Soldaten der sowjetischen Streitkräfte war zerstört.

Am 27. April 1982 trafen sich in Berlin der Minister für Nationale Verteidigung, Armeegeneral Heinz Hoffmann, und der Oberkommandierende der Vereinten Streitkräfte des Warschauer Vertrages, Marschall Viktor Kulikow (1977-1989), zu einer Beratung über den disziplinaren Zustand innerhalb der GSSD. Zur Sprache kamen schwerwiegende Vorkommnisse, u.a. Zerstörungen von öffentlichen Straßen bei Manövern, Tote und Verletzte bei Schießereien, Diebstähle von sozialistischem und privatem Eigentum, Vergewaltigungen, Handlungen unter Alkoholeinfluss usw.

Der damalige Oberkommandierende der GSSD, Armeegeneral Michail Mitrofanowitsch Saizew (1980-1985) bestätigte in dem Zusammenhang, dass es im Januar und Februar 1982 zu einem Anstieg von besonderen Vorkommnissen durch sowjetische Militärangehörige im Bezirk Magdeburg kam. Nach seiner

Einschätzung wurden im Frühjahr 1982 etwa 1.500 Fälle rückwirkend bis 1978 gemeinsam mit DDR-Rechtspflegeorganen bearbeitet. Zu welchen Ergebnissen diese Untersuchung führte, ist nicht bekannt. Um den disziplinaren Zustand in der Truppe zu verbessern, sollten Regiments- und Divisionskommandeure der GSSD künftig in Lehrgängen auf ihre politischen und allgemeinen Aufgaben in der DDR vorbereitet werden.

Kriminalität in GSSD

Von sowjetischen Armeeangehörigen begangene Kriminalitätsdelikte galten zu DDR-Zeiten nahezu als ein Tabuthema. Geschätzt wurden in den 50er- und 60er-Jahren etwa 400 bis 500 Strafverfahren pro Jahr, die sich gegen Angehörige der GSSD richteten. Das Ministerium für Staatssicherheit der DDR erfasste im Zeitraum 1976 bis 1989 insgesamt 27.572 kriminelle Delikte, die von sowjetischen Armeeangehörigen begangen wurden. Das waren 1.970 Fälle pro Jahr. Vorwiegend handelte es sich um Tötungsverbrechen, Körperverletzung, Vergewaltigung, Verkehrsunfälle mit Todesfolge sowie Personen- und Sachschaden, Raubüberfälle, Diebstahl, Rowdytum, Sachbeschädigung, Brandstiftung. Trotz dem Rechtshilfeabkommen von 1957 lag die Strafverfolgung weitgehend in den Händen der GSSD.

Die Straftaten richteten sich sowohl gegen Angehörige der GSSD als auch gegen Bürger der DDR. Es wurden Verbrechen begangen, bei denen sowjetische Bürger bzw. Soldaten die Opfer bzw. Geschädigten waren. Nach Ermittlungen der Staatssicherheit betraf das in den 80er-Jahren etwa 10 bis 15 Prozent aller gemeldeten und erfassten Fälle. Die Stasi führte in den 80er-Jahren eine jährliche Statistik über Verbrechen, die innerhalb der GSSD begangen wurden. 1982 erfasste die Stasi 340 Verbrechen. 1983 waren es 354 Verbrechen. 1984 stieg die Anzahl auf 417 Verbrechen. 1985 registrierte die Stasi 412 Verbrechen. Diese Anzahl wurde auch für 1986 und 1987 angegeben. Ob diese Erkenntnisse die tatsächlich begangenen Straftaten innerhalb der GSSD widerspiegeln, ist nicht belegt.

Weitaus schwerer wog die Kriminalstatistik der Staatssicherheit, bei denen Angehörige der GSSD die Täter und DDR-Bürger die Opfer bzw. Geschädigten waren. 1976 verzeichnete die Stasi und Volkspolizei 887 Straftaten. Bis zum Jahr 1981 verdreifachte sich die Anzahl auf jährlich 2.671 Verbrechen. Den Höhepunkt begangener Straftaten von Angehörigen der GSSD verzeichnete die Stasi im Jahr 1984 mit etwa 3.000 Straftaten. Ab 1985 nahmen die Straftaten jährlich um etwa 260 kontinuierlich ab. 1989 erfasste die Staatssicherheit insgesamt 1.624 von Soldaten der GSSD begangene Verbrechen.

Einen Schwerpunkt der jährlichen Delikte bildeten Straftaten gegen sozialistisches oder privates Eigentum. 1976 betrug die Zahl von Eigentumsdelikten 481. Das entsprach 54 Prozent von allen begangenen Straftaten. Im Jahr 1984 stieg die Zahl auf das Fünffache mit 2.345 registrierten Eigentumsdelikten an. Das entsprach 78 Prozent der Gesamtstraftatbestände in 1984.

Die Zahl der Verkehrsunfälle lag in den 70er-Jahren bei 25 bis 30 Prozent von allen begangenen Straftaten. 1980 und 1981 ereigneten sich 2.987 Verkehrsunfälle mit Beteiligung von sowjetischen Militärangehörigen und Zivilbeschäftigten. Davon wurden 2.551 Unfälle schuldhaft verursacht. 94 Bürger der DDR und 53 Militärangehörige starben. Es gab 207 Schwerverletzte und 731 Mittel- bis Leichtverletzte. Der Sachschaden belief sich auf 7.504.450 Mark der DDR. An den Unfällen waren beteiligt 1.996 Lastkraftwagen, 286 Personenkraftwagen, 97 Busse, 89 Schützenpanzer, 55 Panzer und 28 Kräder. Ab 1982 nahmen die Verkehrsunfälle ab. Der Anteil reduzierte sich auf 6,5 Prozent der jährlich verübten Straftaten.

An Tötungsverbrechen verzeichnete die Staatssicherheit im Zeitraum 1976 bis 1989 durchschnittlich drei Verbrechen im Jahr. Die Anzahl von vorsätzlichen Körperverletzungen hatte 1989 mit 71 Straftaten (4,4 Prozent) den höchsten Wert. 1984 waren es lediglich sechs Straftaten und ebenso 1976.

Tödliche Schüsse in Drögen

Ein Beispiel der Vertuschung von Gewalttaten sowjetischer Soldaten gegenüber Bürgern der DDR liefert der Stasi-Operativ-Vorgang „Vergeltung" aus dem Jahr 1987. Am 11. Juli 1987 erschoss der Soldat Anatoli Knish (19 Jahre) von der Garnison Drögen nahe Fürstenberg während seines Wachdienstes die Jugendlichen Uwe und Christian Baer. Beide Brüder, 19 und 16 Jahre alt, sammelten an diesem Tag nahe der Kaserne Militär-Schrott. Ob sie dabei in das militärische Sperrgebiet der Garnison Drögen eindrangen, wurde nie aufgeklärt. Es war nicht ungewöhnlich, dass die sowjetischen Soldaten wiederholt Buntmetall, Bleibatterien oder Benzin und Diesel gegen Geld oder Lebensmittel mit Einwohnern eintauschten. Auch wussten die Soldaten, dass die Anwohner den vom Militär weggeworfenen Schrott sammelten.

Gegen 18 Uhr hallten durch das Dorf zwei kurze Feuerstöße von Schusswaffen. Die MPi-Schüsse hörte auch der Vater der beiden Brüder. Er ahnte Schlimmes, denn seine Söhne kamen nicht zurück nach Hause. Bald darauf erschien ein Militärstaatsanwalt der NVA in Begleitung von zwei Mitarbeitern der Staatssicherheit. Man erklärte dem Vater, dass seine Söhne illegal ins Militärobjekt Drögen eingedrungen waren und angeblich einen Wachsoldaten bedroht hatten. Der machte von seiner MPi Gebrauch und schoss. Die Schüsse waren tödlich. Die Stasi unterstellte beiden Jugendlichen kriminelle Machenschaften und vorsätzliches Eindringen in militärisches Sperrgebiet. Erst viel später stellte sich heraus, dass der Wachsoldat aus Moldawien ohne Abgabe von Warnschüssen sofort und zielgenau auf die Jugendlichen feuerte. Beide verbluteten in Folge der erlittenen Schussverletzungen.

Die Bemühungen des Vaters zur Aufklärung des Tat-Herganges seiner beiden getöteten Söhne lösten bei der Staatssicherheit hektische Aktivitäten aus. Auf ihn wurden mehrere Inoffizielle Mitarbeiter (IM) des Ministeriums für Staatssicherheit angesetzt. Die sowjetische Seite schwieg beharrlich. Der Vater nahm sich einen Rechtsanwalt. Der Jurist aus Mecklenburg hieß Wolfgang Schnur. Damals war noch nicht bekannt, dass der Jurist seit 1965 selbst IM war. Er galt als Vertrauensanwalt der Evangelischen Kirche. Er vertrat Oppositionelle, Bürgerrechtler und Wehrdienstverweigerer der DDR. Schnur war 1989 Mitbegründer des Demokratischen Aufbruchs. Über den Rechtsanwalt wusste die Stasi genau Bescheid, was Vater Horst Baer zur Aufklärung des Todes seiner Söhne unternahm und wie die Stimmung der Bevölkerung im Ort war.

Zur Bestattung der beiden Jugendlichen erschienen nahezu 200 Menschen, darunter auch viele Gesichtslose in Mänteln. Die Staatssicherheit gab der Beerdigung den Decknamen „Kapelle". Für die Hinterbliebenen und Einheimischen waren die verordneten Auflagen zur Beerdigung der Brüder Uwe und Christian Baer eine Demütigung. Die Stasi forderte u.a. die Einäscherung der beiden Toten. Vermutlich sollten damit Details zur Todesursache vertuscht werden. Das Ansinnen lehnte der Vater ab. Er verlangte eine Erdbestattung. So konnte er die tödlichen Einschüsse bei seinen Söhnen sehen. Auf dem Grabstein von Uwe und Christian Baer durfte nicht stehen: „erschossen am 11. Juli 1987". Diese Wahrheit konnte der Vater erst nach 1990 auf dem Grabstein eingravieren lassen.

Mitarbeiter der Staatssicherheit registrierten unter der Bevölkerung von Fürstenberg und in der Umgebung eine „wachsende Tendenz des Negativen" gegenüber sowjetischen Soldaten mit „offenen antisowjetischen Äußerungen". In einer Disco des Ortes gedachten die Besucher mit einer Schweigeminute ihrer ermordeten Freunde. Ein Arbeitskollektiv verlieh ihren Protest Ausdruck, in dem es geschlossen aus der Gesellschaft für Deutsch sowjetische Freundschaft autrat. Eine Verkäuferin der Handelsorganisation im Ort weigerte sich, einen Fähnrich der GSSD zu bedienen. Uniformierten der GSSD wurde vereinzelt Rache angedroht. Ein Gerichtsprozess fand in der DDR nie statt. Der tatverdächtige Soldat wurde juristisch nicht zur Verantwortung gezogen. Angeblich soll er 20 Tage im Arrest gesessen haben. Dann wurde der Täter in der Sowjetunion versetzt.

Im Verlauf seiner Begehung in den Militärobjekten Drögen (Tanklager) und Fürstenberg (Tanklager) erhielt der Autor 1992 Kenntnis von diesem mysteriösen Vorfall. Noch fünf Jahre danach spürte man die Entrüstung innerhalb der Bevölkerung gegenüber dieser von einem sowjetischen Soldaten begangenen und nicht aufgeklärten Mordtat.

Der Operativ-Vorgang „Vergeltung" befindet sich im zentralen Archiv der Bundesbeauftragten für die Unterlagen der Staatssicherheit der ehemaligen DDR. Das Ereignis widerspiegelt ein tragisches Kapitel sowjetischer Stationierungsgeschichte. Der Oberkommandierende der WGT, Generaloberst Burlakow, ließ diesen Todesfall in seiner Bilanz der Truppenstationierung unerwähnt. Dafür beschwerte er sich wiederholt auf Sitzungen der „Gemischten Deutsch-Sowjetischen Kommission" (siehe Kapitel 3.2.) wegen zunehmenden Übergriffen von Bürgern auf Angehörige und militärische Objekte der WGT.

Einschränkend ist zu erwähnen, dass die geheim gehaltenen Statistiken der Staatssicherheit nicht die reale Wahrnehmung der Kriminilalität von sowjetischen Militärangehörigen innerhalb der DDR-Bevölkerung widerspiegelten. Vieles wurde vertuscht oder gar dem Selbstverschulden der Opfer bzw. Geschädigten angelastet. Personen, die etwas wussten, wurde auferlegt zu schweigen. Ebenso existierten je nach den Stationierungsorten regionale Unterschiede im Meinungsbild der Bevölkerung.

Im Verhältnis zu den in der Bevölkerung der DDR anfallenden Straftaten lag der Anteil der GSSD in den 70er-Jahren zwischen 0,7 bis 1,2 Prozent. So z. B. kam es 1977 im Land zu 116.170 Straftaten. Davon entfielen 1.039 Straftaten auf Angehörige der GSSD. Das entsprach einem Anteil von 0,9 Prozent. In der 80er-Jahren erhöhte sich der Anteil der GSSD-Straftaten bezogen auf die Gesamtkriminalität in der DDR-Bevölkerung auf 1,6 bis 2,5 Prozent. Als Beispiel sei hier das Jahr 1984 erwähnt. In diesem Jahr ereigneten sich landesweit 119.125 Straftaten. Davon verübten Angehörige der GSSD 3.000. Das entsprach einem Anteil von 2,5 Prozent.

Mitte der 80er-Jahre kam es zwischen dem Ministerium für Staatssicherheit der DDR und dem sowjetischen Geheimdienst KGB zu einer Vereinbarung über eine künftig abgestimmte Handhabung bei der Bearbeitung und in der Dokumentation von Straftaten mit Beteiligung von Angehörigen der GSSD und ihrer Strafverfolgung. Beide Geheimdienste kooperierten in der beiderseitigen Rechtshilfe, Aufklärung und Strafverfolgung. Sämtliche Vorkommnisse, die im Zusammenhang mit der GSSD standen, waren von den Bezirksverwaltungen der Staatssicherheit nunmehr der Hauptabteilung VII des Ministeriums für Staatssicherheit in Berlin zu melden. Vorfälle, die sich gegen Angehörige der GSSD richteten, ermittelte die Staatssicherheit künftig selbstständig. Das Oberkommando in Wünsdorf wurde darüber regelmäßig informiert. So z.B. führte das Ministerium für Staatssicherheit im Zeitraum Januar bis August 1984 gegen 82 Bürger der DDR ein Ermittlungsverfahren wegen Hetze, Zoll- und Waffendelikte sowie angeblicher Spionage.

Ein Schwerpunkt mit einem Anteil von 74 Prozent bildete nach dem Sprachgebrauch der Stasi „die Verunglimpfung bzw. Herabwürdigung der GSSD" sowie „Hetze" gegenüber sowjetischen Armeeangehörigen. Hierbei ist zu beachten, dass Missstimmungen, Schriften, Losungen und negative Äußerungen mit einem Bezug zur Stationierung der GSSD von der Staatssicherheit als „öffentliche Herabwürdigung der GSSD" eingestuft, personenbezogen registriert und zum Teil verfolgt wurden. Das öffentliche Auftreten prostierender Bürger gegen die „Stationierung von sowjetischen SS-20-Raketen" in der DDR galt im Selbstverständnis der Stasi als Verunglimpfung oder Missstimmung gegen die GSSD. Wer sich zu nahe an markierte Sperrgebiete oder Objekte der GSSD bewegte oder sich in deren Übungsgelände verirrte, geriet schnell unter Spionageverdacht.

Durch Unfälle, Gewaltexzesse und Selbsttötung sollen schätzungsweise jährlich 3.400 bis 4.000 Soldaten der GSSD ums Leben gekommen sein. Die genaue Zahl ist nicht bekannt. Eine auf Anweisung von Staatschef Gorbatschow im November 1990 geschaffene Untersuchungskommission zu Todesfällen in der sowjetischen Armee ermittelte, dass im Zeitraum 1975 bis 1990 etwa 120.000 Personen in den sowjetischen Streitkräften zu Tode kamen. Jährlich verloren 6.000 bis 8.000 Rekruten in der gesamten Armee und Flotte ihr Leben. Die Zeitschrift „Nowyue Vremya" (Neue Zeit) berichtete in der Ausgabe Nr. 32-1990 von jährlich 10.000 unverschuldet zu Tode gekommenen Angehörigen der sowjetischen Armee. Daraus lassen sich jedoch keine Rückschlüsse auf Todesfälle in der GSSD ziehen. Das Oberkommando der WGT in Wünsdorf gab dazu lediglich einmal Ende 1990 die Anzahl von Todesfällen in ihren Reihen bekannt. Danach waren 1990 etwa 84 tote sowjetische Soldaten in der WGT zu beklagen.

2.7. Fahnenfluchten, Deserteure

Jährlich versuchten etwa 360 bis 400 Soldaten der GSSD aus der Armee zu desertieren. Der Buchautor Michael Boltunow benannte sogar durchschnittlich 500 Desertierungen im Jahr. Er erfasste hierbei auch Fälle, die bereits im Ansatz scheiterten bzw. aufgedeckt wurden. Erst ab 1992 ging die Flucht-Anzahl innerhalb der WGT zurück.

Bei der Mehrzahl der Deserteure handelte es sich um Wehrpflichtige, die den Repressionen in den Kasernen entfliehen wollten. Die Soldaten desertierten mit dem Vorsatz, sich für immer dem Militärdienst zu entziehen. Bemerkenswert war der Aufwand, den die Sicherheitsorgane der DDR (MfS, Polizei und eine Elitetruppe der NVA) im Zusammenwirken mit sowjetischen „Ergreifungstrupps" bei der Fahndung nach den Deserteuren betrieben. Dadurch bekamen Teile der Bevölkerung die Szenarien der Verfolgung und Ergreifung von sowjetischen Soldaten mit. Die Flucht endete meist tragisch im Kugelhagel der eigenen Leute.

Dokumentierte Fahndungsvorgänge des Ministeriums für Staatssicherheit, in denen das Oberkommando bzw. Kommandeure der GSSD deutsche Polizeibehörden um Unterstützung baten, belegen, dass Fahnenfluchten in den 50er- und 60er-Jahren eher selten waren. Das änderte sich laut den archivierten Stasi-Dokumenten in den 70er-Jahren mit durchschnittlich 140 Fällen im Jahr. Höhepunkt bildete das Jahr 1974 mit 202 desertierten Soldaten. In den 80er-Jahren stiegen die Fahnenfluchten rasant an. Von 1980 bis 1989 flohen insgesamt 3.045 Soldaten der GSSD. Die meisten Fahnenfluchten ereigneten sich 1983 mit 382 Fällen, 1985 mit 437 Fällen sowie 1987 mit 446 Fällen. Auffallend ist der Anstieg des Jahres 1984 von 310 Fahnenfluchten auf das Folgejahr 1985 mit 437 Fahnenfluchten um 71 Prozent.

Auf Ersuchen sowjetischer Dienststellen fahndeten deutsche Polizeibehörden im Zeitraum 1983 bis 1987 insgesamt nach 1.981 Angehörigen der GSSD. Hierbei handelte es sich um Ereignisse, die der Polizei, dem MfS und der NVA bekannt wurden bzw. an deren Fahndungen sie involviert waren.

Die tatsächliche Zahl von Deserteuren dürfte unter Hinweis von Boltunow weitaus höher liegen. Die höchste Fluchtrate hatte der damalige DDR-Bezirk Potsdam, flächenmäßig in etwa vergleichbar mit dem westlichen Teil des Landes Brandenburg. Im Zeitraum 1971 bis 1988 kam es dort zu 590 Fahnenfluchten von Angehörigen der sowjetischen Streitkräfte. 1986 flüchteten im Bezirk Potsdam allein 108 Soldaten. Ein Jahr später waren es 129. Da dieser DDR-Bezirk direkt an Westberlin grenzte, hofften die Fahnenflüchtigen hier am besten in den Westen zu gelangen. Jedoch hatten die Soldaten über den pioniermäßigen Ausbau der Grenzanlagen um Westberlin keine Kenntnisse. Die Chancen für eine erfolgreiche Flucht waren äußerst gering. Die Soldaten sprachen kaum Deutsch, hatten keine Ausrüstung, kein Geld und keinen Ausweis. Das Land, die DDR, in dem sie dienten, war ihnen kaum bekannt.

Daneben gab es Versuche, während verminderter Fahrt von Personen-Zügen der westlichen Alliierten (moderne Reiszugwagen) auf der Bahnstrecke Westberlin-Marienborn aufzuspringen. Der Autor erlebte einen derartigen Fluchtversuch in seinem Heimatort Kirchmöser. Die mit den Flaggen der USA, Großbritannien und Frankreich gekennzeichneten Militärzüge durften auf DDR-Territorium nicht halten. Dennoch kam es hin und wieder vor, dass die Züge ihre Fahrt am Bahnhof Kirchmöser bei Brandenburg verlangsamen mussten. Die Bahnstrecke gehörte zu einer viel befahrenen Ost-West-Haupttrasse. Sie war bis Mitte der 60er-Jahre nur eingleisig ausgelegt. Das bis 1945 vorhandene zweite Parallel-Gleis wurde als Reparationsleistung demontiert. Die Zeiten der täglichen Zugpassage im Ort waren in der Bevölkerung gut bekannt. Im Gegensatz zu anderen Zügen waren diese Militärzüge stets pünktlich. Wir Jugendliche standen häufig nahe an den Gleisen und winkten den alliierten Soldaten zu. Die winkten zurück und warfen Schokolade und Kaugummi aus den Fenstern. Musste der Zug wegen eines Haltesignals stoppen, erschien bald darauf die Transportpolizei.

Ende der 50er-Jahre versuchte ein aus der Panzerreparatur-Kaserne Kirchmöser geflohener sowjetischer Soldat in den Zug zu gelangen. Der Zug der Alliierten hatte wie üblich seine Fahrt am Bahnhof verlangsamt und musste schließlich stoppen. Der Soldat sprang aus seinem Versteck hervor und rannte zu einem Waggon. Er erreichte aber nicht einmal die Waggontür. Er wurde zuvor von deutschen Polizisten überwältigt, die zur Sicherung des Zuges im Ort erschienen waren. Die Polizisten übergaben den Deserteur einem herbei geeilten sowjetischen Ergreifungs-Kommando. Die gingen mit dem armen Kerl nicht zimperlich um. Auf unser Entsetzen über dessen Behandlung entgegneten die Polizisten, es handelte sich um einen „gesuchten Verbrecher".

Besonders brisant waren Groß- und Eilfahndungen bei Militärangehörigen, die bewaffnet waren, Menschen auf ihrer Flucht töteten, Fahrzeuge der Armee benutzten oder die sich in Richtung der Staatsgrenze zur Bundesrepublik und Westberlin bewegten. Bewaffnete Deserteure (MPi, Pistole, Handgranate) handelten entschlossen und meist aggressiv gegenüber Sicherungskräften. Ihnen war bewusst, dass sie bei Ergreifung nicht mit Milde rechnen konnten. So kam es wiederholt zu heftigen Schusswechseln. Die endeten für den Deserteur überwiegend tödlich. Nach Ermittlungen des MfS gelang lediglich zwei Soldaten der GSSD im Zeitraum 1983 bis 1987 die Flucht in die Bundesrepublik Deutschland. Einigen glückte die Flucht über die CSSR. Das MfS erfasste 19 Soldaten der GSSD, die im Verlauf ihrer Flucht auf dem Territorium in der CSSR oder Polen gestellt und festgenommen wurden. Über ihr Schicksal ist nichts bekannt.

Obwohl die Fluchtproblematik in der GSSD heruntergespielt wurde, ist in den Akten des MfS ersichtlich, welch enormer Aufwand zur „Kontrolle des Fahndungsraumes", der „Überwachung von Abgängigen" (Soldaten) oder „Personenbewegungen" betrieben wurde. Das MfS rekrutierte geeignete Bürger (inoffizielle Mitarbeiter), die als „Beobachter" auffällige Soldaten der GSSD bzw. deren Verstecke den Polizeibehörden meldeten. Hierbei handelte es sich um Mitarbeiter von Forstwirtschaftsbetrieben und Jagdgesellschaften, Vorsitzende von Landwirtschaftlichen Produktionsgenossenschaften (LPG), Leiter von Verkehrsbetrieben (Bus, Straßenbahn, Kleinbahn), Bürgermeister, Schäfer, Gaststättenbesitzer, Vorsitzende von Kleingartensparten bis hin zu Bademeistern in öffentlichen Schwimmbädern. Die Suchaktionen von geflohenen Soldaten, besonders in den 80er-Jahren, blieben der Bevölkerung nicht verborgen. Die Bürger begriffen, dass die entflohenen Soldaten nicht alle „Verbrecher oder Kriminelle" sein konnten.

Militärposten an den Straßen und auf Bahnhöfen, Fahrzeugkontrollen und gesperrte Straßen deuteten auf außergewöhnliche Ereignisse hin. Der Autor geriet Anfang der 80er-Jahre auf der Fernverkehrsstraße 1 ausgangs der Stadt

Brandenburg in eine dieser Straßensperren. Die Volkspolizei stoppte alle Fahrzeuge. Polizisten kontrollierten den Kofferraum meines Autos vom Typ Skoda und den Fahrzeuginnenraum. Die am Straßenrand anwesenden sowjetischen Militärposten waren ein Indiz dafür, dass die Suche diesmal nicht einem entflohenen Häftling aus dem Zuchthaus Brandenburg galt. Das passierte in der Region öfter. Gesucht wurden Deserteure der GSSD.

Flucht-Odyssee: Soldat Garnison Vogelsang

Aufsehen erregte Mitte Juni 1978 die Flucht des sowjetischen Soldaten Mindijan Aubakirow (19 Jahre) aus der Garnison Vogelsang (zwischen Zehdenick und Templin im Land Brandenburg) der 25. Panzerdivision. Er versuchte, aus dem Dienstalltag auszubrechen. Dort herrschte eine unerbittliche Rangordnung zwischen altgedienten Soldaten und Wehrpflichtigen. Schikane und Misshandlungen von Soldaten nichtrussischer Nationalität gehörten zum Dienstalltag. Bewaffnet mit einer MPi Kalaschnikow und gefüllten Magazinen fuhr er mit einem gestohlenen Kleinbus des Typs „Barkas B 1000" in Richtung Berlin. Trotz eingeleiteter Fahndung gelang ihm die Flucht bis ins Zentrum der Hauptstadt der DDR. Er durchbrach eine Straßensperre am Alexanderplatz und raste in Richtung Friedrichstraße. Vermutlich wollte er am Grenzübergang Checkpoint Charlie nach Westberlin fliehen.

Ein paar Hundert Meter davor stellte ihn die Volkspolizei mit seinem Fahrzeug an der Kreuzung Friedrichstraße/Unter den Linden. In einer wilden Schießerei zwischen dem sowjetischen Deserteur, der Volkspolizei und Stasi wurden mehrere Passanten verletzt. Darunter befand sich u.a. ein Mitarbeiter der Ständigen Vertretung der Bundesrepublik Deutschland in Berlin. Aubakirow erkannte im Kugelhagel der Volkspolizei die Aussichtslosigkeit seiner Flucht nach Westberlin und versuchte, sich zu töten. Er überlebte schwer verletzt und wurde von einem Militärgericht in der UdSSR zu zehn Jahren Haft verurteilt. Ob er tatsächlich überlebte ist nicht bekannt. Das Mauermuseum am Checkpoint Charlie in Berlin führt ihn mit dem Datum 18. Juni 1978 als ein Opfer deutscher Teilung. Der sich im Zentrum von Berlin ereignete Zwischenfall konnte nicht verheimlicht werden. Die Presse in Ost und West berichtete über die gescheiterte Flucht eines unbekannten Soldaten der GSSD.

Die Autorin Silke Satjukow ermittelte in ihrem Buch mehrere tragische Beispiele von Fahnenfluchten in den damaligen südlichen Bezirken der DDR, dem heutigen Bundesland Thüringen und Sachsen. Die Ereignisse widerspiegeln zugleich den inneren moralischen und disziplinaren Zustand der GSSD. Sie dokumentieren aber auch die äußerst brutalen Ergreifungsmethoden durch sowjetische Militäreinheiten. Diese Spezialtrupps schreckten nicht einmal vor dem Einsatz von Flakgeschützen gegen Gebäude zurück, in denen sich bewaffnete Deserteure verschanzt hatten.

Diffamierung von Deserteuren

Nach Ansicht des Oberkommandierenden der WGT, Generaloberst Burlakow, handelte es sich bei den unter seiner Kommandoführung (1990-1994) ereigneten Fahnenfluchten in der Mehrzahl angeblich um „Kriminelle". Er erklärte: „Auf diese könne die WGT gern verzichten und Deutschland werde mit ihnen nicht glücklich". Das ist eine sehr gefällige Interpretation. Man scheute sich, die wahren Ursachen für Fluchten innerhalb der Armee zu ergründen oder gar zu nennen. All das erinnert an die Untersuchungspraxis der Staatssicherheit gegenüber Fahnenflüchtigen der NVA und Grenztruppen der DDR.

Nach dem Wegfall der innerdeutschen Grenze desertierten nach Angaben von Burlakow bis zum Januar 1991 etwa 200 Angehörige der WGT. Sie wurden von der WGT-Führung abfällig als „Glückssucher" bezeichnet. Armeegeneral Snetkow behauptete, dass es unter seinem Oberkommando bis Mitte Dezember 1990 angeblich keine „massenhaften Desertierungen von Angehörigen der Westgruppe gab". Das Gegenteil war der Fall, wie Beispiele von Autoren und der Staatssicherheit belegen. Nach dem Fall der Mauer stellten sowjetische Offiziere Anträge auf politisches Asyl an deutsche Behörden.

Bis Februar 1993 sollen nach Erkenntnissen von Burlakow 1.286 Armeeangehörige der sowjetisch-russischen Streitkräfte in die Bundesrepublik Deutschland desertiert sein. 1994 gestand das Oberkommando in Wünsdorf ein, dass sich etwa 1.000 Soldaten der WGT illegal in Deutschland aufhalten würden. Belegbar sind diese Zahlen nicht. Demgegenüber sprach die internationale Gemeinschaft für Menschenrechte von 600 desertierten Soldaten der WGT bis zum August 1994.

Sogenannte „Ergreifungstrupps" des russischen Militärgeheimdienstes waren den Abtrünnigen, die in der WGT als Vaterlandsverräter und Straftäter galten, bis zum Schluss des Abzuges auf der Spur. Hatten sie dabei Erfolg, dann wurde die misslungene Flucht als abschreckendes Beispiel in der Truppe propagiert. Das Oberkommando in Wünsdorf trat nach 1990 wiederholt an die deutsche Seite mit der Forderung heran, den Deserteuren kein Asyl zu gewähren und sie heraus zu geben. Die ganze Sache wurde für die Bundesrepublik zunehmend problematisch. Deutsche Beamte traten deshalb an das Oberkommando in Wünsdorf heran, um für entflohene Soldaten der WGT auf dem Territorium der Bundesrepublik eine einvernehmliche Klärung unter Wahrung des Freiheitsrechts zu erreichen. Ihr Bemühen hatte keinen Erfolg. Die russischen Militärs erklärten zynisch: „Rechnen sie mit 380.000 Mann!"

Silke Satjukow recherchierte, dass im Zeitraum Ende 1990 bis Ende 1991 allein 241 Angehörige der WGT einen Asyl-Antrag stellten. Bis 1993 soll angeblich kein Asylgesuch seitens der Bundesbehörden positiv entschieden worden sein. Asylanträge wurden überwiegend nach Abschluss des Abzuges entschieden, um Repressalien bei Ablehnung des Antragstellers auszuschließen. Eine Asyl-Anerkennung in der Phase des laufenden Abzuges hätte vermutlich eine Flucht-Welle innerhalb der WGT ausgelöst.

Zu den prominentesten Überläufern in der Abzugsphase der WGT gehörten zweifellos die im Kapitel 2.2. erwähnten Offiziere, Oberstleutnant Kolesnikow und Hauptmann Mojsejenko von der 27. Garde-Mot.-Schützendivision in Halle. Beide Offiziere wurden wegen des Verrats von Staatsgeheimnissen durch den sowjetischen Militärgeheimdienst fieberhaft gesucht. Die Deserteure flüchteten mit einem Personenfahrzeug vom Typ Mercedes. In ihrem Kofferraum befanden sich u.a. drei sowjetische Panzergranaten neusten Typs und eine supermoderne Panzerabwehr-Lenkrakete.

Die Flucht der Offiziere löste eine Lawine von Versetzungen, Bestrafungen und Entlassungen von Vorgesetzten aus. Militärstaatsanwalt Oberst A. Korotkow führte anschließend die Untersuchung des Falls. Er fand heraus, dass in dem von Oberstleutnant Kolesnikow geführten Regiment angeblich eine „dramatische Kriminalität" existieren würde. Beide Offiziere verschoben im großen Stil Waffen und Munition aus dem Regiment an zivile Interessenten. Der damalige Oberkommandierende der WGT, Armeegeneral Snetkow leugnete diese Waffenschiebereien. Außerdem betrieben beide Offiziere und weitere Personen einen florierenden Fahrzeug-Handel mit zum Teil gestohlenen Autos. Angeblich wurde Oberstleutnant Kolesnikow zuvor von seiner Dienststellung als Regimentskommandeur abgelöst. Selbst die sowjetische Gewerkschaftszeitung „Iswestija" (Nachrichten) berichtete in einer Januarausgabe 1991 über das schwerwiegende Vorkommnis in der WGT.

2.8. Übungsverhalten, Unfälle

Am oftmals rücksichtslosen Übungsverhalten der Land- und Luftstreitkräfte der GSSD änderte sich trotz Beschwerden seitens der DDR-Bevölkerung bis 1990 nichts. Besonders der von Hubschraubern und Kampfflugzeugen verursachte Lärm bei Flügen in oftmals geringer Höhe und Nachts, verärgerte die Bürger. Ketten-Fahrzeuge der GSSD beschädigten Straßen und Uferböschungen sowie auch Gebäude. Im Verlauf einer vom 10. bis 20. Oktober 1982 absolvierten Übung von zwei Armeen der GSSD entstand im Bezirk Potsdam und Erfurt ein Schaden von 2,5 Millionen Mark. Während einer anderen Übung sperrte die GSSD ohne Abstimmung mit DDR-Behörden eigenmächtig die Elbe im Fluss-Abschnitt Riesa-Torgau für die gesamte Binnenschifffahrt.

Kollision Panzer mit D-Zug

Am 19. Januar 1988 ereignete sich bei Forst Zinna, Nahe Jüterbog, eines der schwersten durch die GSSD verursachten Bahnunglücke in der DDR. An diesem Tag befand sich der D-Zug 716 auf der Fahrt von Leipzig nach Stralsund über Berlin. Zum Glück befanden sich an diesem Tag nur etwa 450 Reisende im Zug. Die Bahnstrecke führte mitten durch ein Übungsgelände der GSSD. Reisende und Eisenbahner erlebten mitunter vom Zug aus Panzerübungen live. Zugbegleiter der Deutschen Reichsbahn nannten die Bahn-Trasse deshalb „Kanonenstrecke".

Der junge Soldat Ochapow, der gerade in die sowjetische Armee eingezogen wurde, absolvierte an diesem Nachmittag zu später Stunde seine erste Panzerfahrstunde per Nachtsichtgerät mit einem T-64. Im Panzerturm befand sich sein Fahrlehrer Petuchow, ein junger Unteroffizier. Alles schien wie gewohnt zu laufen, bis der Panzerfahrer nicht die vorgeschriebene Route einhielt. Er sollte laut den russischen Hinweisschildern abbiegen, fuhr aber weiter gerade aus. Der 40 Tonnen schwere T-64 donnerte auf die Bahngleise zu. Der Fahrlehrer befahl mehrmals, den Panzer zu stoppen. Der Fahrer reagierte nicht. Die vom Fahrlehrer eingeleitete Notbremsung funktionierte nicht. Der Havarieschalter war defekt. Das Unglück nahm seinen Lauf.

Die Untersuchung ergab später, dass der 18-jährige Panzerfahrer aus Kasachstan die Anweisungen des Fahrlehrers nicht verstand. Er beherrschte kaum die russische Sprache. Deshalb konnte er auch die Hinweisschilder der Fahrstrecke nicht deuten. Es stellte sich heraus, dass der Soldat Ochapow bereits schon in der Ausbildung Schwierigkeiten hatte, dass Vermittelte richtig zu verstehen. Laut der Dienstvorschrift durften nur Soldaten zum Panzerfahrer ausgebildet werden, die gut Russisch sprachen. Weder der Fahrlehrer noch der Leiter des Panzerübungsplatzes kannten „die Grenzen der Panzerfahrstrecke. Karten des Übungsgeländes habe ich nie gesehen", erklärte der Oberleutnant in der Vernehmung. Mit dem Panzer auf dem Gleisbett stehend, geriet Soldat Ochapow in Panik. Er würgte den Panzermotor ab. Der Fahrlehrer versuchte, den Motor wieder in Gang zu bekommen. Das gelang ihm nicht. Im Angesicht des sich nähernden Zuges und der Scheinwerfer der Diesel-Lok sprangen die beiden Soldaten vom Panzer ins Freie neben das Gleisbett.

Die beiden Lokführer des D-Zuges bemerkten das auf den Gleisen stehende Panzerhindernis zu spät. Sie konnten den Zug nicht mehr rechtzeitig stoppen. Mit 120 km/h krachte die Lok um 17.47 Uhr gegen den vollgetankten Stahlkoloss. Durch die Wucht des Aufpralls wurde die 80 Tonnen schwere Lok aus dem Gleis geworfen. Sie überschlug sich. Neun Reisezugwagen wurden zu Schrotthaufen. Darin starben sechs Menschen. Die beiden Lokführer überlebten den Zusammenstoß nicht. 33 Reisende erlitten schwere Verletzungen.

Durch den Knall des Zusammenstoßes und die feurigen Blitze im Abendhimmel wurden die Soldaten der nahegelegenen Kaserne der GSSD aufmerksam. Sie eilen umgehend zu Hilfe. Kräfte der Feuerwehr, medizinischen Hilfe, Zivilverteidigung und Deutschen Volkspolizei bargen die Menschen so gut es ging. Spezialkräfte der Deutschen Reichsbahn bemühten sich mit Einheiten der GSSD, die Gleisstrecke für den Zugverkehr wieder frei zu bekommen.

Die Armeezeitung „Krasnaja Zwesda" (Roter Stern) veröffentlichte zu dem schweren Unglück am 9. Februar 1988 einen Bericht ihres Sonderkorrespondenten, Oberst G. Miranowitsch. Darin schilderte der Oberst schonungslos die gravierenden Mängel in der Panzerausbildung unter Major W. Schamschur. Das tragische Vorkommnis sei „kein Einzelfall, sondern ein eklatantes Beispiel für strukturelle Gefahren (Probleme) in der Armee".

Es dauerte nicht lange und eine Kommission von Kriminalpolizisten aus Potsdam erschien am Unglücksort. Deutsche und sowjetische Militärstaatsanwälte nahmen sich des Falls an. Sie verhörten in Jüterbog die beiden Panzersoldaten. Nach anfänglichem Zögern der GSSD durften die Kriminaltechniker den kollidierten Panzer untersuchen. Das GSSD-Kommando in Wünsdorf setzte eine Sonderkommission ein. Medien der DDR und Bundesrepublik, auch die „Tagesschau" berichten ausführlich über diese Katastrophe. Die Reaktionen innerhalb der DDR-Bevölkerung waren sehr heftig. Man sparte nicht mit Kritik am Übungsverhalten der GSSD und der teilweisen Disziplinlosigkeit unter den Soldaten. Viele Bürger waren der Ansicht, dass strukturelle Mängel in der Truppe die eigentliche Ursache des Unglücks waren, dem schließlich Menschen zum Opfer fielen. Die Staatssicherheit registrierte die aufgebrachten Gespräche innerhalb der Bevölkerung. Alles wurde erfasst, genau notiert und weiter gemeldet. Das von einer Panzerbesatzung der GSSD verursachte Zugunglück im Jahr 1988 ist im BStU-Archiv umfassend dokumentiert.

Der Oberkommandierende der GSSD ließ sofort alle Panzerübungsplätze der sowjetischen Truppen in der DDR auf ihre Sicherheitsbestimmungen überprüfen. Armeegeneral Snetkow schickte seinen Stellvertreter, den Chef der Politischen Verwaltung der GSSD, zur SED-Bezirksverwaltung in Potsdam. Er entschuldigte sich für das von einem sowjetischen Panzer verursachte Bahnunglück mit den Toten und Verletzten. SED-Chef Erich Honecker wurde informiert.

Auf einer Sitzung im Verkehrsministerium der DRR am 25. Januar 1988, an der Vertreter des Militärtransportwesens der UdSSR teilnahmen, entschuldigte sich die sowjetische Abordnung für das tragische Unglück. Zugleich betonten sie, dass „strengste Maßnahmen und gerichtliche Ermittlungsverfahren gegenüber verantwortlichen Vorgesetzten" eingeleitet wurden. Der DDR-Seite wurde versichert, dass zur Vermeidung ähnlicher Vorkommnisse eine Reihe von Maßnahmen in den Streitkräften eingeleitet wurden. Leider blieben das überwiegend Lippenbekenntnisse. Die Praxis sah anders aus.

Der Autor hat in seinem Heimatort Kirchmöser erlebt, wie sowjetische Panzer Haltesignale oder geschlossene Schranken missachteten. Aus einer Kurve kommend preschten sie über den Bahnübergang an der Gränertstraße, dem ehemaligen Bahnsteig des Ortes, in Richtung Wald davon. Der Schaden an der Bahn-Hauptstrecke Berlin-Magdeburg war enorm. Personen- und Güterwagenzüge mussten in Brandenburg oder Wusterwitz bis zur Räumung der Bahngleise halten. Der Bahnübergang wurde für die zügig verlaufenden Räumarbeiten vorübergehend gesperrt. Die Anwohner mussten Umwege in Kauf nehmen, um zu ihren Gehöften bzw. ins Dorf zu gelangen. Die Deutsche Reichsbahn richtete an dem gefährdeten Bahn-Abschnitt eine Langsamfahrstrecke ein. Bald darauf nutzte die GSSD eine andere Panzerpiste. Die führte quer über die Ackerfelder der Bauern.

Am 19. Juni 1988 wandte sich der Minister für Verkehrswesen mit einem Schreiben erneut an den Stellvertreter des Oberkommandierenden der GSSD. Darin legte er dar, dass sich innerhalb von fünf Monaten weitere 34 schwerwiegende Zusammenstöße von Panzern mit Todesfolge an Bahnübergängen auf dem Gebiet der DDR ereigneten. Panzerfahrer ignorierten vielfach geschlossene Bahnschranken. Der Minister erwähnte, dass „die GSSD die Sicherheit des Eisenbahnbetriebes an Bahnübergängen der Deutschen Reichsbahn erheblich gefährdete".

Der tragische Bahn-Unfall im Jahr 1988 veranlasste die DDR-Regierung neben verbalem Protest endlich Änderungen im Übungsverhalten GSSD anzumahnen. Schließlich setzte das SED-Politbüro das Thema auf die Tagesordnung. Am 27. Oktober 1988 beschloss das Politbüro des ZK der SED, das „Stationierungsabkommen" mit all seinen Auswirkungen für die DDR zu analysieren. Diese Notwendigkeit resultierte u.a. auch aus den Protesten und Petitionen der Bevölkerung zur Übungspraxis der sowjetischen Truppen. Zur Sprache kamen Aspekte der Truppen-Finanzierung, zu erbringende Versorgungsleistungen seitens der DDR, die von Fahrzeugen der GSSD beeinflusste Verkehrssicherheit und von sowjetischen Soldaten verursachte Kriminalität. Auch Probleme zur Durchsetzung der Lufthoheit der DDR wurden besprochen. Die Sicherheitsabteilung des ZK der SED beschloss Maßnahmen zur Verbesserung in der Handhabung des Abkommens zur Truppen-Stationierung. Die Ergebnisse wurden der sowjetischen Seite in Wünsdorf schriftlich zugeleitet. Es änderte sich jedoch unter dem Oberbefehlshaber Armeegeneral Snetkow nichts.

2.9. Sowjetische Einflussnahme beim Aufbau Seestreitkräfte DDR, Militärberater

Die Gründung und der Aufbau der Seestreitkräfte der DDR, wie auch der Land- und Luftstreitkräfte, wären ohne die sowjetische Einflussnahme und Machtambitionen Moskaus weder politisch möglich noch militärisch durchführbar gewesen. Nichts lief ohne das Okay aus Moskau und des administrativen Macht-Ablegers, der Sowjetischen Kontrollkommission (SKK) in Berlin-Karlshorst und Potsdam sowie des Oberkommandos der GSSD in Wünsdorf.

Die Bildung der Hauptabteilung z.b.V. (See) am 28. Februar 1950 im Bereich der Hauptverwaltung für Ausbildung (HVA) im Ministerium des Innern der DDR markierte den Beginn der organisatorischen und personellen Vorbereitungen für den zunächst als Polizeiformation getarnten Aufbau von Seestreitkräften der DDR.

Die aus 13 Offizieren, 19 Mannschaften und einem Wachkommando bestehende Hauptabteilung z.b.V. (See) im Stabsquartier der HVA in Berlin-Wilhelmsruh stand unter der Leitung von VP-Inspekteur Felix Scheffler. VP-Kommandeur Friedrich Elchlepp wurde sein Stabschef. Elchlepp fuhr bei der Kriegsmarine als I. Wachoffizier auf dem U-Boot U 3514. Unter Anleitung der Kriegsmarineabteilung der SKK in Berlin-Karlshorst erarbeitete der kleine deutsche Marinestab u.a. den Struktur- und Personalplan und ein Bootsbauprogramm.

Der Oberste Chef der Sowjetischen Militäradministration, Marschall W. Sokolowski, erteilte bereits am 1. März 1949 der Deutschen Verwaltung des Innern (DVdI) in der SBZ den Befehl Nr. 86 zum Bau einer Serie von 20 Stück „26-Meter-Seekutter". Hinter dieser Tarnbezeichnung verbarg sich das Bauprojekt eines kleinen Küsten-U-Jagdbootes.

Das Projekt wurde vorauseilend schon im September 1948 in Angriff genommen. In Abstimmung mit der SMAD und dem Zentralsekretariat der SED erteilte die DVdI im September 1948 der Claus-Engelbrecht-Werft in Berlin-Köpenick (spätere Yachtwerft Berlin) den Auftrag zur Projektierung und Bau von sechs „26-Meter-Seekuttern". Die ersten zwei Boote sollten im Dezember 1949 fertig gestellt sein. Es kann nicht ausgeschlossen werden, dass der Bau der „Seekutter" (ab 1951 Bezeichnung Küstenschutzboote) als Reparationsauftrag der SMAD an die Deutsche Wirtschaftskommission erteilt wurde.

Die Kriegsmarineabteilung der SKK bestellte Scheffler und Elchlepp am 1. und 25. April 1950 zum Rapport über den Aufbau der HV Seepolizei nach Berlin-Karlshorst ein. Für die seemännische und technische Laufbahnausbildung in Parow vereinbarte man eine Sollstärke von zunächst 100 Offizieren, 200 Boots- und Maschinen-Maaten (Unteroffiziere) sowie 500 Matrosen. Die Entscheidung über den Standort des Marinestützpunktes für die ersten Boote fiel nach einer gemeinsamen Ortserkundung von deutschen und sowjetischen Marineoffizieren an der mecklenburgischen Küste. In die engere Auswahl kamen Tarnewitz, Stralsund, Sassnitz und Wolgast. Letztlich fanden die ersten Boote in Stralsund, Wolgast und Peenemünde ihren Liegeplatz.

Die deutsche Seite verwies in der Unterredung mit den sowjetischen Marineoffizieren auf erhebliche Schwierigkeiten beim Bau des beauftragten Projekts „26-Meter-Seekutter". Das Bootsbauprogramm geriet unter Zeitverzug von über einem Jahr. Konstruktionsänderungen, Schwierigkeiten in der Materialbeschaffung, Lieferengpässe bei benötigten Zubehörteilen und die enormen Reparationsleistungen für die UdSSR verzögerten die Fertigstellung des ersten Bootes.

Der Wissenschaftler Dr. Arno Peters von der Universität Bremen errechnete 1990, dass jeder DDR-Bürger eine Reparationslast für die Sowjetunion in Höhe von 16.124 Mark zu tragen hatte. Dem gegenüber war jeder Bürger in der Bundesrepublik Deutschland mit 126 Mark Reparationszahlung an die Westalliierten belastet.

Nach dem Stapellauf im April 1950 begannen noch im Juni 1950 die Fahrerprobungen auf dem Berliner Müggelsee. An der Seite von Werftkapitän Heinz Korup und Diplomingenieur Bause lernten die Männer der künftigen Stammbesatzung unter ihrem Kommandanten, Seepolizeirat Alfred Schneider, das Boot auf Binnengewässer zu fahren. Mit dabei waren zwei sowjetische Marineoffiziere der SKK. Kapitän 1. Ranges (Kapitän zur See) Kulagin verabschiedete das erste Boot und seine Besatzung Ende Juli 1950 zur Überführungsfahrt auf eigenem Kiel von Berlin nach Stralsund.

Scheffler und Elchlepp erhielten von den sowjetischen Offizieren die Weisung, Pläne zur Stärke, Ausrüstung und Personalgewinnung für die aufzustellenden maritimen Kräfte vorzulegen. Sie hatten dazu einen Finanzbedarfsplan zu erarbeiten, Operationspläne zu entwerfen und einen Entwurf der Dienstflagge und zur Uniformierung vorzulegen. Die Offiziere der Hauptabteilung z.b.V. (See) schufen auf Weisung Moskaus und des sowjetischen Militärs den Grundstein für die Seestreitkräfte der DDR.

All dies stand im Gegensatz zu dem von der Alliierten Hohen Kommission am 16. Dezember 1949 verkündeten Beschluss zur „Verhütung des Militarismus in Deutschland". Damit im Zusammenhang wurde u.a. der Waffenbesitz ausgeschlossen. Aus diesem Grund erfolgte die Bestückung der Küstensicherungs- und Räumboote mit Bordwaffen erst ab 9. Juli 1951. Die Arbeiten der Geschützmontage an Bord der Schiffe waren von anfänglichen Protesten der Arbeiter der Wirtschaftsabteilung in Wolgast begleitet.

Am 16. Juni 1950 war es dann soweit. Die Vorläuferorganisation der Seestreitkräfte der DDR, die Hauptverwaltung Seepolizei (HV Seepolizei), wurde offiziell gebildet. Die Zeitungen „Neues Deutschland" und „Junge Welt" berichteten darüber. Die Presse warb zugleich um Freiwillige. Unter dem Synonym von Polizeikräften begann ein rasanter Aufbau von Seestreitkräften unter der Anleitung sowjetischer Marineoffiziere. Ende 1950 zählte das Marine-Personal 2.280 Männer und Frauen. Ende 1952 waren es bereits 6.774 Personen. Parallel erhöhte sich die Anzahl von Marinedienststellen, Flottillen, Stützpunkten und militärischen Einrichtungen bis 1952 auf 21 Standorte.

Welchen politischen Druck Moskau auf die beginnende Militarisierung in der DDR zu Beginn der 50er-Jahre ausübte, belegen Gespräche der SED- und DDR-Staatsführung (Wilhelm Pieck, Otto Grotewohl, Walter Ulbricht) am 1. und 7. April 1952 in Moskau. Im Beisein von Außenminister Wjatscheslaw M. Molotow, dem Vorsitzenden des Ministerrates Georgi M. Malenkow, des stellvertretenden Regierungschefs Anastas I. Mikojan und von Nikolai A. Bulganin entwarf der Generalsekretär des ZK der KPdSU Josef W. Stalin „militärische Leitsätze" für den Aufbau von Streitkräften (Land, Luft, See) und „einer Rüstungsindustrie in der DDR". Pieck notierte im Stil eines Befehlsempfängers „sofortige Schritte zur Bildung der Volksarmee statt Polizei" und „Volksarmee schaffen - ohne Geschrei. Pazifistische Periode ist vorbei".

Rüstungswahn zur See

Das auf die Stärkung ihrer maritimen Präsenz auf den Weltmeeren ausgerichtete Interesse des sowjetischen Militärs am Know-how des deutschen Schiffbaus begünstigte von Anbeginn die Sonderstellung der DDR-Werftindustrie. Die Peenewerft Wolgast avancierte 1952 zum Zentrum des Kriegsschiffbaus in der DDR. Die Dimensionen der im Zeitraum 1954 bis 1957 geplanten Neubauten wurden im Bauprogamm vom 15. April 1953 deutlich. Das vom Leiter der Schiffbau-Abteilung der VP-See, Kapitän zur See (Ing.) Reinhard Wachsmann, unter sowjetischem Rüstungsdruck vorgelegte Dokument für den militärischen Schiffbau der DDR sah den gigantischen Neubau von 314 Schiffen vor.

Das Geheimpapier mit dem Titel „Erforderliche Maßnahmen für die Durchführung des Marine-Bauprogramms 1954-1957" ging als Dokument „Zeuthen" in die Geschichte ein. Der darin aufgelistete „Schiffspark der Flotte" umfasste 139 Frontschiffe, 29 Versorgungsschiffe, 27 Schulschiffe, 29 Eisbrecher und Schlepper, 29 Docks/Schwimmkräne und 61 Hilfsschiffe.

Die Rubrik „Frontschiffe" beinhaltete: zehn Küstenwachschiffe je 1.400 BRT, 55 U-Jäger je 240 BRT, 36 Schnellboote (70 und 100 BRT), 24 Räumpinassen je 60 BRT sowie 14 U-Boote mit jeweils 750 BRT. Auf der Wunschliste standen außerdem ein (1) Mutter- und ein (1) Schulschiff von je 2.500 BRT, sechs

Minentransporter mit jeweils 300 BRT, zwei Öltanker mit je 6.000 BRT, zwei Eisbrecher mit je 2.500 BRT sowie ein (1) Lazarett- und ein (1) Vermessungsschiff.

Diese Kampf- und Hilfsschiffe benötigten Häfen und Werftkapazitäten. Bereits 1952 wurden auf Rügen die Arbeiten zur Errichtung dieser Häfen und Werften samt Logistik aufgenommen. Parallel begann der Bau eines See-Kanals vor der Ortschaft Glowe. Er sollte die Ostsee mit dem Großen Jasmunder Bodden verbinden.

Der Realisierung des gigantischen Bau-Projektes ging im Sommer 1952 der Besuch des Chefs der sowjetischen Kontrollkommission, Armeegeneral Wassili I. Tschuikow voraus. Er bemerkte, alles solle so gebaut werden, dass ein sowjetischer Artillerie-Kreuzer der SWERDLOW-Klasse (16.340 BRT, Länge 209,6 Meter, Tiefgang 7,36 Meter) dort einlaufen und anlegen konnte. Das Bauprojekt „Marinehauptbasis auf Rügen" war das größte geplante militärische Bauvorhaben der DDR.

Der von der UdSSR eingeforderte Rüstungskurs bedeutete für die DDR eine gewaltige wirtschaftliche Herausforderung. Die Diskrepanz zwischen dem ehrgeizigen, von der UdSSR diktierten Rüstungsplan und den wirtschaftlichen Möglichkeiten der DDR trat schon bald offen zu Tage. Materialengpässe, fehlende Verarbeitungskapazitäten und die Belastungen der Reparationsaufträge für die UdSSR führten Mitte 1953 zur zeitweiligen Einstellung des Schiffbaus für die Seestreitkräfte.

Das Marinehafen-Projekt auf Rügen samt dem Kanalbau scheiterte. Der Spagat zwischen rüstungsmäßigem Wollen und nationalem wirtschaftlichen Potential widerspiegelte sich in der zunehmenden Unzufriedenheit innerhalb der DDR-Bevölkerung. Immer mehr Fachkräften wanderten nach Westberlin und in die Bundesrepublik ab. In dieser zugespitzten Lage richtete die Führungs-Spitze der KPdSU am 3. Juni 1953 an die SED-Führung ein streng geheimes Dokument: „Über Maßnahmen zur Gesundung der politischen Lage in der DDR". Dieses sechsseitige Papier galt als Handlungsdirektive bzw. Anweisung aus Moskau. Es wurde den führenden Genossen im SED-Politbüro lediglich verlesen und durfte nicht vervielfältigt bzw. kopiert werden.

Die Quittung für die von Moskau dirigierte und von der SED-Führung befolgte Politik erhielt die DDR-Regierung am 17. Juni 1953. Der Aufstand der Arbeiterschaft in zahlreichen Städten und Betrieben wurde durch das militärische Eingreifen der sowjetischen Besatzungstruppen niedergeschlagen. Die DDR musste ihre Rüstungsambitionen zurückfahren. Der Neubau von Küstenwach-schiffen, Schulschiffen und U-Booten für die VP-See wurde ganz aufgegeben. Die am 5. Dezember 1952 an der U-Boot-Lehranstalt Sassnitz-Dwasieden begonnene Ausbildung von künftigen U-Boot-Personal erhielt nach sieben Monaten Ende Juni 1953 den Auflösungsbefehl.

Sowjetische Militärberater

Parallel begleiteten und kontrollierten sowjetische Marineoffiziere als Militärberater die Gründungs- und Aufbauphase der Seestreitkräfte der DDR. Sie nahmen Einfluss auf die Führungs- und Organisationsstruktur der Seestreitkräfte und deren Aufgaben, den Marineschiffbau, die Basierungsorte der Schiffe und Dienststellen, das Ausbildungsprogramm des Personals an den Lehranstalten bis hin zur Ausfertigung von Dienstvorschriften. In Anlehnung an ihre eigenen Vorschriften übertrugen die sowjetischen Beraterofffiziere z.B. die Aufgaben und Pflichten für den Chef des Stabes und der Politischen Verwaltung mit den nachgeordneten Politabteilungen sowie des Chefs für Versorgung, der Operationsabteilung usw. direkt auf die HV Seepolizei bzw. VP-See der DDR.

Etwa 80 Offiziere der Sowjetischen Seekriegsflotte in deutscher Uniform standen Kommandeuren und Offizieren der HV Seepolizei, VP-See und Seestreitkräfte im Zeitraum von 1950 bis 1958 als Berater zur Seite. Ab 1959 wurde der Gehilfe des Vertreters des Oberkommandierenden der Vereinten Streitkräfte des Warschauer Vertrages für die Seestreitkräfte eingeführt. Diese Funktion besetzte bis Mitte 1990 stets ein sowjetischer Admiral.

Beim Marinechef und Chef des Stabes fungierten abwechselnd Konteradmiral Jurin, die Kapitäne 1. Ranges (entspricht Kapitän zur See) Kulagin, Starostin, Dobrizki, Borodin, Lukatschewitsch und Konteradmiral Sawitsch-Demjanjuk. Kapitän 1. Ranges Amirow galt als übergeordneter Militärspezialist für die im Aufbau befindlichen Seestreitkräfte.

Jeweils zwei sowjetische Marineoffiziere berieten die Politische Verwaltung (ab 22. Juli 1952, zuvor Polit-Kultur Abteilung), den Stab-Operativ, die Verwaltung Lehranstalten mit der See-, Ingenieur- und Nachrichtenoffiziers-Lehranstalt sowie Unterführer- und Mannschaftsschule, den Stellvertreterbereich Technik, die Abteilungen Organisation, Technik, Schiffbau, Kader, Bauwesen und Unterkunft, Technik und Bewaffnung/Schiffsreparatur sowie Ingenieur-technische Bauabteilung.

Jeweils ein sowjetischer Marineoffizier war zentral den strukturellen Elementen der Gefechtsorganisation an Bord eines Schiffes beratend im Marinestab und in den Küstenabschnitten bzw. der Flottenbasis Ost und West zugeordnet. Das betraf die Gefechtsabschnitte (GA) Navigation (I), Raketen-Artillerie (GA II), Sperr (GA III, Torpedo, Minen, U-Boot- und Minenabwehr), Nachrichten/Funktechnik (GA IV) und Schiffsmaschinen (GA V).

Weitere 25 bis 30 sowjetische Offiziere übten eine beratende und zugleich kontrollierende Funktion in den Seestreitkräften der DDR aus. Dazu gehörten vier Marinestützpunkte und 15 Dienststellen, die bis 1956 den Dienstbetrieb an der mecklenburgischen Küste aufnahmen. Hinzu kamen jeweils eine (1) Räumbrigade, Torpedoschnellboot-Brigade und Küstenschutzschiff-Brigade.

Für die Flottenbasis Ost in Peenemünde waren u.a. die Kapitäne 1. Ranges Wassiljew und Krasnodjon sowie Kapitän 2. Ranges (entspricht Fregattenkapitän) Schapanow als Berater abkommandiert. Neben den Offizieren hatten auch sowjetische Unteroffiziers- und Matrosenspezialisten eine anleitende Funktion in den Dienststellen der Seepolizei, VP-See und Seestreitkräfte der DDR. Ihre Anzahl schwankte zwischen 25 und 35 Mann.

Das Ausmaß des sowjetischen Einflusses in der Aufbauphase von Seestreitkräften wird besonders am Beispiel der U-Boot-Lehranstalt in Sassnitz-Dwasieden deutlich. Die Lehranstalt trug damals die Tarnbezeichnung Sonderobjekt „S 7". Nach Erinnerung des damaligen Kapitänleutnant Gerhard Klippstein, der dort die Ausbildung der Offiziere leitete und als künftiger Chef der U-Bootflottille vorgesehen war, hatte die sowjetische Marine zusätzlich 30 Berateroffiziere und Unteroffiziere von September 1952 bis Juni 1953 nach Sassnitz entsandt. Sie unterstützten und beeinflussten den Aufbau einer U-Bootwaffe für die Seestreitkräfte der DDR. Alle sowjetischen Offiziere trugen das U-Boot-Abzeichen der sowjetischen Seekriegsflotte. Klippstein genoss eine Sonderbetreuung und Anleitung durch Kapitän 1. Ranges Trawkin (zweifacher Held der Sowjetunion). Keine andere Dienststelle lag so intensiv im Fokus des sowjetischen Militärs, wie die U-Boot-Lehranstalt in Sassnitz. Der geplante geheime Aufbau der U-Boot-Flottille geschah nach Vorgaben der Sowjetunion. Vorgesehen war die Zuführung der sowjetischen Klein-U-Boote vom Typ „M" der Serie XV (MALJUTKA, 281 bzw. 351 BRT, Länge 53,3 Meter, Besatzung 18 Mann).

Zu weiteren Berateroffizieren gehörten die Kapitäne 1. Ranges Winitschenko (Held der Sowjetunion), Filow und Nemietz sowie zwei Kapitäne 2. Ranges (u.a. Baradin) und zwei Kapitänleutnante. Ihnen standen in Sassnitz vier Dolmetscher zur Seite. Sie waren zur VP-See abkommandiert. Nach den Aufzeichnungen von Klippstein und den Erinnerungen der damaligen Offiziershörer, Leutnant Manfred Kretzschmar und Unterleutnant Hans Joachim Westhoff, befanden sich die Dolmetscher mit den sowjetischen Offizieren im ständigen Streit über die richtige fachliche Übersetzung von Ausbildungsdokumenten. Die VP-See erhielt diese Unterlagen von der sowjetischen Seekriegsflotte in Russisch.

Im Prozess des Aufbaus der Seestreitkräfte musste nationales Brauchtum, z.B. das Aussehen der Marineuniform in Anlehnung an die Kriegsmarine, am 1. Oktober 1952 sowjetischen Gepflogenheiten weichen. Das erste Führungsdokument für die Seestreitkräfte der DDR „Vorschrift für die Organisation und Einsatz der Verbandsstäbe" (1953) war eine unbearbeitete Übersetzung des russischen Originals. Ebenso die „Gefechtsvorschrift der Seekriegsflotte" als Grundsatzdokument für den Einsatz der Seestreitkräfte sowie die nach russischem Muster eingeführten „Bestimmungen für den Dienst an Bord der Schiffe und Boote der Seestreitkräfte".

Reserviertheit

Trotz der pathetischen Lobeshymnen über die deutsch-sowjetische Freundschaft stieß die Einflussnahme sowjetischer Militärberater nicht überall auf Akzeptanz. Vor allem kriegsgediente Marinesoldaten in den Seestreitkräften (Personalanteil 66 Prozent) verhielten sich auffallend reserviert. Wegen des überschäumenden sowjetischen Einflusses mit der teilweisen Bevormundung in Marinebelangen, verließen einige Offiziere (auch Kommandeure) die HV Seepolizei bzw. VP-See in Richtung Westberlin oder der Bundesrepublik.

Die in Teilen des Offizierskorps bestehende Ablehnung gegen die einsetzende „Sowjetisierung" in der Marine der DDR hatte noch eine andere Ursache. Viele glaubten in den 50er-Jahren an die deutsche Wiedervereinigung mit nationalen deutschen Streitkräften. Marinesoldaten antworteten bei einer dienstlichen Auszeichnung „Ich diene Deutschland!" und nicht sowjetischen Interessen.

Die von der sowjetische Seekriegsflotte nahezu 1 zu 1 übernommenen Vorschriften für den Dienst an Bord entsprachen nicht den Bedingungen für ihre Anwendung in den Seestreitkräften der DDR. Auf Skepsis fiel der Eingang russischer Begriffe in der deutschen Militärsprache. Auch das Aussehen der

Marineuniform (Litefka mit Stehkragen) und Marine-Effekten lehnten sich Mitte der 50er-Jahre zeitweilig dem sowjetischen Aussehen an.

Der dem Chef des Stabes der Hauptverwaltung Seepolizei und Volkspolizei-See zugeteilte Berater, Kapitän 1. Ranges Kulagin, hatte bei Konteradmiral Heinz Neukirchen keine Chance der Einrede in Marinebelange. Hier funktionierte die Beratung eher umgekehrt. Kulagins Gespräche mit dem ehemaligen Kriegsmarineoffizier Oberleutnant Neukirchen, der vier Jahre und fünf Monate in sowjetischer Kriegsgefangenschaft verbrachte, konzentrierten sich auf den Einsatz deutscher U-Boote im Zweiten Weltkrieg. Kulagins Einwände gegenüber Neukirchens Befehlen und Vorlagen wischte dieser unter Wahrung der Würde des anderen dezent vom Tisch.

Neukirchen empfand die von der SED-Führung politisch verordnete Fachberatung vollkommen überflüssig. Die sowjetische Seite kannte jedoch Neukirchens Engagement für die deutsch-sowjetische Freundschaft. Bekannt war seine militärische Fachkompetenz und außergewöhnlich hohe Akzeptanz bei den Marinesoldaten. In militärfachlicher Hinsicht machte ihm keiner etwas vor.

Dem rasanten Aufstieg in der National Demokratischen Partei Deutschlands ab Oktober 1949 in der DDR verdankte Neukirchen seinem Arbeitseifer, Wissen, Gradlinigkeit und auch Autorität bei den Offizieren der sowjetischen Kontrollkommission. Unermüdlich setzte er sich für die Erhaltung des Friedens in Mitteleuropa ein. Er appellierte in Hunderten Briefen an ehemalige deutsche Kriegsteilnehmer, die einsetzende Militarisierung in Westdeutschland zu verhindern.

Mit seinem Eintritt in die HV Seepolizei am 1. März 1951 mit gleichzeitiger Ernennung zum Chefinspekteur (entsprach Konteradmiral) und Berufung in die Dienststellung „Chef des Stabes" prägte er maßgeblich die Aufbauphase der Seestreitkräften in der DDR. Er unterstützte damit die von Moskau ausgehenden „Empfehlungen" für die maritime Aufrüstung. Neukirchen galt in Marinebelangen unangefochten als die „Nummer 1".

Eine von Psychologen der Bundeswehr 1963 verfasste und dann an den Stränden von Graal Müritz, dem Weststrand bis zum Darss angeschwemmte Hetzschrift „Feuerschiff 63" (in Folie eingeschweißt) beendete 1964 überraschend die Karriere von Konteradmiral Neukirchen in der Volksmarine. Die Zeitung enthielt Verleumdungen zur Dienstzeit von Neukirchen in der Kriegsmarine mit Unterstellungen zu seiner Position als Chef der Volksmarine. Alles geschah in politischer Absicht.

2.10. Baltische Rotbannerflotte in Sassnitz, 1945–1991

Mit Einnahme von Swinemünde am 5. Mai 1945 durch die Rote Armee errichtete die Baltische Rotbannerflotte dort eine Marinebasis für ihre Flottenkräfte. Zu ihrem Bestand gehörten nach Kriegsende Marinebasierungspunkte in Peenemünde, Sassnitz, Warnemünde und Wismar. Nach Reorganisation ihrer Seestreitkräfte schuf die Baltische Rotbannerflotte 1955 die 112. Küstenschutzbrigade mit je einer (1) in Swinoujscie (ex Swinemünde) und Sassnitz liegenden Abteilung. Im August 1964 bildete sich daraus die 24. selbständige Raketen-Schnellbootsbrigade mit der Hauptbasis in Swinoujscie. Dazu gehörte die in Sassnitz stationierte 234. Küstenschutzschiffabteilung (DKOWR).

Der „Plan zur Verteidigung der Pommerschen Bucht" regelte ab 1964 das Zusammenwirken von Marinekräften der 24. selbständigen Raketen-Schnellbootsbrigade der Baltischen Rotbannerflotte, der 8. Küstenverteidigungsflottille der Polnischen Seekriegsflotte und der 1. Flottille der Volksmarine (Peenemünde) im Alarmfall. Das entsprechende militärische Führungsdokument koordinierte die Handlungen der drei Flottillen als eine zusammengefasste Flotte in einem begrenzten Seegebiet zur Sicherung des Entfaltungsraumes der Baltischen Rotbannerflotte.

Sassnitz als Anlaufhafen für die sowjetischen Marineschiffe mit einer kleinen Garnison des Abteilungsstabes in der Hafenstraße waren nicht dem Oberkommando der GSSD unterstellt, sondern dem operativen Führungskommando der Baltischen Flotte in Kaliningrad (ex Königsberg). In der Regel lagen zwei bis vier Marineschiffe im militärischen Teil des Sassnitzer Hafens. Sie lagen dort am Kai der ehemaligen Reserveliegeplätze für die Fährschiffe „Deutschland" und „Preußen" der Schweden-Route vor dem Zweiten Weltkrieg.

In der Anfangsphase hatte die Baltische Rotbannerflotte in Sassnitz Minensuchboote (Typ T 301 mit amerikanischen Dieselmotoren) und Schnellboote (Kriegsbauten) stationiert. Zu Beginn der 60er-Jahre waren es vorwiegend U-Jagdschiffe des Projekts 201 M (SO1) und 122 „Kronstadt" sowie Küstenschutzschiffe des Projekts 35. In den 70er- und 80er-Jahren lagen an der Sassnitzer Pier vorwiegend U-Jagd-Korvetten des Projekts 204 der „Poti"-Klasse. Das Küstenschutzschiff Projekt 159 der „Petya"-Klasse wurde dort selten gesichtet. Hin und wieder hatten in Saßnitz U-Jagdschiffe der „Pauk"-Klasse fest gemacht. Ihre Silhouette ähnelte dem kleinen Raketenschiff des Projekts 1241 RÄ (NATO-Bezeichnung TARANTUL) der Volksmarine.

Konteradmiral Wladimir Jurjewitsch Korenkow war 1990/91 letzter Kommandeur der 24. Raketen-Schnellbootsbrigade. Kapitän 2. Ranges (Fregattenkapitän) Babaruikin fungierte als letzter Kommandeur der 234. Küstenschutzschiffabteilung. Die rückwärtige Versorgung der sowjetischen Einheiten in Sassnitz erfolgte durch die Marinebasis in Swinoujscie. Größere Reparaturarbeiten erledigten die Werftarbeiter der sowjetische Marinebasis in Liepaja (ex Libau).

Obwohl im Hafen Sassnitz in den 80er-Jahren auch U-Bootabwehrschiffe des Projekts 133.1 („Parchim") und Raketenkorvetten des Pojekts 1241 RÄ der Volksmarine (TARANTUL) lagen, kam es nur selten zu Kontakten mit den Marinesoldaten der Baltischen Flotte. Treffen wurden zentral zu bestimmten Anlässen oder Feiertagen von der Führung der Flottille organisiert. Von Seiten der Baltischen Flotte waren Zusammenkünfte auf unterer Dienstgradebene weniger gewollt. Diese Zurückhaltung im bilateralen Kontakt entsprach dem Verhalten der GSSD gegenüber den Angehörigen der NVA und der Bevölkerung.

Trotz aller Beteuerungen der Freundschaft und Waffenbrüderschaft war man bemüht, das Eigene vom Anderen abzugrenzen. Man vermied auf den Schiffen eine maritime Annährung des Personals. Sowjetische Marineangehörige sollten nicht die Dienst- und Lebensbedingungen ihrer deutschen Kameraden näher kennen lernen. Die Unterschiede im Dienstbetrieb und in der Freizeitgestaltung waren gravierend. Das Wissen über den Dienst des Anderen, die Unterbringung der Marinesoldaten bis hin zur Landgangs- und Urlaubsregelung hätte vermutlich dazu geführt, dass die Matrosen der Baltischen Flotte Änderungen anstrebten, die nicht erfüllbar waren.

Garnison Sassnitz

Die sowjetische Garnison und der Abteilungsstab mit ca. 80 Offizieren, Fähnrichen und Soldaten hatte von Anbeginn ihren Sitz in einem kleinen Kasernenkomplex an der Hafenstraße. Der lag auf einer Anhöhe direkt oberhalb des Fischereihafens. Die zuvor dem „Deutschen Heim" seit 1935 gehörende und an die Kriegsmarine für Offiziersunterkünfte verpachtete Liegenschaft mit einer Villa, okkupierte die Rote Armee im Mai 1945. Die Besitzerin der Villa „Klara" wurde enteignet. Die DDR-Behörden entschädigten die Frau mit einem monatlichen Gnadensalier von 130 Mark. Aus der schmucken Sassnitzer Villa wurde dann eine sowjetische Bäckerei.

Auf dem etwa 2.000 Quadratmeter großen Gelände befanden sich drei baugleiche Gebäude (zwei Etagen) und eine Garage für Fahrzeuge. Die kleine Garnison mit grau angestrichenen Häusern umgab ein grüner Bretterzaun. Auf dem Dach der Seelotsenstation, ein drei Stockwerke hohes, mit einer prunkvollen Giebelfassade versehenes Klinkergebäude, setzten die Marinesoldaten einen kastenförmigen Aufbau. Der diente als Beobachtungsplattform und Signalstelle. Darauf war eine 15 Meter hohe Antennenanlage, Funkmessstation und großer Parabolspiegel montiert. Diese grün angestrichene Schüssel diente dem Empfang des zentralen Moskauer Fernsehens. Die Anlage wurde irrtümlich von den Bürgern als Funkmessstation angesehen.

Die Familien der Offiziere und Fähnriche wohnten in ehemaligen Zoll-Häusern der Herrmann-Bebert-Straße (mit russischer Schule), Weddingstraße und dem Rügener Ring (gesamt 90 Wohnungen). Das „Russen-Magazin" mit landestypischen Waren des täglichen Bedarfs befand sich in der Seelotsenstation bzw. Schult-Kruse-Straße. Auch DDR-Bürger nutzten die Möglichkeit, dort einzukaufen.

Im Verlauf der Stationierungszeit kam es zu zahlreichen Begegnungen zwischen den Rüganern und sowjetischen Marinesoldaten der Garnison. Viele kamen aus der Ukraine. Enge Kontakte mit Angehörigen der Baltischen Flotte der Garnison bestanden zu FDJlern von vier Sassnitzer Oberschulen und zwei Oberschulen in Sagard. Auch im Sassnitzer Fischkombinat und im Kreidewerk Klementelvitz auf Rügen waren die sowjetischen Marinesoldaten gern gesehene Gäste. Ein Höhepunkt war 1977 die Einweihung der Lenin-Gedenkstätte in Sassnitz. Am Bahnhof der Stadt befand sich bis 1990 das kleinste Museum der DDR. Es handelte sich dabei um den Nachbau eines historischen Schnellzugwaggons. In dem reiste der russische Revolutionär Wladimir Iljitsch Lenin aus schweizerischem Exil kommend, am 11. April 1917 über Sassnitz mit der Schwedenfähre weiter in Richtung St. Petersburg.

Neben Sassnitz unterhielt die Baltische Flotte zur Überwachung des DDR-Küstenvorfeldes Basierungspunkte in Warnemünde und Wismar. Überliefert ist von der Aufklärung eines westlichen Geheimdienstes u.a. ein Foto, auf dem die Geschützrohre sowjetischer Flak-Batterien direkt hinter den Dünen von Warnemünde/Hohe Düne zu erkennen sind. Das Foto stammte aus den 50er-Jahren. Später bezogen dort Einheiten der 4. Flottille der Volksmarine das Objekt direkt hinter den Dünen. Heute befindet sich im modernisierten Hauptgebäude die Offiziersheimgesellschaft „Warnemünde Hohe Düne" e.V.

Die Baltische Flotte hatte im Küstenbezirk der DDR die 22. Spezialaufklärungsabteilung 1101 mit Funkmess- und Fernmeldestationen stationiert. Diese befanden sich auf der Halbinsel Wustrow (Nr. 08538), in Wiek (Nr. 08383 B), Lohme und Ranzow (Nr. 08538 A) auf Rügen sowie in Graal Müritz. Die Funkaufklärung im Schloss Ranzow galt seit 1952 als ein selbständiger Marine-Funktechnischer Punkt. 1975 wurde die kleine Einheit (1101) in Ranzow dem Kommandeur der Aufklärungsabteilung in Wustrow unterstellt. 1986 erfolgte deren Umstrukturierung zum funktechnischen Zentrum (Nr. 08538). Dem Kommandeur des funktechnischen Bataillons auf Wustrow unterstanden ca. 300 Soldaten.

In Erfurt (Thüringen) unterhielt die Baltische Flotte eine Funkaufklärungsstelle (Nr. 0838 W). Diese Einrichtung unterstanden ebenfalls dem Marinekommando in Kaliningrad. 1991 wurden sie ins Kaliningrader Gebiet verlegt. Lediglich auf dem Papier stand die 22. Küstenraketenabteilung der Baltischen Flotte.

Die in Rehbergort bei Dranske direkt an der Küste stationierte 632. Funktechnische Kompanie für die Luftraumüberwachung und Luftabwehr war dem 485. Funktechnischen Bataillon der GSSD in Damgarten unterstellt. Auf dem 12 Hektar großen Areal befanden sich neben funktechnischen Anlagen 18 Gebäude, eine Fahrzeug-Halle und Tankstelle sowie Gewächshaus. Im Juni 1991 verließen die sowjetischen Soldaten das Objekt Rehbergort.

Für die Führungsgruppe der 24. Raketen-Schnellbootsbrigade wurde im unterirdischen Gefechtsstand „Objekt 17" auf Kap Arkona des Schnellbootsverbandes der Volksmarine (6. Flottille) ein unterirdisches Bauwerk (Typ Fertigbunker 75-1) vorgehalten. Lediglich einmal, im Rahmen einer Marine-Übung im Juni 1990, sahen sowjetische Marineoffiziere diesen für sie bestimmten militärischen Schutzbau. Zur Führung ihrer Schnellbootskräfte in See nutzten sie lieber mitgeführte Spezialkraftfahrzeuge.

1 sowjetische Militärberater in deutscher Marineuniform, 1955
(Archiv Ingo Pfeiffer)

2 sowjetische Militärberater (schlafend) SED-Konferenz VP-See, 1952
(Archiv Ingo Pfeiffer)

3 Emblem 234. Küstenschutzschiffabteilung (BRF) Sassnitz
(Sammlung Holger Neidel)

4 sowjetische U-Jagdkorvetten im Hafen Sassnitz *(Sammlung Holger Neidel)*

5 sowjetische U-Jagdkorvette „Poti"-Klasse, Projekt 204 in Sassnitz
(Archiv Ingo Pfeiffer)

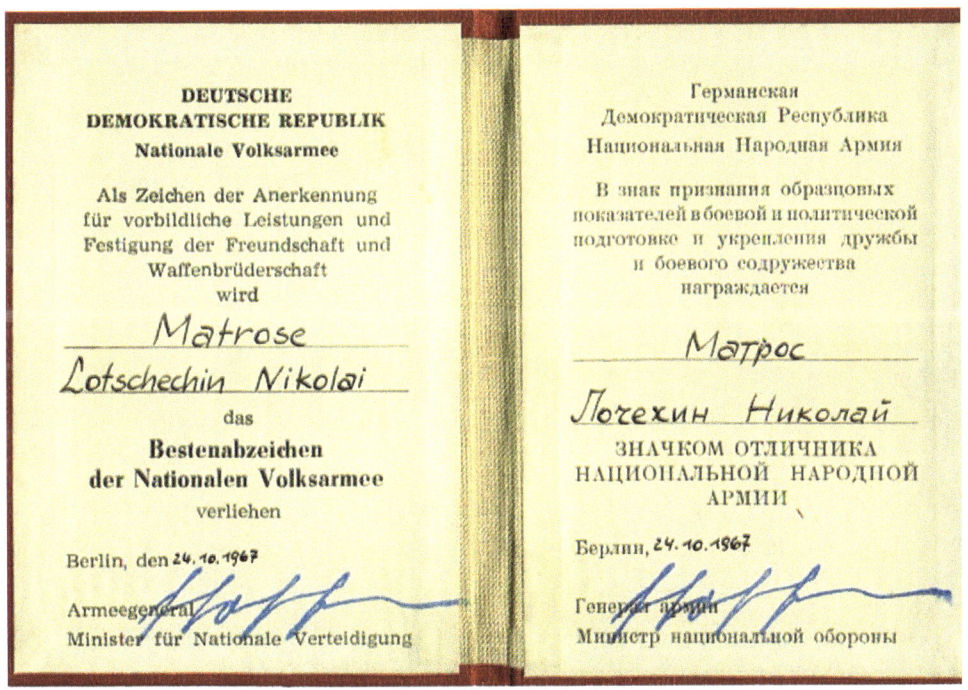

6 Auszeichnung Matrose Baltische Flotte (Sassnitz) mit NVA-Bestenabzeichen
(Sammlung Holger Neidel)

7 Urkunde „Kollektiv der Lotsen vom Hafen Sassnitz", 25. Jahrestag der
Deutsch-Sowjetischen Freundschaft, Kommandeur Baltische Flotte Saßnitz
(Archiv Ingo Pfeiffer)

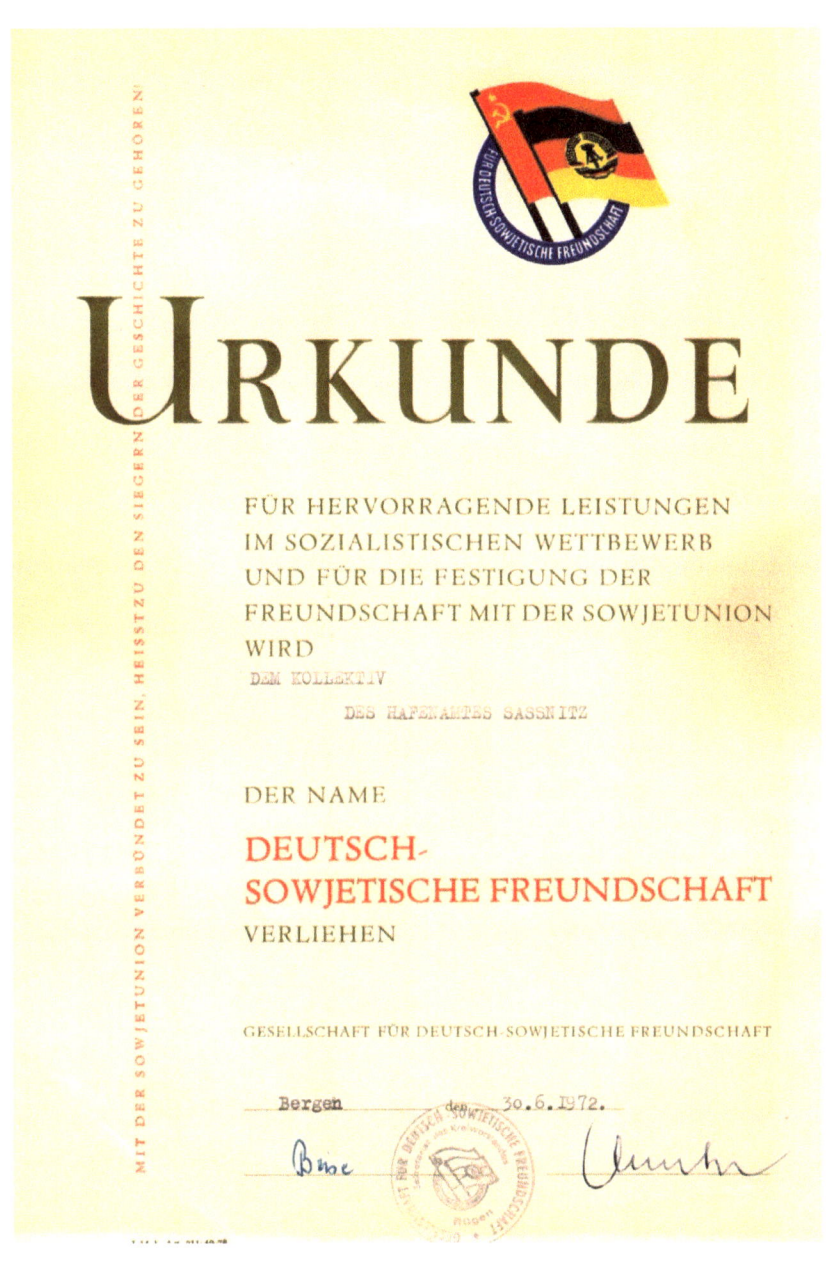

8 Urkunde Kollektiv Hafenamt Sassnitz Namensverleihung „Deutsch Sowjetische Freundschaft" *(Archiv Ingo Pfeiffer)*

3. Abzug Westgruppe der Truppen mit Rücktransit in die Heimat

3.1. Anzeichen für das Ende der Stationierungs-Ära

Erste Symptome für Änderungen in der sowjetischen Truppenstationierung zeichneten sich bereits Mitte der 80er-Jahre mit den in Gang kommenden Verhandlungen zur Abrüstung ab. Dem am 12. Oktober 1990 geschlossenen Aufenthalts- und Abzugsvertrag gingen Überlegungen und kontrovers geführte Debatten der politischen Führung in Moskau zum Abzug ihrer Streitkräfte aus der DDR, Tschechoslowakei, Polen und Ungarn mit den daraus resultierenden sicherheitspolitischen Konsequenzen voraus. Die Reformer unter Präsident Michail Gorbatschow und Außenminister Edward Schewardnadse gelangten zu der Überzeugung, dass gesellschaftliche und wirtschaftliche Reformen in der UdSSR und in den Staaten des Warschauer Paktes nur bei paralleler Abrüstung möglich und geboten sind. Wegen den hohen finanziellen Aufwendungen der Truppenstationierung in Zentraleuropa wurde ein teilweiser Abzug der sowjetischen Streitkräfte erwogen.

Die „Berliner Erklärung" des Warschauer Paktes vom Mai 1987 markierte u.a. eine Abkehr vom vorwiegenden Offensivdenken zu einer defensiven, allein auf die Verteidigung ausgerichteten sowjetischen Militärstrategie. Die neuen sicherheitspolitischen Herausforderungen für das Militärbündnis der sozialistischen Staaten resultierten aus den sich wandelnden militärpolitischen Rahmenbedingungen für die Sicherheit in Europa. Neben dem Zwang zur nuklearen Abrüstung musste die Sowjetunion die personelle Stärke ihrer Streitkräfte und waffentechnischen Ausrüstung reduzieren.

Am Rande der Mai-Tagung 1987 des Warschauer Paktes kam es in Berlin zu einem Treffen mit DDR-Staatschef Erich Honecker. Gorbatschow und Schewardnadse erwähnten gegenüber Honecker die Unabwendbarkeit von gesellschaftlichen Reformen als ein Gebot der Zeit. Zur Sprache kamen die ansteigenden Stationierungskosten der GSSD und die militärische Sicherheit für die Mitgliedstaaten des Warschauer Paktes. Honecker wurde in dem Gespräch mit dem Gedanken konfrontiert, die Berliner Mauer zu öffnen bzw. gar zu entfernen. Dieses Ansinnen „der Freunde" lehnte Honecker kategorisch ab. Ihm war durchaus bewusst, dass mit dem Fortbestehen oder Wegfall der Mauer die politische Überlebensfähigkeit der DDR zur Disposition stand.

Im Sommer 1987 überraschte der Moskauer Chefideologe der KPdSU, Alexander Jakowlew, in der DDR akkreditierte sowjetische Diplomaten und Offizieren des KGB mit der Vorstellung des Abzuges der sowjetischen Streitkräfte aus der DDR. Spätestens jetzt klingelten beim DDR-Geheimdienst, dem MfS in der Berliner Normannenstraße, die Alarmglocken. Stasi-Chef Armeegeneral Erich Mielke informierte Honecker über die Abzugsabsicht. Wiederum war es Schewardnadse, der im April 1988 im Führungskreis seines Außenministeriums mögliche Konsequenzen des Abzuges der GSSD besprach.

Schließlich verkündete der sowjetische Staatschef Gorbatschow am 7. Dezember 1988 vor der UN-Vollversammlung in New York völlig überraschend für Ost und West gleichermaßen die Reduzierung seiner Streitkräfte um 500.000 Mann sowie den Abzug von 50.000 Soldaten und sechs Panzerdivisionen mit 5.000 Panzern aus der DDR, Ungarn und Tschechoslowakei. Im Juni 1989 begann der Truppenteilabzug aus der DDR.

Am 7. Juli 1989 fand in Bukarest eine Gipfelkonferenz von führenden Repräsentanten der sozialistischen Staaten des Ostblocks statt. Michail Gorbatschow erklärte vier Monate vor dem Mauerfall, dass jedes „sozialistische Land das Recht auf seinen eigenen Weg" habe. Diese in der rumänischen Hauptstadt getroffene Aussage bedeutete zugleich das Ende der Breschnew-Doktrin. Die Sowjetunion bekräftigte in Bukarest, künftig nicht mehr in nationale Ereignisse der Länder des Warschauer Paktes einzugreifen.

Weniger Beachtung fand das Treffen zwischen Präsident Michail Gorbatschow und dem USA-Präsidenten George Bush am 2. und 3. Dezember 1989 auf Malta. Beide Staatsmänner verständigten sich u.a. über Wege zur deutschen Einheit. Man wollte sich jedoch nicht in die Selbstbestimmung des deutschen Volkes einmischen oder die Entwicklung zur deutschen Einheit beschleunigen. Bush soll gesagt haben: „Amerika habe nicht auf der Mauer getanzt!" Auf der Berliner Mauer tanzten euphorisch Deutsche aus Ost- und Westberlin.

Gorbatschows Bekenntnis zur deutschen Einheit zu diesem Zeitpunkt bedeutete eine Abkehr gegenüber dem Bündnispartner DDR. Ob er damit auch bereits den vollständigen Abzug seiner dort stationierten Streitkräfte in Erwägung zog, ist nicht bekannt. In ihrem zweitägigen Treffen verabredeten beide Staatsmänner weitreichende Abrüstungsmaßnahmen und stärkere Wirtschaftsbeziehungen.

Ihr zunächst auf Kriegsschiffen geplantes Treffen musste wegen stürmischer See auf das sowjetische Kreuzfahrtschiff „Maxim Gorki" in den Hafen von

Malta verlegt werden. Journalisten scherzten und sprachen deshalb vom „Seasick Summit", vom Gipfeltreffen der „Seekranken". In der Tat wurde es dann in Mitteleuropa stürmisch. Beide Staatsmänner erklärten übereinstimmend: „Die Welt verlässt die Epoche des Kalten Krieges und tritt in eine andere Epoche ein, eine dauerhafte, friedvolle Periode". Dem Treffen in Malta folgte ein politischer Umbruch in Europa.

Am 26. Januar 1990 beriet Gorbatschow im engen Führungskreis des Politbüros der KPdSU die Entwicklungen im noch geteilten Deutschland. Die Genossen in Moskau gelangten zu der Ansicht, dass die Tage der Existenz der DDR gezählt waren. Der Prozess der deutschen Wiedervereinigung sei nicht aufzuhalten. Gorbatschow soll geäußert haben: „Die Verhandlungen zur Wiedervereinigung müssen mit uns und nicht gegen uns" verlaufen. Diese politische Voraussicht sollte sich erfüllen. Damit im Zusammenhang stand die Frage nach dem Fortbestand der WGT in der DDR. Besprochen wurde die Verringerung der dort stationierten Truppen oder gar ihre komplette Rückverlegung in die Sowjetunion.

Der Generalstabschef, Marschall Sergej Fjodorowitsch Achromejew, wurde beauftragt, den „vollständigen Abzug der sowjetischen Truppen aus der DDR durchzuplanen". Er kam zu dem Ergebnis, dass der vollständige Abzug des Militärs samt Kampftechnik und Ausrüstung logistisch durchführbar ist. Jedoch erkannten er und sein Generalstab das mit der Rückverlegung verbundene Problem der Unterbringung von einer halben Million Soldaten mit deren Familienangehörigen in der Heimat. Dafür hatte man ad hoc keine Lösung. Auch war nicht klar, wohin die Truppen und Kampftechnik verlegt werden sollten. Es wurde in der Vergangenheit stets in die entgegengesetzte Richtung gedacht, geplant und verlegt.

Im Gegensatz zur sowjetischen Abrüstungspolitik stieß die Thematik des erwogenen Truppen-Abzuges bei der Militärspitze in Moskau und Wünsdorf überwiegend auf Ignoranz und Ablehnung. Als am 30. Januar 1990 die Kommission zur Koordinierung der Abrüstungsverhandlungen in Moskau tagte, musste diese feststellen, dass sich die Militärs nicht ernsthaft mit dem vollständigen Abzug aus der DDR beschäftigten oder darauf vorbereiteten.

Parallel verschärfte sich die finanzielle Lage für die WGT. Anstelle Ressourcen für Manöver, Alarmübungen, Raketen- und Artillerie-Schießen, Gefechtsausbildung, Flüge von Kampfjets an Sonn- und Feiertagen und in der Nacht zu reduzieren, machte des Oberkommando der WGT im Dienstalltag unvermindert weiter wie bisher. Trotz knapper Finanzmittel forcierten die WGT z.B. im Raum Prenzlau den illegalen Bau eines Hubschrauberlandeplatzes.

Am 10. Februar 1990 weilten Bundeskanzler Kohl und Außenminister Genscher zu einem Blitzbesuch in Moskau. Gorbatschow und Schewardnadse machten deutlich, dass die Einheit der deutschen Nation in der Hand der Deutschen selbst lag. Die Lösung der deutschen Frage (Einheit) sei nach ihrer Ansicht jedoch eng mit dem Erfolg der Abrüstungsverhandlungen verbunden. In dem Treffen kam auch das Problem der zukünftigen Finanzierung der WGT zur Sprache. Vorauseilend gab Kohl gegenüber Gorbatschow die Zusicherung, dass die Bundesrepublik Deutschland die finanziellen Verpflichtungen der DDR übernehmen werde.

Zwei Tage später informierte Gorbatschow den amtierenden DDR-Ministerpräsident Hans Modrow in einem Telefonat über das Gespräch mit Bundeskanzler Kohl. Gorbatschow erklärte, dass die sowjetische Seite den Verbleib des vereinten Deutschlands in der Struktur der NATO nicht akzeptieren kann. Das Mitglied des Politbüros der KPdSU Jakowlew erklärte dazu gegenüber Pressevertretern: „Die sowjetischen Truppen werden das vereinte Deutschland nicht verlassen, wenn Verbände der NATO dort verbleiben!" Diese Position sollte sich in einigen Monaten ändern.

Als DDR-Ministerpräsident Hans Modrow am 13. und 14. Februar 1990 in Bonn weilte, verweigerte ihm Bundeskanzler Kohl die erbetene finanzielle Soforthilfe von 15 Mrd. DM. Modrow wiederum lehnte die von Kohl geforderte schnelle Herbeiführung einer Währungsunion ab. Modrow war sich bewusst, wer seine Währungshoheit aufgibt, ist kein ernst zu nehmender Verhandlungspartner mehr. Das Gebot von wirtschaftlicher Vernunft lautete, die DDR müsse ihre Währung mit Unterstützung des Westens schrittweise konvertibel machen. Diese Ansicht vertrat u.a. auch der damalige Bundeswirtschaftsminister Helmut Hausmann im Februar 1990.

Am 2. Mai 1990 fand im Ministerium für Abrüstung und Verteidigung in Strausberg bei Berlin eine Kommandeurstagung der NVA statt. In seiner Rede nahm Minister Rainer Eppelmann u.a. Bezug zur Westgruppe der sowjetischen Streitkräfte. Er erwähnte: „Ich habe Minister Jasow (Verteidigungsminister 1987-1991, Marschall der Sowjetunion) unseren einhelligen Standpunkt mitgeteilt, dass, solange USA-Truppen in der BRD stehen, auch sowjetische Truppen auf dem Territorium der DDR stehen sollten. Wir beabsichtigen, einen Regierungsbeauftragten für die Beziehungen zur Westgruppe einzusetzen".

Eppelmann ging es auch „um die Verbesserung der Stationierungsbedingungen der Westgruppe". Er nannte jedoch keine näheren Details, wie das Vorhaben umgesetzt werden sollte. Vor den zahlreich anwesenden Kommandeuren der NVA gab Eppelmann außerdem die Zusicherung: „Wir werden keine NATO-Truppen auf unserem Boden dulden, die Brückenfunktion zwischen NATO und Warschauer Vertrag ausfüllen sowie die Umwandlung der Blöcke in Sicherheitssysteme unterstützen". Eppelmanns Visionen zerplatzten bald wie Seifenblasen. Die Geschichte nahm einen anderen Verlauf.

Nur sieben Wochen nach den Volkskammerwahlen kam es in der DDR am 6. Mai 1990 zu Kommunalwahlen. Die CDU verlor 800.000 Stimmen. Etwa 1 Millionen Wechselwähler verdeutlichten einen Schwund an Zutrauen. Kleine Parteien, die Grünen, Bürgerrechtler und andere, die gegen „Deutschland, eilig Vaterland" votierten, erzielten einen Zuwachs von 30 Prozent der Wählerstimmen. Ihre Losung „Kommt die D-Mark zu früh, kommt die Vernunft zu spät!" zeigte in der Bevölkerung Wirkung. Diese vor allem für die CDU negative Tendenz wurde mit Einführung der D-Mark aufgekauft. Kohl ignorierte die Warnungen des Sachverständigenrates der Bundesrepublik, u.a. vom damaligen Bundesbankpräsidenten Karl Otto Pöhl.

Am 18. Mai 1990 kam es in Bonn zwischen der Bundesrepublik und DDR zur Unterzeichnung des Staatsvertrages über die „Währungs-, Wirtschafts- und Sozialunion". Dies war eine Entscheidung der Politik gegen die Wirtschaft. Der bald darauf zurückgetretene Bundesbankpräsident Pöhl beschrieb später die Wirkung der Währungsunion als „ökonomische Atombombe" für die DDR. Am 1. Juli 1990 tauschten die DDR-Bürger nahezu euphorisch ihre Alu-Chips gegen die harte D-Mark. Parallel gab das verabschiedete Treuhandgesetz das Volkseigentum in der DDR zur Privatisierung frei. Das Volk bekam dafür die Freiheit und das versprochene Konsumangebot. Unter der allgemeinen Begeisterung mischten sich schon bald Ängste über den Arbeitsplatz.

Bundeskanzler Kohl erkannte, in welcher Zwangslage sich die UdSSR mit Einführung der Währungsunion ab 1. Juli 1990 befand. Die Finanzierung der WGT-Kosten in Valuta (DM) war für die UdSSR nicht möglich. Für die Angehörigen der WGT musste eine Regelung gefunden werden, wie ihre in der DDR angelegten Ersparnisse in DM „umgerubelt" werden konnten. Die Bundesregierung erkannte die sich daraus ergebenen Chancen für die Verhandlungen zur deutschen Wiedervereinigung. Sie setzte ihre finanzpolitischen Hebel zur Unterstützung von Gorbatschows Deutschlandpolitik geschickt ein.

Unterdessen verschärfte sich die finanzielle Lage für die WGT weiter, ohne dass die verantwortlichen Militärs intern reagierten. Dem Oberkommandierenden der WGT, Armeegeneral Snetkow, fiel nichts Besseres ein, als die DDR um noch mehr Geld zu ersuchen. Die neue DDR-Regierung unter Ministerpräsident Dr. Lothar de Maiziere sah sich außerstande. Sie war mit Problemen im Prozess der Deutschen Wiedervereinigung hinreichend beschäftigt. Darin kamen die im Lande stationierten sowjetischen Streitkräfte nur am Rande vor.

Im Vorfeld der deutschen Einheit wurde geheime NVA-Ausrüstung demontiert und an die WGT übergeben. Brisante Waffentechnik der NVA gelangte in die Obhut der WGT. Das betraf u.a. Raketenkomplexe, elektronische Zielerfassungsgeräte, Feuerleittechnik, Fernmelde- und Chiffriergeräte sowie Funk- und Informationssysteme. Außerdem erforderte der laufende Teilabzug von Verbänden der WGT zusätzliche logistische Aufwendungen für die DDR.

Die Differenzen zwischen der sowjetischen Diplomatie (Außenministerium) und Militärpolitik (Oberkommandierende Warschauer Pakt und WGT) wurden im Mai 1990 deutlich. Außenminister Schewardnadse sprach offen an, dass die sowjetische Truppenpräsenz aus Kostengründen nicht länger aufrechterhalten werden kann. Die Situation war ernst und drohte aus dem Ruder zulaufen. Das belegen die zunehmenden Vorkommnisse innerhalb der WGT und Waffengeschäfte sowie die steigende Anzahl von desertierten Soldaten.

Schließlich gelang es auf diplomatischem Wege, den Problemkomplex Stationierungskosten, Abzug der WGT und Unterbringung der zurückkehrenden Truppen zu lösen. Die UdSSR erkaufte sich mit dem politischen Druckmittel ihrer hinausgezögerten Einwilligung zur NATO-Mitgliedschaft des vereinten Deutschlands von Bundeskanzler Kohl dringend benötigte DM-Subventionen.

Am 15./16. Juli 1990 kam es in Selemtschuk zum historischen Kaukasus-Gipfel zwischen dem Präsidenten der UdSSR, Michail Gorbatschow, und Bundeskanzler Helmut Kohl. Im Kern ging es in den Gesprächen um die Sicherheitsbedürfnisse der UdSSR im Prozess der Deutschen Einheit. Gorbatschow gab Kohl zu verstehen, dass die Sowjetunion bereit sei, ihre Streitkräfte in fünf bis sieben Jahren vollständig aus Deutschland abzuziehen. Kohl lehnte diesen Vorschlag als „völlig unakzeptabel!" ab. Seine Erregung war ihm dabei anzumerken. Gorbatschow sagte „Ich kann nicht akzeptieren, dass auf dem heutigen DDR-Territorium nukleare Waffen und ausländische NATO-Truppen stationiert werden!" Das Gespräch hatte eine kritische Phase erreicht. Nach der Aufzeichnung eines deutschen Pressevertreters soll Kohl in diesen entscheidenden Minuten geantwortet haben: „Also, ihre Soldaten rücken in drei bis maximal vier Jahren ab, und ich verspreche Ihnen, keine Atomwaffen, keine ausländischen Truppen auf DDR-Gebiet, aber Bundeswehreinheiten!" Gorbatschow überlegte und sprach dann den erlösenden Satz: „Einverstanden, ich vertraue Ihnen, Herr Bundeskanzler".

Gorbatschow gab Kohl in dem Gipfeltreffen grünes Licht für die Gestaltung der sicherheits- und militärpolitischen Verhältnisse innerhalb des künftigen vereinten Deutschlands. In Abwesenheit des DDR-Ministerpräsidenten entschieden andere über die DDR und NVA. Damit bestätigte sich die fortschreitende politische Entmündigung der am 18. März 1990 frei gewählten DDR-Regierung unter Ministerpräsident Dr. Lothar de Maiziere (CDU).

Die im Kaukasus getroffenen Vereinbarungen zwischen Gorbatschow und Kohl bedeuteten zugleich die Aberkennung von eigenstaatlichen Entscheidungen durch die DDR-Regierung. Zweifel am souveränen Mitwirken der DDR-Bevölkerung am Einigungsprozess kamen auf. Die Handlungsweise Gorbatschows mit der Ermächtigung, über das Schicksal eines Teils des deutschen Volkes zu entscheiden, bestätigte die These, dass die DDR unter dem Einfluss Moskaus und der Anwesenheit sowjetischer Streitkräfte nie souverän war.

Egon Bahr (SPD), der seit dem 5. Juli 1990 als Berater für die NVA im Ministerium für Abrüstung und Verteidigung in Strausberg fungierte, erklärte: „Ich habe zwar gewusst, dass die Sowjetunion schwach geworden sei, aber dass sie so schwach ist, dass sie die DDR nicht mal für einen Apfel und ein Ei aufgibt, habe ich nicht vermutet".

Generaloberst Fritz Streletz, langjähriger Chef des Hauptstabes der NVA und Sekretär des Nationalen Verteidigungsrates der DDR, bemerkte: „Kein Land im Warschauer Vertrag hat so gewissenhaft und termingerecht alle militärischen Verpflichtungen erfüllt wie die DDR. Aber kein Land des Warschauer Vertrages wurde 1990 von Gorbatschow, dem Oberbefehlshaber des Bündnisses, so hinterhältig verraten und verkauft wie die DDR".

Das Volk der DDR war von seinem engsten Verbündeten, der Sowjetunion, ohne politische Vorwarnung aufgegeben und der Zuständigkeit des deutschen Bundeskanzlers überantwortet worden. Darüber waren viele Deutsche froh. Es gab aber auch nicht wenige Bürger der DDR, die sich für einen eigenständigen demokratischen Weg zur Deutschen Einheit einsetzten. Sie lehnten die bloße Übernahme des westdeutschen System mit all seinen Erscheinungen und dem Reformstau ab.

Die zwischen Gorbatschow und Kohl im Kaukasus vereinbarte Reduzierung der Streitkräfte des vereinten Deutschlands auf 370.000 Mann bedeutete zugleich das politische K.o. für die NVA. Damit standen Tausende Berufssoldaten der NVA vor ihrer Entlassung. Die Entlassungswelle setzte im August 1990 ein. Offiziere der WGT waren zunächst von der Total-Abrüstung der NVA überrascht. Einige äußerten sogar ihr Mitgefühl wegen den Entlassungen der NVA-Berufssoldaten, die sie aus der gemeinsamen Dienstzeit her kannten. Aus der politischen Verständigung zwischen Kohl und Gorbatschow über den Weg zur „Deutschen Einheit" erwuchsen innerhalb der WGT erste Vorahnungen für die dann am 12. Oktober 1990 getroffene „Aufenthalts- und Abzugsvereinbarung" bis 1994.

Zwei Tage vor Abschluss des „Zwei-plus-Vier-Vertrages" in Moskau einigten sich Kohl und Gorbatschow am 10. September 1990 in einem Telefonat über die Rahmenbedingungen des sowjetischen Truppenabzuges. Im Kern ging es, wie nicht anders zu erwarten, um eine finanzielle Unterstützung der WGT. Kohl sagte im Telefonat 15 Mrd. DM zu. Davon sollten allein 7,8 Mrd. DM für den Bau von Wohnhäusern, der Infrastruktur usw. an neuen Standorten in der damaligen UdSSR eingesetzt werden.

Am 12. September 1990 kam es im Moskauer Hotel „Oktjabrskaja" zwischen den ehemaligen vier Siegermächten Großbritannien, Frankreich, der UdSSR und den USA sowie den beiden deutschen Staaten zum Abschluss des „Vertrages über die abschließende Regelung in Bezug auf Deutschland". Der Artikel 4 beinhaltete den Abzug der WGT bis Ende 1994. Der „Zwei-plus-Vier-Vertrag" befreite Deutschland und Berlin endgültig von besatzungsrechtlichen Beschränkungen.

In den Verhandlungen zum Abkommen verzichtete Gorbatschow auf eine schriftliche Fixierung der von Deutschland und der NATO mündlich zugesicherten Nichtausdehnung der NATO über die damalige „Elbe-Saale-Linie" hinaus nach Osten. In dieser entscheidenden Frage der Bündniszugehörigkeit vertraute Gorbatschow aus nicht nachvollziehbaren Gründen, wie bereits im Kaukasusgipfel, auf eine Art „Handschlag-Vereinbarung". Waren es seine Arroganz, Vertrauensduselei oder gar politische Absicht, dass er dieses militärische Problem nicht vertraglich festschreiben ließ?

Auch schien es Gorbatschow vollkommen gleichgültig, wie die vereinbarte Reduzierung der Streitkräfte des vereinten Deutschlands mit der Truppenobergrenze von 370.000 Mann erfolgen sollte. Auch zu diesem Aspekt verzichtete er auf eine völkerrechtlich verbindliche Regelung. Er war der Ansicht, dies können die Deutschen untereinander selbst regeln. Er lieferte damit seinen ehemals treuesten Verbündeten, die NVA und ihre Armeeangehörigen dem „Good Will" der Sieger aus.

Die sich ab 1990 in Mitteleuropa abzeichnenden militärpolitischen Veränderungen hatten Auswirkungen auf die beiden großen Militärbündnisse von NATO und Warschauer Pakt. Letzterer löste sich durch die gesellschaftlichen Umbrüche in den Ostblockstaaten zum 1. Juli 1991 auf.

3.2.   Aufenthalts- und Abzugsvertrag, 12. Oktober 1990

Der zwischen der Bundesrepublik Deutschlad und der UdSSR am 12. Oktober 1990 geschlossene Vertrag über den „befristeten Aufenthalt und die Modalitäten des planmäßigen Abzuges der sowjetischen Truppen aus dem Gebiet der Bundesrepublik Deutschland" wurde von Hans-Dietrich Genscher (Außenminister Bundesrepublik Deutschland) und Wladislaw P. Terechow (Botschafter der UdSSR in Deutschland) unterzeichnet. Er löste den am 12. März 1957 geschlossenen Vertrag zwischen der DDR und der UdSSR über die zeitweilige Stationierung der GSSD ab.

Zusätzlich schlossen beide Seiten zuvor am 9. Oktober 1990 ein „Abkommen über einige überleitende Maßnahmen zwischen der Bundesrepublik Deutschland und der Sowjetunion" (Überleitungsabkommen). Dieser Vertrag beinhaltete vor allem finanzielle Zusagen der Bundesrepublik Deutschland gegenüber der damaligen Sowjetunion zur Unterstützung des Abzuges in Höhe von 15 Mrd. DM. Diese Mittel versetzten die Sowjetunion in die Lage, den Abzug ihrer Streitkräfte aus dem vereinten Deutschland durchzuführen.

Der Aufenthalts- und Abzugsvertrag definierte die rechtlichen Grundlagen der befristeten Stationierung bis Ende 1994. Er beinhaltete 27 Artikel. Neben Paragraphen über Begriffsbestimmungen (Liegenschaftsnutzung), allgemeine Regelungen und Verpflichtungen zum befristeten Aufenthalt und planmäßigen Abzug bis 31. Dezember 1994 enthielt der Vertrag konkrete Festlegungen. Diese betrafen die Nutzung der Liegenschaften und Verkehrseinrichtungen basierend auf dem Vertrag vom 12. März 1957 zwischen der DDR und der UdSSR, Regelungen des Luftverkehrs der WGT, die Ausbildung in der WGT, Rüstungskontrolle, Versorgung/Handel, den Umweltschutz, das Gesundheitswesen, Post- und Fernmeldewesen, die Nutzung von Funkfrequenzen, Disziplinar- und Polizeigewalt, Zivil- und Verwaltungsgerichtsbarkeit, Strafgerichtsbarkeit, Rechtshilfe, Schadensregulierung, soziale Sicherheit und Fürsorge.

Im Unterschied zum Vertrag von 1957 verloren nunmehr die Militärobjekte, Stationierungsorte und Einrichtungen der WGT ihre bisher vom Oberkommando beanspruchte Exterritorialität mit stillschweigender Duldung durch die DDR-Führung. Beendet war damit die territoriale Ausnahmestellung der sowjetischen Militär- und Wohnobjekte gegenüber dem Aufenthaltsstaat der Bundesrepublik Deutschland. Diese einschneidende Änderung bereitete dem Oberkommandierenden der WGT, Generaloberst Burlakow, sowie einigen seiner Generäle und Garnisons-Kommandeure Akzeptanzprobleme. Erst im Verlauf des Abzuges wurde bekannt, dass sich viele kleinere Grundstücke angeblich in „Privateigentum der WGT" auf deutschem Boden befanden.

Eine grobe Organisationsplanung sah für den Zeitraum 1991 bis 1993 vor, dass pro Jahr etwa 30 Prozent der Truppen, Waffentechnik und Material abgezogen werden. Die restlichen 10 Prozent der WGT sollten im letzten Jahr 1994 Deutschland verlassen. In Quartalsplänen wurden der Verlauf und die Eckpunkte des Abzuges laufend präzisiert und mit dem Deutschen Verbindungskommando der Bundeswehr abgestimmt. Die Reihenfolge des Abzugs der Verbände der Landstreitkräfte sollte in Abhängigkeit ihrer Stationierung territorial gesehen im Westteil beginnen. Dann sollte die südliche Region folgen, anschließend der Norden in Mecklenburg. Die im zentralen Raum um Berlin stationierten Einheiten der WGT verließen als letzte Deutschland.

Im November 1990 wurde die „Gemischte Deutsch-Sowjetische Kommission" zur Umsetzung des Abzugsvertrages gegründet. Ihr oblag die Klärung von Problemen, die im Zusammenhang mit dem befristeten Aufenthalt der WGT und ihres planmäßigen Abzuges standen. Die deutsche Seite vertrat der Staatssekretär im Auswärtigen Amt, Dr. Franz Bertele. Ab Juni 1992 war es Claus Duisberg. Die Kommission tagte etwa dreimal im Jahr. Sie untergliederte sich in elf Arbeitsgruppen.

Die Klärung des im Verlauf des Abzuges immer stärker von russischer Seite bis Ende 1992 thematisierten Problems der zurückgelassenen Immobilienwerte (Kasernen, Gebäude, Anlagen, Lager, Einrichtungen) fiel in die Zuständigkeit der Kommission. Erst im Gespräch zwischen Kohl und Jelzin im Dezember 1992 konnte dazu eine Einigung erzielt werden. Die Tagungen litten zum Teil unter dem zentralistischen Führungsstil des Oberkommandierenden der WGT. Generaloberst Burlakow gewährte seinen in der Kommission vertretenden

Offizieren kaum den erforderlichen Handlungsspielraum. Die Entscheidungsbefugnis behielt sich Burlakow vor.

Die Einhaltung und Durchsetzung des bilateralen Abzugsvertrages erfolgte institutionell in Zusammenarbeit mit dem WGT-Oberkommando in Wünsdorf. Dazu übertrug die Bundesregierung dem Verbindungskommando der Bundeswehr zu den sowjetischen Streitkräften in Deutschland die Aufgabe der militärischen Koordination und Unterstützung. Kommandeur des Verbindungskommandos war Generalmajor Hartmut Foertsch. Das Kommando hatte zuerst in Strausberg (Bundeswehrkommando Ost) und dann in der Berlin-Oberschöneweide (Schnellerstraße) seinen Sitz. Chef des Stabes war Oberst Otto Freiherr Grote. Er schilderte 2016 in einem Aufsatz eine aufschlussreiche Episode über die erste Kontaktaufnahme eines Vertreters der Bundeswehr zur WGT.

Unmittelbar nach dem Dienstantritt in Strausberg hatte Oberst Grote Gelegenheit, das Oberkommando der WGT am 9. Oktober 1990 in Wünsdorf aufzusuchen. In seiner Aktentasche verwahrte er ein brisantes Dokument, die russische Fassung des „Aufenthalts- und Abzugsvertrages". Der wurde drei Tage später unterzeichnet. Diese Depesche öffnete ihm im Militärstädtchen Wünsdorf die diplomatischen Türen bis ganz nach oben. Oberst Grote wurde nacheinander von den ersten Stellvertretern des Oberkommandierenden der WGT, den Generalleutnanten Michail N. Kalinin und Leontij W. Kusnezow empfangen. Der Bundeswehroffizier kam ohne Umschweife auf die bevorstehende Unterzeichnung der bilateralen Vereinbarung zu sprechen. Er bemerkte, dass die politische und militärische Führung in Moskau ihr Oberkommando in Deutschland noch nicht über den beabsichtigten Abzug innerhalb von vier Jahren informiert hatte.

Oberst Grote „erlebte, wie beide Generäle sich mit ungläubigem Staunen über die russische Fassung eines Entwurfs des Aufenthalts- und Abzugsvertrages beugten". Was die sowjetischen Generäle aus den Händen ihres ehemaligen Gegners zu lesen bekamen, konnten sie kaum glauben. Nach ihrer Ansicht „entspricht das Abkommen nicht sowjetischen Interessen". Ihnen waren deutliche Zweifel über die Umsetzung des Abkommens mit dem „Ad hoc"-Abzug anzumerken, von dem sie keine Kenntnis hatten.

In ihrer abwartenden bis distanzierten Haltung zeigte sich das allgemeine Widerstreben des sowjetischen Militärs, sich von traditionellen militärischen Gewohnheiten zu verabschieden. Viele waren nicht bereit und fähig, aus der damaligen Abrüstungspolitik Konsequenzen für die Stationierung der WGT zu ziehen. Wegen dieser inneren Einstellung wurden bald darauf einige Generäle und Stabsoffiziere der WGT abberufen.

Bereits am 25. Oktober 1990 kam es zum ersten Arbeitstreffen zwischen dem Befehlshaber des Bundeswehrkommandos Ost, Generalleutnant Jörg Schönbohm und dem zu diesem Zeitpunkt noch im Amt befindlichen Oberkommandierenden der WGT, Armeegeneral Boris Snetkow. Der sowjetische Viersternegeneral konnte sich jedoch nicht mit der Tatsache des absehbaren Endes der WGT und ihres Abzuges aus Deutschland anfreunden. Er wurde sechs Wochen später abgelöst. An seine Stelle trat der eloquente Generaloberst Burlakow.

Die Arbeit auf zentralen Ebenen bzw. Institutionen wurden ergänzt durch die Tätigkeit auf Landes- und örtlich regionaler Ebene Die Landesregierungen in den neuen Bundesländern ernannten „Beauftragte für die WGT". Im Land Brandenburg war Dr. Helmut Domke Bevollmächtigter des Ministerpräsidenten Dr. Manfred Stolpe für die im Land stationierten sowjetischen Streitkräfte und anschließende Konversion.

Im Zeitraum des Abzuges der WGT von 1990 bis 1994 existierte eine gemeinsame Diensteinheit von Angehörigen der Bundeswehr und der russischen Streitkräfte. Das war die Luftraumkoordinierungsstelle (LUKO) im Stab der 16. Luftarmee in Wünsdorf. Hier verrichteten 120 Soldaten der deutschen Luftwaffe und der Luftstreitkräfte der WGT gemeinsam Dienst. Die LUKO koordinierte den Luftverkehr aller militärischen, zivilen und internationalen Flüge über den Luftraum der neuen Bundesländer. Seit dem 3. Oktober 1990 verloren die GSSD bzw. WGT die von ihnen ausgeübte alleinige Lufthoheit über dem Territorium der DDR. Bis zum 29. April 1994 wurden insgesamt 536.611 Flüge gemeinsam koordiniert. Zu Zwischenfällen kam es nicht oder sie wurden öffentlich nicht bekannt.

Vom Oktober 1990 bis Ende 1991 gab es erhebliche technische Probleme in der Nachrichten-Kommunikation zwischen dem Verbindungskommando der Bundeswehr in Strausberg (dann Berlin) und dem Oberkommando der WGT in Wünsdorf. Die Nachrichtenleute der WGT konnten mit dem 1.800 Kilometer entfernten Moskau oder gar bis nach Wladiwostok im fernen Osten besser kommunizieren als in Nahdistanz mit deutschen Stellen. Man fand heraus, dass die WGT im September 1990 die Verbindungen zu deutschen Fernmeldenetzen kappen ließ. Damit sollte westlichen Nachrichtendiensten und der NATO-

Aufklärung Lauschangriffe auf die Kommunikation innerhalb der WGT erschwert werden. Das Oberkommando der WGT in Wünsdorf machte sich so zeitweilig für die Bundeswehr u.a. deutsche Stellen unerreichbar. Vielfach existierten gar keine Leitungen. Ähnliche Defizite in der Telekommunikation gab es auch im zivilen Sektor der DDR. Privatanschlüsse wurden auf Anmeldung mit Wartezeit nur sukzessive vergeben. Gelbe Telefonzellen mit Münzautomaten gehörten zum Stadtbild in der DDR. Ein Mobilfunknetz gab es noch nicht.

Am 24. Dezember 1990 erteilte der neue Oberkommandierende der WGT, Generaloberst Matwej Burlakow, den Befehl „Über die Vorbereitung und den Abzug der Führungsorgane, Verbände, Truppenteile und Einrichtungen der WGT auf das Territorium der UdSSR im Jahr 1991". Damit hob er die zuvor am 1. Dezember 1990 von Snetkow erteilten Anordnungen auf. Diese waren viel zu allgemein und ohne verbindliche Termin-Festlegungen.

Für die Vorbereitung und Organisation des Truppen-Abzuges wurde ein Stab von 50 Generalen und Offizieren aus allen Verwaltungen, Abteilungen und Diensten des WGT-Oberkommandos gebildet. Die Leitung dieses Stabes lag in den Händen des ersten Stellvertreters des Chefs des WGT-Stabes, Generalmajor Podgorny. Der Stab untergliederte sich in sechs Arbeitsgruppen. Dazu gehörten nach der Schilderung von Burlakow „Allgemeine Planung des Abzuges, Planung der Ausfuhr von Technik und Bewaffnung, Implementierung der zwischenstaatlichen Vereinbarungen, Auswertung der Information und Kontrolle sowie Organisation des Kommandantendienstes". Später kam noch ein Pressezentrum hinzu.

Burlakows Befehl enthielt u.a. Termin-Festlegungen für den Abzug bestimmter Divisionen und Truppenteile im Jahr 1991. Die 207. Mot.- Schützendivision (stationiert im Raum Stendal, Gardelegen, Mahlwinkel und Börgitz) sollte als erste sowjetische Division geschlossen Deutschland von Januar bis März 1991 verlassen. Der Rückzugsplan sah vor, einsatzfähige Divisionen im kompletten Bestand in die Sowjetunion zu verlegen. Mit dem Zerfall der UdSSR Ende 1991 musste dieses Vorhaben jedoch fallen gelassen werden. Es fanden sich kaum noch geeignete neue Stationierungsorte für militärische Großverbände. Deshalb wurden diese Verbände ab 1992 nunmehr Regiments- , Brigade- und Bataillonsweise aus Deutschland abgezogen.

Das Oberkommando der WGT in Wünsdorf benötigte unter Burlakows Führung 25 Tage für die Erarbeitung des Plans „Operation Abzug bis 1994". Er beinhaltete die Rückführung von fünf Armeen, bestehend aus 20 Divisionen mit 546.200 Soldaten und Familienangehörigen. Hinzu kam der Abzug von fünf Fliegerdivisionen der 16. Luft-Armee. 125.000 Stück militärisches Kampfgerät, 2.754.000 Tonnen technische Ausrüstungen und Material, davon 677.032 Tonnen Munition waren über Tausende Kilometer nach Russland bzw. der Gemeinschaft Unabhängiger Staaten (GUS) auf dem Land- und Seeweg zu verlegen.

Zu Beginn der Abzugsaktion besichtigte Generaloberst Burlakow die jeweilige Division und vereinzelt auch das Regiment. Um die Truppen in der Vorbereitungsphase und für den eigentlichen Abzug zu unterstützen, veranlasste das Oberkommando der WGT die Bildung von Einsatzgruppen des Stabes für jede Armee, Division, Regiment und Brigade. Dennoch häuften sich in der Anfangsphase sowohl Führungs- als auch logistische Probleme. Wechsel in der Besetzung von Kommandoposten waren erforderlich.

Wandel im Rechtsverständnis

In der Anfangsphase der Zusammenarbeit zwischen dem Verbindungskommando der Bundeswehr und dem Oberkommando der WGT musste die sowjetische Militärführung mit dem Rechtssystem der Bundesrepublik Deutschland vertraut gemacht werden. Das Verhalten der Armeeangehörigen vom General bis zum einfachen Soldaten sollte sich an der Rechtsordnung des Stationierungslandes der Bundesrepublik Deutschland orientieren. Die Durchsetzung und Einhaltung der deutschen Rechtsordnung durch die WGT verlief nicht problemlos. Daran mussten sich die sowjetischen Kommandeure erst gewöhnen. Mit deren eigenwilliger Auslegung von Rechtsnormen aus der DDR-Zeit war es endgültig vorbei.

Das konfliktreiche Spektrum von Rechts- und Verfahrensfragen und die von der Bevölkerung schwer zu ertragenden Belastungen aus dem Flug- und Schießbetrieb der GSSD gehörten der Vergangenheit an. Die WGT musste Einschränkungen in ihren „Übungsrechten" und militärischen Flugbetrieb akzeptieren. Versehentliche Einschläge von Granaten außerhalb der Schieß- und Übungsplätze der GSSD durften nicht mehr vorkommen. Tiefflüge und Flüge mit Überschallgeschwindigkeit wurden drastisch eingeschränkt. Sie unterlagen fortan deutschen Sicherheitsbestimmungen und Kontrollen.

Reduziert wurden die etwa 11.700 Kilometer langen, in der DDR in Anspruch genommenen Marschstraßen und Kolonnenwege. Diese konnten die Truppen der GSSD in der Vergangenheit unangemeldet mit Kettenfahrzeugen befahren. Ihre Länge schrumpfte auf etwa 790 Kilometer. Nunmehr waren diese Fahrten anmeldepflichtig und überwiegend nur noch zwischen dem Verladebahnhof und der Kaserne gestattet.

Übungen auf Regimentsebene mit maximal 13.000 Soldaten mussten angemeldet werden. Ab 1992 soll es angeblich kaum noch zu Übungen oberhalb der Bataillonsebene gekommen sein. Tatsächlich stellte die WGT ihre Gefechtsübungen erst im September 1993 ein. In der Truppenpraxis wollte und konnte das WGT-Oberkommando auf diese Waffen-Show nicht verzichten.

Am 4. Februar 1993 weilten der Befehlshaber vom Korps- und Territorialkommando Ost der Bundeswehr, Generalleutnant Werner von Scheven, und der Leiter des Verbindungskommandos zur WGT, Generalmajor Foertsch, zu Übungen der 20. Gardearmee auf dem Truppenübungsplatz Colbitz-Letzlinger Heide. Der befand sich 40 Kilometer nördlich von Magdeburg. Er hatte eine Größe von 23.200 Hektar. Formationen von Mot.-Schützen, Panzern, Artillerie und Heeresfliegern demonstrierten ihr militärisches Können. Bei der Gelegenheit erneuerte Generaloberst Burlakow sein Angebot an die Bundeswehr, gemeinsam Ausbildungsmaßnahmen und Übungen zu absolvieren. Die deutsche Seite lehnte diese Art von militärischer Zusammenarbeit dezent ab. Die Zurückhaltung entsprach der Linie von Bundesverteidigungsminister Volker Rühe. Er hatte zuvor am 7. Dezember 1992 das Oberkommando der WGT in Wünsdorf besucht. Rühe lehnte dabei die Einladung von Burlakow ab, einer Übung des 69. Mot.-Schützenregiments auf dem Übungsplatz beizuwohnen. Eine militärische Aufwertung der russischen Streitkräfte im Zuge ihres Abzuges aus der Bundesrepublik lag nicht im politischen Interesse.

Offizieren und Soldaten der WGT war es nunmehr verboten, Handfeuerwaffen jeglicher Art in der Öffentlichkeit zu tragen. Nur mit Genehmigung deutscher Behörden war das Mitführen von Schusswaffen und Munition zur Sicherung militärischer Güter und Transporte gestattet.

Für den Einkauf von Waren des täglichen Bedarfs und von wirtschaftlichen Leistungen mussten die WGT, ihre Soldaten und Familienangehörigen nunmehr in DM bezahlen. Zu DDR-Zeiten erhielten die sowjetischen Truppen diese Erzeugnisse zum Teil kostenfrei oder zu subventionierten Preisen. Auch damit war es nun vorbei.

Ansichten im Offizierskorps

Über den Abzug ihrer Streitkräfte aus Deutschland existierten im Offizierskorps der WGT unterschiedliche Auffassungen. Alexander E. Temnyschew, ein ehemaliger Offizier in der 6. Mot.-Schützenbrigade Berlin, berichtete in einem 2016 erschienenen Aufsatz über zwei gegensätzliche Auffassungen. Ein Teil der sowjetischen Offiziere hatte für die „deutsche Wiedervereinigung tiefes Verständnis und akzeptierte diese als eine historische Notwendigkeit". Den daraus abgeleiteten Abzug der alliierten Streitkräfte (USA, Großbritannien, Frankreich, UdSSR) aus Deutschland betrachteten viele als eine Konsequenz.

Temnyschew erwähnte aber auch, dass viele Offiziere die deutsche Einheit als Ursache für den folgenden Abzug der WGT ablehnten. Ihre „negative Haltung resultierte aus den damit verbundenen schwierigen Bedingungen des Abzuges, der Eile und unzureichenden Finanzierung" des Truppenabzuges. Nahezu frustrierend wirkte unter den Offizieren die Erkenntnis, dass die zugewiesenen Standorte in der Heimat nicht für die Aufnahme der Soldaten und ihrer Familien sowie Technik vorbereitet waren.

Offiziere der WGT begleiteten die Militärtransporte in die Heimat. Sie berichteten, dass die Kampftechnik am Zielort oftmals „militärisch unbrauchbar wurde. Sie war nicht mehr einsatzbereit". Die Gründe erwähnte Temnyschew nicht. Soldaten berichteten jedoch von unsachgemäßer Entladung, fehlender Wartung, technischen Defekten und Bedienungsfehlern. Mitunter wurden Anlagenteile auf dem Transportweg gestohlen. In Vorahnung der schlechten Lebensbedingungen am neuen Standort hatten Soldaten ihren Schützenpanzer im Innern vorsorglich in Deutschland zur Wohn- und Schlafstätte umgebaut.

Nachdenklich stimmen Meinungen von Offizieren über die Ursachen und Folgen des Abzuges der sowjetisch-russischen Streitkräfte sowie zur „stillen" Auflösung der WGT. Der „Grund allen Übels" wäre nach ihrer Ansicht die Wiedererlangung der Deutschen Einheit. Die Angehörigen der sowjetischen Streitkräfte betrachteten den Fall der innerdeutschen Grenze am 9. November 1989 überwiegend noch nicht als existenzbedrohend für die WGT. Man befand sich innerhalb der WGT mehrheitlich in dem Glauben, dass die DDR ihre Eigenstaatlichkeit behalten würde. Damit hätte nach ihrer Ansicht auch die weitere Truppen-Stationierung Bestand.

Aussagen von Offizieren belegen die Vermutung, dass die Sowjetunion und ihre Streitkräfte sich plötzlich als die eigentlichen „Verlierer" der Deutschen Einheit und europäischen Entspannung fühlten. Viele stellten sich die Frage, ob die Millionen Opfer und Verluste des Zweiten Weltkrieges umsonst waren. Sie befürchteten eine „historische Revision" des schwer errungenen Sieges. Nicht wenige empfanden den Abzug und den damit verbundenen Verlust an militärischer Präsenz als eine neue Bedrohung ihrer Sicherheit.

Ein Teil der sowjetischen Offiziere, Unteroffiziere und Soldaten verkannten offensichtlich, welche Konsequenzen die Vereinbarungen zwischen Bundeskanzler Kohl und Präsident Gorbatschow vom 15./16. Juli 1990 in Selemtschuk (Kaukasus) für das sich dann abzeichnende Schicksal der WGT hatten.

Je mehr diese Erkenntnisse im Offizierskorps der WGT reiften, umso schneller verloren Gorbatschow und sein damaliger Außenminister Edward Schewardnadse an Ansehen und Autorität bei ihren Landsleuten, einschließlich dem Militär. Die Aufgabe der militärischen Präsenz in Deutschland, mehrheitlich als Niederlage empfunden, wurde der Reformpolitik Gorbatschows angelastet.

Nach Ansicht von Burlakow geriet in der Sowjetunion die „theoretische Konzeption (Demokratisierung, Perestroika) ohne praktische Erfahrung in eine Sackgasse". Zum „Hauptschuldigen am Zerfall der Sowjetunion" hielt Burlakow „Michail Gorbatschow und seine Berater, die eine pseudowissenschaftliche Perestroika-Politik betrieben. Bei aller Ausstrahlungskraft seiner Außenpolitik, die Innenpolitik brachte von Anfang an Unheil über unser Land". Damit im Zusammenhang nahmen die Widersprüche in den Streitkräften zu. Die Einsatzbereitschaft und Moral der Truppe sanken.

An all das fühlt sich der Autor erinnert, wenn er ein besonderes Gemälde an der Giebelwand eines Kasernengebäudes der WGT betrachtet. Die Soldaten hatten es vermutlich für uns Deutsche hinterlassen. Zum Zeitpunkt der Foto-Aufnahme war es unvollendet und nicht demoliert. Ein Mann des Wachschutzes erklärte, dass die Soldaten bis zu ihrem Abzug 1991 daran arbeiteten (siehe Foto Nr. 10). Der oder die unbekannten Künstler gestalteten mit bunten Kacheln auf einer Fläche von drei mal zehn Metern ein Gemälde mit einer nachdenklichen Botschaft. Auf der einen Seite befand sich ein sowjetischer Soldat mit umgehängter MPi. Er stand auf „Friedenswacht von 1918 bis 1990". Daneben befanden sich Abbildungen von Kampftechnik der Raketentruppen, Luftabwehr, Fliegerkräfte, Panzertruppen und Fallschirmjäger. Ein U-Boot repräsentierte die Marine. Diese Typkräfte waren jeweils mit Halbkreisen in den Farben „Schwarz-Rot-Gold", analog den deutschen Nationalfarben, umrandet. Als zeitlicher Bezug wurde das Jahr 1990 gewählt und nicht 1994 mit der Vollendung des Abzuges. Offensichtlich schien für die Ideengeber und Gestalter des Gemäldes das Jahr 1990 mit der Deutschen Einheit zugleich das Ende ihrer soldatischen Mission im Land zu bedeuten. Es dokumentierte den Abschied der einstigen Siegermacht auf Wacht für den Frieden in Deutschland.

Als ein Hauptproblem des Abzuges erwies sich die Sorge der Soldaten aller Dienstgradgruppen um die Lebensbedingungen und Perspektiven in der Heimat. Vor allem fehlte es dort an Wohnungen für die Familien. Anfänglich war nicht bekannt, wohin es in die Weiten Russlands gehen sollte. Die Truppen wurden vielfach dort ausgeladen, wo das Bahngleis zu Ende war. Die Heimat war auf die Rückkehr ihrer einstigen „1945er-Helden" nicht vorbereitet. Der Oberkommandierende der WGT sah sich veranlasst, zweimal im Monat einen Sprechtag für seine Soldaten, Offiziere und Familienangehörigen einzuführen. Burlakow ließ einen „heißen Draht" per Telefon einrichten, um Fragen von Unterstellten direkt zu beantworten. Er erhoffte sich mit dieser Telefonschaltung, schneller auf Mängel, Versäumnisse und Widersprüche reagieren zu können. Diese Kommunikation funktionierte nur in Deutschland.

Der Autor Michael Boltunow (ehemaliger Oberst im Verteidigungsministerium in Moskau, anschließend Journalist) widmet seinem Buch „Westgruppe der Truppen. Der bittere Weg nach Hause" (1995, Übersetzung aus dem Russischem) ein Kapitel „Wie wir die DDR verraten haben!" Darin übt der Autor scharfe Kritik an der Deutschland-Politik von Gorbatschow. Diese brachte den langjährigen Bündnispartner DDR 1990 zwangsläufig zu Fall. Die Lektüre enthält aufschlussreiche Informationen und Eingeständnisse eines Insiders zu politischen Ereignissen der Jahre 1989 bis 1994. Das Buch beinhaltet die Kapitel: „Anerkennung des Generalsekretärs dem Präsidenten der USA" (Verhandlungen Gorbatschow und Bush), „Sternstunde deutscher Diplomatie" (Kohl triumphiert über Gorbatschow), „ein Käfig für Schewardnadse" (Gefängnis für sowjetischen Außenminister), „Die Lebenden ziehen ab, die Toten bleiben dort" (Zurücklassung bestattete Soldaten auf Friedhöfen) sowie „Wohin sind unsere Milliarden hingeflossen?" (nicht nachvollziehbarer DM-Geldtransfer).

Boltunow schildert in seinem Buch die Auswirkungen sowjetischer Politik und oligarchischer Machtstrukturen in Russland auf das Militär bzw. die Angehörigen der WGT. So z.B.: „Iwan, der sich nicht der Geburt erinnert" (unbekannter Soldat), „Beim Abzug gab es keine Freude" (Perspektivlosigkeit, Resignation), „Zu Hause hat uns niemand erwartet" (Wohnungsnot, schlechte Dienst- und Lebensbedingungen), „Keiner sagte, wohin die Armee abzieht" (Ungewissheit über neuen Standort) sowie „Der Fluch unserer Armee" (Defizite in Vergangenheitsbewältigung).

Das Kapitel „Zu Hause hat uns niemand erwartet" liefert u.a. einen traurigen Beleg über das Versagen der verantwortlichen Militärs in Moskau bei der Unterbringung und Integration der Armeeangehörigen und Familienangehörigen an den neuen Standorten. Boltunow schildert das allgemeine Desinteresse unter der Bevölkerung gegenüber den in die Heimat zurückkehrenden Truppen. Er erwähnt einen Wandel im Verhältnis (Abkehr) breiter Schichten der Bevölkerung zum Militär. Das Buch ist nicht auf dem deutschen Markt erschienen.

Deutsche Milliarden für den Abzug

Die Bundesrepublik Deutschland unterstützte das aufwendige Rückführungsprogramm der WGT mit insgesamt 15,5 Mrd. DM. Davon wurden 7,8 Mrd. DM für den Wohnungsbau der nach Russland heimkehrenden Soldaten und ihrer Familien bereitgestellt. Vorgesehen war der von Deutschland finanzierte Bau von 36.000 Wohnungen. Dem standen nach Angaben von Generaloberst Burlakow insgesamt ca. 55.000 wohnungslose Offiziere und Unteroffiziere mit ihren Familien gegenüber. Sie hatten in der Heimat weder einen Wohnsitz noch Verwandte, wo sie unterkommen konnten. Am 16. Dezember 1992 sagte die Bundesregierung Russland weitere 550 Millionen DM für die Verwendung im Wohnungsbau zu.

Vier Milliarden DM wurden auf das Konto des WGT-Finanzdienstes überwiesen, der davon drei Milliarden DM zur Deckung der Aufenthaltskosten verwandte. Diese Mittel sollen aber nur geringfügig in die Truppen vor Ort geflossen sein. Das Oberkommando der WGT hatte kaum Einfluss auf die Art und den Umfang der Verteilung der Finanzmittel. Mit einer Milliarde DM schlugen die Kosten für Transport per Eisenbahn und Fährschiff sowie Hafengebühren zu Buche. 200 Millionen DM entfielen auf Ausbildungs- und Weiterbildungsmaßnahmen für die in Reserve versetzten Armeeangehörigen und Zivilbeschäftigten.

Die Bundesrepublik Deutschland stellte der damaligen Sowjetunion einen zinsfreien Kredit in Höhe von drei Milliarden DM zur Verfügung. Der Finanzkredit wurde in zwei Tranchen überwiesen. Insgesamt unterstützte die Bundesrepublik den WGT-Abzug auf staatlicher Ebene mit 15,5 Mrd. DM. Hinzu kamen weitere DM-Finanzmittel von Vereinigungen, Organisationen, Unternehmen und Privatpersonen sowie aus Geldsammlungen der Bundeswehr. So z.B. gründete das Verbindungskommando der Bundeswehr einen Unterstützungsfond für die WGT. Es kamen 850.000 DM an Spendengeldern zusammen. Damit konnte die medizinische Versorgung von Soldaten und ihrer Familienangehörigen in Krankenhäusern finanziert werden.

Generaloberst Burlakow erwähnte in seinen Memoiren, dass die sowjetischen Diplomaten das Problem der Finanzierung des Truppenabzuges nach seiner Ansicht völlig unbefriedigend im Abkommen vom 12. Oktober 1990 behandelt hätten. In einem Interview mit der Zeitschrift „Wehrtechnik" (Heft 9-1994) erklärte Burlakow, dass die „Finanzmittel der Bunderepublik Deutschland lediglich 50 Prozent der tatsächlichen Abzugskosten deckten". Die andere Hälfte finanzierte Russland.

Burlakow machte aus seiner Ansicht der angeblichen Unterfinanzierung des Truppenabzuges kein Hehl. Deutschland hätte mehr Milliarden DM für den Abzug an Russland und die Gemeinschaft Unabhängiger Staaten (GUS) zahlen bzw. überweisen müssen. Diese Argumentation aus russischer Sicht übersieht, dass der Streitkräfte-Abzug aus Deutschland in erster Linie Sache des Landes war, das seine Soldaten samt Militärtechnik dorthin schickte. Die Anzahl der westlich der Oder stationierten sowjetischen Waffen, Kampftechnik und Soldaten bestimmte nicht die DDR- oder NVA-Führung, sondern die Regierung der UdSSR und deren Militärführung. Die DDR- und NVA-Führung war auf militärpolitischem und militärischem Gebiet nicht souverän. Dies unterstrich der ranghöchste sowjetische Militär, Marschall Viktor Kulikow, rückblickend in einem Brief an das Berliner Landgericht vom 1. Juni 1996.

Schenkt man den Ausführungen von Burlakow Glauben, dann verschlang die Abzugsaktion der WGT im Zeitraum 1991 bis 1994 die astronomische Summe von mindestens 30 Mrd. DM. Wie die Finanzmittel tatsächlich verwendet wurden, lag in der Zuständigkeit von Moskau. Burlakow kritisierte, dass der um vier Monate gekürzte Truppen-Abzug auf den 31. August 1994 nicht mit dem Wohnungsbautempo für die zurückkehrenden Soldaten und ihrer Familien schritt hielt. Die Lösung dieses Defizits hätte energischer an die russische Führung herangetragen werden müssen. Seit dem Herbst 1990 war abzusehen, dass nahezu eine halbe Million in der DDR stationierte Soldaten der WGT, Zivilbeschäftigte und Familienangehörige zurück in ihre Heimat müssen.

Dass die Abzugsaktion mit dem Zerfall der UdSSR und Reformierung ihrer Streitkräfte zusammenfiel, erschwerte die Rückverlegung ganz erheblich. Die

Synchronisation des zügigen Truppenabzugs mit dem Tempo des Wohnungsbaus (u.a. durch türkische, finnische und deutsche Firmen) in Russland und in
den Nachfolgestaaten der UdSSR, der Gemeinschaft Unabhängiger Staaten,
funktionierte nicht. Dieser Aspekt war jedoch nicht Gegenstand des Aufent-
halts- und Abzugsvertrages.

Die Defizite im Wohnungsbau für die aus Deutschland heimkehrenden Soldaten mit ihren Familien waren in erster Linie auf das eigene bürokratische Versagen der russischen Seite und dem Unvermögen lokaler Behörden an den
neuen Stationierungsorten zurückzuführen. Nach der Einschätzung von Generaloberst Burlakow konnte man deshalb „nicht von einem zivilisierten Abzug
reden". Das wurde in der damaligen zeitgeschichtlichen Berichterstattung über
den Abzug teilweise verschwiegen. Erwähnung fand eher die Euphorie der
Soldaten und Bürger bei den militärischen Zeremonien des Abschieds.

Vereinbarungen 16. Dezember 1992, Moskau

An diesem Tag verhandelten Bundeskanzler Helmut Kohl und der russische
Präsident Boris Jelzin Probleme des laufenden Abzuges der WGT. Sie kamen
überein, den Abzug vorfristig um vier Monate bereits zum 31. August 1994
abzuschließen.

Kohl und Jelzin schlossen in Moskau u.a. einen Vertrag über die Kriegsgräber-
fürsorge. Darin verpflichtete sich die Bundesrepublik Deutschland zur Pflege
und zum Erhalt aller sowjetischen Denkmäler, Gedenk- und Kriegsgräberstät-
ten sowie Soldatenfriedhöfe, auf denen sowjetische Soldaten und Bürger ihre
letzte Ruhe fanden. Darunter befanden sich auch etwa 17.000 Angehörige der
GSSD, die im Verlauf ihres Militärdienstes in der DDR zwischen 1952 und
1990 verstarben und auf Standortfriedhöfen beerdigt wurden. Jährlich sollten
zur Pflege Finanzmittel bereitgestellt werden. Für 1993 war ein Budget von 2,5
Millionen DM vorgesehen, für die damals etwa 3.500 bekannten Soldatenfriedhöfe bzw. Plätze.

Auf dem Gebiet der ehemaligen DDR gab es etwa 850 Orte mit sowjetischen
Standortfriedhöfen und Ehrenfriedhöfen. Burlakow erwähnte in seinen 1994
erschienenen Memoiren, dass auf dem Territorium der neuen Bundesländer
313.928 ehemalige sowjetische Militärangehörige beigesetzt wurden. Zu den
größten Soldatenfriedhöfen zählten Zeithain bei Riesa („Stalag IV H, Sachsen)

mit ca. 70.000 bestatteten Soldaten und Zwangsarbeitern sowie die Schöntaler Heide in Berlin-Niederschönhausen mit 15.000 Gräbern.

In den alten Bundesländern ruhen nach damaligem Kenntnisstand weitere 339.671 Sowjetbürger, die überwiegend während der Kriegsgefangenschaft und Zwangsarbeit zu Tode kamen. Sie wurden an 2.615 Standorten beigesetzt. In Bergen-Belsen (Niedersachsen) waren es 50.000 Kriegsgefangene bzw. Zwangsarbeiter und in Holte-Stukenbrock (Schleswig-Holstein) etwa 65.000. Von lediglich 25 Prozent aller in Deutschland bestatteten Toten der Sowjetunion war die Identität bekannt. Viele gefallene Soldaten wurden in der Endphase des Krieges direkt neben den Schlachtfeldern begraben.

Verhandelt wurde in Moskau das anhaltende Streitthema der seitens der WGT geforderten finanziellen Vergütung für freigezogene Garnisonen, Wohnhäusern und Immobilien verschiedenster Art. Die russische Seite errechnete für sich den Erstattungswert von 10,5 Mrd. DM. Man hatte diese von Deutschland erhoffte Summe angeblich im Rückzugsbudget eingeplant.

Die russischen Wertvorstellungen waren jedoch völlig überzogen und marktwirtschaftlich unreal. Die russischen Militärs vertraten u.a. das Argument, „die Bundeswehr könne in die Kasernen sofort einziehen". Sie kannten vermutlich nicht den Standard deutscher Soldatenunterkünfte.

Der russischen Militärführung in Wünsdorf und einigen Garnisonskommandeuren fiel es schwer zu akzeptieren, dass sich der Wert einer Immobilie nicht nach dem Materialaufwand, Baustil oder der Bauleistung orientierte, sondern an der aktuellen Nachfrage. Für Kasernen, Wohngebäude und Fahrzeughallen inmitten von Wäldern oder in abgelegenen Standorten fanden sich keine Interessenten. Die WGT-Führung ließ ebenso außer Acht, dass sich viele von der Roten Armee nach 1945 beschlagnahmte Villen von deutschen Eigentümern in einem desolaten baulichen Zustand befanden. Anstelle Immobilienforderungen in DM zu erheben schien stattdessen ein finanzieller Schadensersatz durch die WGT geboten. Die einst schmucken Villen waren über die Jahre stark heruntergekommen, z.B. in Fürstenberg/Havel, Neuruppin, Eberswalde und Biesenthal. Davon konnte sich der Autor mehrfach überzeugen.

Mit der Vereinbarung vom 16. Dezember 1992 zwischen Kohl und Jelzin wurden alle von der WGT gehaltenen Immobilien- und sonstigen materiellen Vermögenswerte zu Eigentum der Bundesrepublik Deutschland erklärt. Das ewige Streitthema kam damit endgültig vom Tisch.

Im Gegenzug verzichtete die Bundesrepublik Deutschland auf finanzielle Forderungen gegenüber der WGT, die aus der Beseitigung von Umweltschäden (Boden- und Grundwasser-Kontamination), Munitionsbelastung usw. auf den Liegenschaften resultierten. Mit dieser Null-Lösung wurde der Artikel 7 des Überleitungsabkommens außer Kraft gesetzt. Der beinhaltete, dass Vermögenswerte auf sowjetischen Liegenschaften gegen deutsche Schadenersatzansprüche aus der Beseitigung ökologischer Schäden aufzurechnen sind.

Das Ausmaß der ökologischen Umweltprobleme aus der jahrzehntelangen militärischen Nutzung wurde vom Oberkommandierenden Burlakow und seinen Vorgängern klein geredet bzw. negiert. Nach deren Ansicht stammte vieles noch aus der Wehrmachtszeit vor 1945. Am 26. Februar 1993 erklärte er im russischen Soldatensender „Wolga" (bei Potsdam), dass „die saubersten Flächen heute in Ostdeutschland auf Truppenübungsplätzen der WGT liegen". Offensichtlich kannte der Generaloberst seine Übungsplätze vorwiegend aus der Tribünen-Perspektive von Manöverbeobachtern. Mit seiner Aussage lenkte Burlakow die Aufmerksamkeit über bestehende Umweltprobleme auf die von Westalliierten besetzten Flächen im westlichen Teil der Bundesrepublik (Kapitel 4.2.). Diese standen weniger im Fokus der damaligen Berichterstattung und in der öffentlichen Diskussion.

Mit dem fortschreitenden Abzug und der anschließenden Übernahme der Liegenschaften erkannte man auf deutscher Seite die Folgen eines zum Teil defizitären Umweltbewusstseins innerhalb der WGT. Deren Ansichten zu Umweltbelangen unterschieden sich grundlegend von deutschen Standards und Bestimmungen. Die Auffassungen und Wahrnehmungen in den sowjetisch-russischen Streitkräften zu ökologischen Problemen widerspiegelten sich im laxen Umgang mit nicht mehr benötigten Ressourcen, Ausrüstungen und Materialien sowie in der bedenkenlosen militärischen Nutzung der Bodenflächen auf den Liegenschaften.

Im Selbstverständnis der Angehörigen des sowjetischen Militärs kam das Wort „Umweltschäden" offensichtlich nicht vor. Wenn mal einige Liter oder gar Tonnen Diesel, Vergaserkraftstoff, Kerosin oder Öl bei der Betankung daneben gingen, schien das normal. Die Schadstoffe versickerten im Erdreich und waren weg. Das ganze Ausmaß der ökologischen Hinterlassenschaften der WGT wird im Kapitel 4.2 bis 4.5. anhand von Fallbeispielen detailliert behandelt.

Das Bundesministerium für Umwelt ließ Umwelthandbücher in russischer Sprache drucken. 200.000 Exemplare „Umweltvorsorge verhindert ökologische Altlasten" wurden innerhalb der WGT verteilt. Sie dienten als Handlungsanleitung. Die 6. Sitzung der Gemischten Kommission sah sich am 16. Juni 1992 veranlasst, sich mit Problemen des Umweltschutzes auf den russischen Liegenschaften zu befassen. Ein Jahr später fand vom 20. bis 22. September 1993 in Berlin ein Workshop zum Thema „Militärische Altlasten" statt. Daran nahmen Vertreter von allen vier in Deutschland stationierten alliierten Streitkräfte teil.

Parallel mit dem Abzug gewannen Mitarbeiter der Industrieanlagen- und Betriebsgesellschaft mbH (IABG) in Ottobrunn, Ingenieur-Büros, Umweltspezialisten und deutsche Entsorgungs-Unternehmen einen Zustandsübersicht über die Umweltschäden. Das betraf die durch Kraftstoffe, Öl und giftige Flüssigkeiten verursachten Bodenverunreinigungen auf den WGT-Liegenschaften. An dieser Erfassung arbeitete auch das Unternehmen des Autors mit. Während der Tanklagerentsorgung festgestellte Boden- und Grundwasserkontaminationen sowie Munitionsfunde wurden dem Auftraggeber bzw. zuständigen Umweltbehörden gemeldet. Bis zum 31. Juli 1994 führte allein die IABG 1.618 Begehungen auf russischen Liegenschaften in den östlichen Bundesländern durch, bei denen ein Verdacht auf Umweltverschmutzung bestand.

Eine Folge der Vereinbarung vom 16. Dezember 1992 war, dass die russischen Truppen jetzt nahezu alles demontierten und mitnahmen, was für die Verwendung in der Heimat von Nutzen sein konnte. Die Aufräumarbeiten kamen nach dem Freizug der Kasernen fast zum Erliegen. Umweltbelange spielten bei der Müllverbringung kaum noch eine Rolle. Müllhalden entstanden neben Flussläufen (z.B. Havel, Saale, Ohra) oder in Trinkwasserschutzgebieten. Tankbehälter dienten zum Teil als Müllcontainer. Frisch vermauerte Wände und Räume deuteten darauf hin, dass hier nichts ausgebessert, sondern in letzter Minute versteckt wurde. Im Zuge der Altlastenerkundung und des Rückbaus durch Firmen kamen dann entsorgungspflichtige Güter zum Vorschein, wie z.B. Chemikalien, Gifte, Altöl oder Farbreste.

Der deutschen Seite wurde allmählich bewusst, welch enormer Sanierungsaufwand für die Kasernen und Gebäude mit den vielerorts defekten Leitungssystemen (Frisch- und Abwasser) erforderlich war. Erhebliche Gebäudeschäden traten infolge der demontierten Wasserhähne und Heizungen auf. Man versäumte, das Wasser zuvor rechtzeitig abzustellen. Vereinzelt waren noch die Spuren des aus den Häusern laufenden Wassers zu erkennen.

3.3. Abzug Baltische Flotte aus Sassnitz, Juni 1991

Unabhängig von dem laufenden Abzug der Land- und Luftstreitkräfte der WGT verließen am 15. Juli 1991 die letzten Schiffe der sowjetischen Marine, U-Jagd-Korvetten der „Poti"-Klasse (Nr. 252 und 217) des Projekts 204, den Marinehafen Sassnitz. Nach 46 Jahren endete damit die Stationierung sowjetischer Marineschiffe in Deutschland. An dem militärischen Zeremoniell zur Verabschiedung der beiden letzten Schiffe der Baltischen Flotte nahm der Kommandeur des Marinekommandos Rostock, Flottillenadmiral Otto Ciliax, teil. Auf der Pier hatten sich zahlreiche Ostseeurlauber, Rüganer und Gäste sowie Pressevertreter eingefunden.

In seiner Abschiedsrede betonte der stellvertretende Befehlshaber der Baltischen Flotte, Vizeadmiral Anatolij Kornijenko, dass „die sowjetische Marine ihre Aufgaben auf deutschem Territorium erfüllt habe". Seine Marinesoldaten nehmen als Freunde mit Wehmut Abschied. Der Admiral erwähnte, dass das „politische Klima in Europa stark von den Beziehungen zwischen Deutschland und der Sowjetunion beeinflusst wird. Deshalb sei das Streben von guter Nachbarschaft und bilateraler Verständigung von großer Bedeutung". Bei einigen Passanten auf der Pier blieben zu dieser Stunde die Augen nicht trocken. Vielen sowjetischen Marinesoldaten wurde Sassnitz mit Rügen als Deutschlands größter Insel zur zweiten Heimat. Nun plagte sie die Ungewissheit, wie es in der Sowjetunion weitergehen soll.

Offiziere und Fähnriche dienten in der Regel fünf Jahre in Sassnitz. Sie erhielten 700 bis 800 Mark Wehrsold im Monat. Matrosen dagegen lediglich nur 45 bis 55 Mark. Der auf einer U-Jagd-Korvette dienende Obermatrose Juri Subku konnte sich für dieses wenige Geld in Sassnitz mehr kaufen als Stahlschlosser in seiner ukrainischen Heimat. Der 21jährige erwähnte gegenüber der Presse, dass für ihn die Verbindung zu deutschen Seeleuten sehr wichtig war. Am stärksten beeindruckten ihn die Arbeits- und Lebensbedingungen auf den deutschen Schiffen. Dagegen habe die Ausstattung seiner im 22. Dienstjahr stehenden U-Jagd-Korvette eher musealen Charakter. Dem Marineschiff stehe die baldige Außerdienststellung bevor.

Kapitänleutnant Michael Sawschentko, Kommandant einer U-Jagd-Korvette, lebte mit seiner Familie sechs Jahre auf der Insel Rügen. Der 30jährige Kaukasier trennte sich von seiner zweiten Heimat nur schwer. Sein Sohn und seine Tochter erblickten im Bergener Kreiskrankenhaus das Licht der Welt. Jetzt hatte er zwei Rüganer in seiner Familie. Er habe sich hier sehr wohl gefühlt.

Bootsmann Sergej Parchin (34) erklärte: „Meine Familie und ich verlassen Sassnitz nach fünf Jahren mit besten Eindrücken. Ich werde künftig in Baltijsk stationiert sein". Die Ärztin Dr. Sonja Lesunjak, Zivilangestellte der Garnison Sassnitz, erwähnte: „Seit gut zwei Jahren arbeite ich hier und bin froh über die guten Kontakte zu meinen deutschen Ärztekollegen. Ende 1991 kehre ich nach Charkow in das dortige städtische Krankenhaus zurück".

Die sowjetischen Marinesoldaten fielen im Stadtbild nicht auf. Sie gehörten einfach dazu. Die Regionalpresse zitierte eine Sassnitzer Bürgerin. Sie erinnerte zur Verabschiedung an den schweren Winter 1978/79. „Da haben uns die Russen unterstützt. Sie haben Brot für die Bevölkerung gebacken und Kohlen zum Heizen der Wohnungen abgegeben. Sie griffen als erste zur Schaufel, um die Straßen von Sassnitz von den Schneemassen zu befreien".

Am Schluss des militärischen Zeremoniells paradierten die Schiffsbesatzungen unter den Klängen eines Militärmarsches noch einmal auf der Pier an den sowjetischen und deutschen Admiralen vorbei. Voran wehte zum letzten Mal die sowjetische Seekriegsflagge in Sassnitz. Dann gingen die Besatzungen an Bord. Nach Abspielen der Nationalhymnen hieß es für die beiden U-Jagd-Korvetten mit den Bord-Nr. 252 und 217 „Leinen los und ein!" Beim Ablegen erklang der alte russische Militärmarsch „Proschanie Slawjansk" (Slawischer Abschied).

Auf See erhielten die Schiffe militärisches Geleit durch die Minensuch- und Räumschiffe „Bernau" (M 2673) und „Eilenburg" (M 2674) der KONDOR II-Klasse der Deutschen Marine sowie von zwei Marinehubschraubern des Typs Mi-8. In Kiellinie fahrend, bildeten die Minensuch- und Räumschiffe auf See und Helikopter in der Luft Spalier für die sowjetischen Heimkehrer mit Kurs Baltijsk (Pillau). Vor der malerischen Kulisse der Rügener Kreidefelsen bot die Deutsche Marine Journalisten, Fernsehteams und einigen Urlaubern die Möglichkeit der Mitfahrt auf den Minensuch- und Räumschiffen.

Kurz vor Erreichen der 12-Meilenzone setzten beide deutsche Marineschiffe das Flaggensignal „Gute Fahrt!". Die sowjetischen Marineschiffe schossen zum Abschied Salut. Dann entschwanden sie im Kielwasser einer zu Ende gehenden Epoche der Nachkriegsgeschichte. Für das Minensuch- und Räumschiff „Bernau" war es eine der letzten Aufgaben. Es erwartete nach 19 Dienstjahren die Außerdienststellung noch in 1991.

Abzug von Halbinsel Wustrow

Einige Monate später verließen die letzten 50 Marinesoldaten am 25. Oktober 1991 mit dem Transportschiff „Mussorgski" von Rostock aus die Bundesrepublik Deutschland in Richtung Baltijsk. Sie gehörten zum Funktechnischen Bataillon auf der Halbinsel Wustrow, gelegen zwischen dem Salzhaff und der Ostsee. Letzter Kommandeur war Kapitän zur See Wladimir Andrejew. Ihm unterstanden 300 Soldaten. Die Landeinheiten der Baltischen Flotte verfügten über 162 Fahrzeuge und Sondertechnik. 3.305 Tonnen technisches Material und drei Tonnen Munition mussten aus Wustrow abgezogen werden. Andrejew betonte beim Abschiedsappell, dass „alle zurückkehrende Marineangehörigen im Raum Kaliningrad Wohnungen erhalten. Diejenigen die in Reserve entlassen werden, würden dort problemlos Arbeit erhalten".

Der Kommandeur des Truppenübungsplatzes für die Luftabwehr der WGT auf der Halbinsel Wustrow, Oberst Alexander Iwanowitsch Motrij, übergab einige Monate später im Februar 1993 das Gelände der Garnison an den Bürgermeister von Rerik. Bis dahin führte ein Nachkommando Rekultivierungsmaßnahmen durch. 6.000 Tonnen Bauschutt und 600 Tonnen Schrott wurden abgefahren sowie Parkanlagen und Wege gepflegt. Von den vielen aus den 30er-Jahren stammenden Gebäuden bröckelte jedoch der Putz. Das Gelände auf der Halbinsel war 60 Jahre Artillerie-Schießplatz. Die militärische Nutzung der etwa zehn Kilometer langen Landzunge zwischen dem Salzhaff und der Ostsee war für das ökologische Gleichgewicht jedoch ein Verderben. Die Vegetation war auf dem gesperrten Gelände mit undurchdringlichem Wald und Rohrdickicht erstaunlich gut erhalten geblieben.

Weihnachten 1992 kam für die auf der Halbinsel verbliebenen Marinesoldaten die Stunde des Abschieds. Die Mehrzahl der Soldaten und Offiziere der Garnison zog ab. Oberst Motrij erklärte vor der Presse: „Viele der Kameraden gehen in eine ungewisse Zukunft. Wer hat schon eine Wohnung? Und ob's überhaupt in die Heimatregion zurück geht, wer weiß?"

Zum letzten Mal kamen Soldaten der WGT, Offiziere der Bundeswehr und Stadtverordnete von Rerik zu einer Weihnachtsfeier 1992 in Wustrow zusammen. Zuvor besuchte der Marine-Navigationstrupp von Wustrow die Rostocker Hanse-Kaserne der Bundeswehr. Dort erhielt jeder in Wustrow dienende russischer Marinesoldat ein Weihnachtspaket.

Der Bürgermeister, Eckhard Nagel, ernannte den 41jährigen Oberst Motrij auf Beschluss der Stadtverordneten zum Ehrenbürger von Rerik. Diese Ehrung eines russischen Offiziers war in der Phase des Truppenabzuges aus Deutschland einmalig. „Falls er noch einmal zurückkäme, könne er als Ehrenbürger Reriker Nahverkehrsmittel kostenlos benutzen", scherzte der Oberst. Wohin er versetzt wird und in welche Armee, diese Frage konnte er nicht beantworten.

3.4. Rücktransport Personal, Kampftechnik und Material über See- und Landweg

Eine große Herausforderung des Truppenabzuges bildete die Organisation der Transportwege und -mittel vom Garnisonsort in den östlichen Bundesländern bis zum neuen Stationierungsort in Russland bzw. in den GUS-Staaten. Diese Aufgabe fiel auf russischer Seite in den Verantwortungsbereich des Stellvertreters des Oberkommandierenden der WGT, Generalleutnant S.W. Tschernilewskyi.

Der Chef des Militärtransportwesens der WGT, Oberst Pljuta, leitete in Wünsdorf die Arbeitsgruppe „Transport". Diese koordinierte in Zusammenarbeit mit dem deutschen Verkehrsministerium, den Verkehrsdienststellen der Bundeswehr, Eisenbahn-Direktionen, Reedereien und Hafenbetrieben den Abtransport der Truppen auf dem Schienen- und Seeweg.

Für die Organisation und Sicherstellung des Transportes waren auf deutscher Seite mehrere Ministerien und Bahnbereiche zuständig. Dazu gehörten das Mitglied des Bahnvorstandes (damals Ressort Fahrweg) Peter Münchschwander, Herr Zielesch vom Bundesministerium für Verkehr, der Referent Eisenbahnen im Ministerium für Verteidigung, Oberstleutnant Duchateau, der Leiter der Hauptabteilung Betriebsführung/Zivile Verteidigung/Militärtransporte, Herr Kraus, der Leiter Abteilung Zivile Verteidigung/Militärtransporte, Herr Reiner Rodig und der Leiter der Transportleitstelle der Bundeswehr, Oberstleutnant Budde.

Die Abteilung Zivile Verteidigung/Militärtransporte mit Sitz in Berlin erhielt den Auftrag für die Organisation, Leitung und Überwachung der Eisenbahntransporte. Die Aufgabenpalette umfasste u.a. die Festlegung der Transportrelationen, die Bereitstellung des rollenden Eisenbahnmaterials, die Durchführung und Sicherung des reibungslosen Bahn-Transportes inklusive des Grenzübergangs, die Vorhaltung von Be- und Endladeplätzen bzw. Einrichtungen sowie die Erarbeitung und Einhaltung der Fahrpläne neben dem normalen schienengebundenen Personen- und Güterverkehr.

Um diese Aufgabe bewältigen zu können, fand monatlich eine Koordinierungsbesprechung zwischen Oberst Pljuta und dem Leiter Militärtransportwesen, Herrn Reiner Rodig, statt. Es erfolgte eine Auswertung der abgelaufenen Truppentransporte und eine Planung der anstehenden Transporte im Folgemonat. Die Mitarbeiter der Deutschen Reichsbahn, die diese Transporte bereits seit 1989 reibungslos und sicher realisierten, galten bei den sowjetisch-russischen Streitkräften als zuverlässige Logistiker.

Die Bereitstellung von Material und Personal kostete Geld. Die Kostenstellung für die Transit-Leistungen der Deutschen Reichsbahn bzw. Deutschen Bahn erfolgte nach dem Tarif „Bestimmungen über den Militärverkehr der WGT Teil I (Personenverkehr) sowie im Teil II (Militärgutverkehr). Die Bundesregierung stellte der WGT einen Transportkostenzuschuss in Höhe von einer Milliarde Mark zur Verfügung.

Land- oder Seeweg

Zunächst erwog das Oberkommando der WGT, ihre in Ostdeutschland stationierten Truppen allein auf den Landweg, d.h. über Polen und die CSSR, in die Heimat zurückzuführen. Die Transporte sollten per Bahn auf dem Schienenweg bis zur Grenzstation Brest erfolgen. Polen witterte ein lukratives Logistikgeschäft. Das Nachbarland stellte der WGT für die Durchfahrt der Züge über sein Territorium hohe Transit-Gebühren in Rechnung. Diese betrugen nach Burlakow bei Nutzung der Bahntrasse 16.000 US-Doller pro Zug. 180 US-Dollar waren für jedes Fahrzeug für das Nutzen des Straßennetzes zu bezahlen. Die avisierten Kosten für die anschließende Instandsetzung der Straßen und Gleistrassen bezifferte Polen auf annähernd eine Milliarde US-Dollar. Der Chef des WGT-Stabes, Generaloberst Terentjew, erwähnte, dass Polen im Januar 1991 für den Militär-Transit der sowjetischen Truppen durch sein Land angeblich die Summe von 10 bis 12 Milliarden DM gefordert habe.

Der Oberkommandierende der WGT, Generaloberst Burlakow, bezeichnete dies als „räuberische und offensichtlich nicht erfüllbare Forderungen bei der Bezahlung des Transitverkehrs". Zu dem Zeitpunkt galt Polen noch als verbündeter Staat der UdSSR. Diese Zahlungs-Forderung an die Hauptstreitmacht des Warschauer Paktes verdeutlichte die sich abzeichnende Kehrtwende in den Beziehungen zwischen der Volksrepublik Polen und der UdSSR. Die Vorbehalte Polens resultierten u.a. aus den Belastungen des laufenden Abzuges der Nordgruppe der sowjetischen Streitkräfte aus dem Land. Ein Problem war der

142

damit verbundene Rückstau von Waggons an Polens Grenze zu Weißrussland und die Ukraine, verursacht durch gravierende Logistik-Probleme in der UdSSR.

Der Alternative, den Abtransport der Militärtechnik über den Seeweg der Ostsee durchzuführen, stand die Militärführung unter Burlakow anfangs skeptisch gegenüber. Als General der Landstreitkräfte konnte er sich den Transport eines solch starken Truppenkontingents über die See nicht vorstellen. Letztlich fand man eine gängige und finanzierbare Transportlogistik auf dem Landweg und den Seeweg. Es dauerte etwa bis Mitte März 1991, bis die WGT die Logistik-Planung der Seeroute im Griff hatte.

Polen gestattete erst nach intensiven Verhandlungen den Transport einer großen Anzahl von Truppen und Kampftechnik auf dem Schienenweg durch das Land. Etwa 46 Prozent der sowjetisch-russischen Transporte aus den ostdeutschen Ländern liefen über die Polnische Staatsbahn PKP. Die Bundesregierung zahlte für den Transit durch polnisches Territorium einen Transportkostenzuschuss. Realisiert wurde dieser DM-Geldtransfer über die Abteilung Militärtransportwesen der Deutschen Reichsbahn an die WGT in Wünsdorf. Von dort floss das Geld an das Abrechnungsamt der PKP in Bydgoszcz.

Seeweg, Verschiffung in Mukran und Rostock

Für die Abzugslogistik über den Seeweg kamen die mecklenburgischen Hafenstädte Rostock und Mukran auf Rügen in Betracht. Beide Häfen waren im Stationierungs- und Abzugsvertrag vom 12. Oktober 1990 (Artikel IX, Anlage 1) für die Seeverkehrsrouten Rostock-Kaliningrad und Mukran-Klaipeda aufgeführt. In den Hafenarealen erhielt die WGT große Umschlagplätze zugewiesen. Auf diesen Flächen wurden die Kampftechnik und Gerätschaften sowie das Material zur Verschiffung an Bord zwischengelagert. Für die Leitung des Umschlages ihrer Militärgüter in Rostock und Mukran setzte die WGT die Fregattenkapitäne Tschudnikow und Tolstoi als Militärkommandanten ein.

Zusätzlich schuf die WGT auf ihrem Flugplatz in Pütnitz bei Ribnitz-Damgarten einen Verladeausgangsraum. Er stand unter der Leitung eines sowjetischen Obersten. Das Oberkommando in Wünsdorf ordnete die Bildung eines Verladebataillons von 450 Soldaten an. Zusätzlich wurden Einheiten zur rückwärtigen und technischen Sicherstellung aufgestellt. Darin einbezogen waren die Militärkommandanturen Rostock, Schwerin und Wismar sowie die

Vertretungen des Militärtransportwesens bei der deutschen Direktion für Seeverkehr und Hafenwirtschaft in Rostock und Mukran. Wismar war als Reservehafen vorgesehen.

Von Anbeginn galt die seit 1986 bestehende Fährverbindung Mukran – Klaipeda in Litauen als die günstigste Transportvariante. Nach dem Abzug der Baltischen Flotte und seines Abteilungstabes aus Sassnitz bezog in der ehemaligen kleinen Garnison in der Hafenstraße ein neues russisches Militärkommando Quartier. Hier koordinierte bis Juli 1994 ein Team von 15 Offizieren und 24 Soldaten unter Major Anatoliy Morev den russischen Truppenabzug über den Transit-Fährhafen Mukran ins litauische Klaipeda (Memel).

Die pulsierende Fährverbindung galt in der DDR und UdSSR als „Brücke der Freundschaft". Die auf der Wismarer Werft gebauten, damals größten und modernsten fünf Eisenbahnfähren der Welt (Vermessung 22.000 Bruttoregistertonnen) hatten eine Tragfähigkeit von 11.700 Tonnen. Die 190,5 Meter lange Zweideckfähre verfügte an Bord über insgesamt 1.500 Meter lange Breitspurgleise. Sie konnte damit 103 Eisenbahnwaggons mit der russischen Breitspur 1.520 Millimeter aufnehmen. Mit dem Zusammenbruch der Wirtschaftsbeziehungen zwischen der DDR und der UdSSR im Zuge der Deutschen Einheit kam hier auch der Fährverkehr zwischen Mukran und Klaipeda fast zum Erliegen. Mit dem Abzug der WGT und ihres Rücktransportes über den Seeweg bekamen ca. 300 Mitarbeiter des Fährhafenkomplexes auf Rügen und der Bahn wieder Arbeit.

Obwohl im Fährhafen Mukran seit Februar 1991 die Logistikarbeiten liefen, kam es erst am 26. Juni 1991 zu einer entsprechenden vertraglichen Vereinbarung über die Rückführung von WGT-Kräften über den Fährhafen Mukran. Für die Abzugstransporte wurden der sowjetischen Seite besondere Rabatte und Vergünstigungen gewährt. Zuschläge für gefährliche und schwere Güter wurden nicht erhoben.

Der Fährhafen Mukran mit seiner Schienenanbindung zu Stralsund wurde zur perfekt funktionierenden Haupttrasse des Abzuges der WGT aus Deutschland. Der Vorteil dieser Logistik-Drehscheibe lag in den im Fährhafen verlegten Breitspurgleisen der russischen Spur von 1.520 Millimeter. Die Deutsche Reichsbahn benutzte seit jeher die europäische Regelspur von 1.435 Millimeter. Auf dem etwa ein (1) Kilometer breiten und vier Kilometer tief ins Land gehenden Fährterminal waren 48 Kilometer Normalspurgleise und 24 Kilometer Breitspurgleise inklusive Weichen verlegt. Die Umachsanlagen waren direkt mit zwei doppelstöckigen Breitspur-Fähranleger zum Schiff verbunden. Mit einer 350 Hektar umfassenden Bahn-Betriebsfläche, mehreren Umladehallen und Krananlagen ähnelte Mukran bis Juni 1994 einem riesigen Umschlagplatz.

Zu DDR-Zeiten wurden auf einer Umachsanlage die Drehgestelle der Waggons gewechselt. Die Fracht verblieb auf bzw. in den Waggons. Die Güterwagen wurden angehoben und die Drehgestelle gegen die jeweilige Spurbreite ausgetauscht. Dieses Verfahren der Umachsung kam für die Militärtransporte zur Anwendung. Auf einen Bahn-Flachwagen konnten zwei Schützenpanzer und ein Kampfpanzer verladen werden. Alle Fahrzeuge waren vollgetankt. Den Sprit benötigten die Panzerfahrer für den letzten selbständigen Fahrtabschnitt zum neuen Stationierungsort.

Die Umladung der Kampftechnik und Fahrzeuge von deutschen Flachwagen (Normalspur) auf russische Flachwagen (Breitspur) erfolgte im Hafenbereich auch per Kran. Die Soldaten und Hafenarbeiter packten gemeinsam an. Den russischen Soldaten befiel manchmal ein mulmiges Gefühl, wenn sie ihren Schützenpanzerwagen in der Luft schweben sahen. Die Bahn- und Hafenarbeiter bewältigten außerdem die Um- bzw. Verladung der vielen Munitionskisten, Container und von diversem Material auf Breitspurwaggons. Sie hatten Erfahrungen aus der Verschiffung von NVA-Technik zu DDR-Zeiten.

Wegen überzogener Bewachungspraktiken seitens der russischen Soldaten kam es hin und wieder zu fachlichen Differenzen mit deutschen Hafenarbeitern. Ansonsten funktionierte die deutsch-russische Teamarbeit in der Abzugsphase der WGT gut. 103 Güterwaggons konnte eine Fähre im Oberdeck und Unterdeck aufnehmen. Die russischen Soldaten kontrollierten immer wieder die Befestigungen und Stabilität der Fahrzeugtechnik auf den Waggons. Wegen des Seegangs mussten die Technik und das Material gut gesichert sein. Die Ladung durfte auf keinen Fall verrutschen. Die von den Soldaten mitgeführten persönlichen Waffen (MPi, Pistole) wurden im Waffenspind des Schiffes eingeschlossen. Die Schlüssel verwahrte der Kapitän.

Neben der Technik im Laderaum konnten etwa 300 Soldaten in Mannschaftsräumen der Fähre vom Typ „Mukran 103" untergebracht werden. Offiziere und Zivilbeschäftigte absolvierten die Überfahrt meist in Kabinen. Viele kamen zum ersten Mal in den Genuss, sich auf schwankenden Schiffsplanken einzugewöhnen. Die ca. 500 Kilometer lange Überfahrt dauerte etwa 28 Stunden. 42 Prozent der Abzugstransporte bzw. 1,3 Millionen Tonnen Kampftechnik, Militärgüter und Material wurden auf der Fährverbindung Mukran-

Klaipeda abgewickelt. Alle Transporte von 1991 bis Juli 1994 ergaben etwa 145.000 beladene Güterwagen. 1.560 Mal fuhr die Eisenbahngüterfähre zwischen beiden Häfen hin und her. Jedes Auslaufen der Fähre in Mukran fand in Anwesenheit des russischen Militärattachés oder eines Vertreters statt.

Der Verein „Königslinie Sassnitz-Trelleborg e.V." mit dem Fährhafen Sassnitz/Mukran schätzte 2011 rückblickend ein, „dass sich die Umschlagseinrichtungen und die Logistik des Fährkomplexes und die Transportmodifikation der Fährschiffe vom Typ „Mukran" hervorragend bei der Meisterung dieser Aufgabe (Militärtransporte) bewährt haben. Dies war letztlich auch mit darauf zurückzuführen, dass man sich in allen Fragen miteinander unterhalten und somit jedes Problem aus der Welt schaffen konnte".

Nach der Ankunft in Klaipeda und der Ausschiffung der beladenen Waggons wurden die Züge für die Weiterfahrt zusammengestellt. Für die Militärtechnik und Angehörigen der 6. Garde-Mot.-Schützen-Brigade (Berlin) ging es z.B. durch Litauen in Richtung Brjansk und von dort weiter bis nach Kursk. Die Verlegung von Berlin bis Kursk auf dem See- und Landweg dauerte insgesamt elf Tage. Den letzten Abschnitt von etwa 60 Kilometer bis zum Stationierungsort Nahe Kursk legten die modernen Panzer, Schützenpanzer und Schützenpanzerwagen auf eigener Kette bzw. Rädern zurück. Deshalb wurden sie zuvor in Deutschland vollgetankt.

Die Kolonne der durch Dörfer und über die Felder fahrenden gepanzerten Fahrzeuge versetzte die Bevölkerung in Angst und Schrecken. Kaum einer wusste, dass die Truppen aus Deutschland kamen. Der Panzer-Soldat Pawel Nikolajewitsch Issakow erinnerte sich: „Keiner hat uns in der Heimat erwartet. Mit dem Zerfall der Sowjetunion hatte sich das Verhältnis zur Armee und zum Wehrdienst radikal verändert". Sogar ein Panzerdenkmal, einen legendären T-34, der an der Schlacht um Berlin beteiligt war, nahmen die Berliner Mot.-Schützen in die Heimat nach Kursk mit. Soldat Issakow berichtete, dass die Soldaten zuvor in Berlin-Köpenick das Fahrwerk des Panzers instandgesetzt hatten. „Der Panzermotor heulte auf und der T-34 fuhr unter den feuchten Augen der Soldaten allein vom Sockel". Ebenso nahmen die Gardesoldaten die Skulptur „Soldat mit Mädchen auf dem Arm" mit nach Kursk.

Der Überseehafen in Rostock übernahm weitere acht Prozent des Ladevolumens der WGT. Hier erfolgte die Verschiffung überwiegend auf russischen Ro-Ro-Schiffe. Dazu gehörte u.a. das Fährschiff „Ingenieur Matschulski".

Die Um- und Verladung der Kampftechnik und des Materials war in Rostock aufwendiger als in Mukran. Die Kampffahrzeuge (Kette und Rad) und Panzer, diverses Material und die Munition mussten im Hafen von den Eisenbahn-Waggons abgeladen, zwischengeparkt und dann an Bord gebracht werden. Die Hafenverwaltung stellte einen Sammel- und Warteplatz mit einer Fläche für etwa 550 Fahrzeuge zur Verfügung. Die Bundeswehr hatte zur Koordinierung der Hafenlogistik den Fregattenkapitän Ziller abkommandiert. Im Überseehafen Rostock übernahmen vorwiegend ausgebildete Soldaten die Umladung der Kampffahrzeuge (Kette und Rad). Sie fuhren die Militärtechnik mit eigenem Antrieb an Bord der Schiffe.

Im Gegensatz zur Verschiffung in Mukran musste in den russischen Zielhäfen Kaliningrad, Sankt Petersburg, Wyssozk, Baltijsk und Rybinsk die Ladung wieder von Bord gefahren und erneut auf Waggons verladen werden. Burlakow erwähnte, dass man dafür „zwei- bis dreimal mehr Zeit und Befestigungsmaterial" benötigte.

Mitten in der Verschiffungsaktion erhöhte die Hafenverwaltung Rostock die Transittarife für die WGT. Daraufhin ließ Burlakow die Militär-Transporte nach Rostock und die Verladung seiner Truppen im Überseehafen Rostock stoppen. Man fand Ersatz im Hafen Wismar. Dort waren die Hafen-Tarife geringer, aber der Schienen-Transportweg länger. Als die Rostocker Hafenverwaltung wieder zu den ursprünglichen Tarifen zurückkehrte, setzte die WGT dort ihre Verladeoperation fort.

Das von der Bundesregierung finanzierte Material für den Wohnungsbau (36.000 Wohnungen) für die zurückkehrenden Soldatenfamilien wurde über den Fährhafen Mukran verschifft. Ro-Ro-Schiffe übernahmen in den Häfen Rostock und Wismar weiteres Ladevolumen.

Neben den Fähren und Ro-Ro-Schiffen sowie Eisenbahntransporten beförderte die russische Luftwaffe vorwiegend Personal, Medikamente und teure Güter von den Militärflugplätzen Damgarten (Mecklenburg-Vorpommern), Mahlwinkel (Sachsen-Anhalt), Sperenberg (südlich Berlin, Brandenburg) und Großenhain (Sachsen). Der Transport-Anteil per Luft lag etwa bei vier Prozent. 250.000 Tonnen Lebensmittel aus der von der Bundesregierung freigegebenen eingelagerten Berlin-Reserve wurden ebenfalls nach Russland ausgeflogen.

Abzug Raketen und Nuklearwaffen

Über Mukran auf Rügen lief der Abtransport der in der DDR gelagerten sowjetischen Raketen-Kernsprengköpfe bzw. Nuklearmunition. Der Rücktransport dieser brisanten Ladung begann noch vor Inkrafttreten des am 12. Oktober 1990 vereinbarten Aufenthalts- und Abzugsvertrages. Insgesamt rollten zwölf Militär-Züge mit nuklearen Kampfmitteln vom Standort ihrer geheimen Lagerung quer durch die neuen Bundesländer bis nach Mukran. Die Waggons waren als „Transport mit gefährlichen Gütern" deklariert.

Zur Vorbereitung und Sicherung des Abtransportes bildete das Oberkommando der WGT eine operative Gruppe unter Leitung von Generalleutnant Podgorny. Zu dieser Gruppe gehörten Offiziere der Verwaltungen Operativ, Raketentruppen, Artillerie und der 16. Luft-Armee sowie Mitarbeiter des Militärtransportwesens und eines Spezialdienstes. Nach dem 3. Oktober 1990 erteilte der damalige Verkehrsminister der Bundesrepublik Deutschland, Prof. Dr. Günter Krause, die Genehmigung für den Transport der Atomwaffen auf dem Schienenweg mit der Deutschen Reichsbahn. Der Minister erteilte außerdem eine Ausnahmeregelung für den Transport gefährlicher Güter. Das betraf u.a. Sondertreibstoffe für Raketen. Auf welchem Wege und wann diese Waffen in die DDR kamen, blieb der Bevölkerung verborgen.

Der Oberkommandierende der WGT, Generaloberst Burlakow, traf gegenüber der Bundesregierung die Aussage, dass der Abzug der sowjetischen Atomwaffen bzw. Kernmunition am 24. Juni 1991 abgeschlossen wurde. Diese Aussage ist nicht überprüfbar. Beim Abtransport der Kernwaffen erhielt Burlakow mehrmals am Tag Meldungen über den Standort des Zuges bis zu seiner Ankunft in Mukran. Neben der militärischen Sicherung des brisanten Zugtransits hielt das WGT-Oberkommando Bergungs- und Rettungstrupps in Bereitschaft.

Der Beginn der geheimen Abzugs-Aktion lag vermutlich bereits im Jahr 1989, als in der DDR die politischen Verhältnisse instabil wurden. Zeitzeugen aus dem Militärtransportwesen und Logistikbereich (Deutsche Reichsbahn, Fährhafen Mukran), die dazu hilfreiche Informationen liefern könnten, halten sich öffentlich zurück, auch gegenüber dem Autor. Der nicht ungefährliche Abtransport des Kernwaffenmaterials auf dem Schienenweg bis zur Verladung in Mukran mit Ankunft in Klaipeda kann als ein Erfolg deutsch-sowjetischer Teamarbeit gewertet werden. Auch für die Besatzungen der Fährschiffe waren diese Gefahrgut-Transporte eine Herausforderung.

Der ehemals im Dienst des Bundesnachrichtendienstes (BND) stehende Fallschirmjäger der Bundeswehr, Hauptmann a.D. Norbert Juretzko (Jahrgang 1953), erwähnte dazu in seinem 2004 erschienenen Buch „Bedingt dienstbereit" die Operation „Blackfoot/Giraffe". Diese deutsch-amerikanische Joint venture Aktion „Schwarzfußgiraffe" hatte zum Ziel, Bahn-Transporte der WGT zum Fährhafen Mukran auszuspähen. Mitarbeiter des BND und des amerikanischen Militärgeheimdienstes DIA (Defense Intelligence Agency) mit Sitz in Berlin-Dahlem (ehemalige Villa von Generalfeldmarschall Wilhelm Keitel) bemühten sich vor allem um Informationen zu den Atomwaffen der WGT. Sie versuchten, während des Bahntransits auf die Insel Rügen technische Details über den Typ bzw. die Art der sowjetischen Atomsprengköpfe auszuspionieren. Wiederholt wurden in Stralsund und auf Rügen Fahrzeuge mit Kennzeichen westlicher Militärverbindungsmissionen beobachtet.

Die aus bis zu zehn Waggons bestehenden Militär-Züge fuhren überwiegend ohne Halt bis zum Zielhafen Mukran. Die Passage des Rügendamms mit der vorgelagerten Klappbrücke über den Strelasund war nur in langsamer Fahrt möglich. Hier bot sich für Passanten Gelegenheit, die ungewöhnliche Zusammensetzung der Sonderzüge mit dem sowjetischen Militär zu bestaunen. Lange vor dem Zugdurchlauf schlossen sich die Schranken am Bahnübergang von der Fernverkehrsstraße 96 mit dem Abzweig zur Insel Dänholm. Die Wartezeit lohnte sich. Der Autor erlebte die Zugpassagen mit den Militärtransporten einige Male. Die Blicke der Soldaten vergisst man nicht. Sie freuten sich über das Winken von Passanten am Bahnübergang und auf dem Rügendamm.

Die Waggons wurden von einer leistungsstarken Diesellok der russischen Bauart BR 232 gezogen. Mitunter war eine zweite Diesellok mit gekoppelt. An der Spitze des Transports befand sich hinter der Diesellok ein Flachwagen mit einem Flugabwehrgeschütz und dazugehörendem Flakpersonal. Es folgte ein mit Soldaten belegter Reisezugwagen oder gedeckter Güterwagen für Mannschaftstransporte. Man sah deutlich die Gesichter der Soldaten an den Fenstern oder an den Türen der Waggons. Dann folgten einige als „Gefahrgut" deklarierte Spezialgüterwaggons, in denen sich offensichtlich die brisante Ladung mit den Kernsprengköpfen befand. Mit Ausnahme der Soldaten wusste das aber keiner, nicht einmal die Mitarbeiter der Deutschen Reichsbahn. Zur Tarnung waren auch „Gefahrgut"-Leerwaggons mit gekoppelt. Am Ende des Zuges lief noch ein Reisezugwagen oder gedeckter Güterwagen mit Soldaten.

Alles rollte perfekt durch Deutschland, ohne Vorkommnisse oder Zwischen-fälle und neugierige Journalisten.

Nach der Schilderung von Juretzko gelang es, einen Militär-Zug bei Samtens auf Rügen durch ein inszeniertes Stop-Signal zum Halten zu bringen. In die-sem kurzen Zeitfenster nahmen die Mitarbeiter des Geheimdienstes ihre Mes-sungen mit zuvor am Gleiskörper installierten technischen Geräten vor. An die Gleisanlagen des Fährhafens Mukran kamen die Geheimdienst-Mitarbeiter nicht heran. Sowjetische Militärposten und der Geheimdienst KGB schirmten das Gelände ab. Diese Sicherungsmaßnahmen waren durchaus normal.

Den größten Coup landete Jurentzko in der Zeit des WGT-Abzuges mit der Beschaffung eines Freund-Feind-Kennungsgerätes „Patrol" aus einem russi-schen Hubschrauber. Über einen Militaria-Händler mit exklusiven Kontakten zum russischen Militär gelangte er in den Besitz dieses geheimen Gerätes. Da-mit erhielt die NATO Kenntnis über geheime Funkfrequenzen ihres einstigen Gegners, die sowjetischen Streitkräfte.

Als der letzte russische Soldat Anfang September 1994 zurück in der Heimat war, revanchierte sich bald darauf der russische Inlandgeheimdienst FSB mit einem gewaltigen Paukenschlag. Er enttarnte das gesamte Netz von angewor-benen BND-Agenten, die aus dem Personal von WGT-Rückkehrern rekrutiert wurden. Der BND verlor auf diese Weise etwa 20 seiner Informanten. Irgend-wie schien der Kalte Krieg noch nicht vorbei zu sein.

Lebensmittel-Transporte für Leningrad

Im Winter 1990/91 übernahmen fünf Hochseeversorger der Darss-Klasse (Projekt 602) Lebensmitteltransporte für die hungernde Bevölkerung im Ge-biet um Leningrad (heute St. Petersburg). Die Hilfsschiffe unter ehemals blauer Flagge der Volksmarine mit zivilen Besatzungen waren im Mobilmachungsfall mit drei 25-mm-Doppellafetten bestückbar. Sie erhielten im Oktober 1990 das Flaggenzeugnis mit einer NATO-Rumpfnummer der Bundesmarine. Die Hilfsschiffe (im Dienst seit 1983, 2.290 BRT) konnten bis zu 20 Zentimeter dickes Festeis und 30 Zentimeter dickes Scholleneis die Ostsee in Richtung Klaipeda und Leningrad passieren. Bei stärkerem Eis im Finnischen Meerbu-sen nahmen sowjetische und finnische eisbrechende Frachter die kleinen grau-en Marineschiffe in ihr Kielwasser. Sie wussten um die Hilfsmission der Deut-schen.

Auf 31 Fahrten mit gesamt 13.586 Tonnen Nahrungsmitteln auf 28.722 Paletten liefen die Schiffe 19 Mal Leningrad und zwölf Mal Klaipeda an. Die Bundesregierung veranlasste die Abgabe von zwei Einlagerungsjahrgängen aus Beständen der Einsatzverpflegungsmittel der Bundeswehr und ehemaligen NVA. Die Hilfsgüter umfassten Lebensmittelkonserven, Büchsenbrot, diverse Wurstsorten, Beutelsuppen, Gefrierfleisch, Trockenmilch, Schokolade usw.

Die Hilfsaktion lief jedoch stillschweigend aus. Nach Schilderung des damaligen Befehlshabers der Flotte, Vizeadmiral Blue Braun, fanden Offiziere der Deutsche Marine heraus, dass die regionale Mafia die Ladung ab Hafenareal übernahm. Die Fahrer der Lastkraftwagen wurden pro Fahrt bezahlt. Um schnell wieder am Kai zu sein, kippten sie die Hilfs-Güter zum Teil in naheliegende Wälder ab. Dadurch vermieden sie längere Fahrtwege. Die Bevölkerung Leningrads bekam das mit. Bei frostigen Temperaturen bedienten sich die Menschen am tiefgefrorenen, noch genießbaren Fleisch und den anderen Lebensmitteln. Diesen Eklat konnte man der deutschen Bevölkerung nicht vermitteln. Die Hilfsaktion wurde ohne Aufsehen eingestellt. Zugleich waren dies die letzten Fahrten der Hochseeversorger im achten Dienstjahr unter zwei deutschen Flaggen. Sie wurden anschließend nach Norwegen verkauft.

3.5.   Chronik des Abzuges 1991 bis 1993

Die Bundesregierung gab der sowjetischen Militärführung und dem Oberkommandierenden der WGT zu verstehen, dass ohne ihre Kenntnis des konkreten Abzugsplans für 1991 kein Geld zur Finanzierung der Transportkosten fließen werde. Dieser Hinweis schien notwendig. Neben den ohnehin bestehenden Logistik-Problemen hätte es vermutlich Verzögerungen gegeben. Die Übergabe des Abzugsplans erfolgte noch in 1990, vier Stunden (!) vor Anbruch des Jahres 1991. Oberst Strelnikow übergab persönlich den Plan an den Offizier vom Dienst (OvD) beim Bundeswehrkommando Ost in Strausberg.

Der vom Oberkommando der WGT erarbeitete und am 31. Dezember 1990 vorgelegte Abzugsplan sah für **1991** vor, etwa 150.000 sowjetische Bürger, darunter 98.800 Armeeangehörige, zurück in die Heimat zu verlegen. 12.900 Stück Kampftechnik und 709.500 Tonnen Material sollten aus Deutschland abtransportiert werden. Die innerhalb des ersten Jahres abzuziehende Militärtechnik umfasste u.a. 1.040 Panzer, 2.900 gepanzerte Kampffahrzeuge (BMP-2 und BTR-60) sowie 106 Kampfflugzeuge und 134 Hubschrauber.

In den ersten zwei Monaten des Jahres 1991 traten erhebliche Probleme bei der Rückführung der Soldaten und Kampftechnik auf. Der Personalabbau der WGT erreichte in den ersten Monaten prozentual nur 50 Prozent gegenüber den Kennziffern des Zeitplans. Die Rückführung der Militärtechnik und Munition wurde anteilig zu 70 Prozent erfüllt. Ende März 1991 beherrschten die sowjetischen Militärs die Logistik des Abzuges über den Seeweg.

Zuvor wurden in **1990** drei Panzerdivisionen der WGT mit ihrer Kampftechnik aus der DDR bzw. der Bundesrepublik Deutschland abgezogen. Das betraf die 25. Panzerdivision (Vogelsang, Prenzlau und Schönwalde), 32. Panzerdivision (Jüterbog und Dallgow) und 7. Panzerdivision (Roslau, Wittenberg, Zerbst, Bernburg, Kochstedt und Quedlinburg) mit insgesamt 18 Regimentern und drei Bataillonen.

1991

Am *11. Januar 1991* erhielt die Gemischte Deutsch-Sowjetische Kommission den Gesamtabzugsplan der WGT für den Zeitraum 1991 bis 1994.

Ein Protokollauszug der Arbeitsgruppe im Fährhafenkomplex Mukran vom *29. Januar 1991* dokumentiert, dass zur Trajektierung der Rückführungstransporte allein für den Monat *Februar 1991* insgesamt 2.305 Waggons benötigt wurden. Im Detail handelte es sich dabei um 945 gedeckte Güterwagen, 400 offene Güterwagen und 960 Flachwagen. Zuzüglich zu diesen Waggons waren nach der Vorausschau der Arbeitsgruppe 140 Mannschaftswagen mit Begleitkommandos im Zulauf. Der Chef des Militärtransportwesens, Herr Tuta, avisierte außerdem für den Monat Februar 1991 fünf bis zehn Militärzüge zum Fährhafenkomplex Mukran.

Am *17. Februar 1991* veranstaltete die WGT in 23 Garnisonen erstmals den „Tag der offenen Tür". Der Bevölkerung bot sich die Gelegenheit, einen Blick hinter die Kasernenmauern und Bretterzäune zu werfen. Kampftechnik und Einrichtungen konnten besichtigt werden. Man kam mit den Armeeangehörigen ins Gespräch.

Zum Tag der sowjetischen Streitkräfte fand am *21. Februar 1991* im Oberkommando der WGT in Wünsdorf eine Festveranstaltung mit Angehörigen der Bundeswehr und deutschen Politikern statt. Eingeladen hatte der 1. Stellvertreter des Oberbefehlshabers der WGT, Generalleutnant Michael N. Kalinin. Generalmajor Hartmut Foertsch leitete die deutsche Delegation.

Das 45. Panzerregiment der Garnison Weimar gehörte zum ersten geschlossenen Kampfverband der WGT, der die Bundesrepublik Deutschland am *23. Februar 1991* verließ. Kommandeur Oberst Juri Martschuk hielt vor dem angetretenen Personalbestand eine patriotische Rede des Abschieds. Er erinnerte an vergangene Ruhmestaten des Regiments. Er meinte damit die Zeit des „Großen Vaterländischen Krieges" 1941 bis 1945. Der Oberst beschwor die Truppen-Fahne des Regiments als ein „Symbol soldatischer Ehre, Tapferkeit und Heldenrum". Zu keiner Zeit sei „die Fahne in die Hände des Feindes gefallen". Diese Aussage, auf die Nachkriegszeit bezogen, provozierte nicht nur bei Journalisten ein Nachdenken über den „Feind" danach, bis hinein in die Gegenwart. Vertreter der deutschen Bevölkerung waren nicht an der Abschiedszeremonie einbezogen.

Trotz der vergangenen Ruhmestaten des Panzerregiments hatte es in der Sowjetunion keine Perspektive. Nach seiner Rückkehr in die Heimat sollte es aufgelöst werden. Die Panzer kamen konserviert in ein Lager im fernen Sibirien.

Das erste Bataillon des Regiments ging am folgenden Tag des *24. Februar* auf die lange Bahn-Reise, ohne dass die Bevölkerung daran irgendwie Anteil nahm. Die Zeitung „Thüringer Allgemeine" berichtete am *25. Februar 1991*, dass die Soldaten in gedeckten Güterwaggons in die Heimat fuhren. Fenster gab es in dem Waggon nicht. Die Schiebetür musste trotz winterlicher Temperaturen ein Spalt offenbleiben. Holzpritschen in Doppelstock-Ausführung mit Strohballen dienten den Soldaten als Schlafstätte. In der Mitte des Waggons befand sich ein Kanonenofen mit Kochgelegenheit. Den Soldaten wurden Holz und Kohlen als Heizungsmaterial mitgegeben. Das Reise-Proviant bestand aus Kartoffeln, Kastenbrot, Tee, Zwiebeln, Gurken und einigen Wasserbehältern. Alles ähnelte dem „Flair" der Truppentransporte Ende der 40er-Jahre.

Die 207. Mot.-Schützendivision stand als erster kompakter Großkampfverband der WGT am Beginn der Abzugsaktion. Mit der Division wurden sechs Regimenter und mehrere Bataillone bis *18. März 1991* aus den Garnisonen in Stendal, Gardelegen, Börgitz und Mahlwinkel in einem sehr kurzen Zeitrahmen abgezogen. 9.838 Mann und 1.065 Stück an Kampfgerät nahmen den Transitweg in die UdSSR.

Am *19. April 1991* geriet ein Beobachtungstrupp der Bundeswehr beim Fotografieren des WGT-Militärobjektes Altengrabow in Sachsen-Anhalt unter Beschuss. Die beiden deutschen Offiziere befuhren einen Waldweg in unmittelbarer Nähe des dort abgesperrten Geländes der 1648. beweglichen Raketenbrigade der WGT. Hierbei handelte es sich um eine sowjetische Spezialeinheit für Atomwaffen. Nach sowjetischer Darstellung sollen beide Offiziere dabei Betretungsverbote und Warnhinweise missachtet haben. Wegen Ignorieren des Sperrbereichs gab der sowjetische Wachposten nach Anruf einen Warnschuss ab. Während sich ein Offizier zurück zum Pkw begab, fotografierte der andere weiter. Dabei soll er den Zaun für ein besseres Sichtfeld auseinander gedrückt haben. Angeblich verständigte sich einer der beiden Offiziere zur Beruhigung mit dem Wachposten noch auf Russisch. In Befolgung seiner Wachvorschrift feuerte der Posten dann jedoch erneut, diesmal gezielt. Der Schuss traf den Major am Arm. Das Bundesverteidigungsministerium in Bonn betrachtete den Gebrauch der Schusswaffe als rechtswidrig.

Kurz danach besuchte am *26. April 1991* Bundesverteidigungsminister Gerhard Stoltenberg in Begleitung des Parlamentarischen Staatssekretärs Willy Wimmer und des Befehlshabers des Territorialkommandos Ost, Generalleutnant Jörg Schönbohm, das Oberkommando der WGT in Wünsdorf. Es war der erste Besuch eines Verteidigungsministers der Bundesrepublik in den sowjetischen Streitkräften in Deutschland. Generaloberst Burlakow informierte über den Stand des Truppenabzuges. 35.000 Soldaten, 730 Panzer, 480 Geschütze und 250.000 Tonnen Material waren bis Mitte April aus Deutschland abgezogen worden. Bis *Ende April 1991* hatten die sowjetischen Truppen 88 Kasernenanlagen geräumt. Davon hatte die deutsche Seite bisher 67 Objekte übernommen. Zum Besuchsprogramm gehörte die Besichtigung von Ausbildungselementen des 69. Mot.-Schützenregiments in Wünsdorf auf dem naheliegenden Truppenübungsplatz. Auf besonderes Interesse der deutschen Delegation stießen der Schützenpanzer BMP-2, der moderne Kampfpanzer T-80, die Panzerbüchse AGS-17 und der automatische Granatwerfer vom Kaliber 30 mm (russisch „Plamja", deutsch „Flamme"). Zum Zwischenfall in Altengrabow eine Woche zuvor herrschte beiderseits Stillschweigen.

Auf eine Anfrage von deutscher Seite zum Stand des Abzugs der Atomwaffen erklärte Generaloberst Burlakow, dass die WGT am *24. Juni 1991* die Rückführung ihrer nuklearen Kampfmittel bzw. Atomwaffen aus Deutschland abgeschlossen hatte. Einer der letzten Züge, der Transport Nr. 26/1422, verließ am *15. Juni 1991* den Bahnhof Altengrabow in Richtung Fährhafen Mukran.

Bis zum *15. Juli 1991* wurde die 12. Panzerdivision aus Neuruppin, Burg und Mahlwinkel (südlich Tangermünde) abgezogen. Zu ihrem Bestand gehörten drei Panzerregimenter und ein (1) Panzeraufklärungsbataillon, je ein (1) Mot.-

Schützenregiment, Artillerieregiment und Fla-Raketenregiment. 11.448 Soldaten und Familienangehörige gingen zurück in die Heimat. Die Rückführung umfasste den Abtransport von 4.452 Stück an Kampfgerät.

Bis *22. Juli 1991* verlegte die 27. Mot.-Schützendivision aus Halle, Schlotheim und Mühlhausen im vollen Bestand mit drei Mot.-Schützenregimentern, je einem (1) Panzer- und Artillerieregiment sowie Panzeraufklärungsbataillon in die Heimat. Zur Division gehörten 10.448 Soldaten und Familienangehörige. Die zurückgeführte motorisierte Kampftechnik umfasste 4.173 Fahrzeuge und Gerät.

Vom *19. bis 21. August 1991* ereignete sich in Moskau ein Putschversuch. Der Präsident der UdSSR, Michail Gorbatschow, weilte im Urlaub in Foros auf der Krim. Ein selbsternanntes „Staatskomitee für den Ausnahmezustand" versuchte, in Moskau die Macht zu ergreifen. Die Lage wurde in Moskau vorübergehend unübersichtlich und kritisch. Die Bundesregierung war über die Vorgänge in Moskau sehr beunruhigt. Einige sowjetische Truppen wurden in erhöhte Gefechtsbereitschaft versetzt. Man befürchte in Bonn militärische Reaktionen seitens der WGT. Zur Gruppe der Putschisten gehörten u.a. der Vizepräsident der UdSSR, Gennadi Iwanowitsch Janajew, der Vorsitzende des Obersten Sowjets Anatoli Iwanowitsch Lukjanow und der Verteidigungsminister der UdSSR, Marschall Demitri Timofejewitsch Jasow und sein Stellvertreter Armeegeneral Walentin Warenikow. Jasow beabsichtigte, Truppen in die Hauptstadt Moskau zu verlegen. Das Militär ließ sich jedoch nicht in die verfassungswidrigen Aktionen der Putschisten einbeziehen. Der Putsch scheiterte am Widerstand des Volkes und der Verweigerungshaltung der Streitkräfte gegenüber dem Komitee. Zu Mitgliedern des Komitees zählten außerdem der Vorsitzende des KGB, Wladimir Alexandrowitsch Krjutschow, der Innenminister Boris Karlowitsch Pugo und der Premierminister, Walentin Sergejewitsch Pawlow.

Wegen der Vorgänge in Moskau ersuchte der Ministerpräsident von Brandenburg, Dr. Manfred Stolpe, den Oberkommandierenden der WGT in dessen Hauptquartier in Wünsdorf um ein Gespräch. Burlakow befand sich im Urlaub. Die Staatskanzlei in Potsdam betonte die Dringlichkeit des Gesprächs. Die Bundesregierung war äußerst beunruhigt und wollte Klarheit über die Haltung der WGT. Burlakow brach seinen Urlaub ab. Das Gespräch fand am *21. August 1991* statt und trug offiziellen Charakter. Burlakow versicherte gegenüber Stolpe, dass es in der WGT „keine Aktivitäten zur Überführung der

Truppe in die Erhöhte Gefechtsbereitschaft geben" werde. „Das Ganze (der Putsch) ist nicht Sache der Armee. Vor der Westgruppe steht eine konkrete Aufgabe – die Vorbereitung und Abwicklung des Truppenabzuges. Sie wird weiter konsequent erfüllt". Burlakow war sich seiner Verantwortung mit dieser Erklärung durchaus bewusst. Er tat in jenem kritischen Moment genau das Richtige und bewahrte Mitteleuropa vor einer Krise.

Am *23. August 1991* erschien der Leiter des Verbindungskommandos der Bundeswehr zur WGT, Generalmajor Hartmut Foertsch, in Wünsdorf. Burlakow war sich im Klaren, weshalb nach Ministerpräsident Stolpe nun ein ranghoher Militär der Bundesrepublik Deutschland bei ihm erschien. Foertsch erhielt in dem Gespräch ebenfalls die Zusicherung, dass alle Bestimmungen des Aufenthaltes und Abzugs der WGT eingehalten werden. Die Frage nach dem „Lagerungszustand der Nuklearwaffen" beantwortete Burlakow, dass diese bis *24. Juni 1991* aus Deutschland abgezogen wurden.

Am *26. August 1991* beorderte der Oberkommandierende der WGT eine 200 Mann umfassende Gruppe seines Generalstabes zu einer Inspektion des Armeestabes und von zwei Divisionen der 2. Garde-Panzerarmee nach Neustrelitz und Fürstenberg/Havel. Nur wenige Tage nach dem gescheiterten Putsch erfuhr der Generalstab in Moskau von der Inspektion in der WGT. Brisant war, über welchen Weg die Informationen über die Inspektion mit der vermuteten Überprüfung der Gefechtsbereitschaft zum Generalstab gelangten. Die Meldung kam direkt aus der 2. Garde-Panzerarmee über eine besonders gesicherte Regierungsleitung. Ein Hinweisgeber soll der Chef vom „Haus der Offiziere" in Neustrelitz gewesen sein. Moskau erreichten außerdem von deutschen Medien verbreitete beunruhigende Meldungen über die angebliche Gefechtsbereitschaft von Truppenteilen der WGT. Burlakow wäre gut beraten gewesen, wenn er zuvor die Inspektion angemeldet hätte. Er wurde vom Generalsstabschef, Armeegeneral Wladimir Nikolajewitsch Lobow, in Moskau zurückgepfiffen. Burlakow akzeptierte die Besorgnis deutscher Stellen und beorderte seine Inspektionsgruppe wieder zurück nach Wünsdorf. Dem Offizier vom „Haus der Offiziere" in Neustrelitz erwartete dagegen nichts Gutes. Er flüchtete in den westlichen Teil der Bundesrepublik. Selbst hier versuchten Ergreifungstrupps des KGB in Zivil, den Offizier aufzuspüren.

Generaloberst Burlakow tauchte wegen der Intervention des Generalstabes nicht in Fürstenberg auf. Sein Hubschrauber flog weiter in Richtung Ostseeküste. Am *26. August 1991* überzeugte er sich in Mukran auf Rügen über den

Logistik-Ablauf der Verschiffung seiner Soldaten und Kampftechnik. Diese stammten zum Teil aus Einheiten der 2. Garde-Panzerarmee.

Nach dem Putsch im *August 1991* in Moskau wurde die Kommunistische Partei der Sowjetunion (KPdSU) aus der WGT verbannt. Die Partei musste ihre Tätigkeit in den Streitkräften einstellen. Politabteilungen und Parteiorganisationen lösten sich auf. Die Dienststellung „Politoffizier" war passé. Anstelle des alten traditionellen soldatischen Wertesystems hielt eine neue, zeitgemäße Sinnstiftung Einzug in die Streitkräfte. Nationalitäten-Konflikte zwischen verschiedenen ethischen Gruppen in den sowjetischen Streitkräften beherrschten jedoch weiterhin den Soldatenalltag.

Am *31. August 1991* wurde das Kommando der 6. Jagdfliegerdivision aus Merseburg mit 410 Mann und 206 Stück an Waffen und Gerät abgezogen.

Bis *September 1991* hatten 117.000 Personen, darunter 85.000 Soldaten der WGT, Deutschland in Richtung Heimat verlassen. 475.000 Tonnen Material und 22.050 Fahrzeuge und Gerät waren auf dem See- und Landweg abtransportiert worden.

Am *6. September 1991* wurden auf dem Domplatz in Magdeburg Teile der 3. Stoss-Armee verabschiedet. An der Zeremonie nahmen der Ministerpräsident von Sachsen-Anhalt, Werner Münch, Staatssekretär Willy Wimmer und der Oberbürgermeister von Magdeburg teil. Das Oberhaupt der Stadt, Herr Polte, lud anschließend sowjetische Offiziere zu einem Empfang ins Rathaus.

Im *Herbst 1991* offenbarte sich, dass die Moskauer Machtkrise im August 1991 nunmehr auch Auswirkungen auf die Rücknahme von Soldaten und Kampftechnik in der Ukraine und Belorussland hatte. Diese (noch) Sowjetrepubliken waren nicht mehr bereit, die aus Deutschland abziehenden Truppen in dem vereinbarten Umfang aufzunehmen.

Realisiert wurde im Jahr 1991 die Rückverlegung der 207. und 39. Mot.-Schützendivision, die 6. Jagdfliegerdivision, von drei Raketenartilleriebrigaden und das 264. selbständige Aufklärungsregiment in die Ukraine. Mit den bereits 1990 abgezogenen und in die Ukraine verlegten 25., 32. und 7. Panzerdivision übernahm die Ukraine aus Deutschland 706 Panzer, 1.441 Schützenpanzer, 476 Geschütze und 39 Kampfflugzeuge. 33 Operativ-taktische und Taktische Raketensysteme gingen bis Ende 1991 in den Bestand der Ukraine über.

Am *2. Oktober 1991* besichtigte eine Militärdelegation der Bundeswehr unter Leitung von Oberst Kujat die geräumten Kernwaffendepots der WGT in Torgau und Zeithain. Dem ging ein entsprechendes Ersuchen des Bundesministe-riums der Verteidigung voraus.

Am *22. Oktober 1991* schien der vertraglich geregelte Abzugsdeal, durch eine Intervention von Generaloberst Burlakow ins Stoppen zu geraten. Auf der 4. Sitzung der Gemischten Deutsch-Sowjetischen Kommission in Bonn stellte der Oberkommandierende der WGT den deutschen Vertretern ein Ultimatum. Er kündigte auf der Sitzung an, dass sich das Abzugstempo seiner Soldaten künftig in Abhängigkeit vom bereit gestellten Wohnraum am neuen Standort richten werde. Generaloberst Burlakow bemängelte, dass die Wiedereingliede-rung seiner in die Heimat zurückkehrenden Soldaten nicht Schritt hält mit dem Abzugstempo der Westgruppe aus Deutschland. Der versprochene „Woh-nungsbau sei in seiner Umsetzung völlig unzureichend".

Wegen der Diskrepanz zwischen dem fortschreitenden Abzug aus Deutschland einerseits und dem fehlenden Wohnraum in der UdSSR andererseits, erhöhte Burlakow den politischen Druck auf die Bundesregierung. Seine Devise lautete, „entweder ihr unterstützt uns bei der Wiedereingliederung", er meinte damit den Wohnungsbau, „oder ich verlangsame oder stoppe den Abzug". Diese russische Gangart entsprach eher der bis 1989 ausgeübten Stationierungs-Praxis in der DDR.

Burlakow verknüpfte die Reintegration der heimkehrenden Soldaten mit ihrem Abzug aus Deutschland. Mit seinem ultimativ genannten Junktim verband er wissentlich eine innere Staatsangelegenheit der UdSSR bzw. Russlands und der GUS-Staaten zur Aufnahme ihrer Soldaten mit internationalen Vereinbarungen des „Zwei-plus-Vier-Vertrages" sowie des bilateralen Vertrages vom 12. Okto-ber 1990. Das war außergewöhnlich, da die Sowjetunion bisher stets eine Ein-mischung in innere Angelegenheiten des Landes vehement zurückwies.

Als Kenner russischer Verhältnisse von Bürokratie und oligarchischen Macht-strukturen in seinem Land glaubte Burlakow, das politische Gewicht der Bun-desrepublik Deutschland zur Lösung des Wohnungsproblems der heimkeh-renden Soldaten nutzen zu können. Das kam einer neuen Herausforderung im laufenden Abzug gleich. Bisher zeigte sich Deutschland für dieses Problem weniger interessiert. Die Pokertaktik des Generals ging zum Teil auf. Die deut-sche Seite zeigte Verständnis und versprach politische Unterstützung. Man erkannte, dass der Abzug durch dieses Junktim gefährdet war.

Am *2. November 1991* verabschiedete sich die 35. Mot.-Schützendivision aus der Garnison Krampnitz bei Potsdam. Zu ihrem Bestand gehörten vier Mot.-

158

Schützenregimenter, je ein (1) Artillerieregiment, Panzerbataillon, Panzeraufklärungsbataillon und Fla-Raketenregiment. 10.784 Mann und 4.112 Stück an Kampftechnik und Gerät wurden abgezogen. Am gleichen Tag veranstaltete die WGT in 23 Garnisonen für Besucher einen „Tag der offenen Tür".

Am *5. Dezember 1991* fand in Magdeburg eine Kundgebung mit der deutschen Bevölkerung anlässlich des Abzuges der WGT aus der Landeshauptstadt von Sachsen-Anhalt statt.

Am *21. Dezember 1991* hörte die UdSSR auf zu existieren. Staatschefs von elf Nachfolgestaaten der UdSSR unterzeichneten in Alma Ata das Protokoll über die Bildung der Gemeinschaft Unabhängiger Staaten (GUS). Russland übernahm die Unterhaltskosten für die Streitkräfte, darunter auch der WGT. Am *4. März 1992* wurde die WGT per Erlass von Präsident Boris Jelzin unter der Jurisdiktion der Russischen Föderation gestellt.

1992

Am *13. Februar 1992* hielt der Oberbefehlshaber der WGT, Generaloberst Burlakow, einen Vortrag vor Offizieren der Universität der Bundeswehr in München. Dem ranghohen Militär schlugen Misstrauen und Neugier entgegen. Vorbehalte gegenüber der WGT als „rote Gefahr" bzw. „Angriffsarmee" begegnete Burlakow mit dem Angebot für Zusammenarbeit und gute Nachbarschaft. Einige Wochen später trat Burlakow am *18. März* mit einem ähnlichen Vortrag an der Akademie für Sicherheitspolitik der Bundesrepublik auf.

Am *18. Februar 1992* öffnete die unterirdische Nachrichtenzentrale der 20. Garde-Armee bei Lanke-Lobetal nördlich von Bernau seine Bunkertüren für die Öffentlichkeit. Seit Mitte der 50-Jahre nutzte die GSSD den erhaltenen Tiefbunker des ehemaligen Marinestabsquartiers „Koralle" von Großadmiral Karl Dönitz. Mitarbeiter der Bundeswehr, des Bundesvermögensamtes Frankfurt/Oder, des Umweltamtes, der Lobetaler Anstalten sowie Bürgermeister und Pressevertreter erhielten einen Einblick in den Dienstbetrieb mit diverser Funk- und Fernmeldetechnik.

Offiziere der Bundeswehr besuchten am *28. April 1992* den Truppenübungsplatz der 10. Garde-Panzerdivision in Altengrabow. Neben Panzervorführungen bot sich den Offizieren Gelegenheit, das russische Kampfgerät detailliert in Augenschein zu nehmen.

Am *30. April 1992* wurde die 79. Panzerdivision mit sechs Regimentern und einem (1) Bataillon aus den Regionen Jena, Saalfeld, Rudolstadt und Weimar abgezogen. Mit ihr verlegten 11.483 Mann und 4.393 Stück an Kampftechnik und Gerät nach Russland.

Am *13. Juni 1992* veranstaltete die WGT in verschiedenen Garnisonen erneut den „Tag der offenen Tür" für die deutsche Bevölkerung. Die russischen Streitkräfte nutzten den Tag, um die Bevölkerung über ihre Kampftechnik zu informieren. Das Funkmessregiment der 20. Garde-Armee in Eberswalde informierte an diesem Tag auf einem Plakat über den Verkauf von technischen Gütern, Baumaterialien, Schrott, Werkzeugen und Rohstoffen. Auch die Verpachtung oder gar der Verkauf von Gebäuden und Räumen wurde angeboten. Interessenten konnten sich in der Militärsiedlung der Tramper Chaussee melden. Diese Siedlung beherbergt heute ein Behördenzentrum mit dem Finanzamt Eberswalde.

Am *30. Juni 1992* wurde die 9. Panzerdivision aus dem Raum Riesa, Zeithain und Borna abgezogen. Sie umfasste je zwei Panzerregimenter und Mot.-Schützenregimenter sowie eine (1) Artillerie- und Fla-Raketenbrigade. 11.520 Mann und 4.432 Stück an Kampftechnik und Gerät wurden abgezogen.

Anfang Juli 1992 erklärte der stellvertretende Oberkommandierende der WGT, Generalleutnant Tschernilewskyi, dass bisher 165.000 Soldaten mit ihren Familienangehörigen, 34.500 Fahrzeuge und ca. 780.000 Tonnen an Munition und Material aus Deutschland abgezogen worden waren. Das Land Thüringen wurde als erstes Bundesland fast komplett geräumt. Hier verblieb nur noch eine Fernmeldeeinheit. Dagegen sei die Wohnungssituation für die zurückkehrenden Soldaten katastrophal. Die bisher von der Bundesregierung gezahlten 7,3 Mrd. DM wären nach Ansicht des Generals keinesfalls ausreichend. Er forderte vor Pressevertretern zusätzliche 10 Mrd. DM. Dieser Betrag würde nach Ansicht der sowjetischen Militärführung in Wünsdorf dem Wert der von ihnen aufgegebenen Liegenschaften und Immobilien entsprechen.

Am *7. August 1992* veranstaltete die 16. Luft-Armee ihr 50-jähriges Gründungs-Jubiläum auf dem Flugplatz Sperenberg bei Wünsdorf. Aus diesem Anlass trafen sich Kriegs-Veteranen der sowjetischen Luftstreitkräfte mit ihren einstigen Gegnern der deutschen Luftwaffe. Die Feierlichkeiten waren von Flugvorführungen umrahmt. Gemeinsam besuchten die Veteranen das Fliegermuseum in Wünsdorf.

Am *8. August 1992* begann die WGT in ehemaligen Instandsetzungswerken mit der Verschrottung ihrer gepanzerten Waffentechnik. Inspekteure der NATO kontrollieren im Panzerreparaturwerk Wünsdorf die Demontage und Verschrottung der Panzertechnik.

Am *18./19. August 1992* wurde die 1. Garde-Panzerarmee offiziell in Dresden verabschiedet. Neben dem Oberkommandierenden der WGT nahm daran auch der stellvertretende Verteidigungsminister der Russischen Föderation, Generaloberst Boris Gromow, teil (1987 bis 1989 Befehlshaber sowjetische Truppen in Afghanistan). Seitens der Bundeswehr zeigte der Befehlshaber des Wehrbereichs VII, Generalmajor Richter, durch seine Anwesenheit Flagge.

Die Rede von Generaloberst Burlakow war eine Lobpreisung des ruhmreichen Kampfes vergangener Soldatengenerationen gegen den deutschen Faschismus vor 47 Jahren. Was die Stationierung der sowjetischen Streitkräfte in der Nachkriegszeit bis 1992 auf deutschen Boden und im Land Sachsen betraf und auszeichnete, blieb ungenannt. Die Vergangenheit kannten seine Soldaten der Gegenwart lediglich aus Erzählungen von Kriegs-Veteranen, aus Geschichtsbüchern und von Anschauungstafeln. Diese waren in jeder Garnison angebracht. Sie dokumentierten den ruhmreichen Kampfesweg der betreffenden Division bzw. des Regiments bis zur Einnahme Berlins und der bedingungslosen Kapitulation der deutschen Wehrmacht, Luftwaffe und Kriegsmarine.

Die sowjetische Truppenpräsenz seit 1945 sahen viele, zur Verabschiedung der WGT in Dresden versammelten Bürger aus eigenem Erleben jedoch differenzierter. Fern jedweder „Hurra-Sicht" und in Kenntnis der Lärm-Belastungen, Vorkommnisse, Umweltschäden und Verkehrsdelikte erlebten sie, wie aus Sieger dann Besatzer wurden. Darauf verwies u.a. der Oberbürgermeister von Dresden. Er erwähnte: „Der Abzug erfüllt uns nicht mit Trauer!" Der sächsische Finanzmister Georg Milbradt bilanzierte die Anwesenheit der GSSD als einen „Wandel von Besatzungstruppen, über Garanten der Existenz der DDR nach sowjetischem Vorbild, bis hin zu Gaststreitkräften". So etwas hatten die anwesenden russischen Militärs bisher noch nicht gehört.

Noch kritischer war die Ansprache von Umweltmister Arnold Vaatz. Er sprach in Vertretung des sächsischen Ministerpräsidenten, Prof. Dr. Kurt Biedenkopf. Aus Rücksichtnahme gegenüber seinen Vorgesetzten und den Kriegs-Veteranen übersetzte der russische Dolmetscher die Rede von Vaatz nur teilweise. Der Redner musste seine Ausführungen auch mehrmals unterbrechen. Unter den versammelten Zuhörern entlud sich Wut über die sowjetische Stationierung bzw. Besetzung durch Protestrufe und Pfiffe. Die anfängliche Euphorie der Abschiedsveranstaltung verflog unter den anwesenden russischen Militärs. Zuvor lehnte die Militärführung der WGT eine geplante gemeinsame Kranzniederlegung ab. Ihre Absage mündete in der Begründung: „Das Gedenken an sowjetische Kriegsopfer und von gefallenen deutschen Soldaten mit dem Symbol des Eisernen Kreuzes verbiete sich".

Am *25. August 1992* zog das Kommando der 126. Jagdfliegerdivision mit 418 Mann und 218 Stück an waffentechnischen Geräten aus Deutschland ab.

Am *31. August 1992* meldete das Oberkommando der WGT den Abschluss des Abzuges der 11. Panzerdivision mit drei Panzerregimentern, je einem (1) Mot.-Schützenregiment, Artillerieregiment und Fla-Raketenregiment sowie einem (1) Panzeraufklärungsbataillon. Geräumt wurden die Garnisonen in Dresden, Meissen, Königsbrück und Chemnitz.

Am *17. September 1992* erteilte der Oberkommandierende der WGT die Direktive zum Abzug der 16. Garde-Panzerdivision aus Neustrelitz, Ravensbrück und Rathenow. Diese hatte mit sechs Regimentern, sieben selbständigen Bataillonen, je einer (1) Kurier- und Feldpostdienststelle sowie Feldbankeinrichtung bis 30. August 1993 in die Stadt Tschaikowskij im Gebiet Perm an der Wolga zu verlegen. Der elf Monate dauernde Abzug mit 11.060 Mann und 4.193 Stück an Kampfgerät erfolgte auf kombiniertem Transitweg per Bahn (über Polen), zur See (Hafen Rostock) und in der Luft.

Bundesverteidigungsminister Volker Rühe erklärte am *23. September 1992* vor dem Verteidigungsausschuss des Bundestages, dass der Umfang der Truppenübungsplätze (WGT, NVA, Bereitschaftspolizei) in den östlichen Bundesländern von 370.000 Hektar auf 110.000 Hektar verringert werde. Im Gespräch befand sich u.a. die Nachnutzung des WGT-Übungsplatzes Wittstock durch drei Luftwaffen-Geschwader der Bundeswehr im Land Brandenburg. Über die Zukunft des Truppenübungsplatzes Colbitz-Letzlinger Heide (WGT) in Sachsen-Anhalt sei noch nicht entschieden worden. Minister Rühe wolle die militärische Nachnutzung aller Truppenübungsplätze durch die Bundeswehr mit Politikern vor Ort besprechen. Er unterstrich „es gehe nicht an, dass die Bundeswehr an Orten übe und stationiert werde, wo sie überhaupt keine Akzeptanz erfährt".

Am *30. September 1992* erfolgte der Abzug der 57. Mot.-Schützendivision mit 9.928 Mann und 4.128 Stück an Kampfgerät. Sechs Regimenter und zwei Bataillone räumten die Garnisonen in Naumburg; Weißenfels, Leipzig, Zeitz und Rudolfstadt.

Am *21. November 1992* wurden die letzten Einheiten der 8. Garde-Armee aus Thüringen auf dem „Platz der Demokratie" in Weimar feierlich verabschiedet. Der Chef des Verbindungskommandos der Bundeswehr zur WGT, Generalmajor Hartmut Foertsch hielt aus diesem Anlass auf dem Verladebahnhof Weimar eine Abschiedsrede. Drei Wochen später verließ am *10. Dezember 1992* das Kommando der 8. Garde-Armee mit 1.430 Mann und 292 Stück an technischem Gerät den Standort in Nohra.

Kurz vor *Weihnachten 1992* räumte die WGT die Garnison Wustrow, einer Halbinsel zwischen dem Salzhaff und der Ostsee.

Bis Ende *Dezember 1992* erhöhte sich die Anzahl der abgezogenen Soldaten und Familienangehörigen auf 208.874 Menschen. Das entsprach 38 Prozent. 80 Frachtschiff- und 384 Fährschiff-Transporte wurden bisher in Mukran, Rostock und Wismar abgefertigt. Etwa 100 Militärzüge mit 44.000 beladenen Waggons verließen über Polen und die CSSR Deutschland. Generaloberst Burlakow erklärte am *28. Dezember 1992* gegenüber der Presse, dass der Abzug in 1992 „nicht mit der vorgesehenen Geschwindigkeit stattfand". 1992 könne lediglich mit „dem Bau von 8.000 Wohnungen der geplanten 36.000 Wohnungen gerechnet werden. Das Tempo des Rückzuges und die Unterbringung müssten abgestimmt sein".

Bis *Ende 1992* wurden 92.000 Grundwehrdienstleistende der WGT nach Ableistung ihrer 18-monatigen Wehrpflicht in die Reserve versetzt. Das entsprach 61 Prozent der Wehrpflichtigen innerhalb der WGT. Eigentlich bedeuteten diese Personal-Entlassungen mit Rückkehr der Männer in die Heimat einen zusätzlichen Abzugsschub. Der Oberkommandierende der WGT sah das jedoch anders. Er beklagte die fehlende militärische Einsatzbereitschaft seiner Truppen in Deutschland, durch unbesetzte Panzer, Schützenpanzer oder Geschütze. Ihm fehlte das Bedienpersonal für die Kampftechnik. Die hätte eigentlich abgezogen werden können.

Generaloberst Burlakow initiierte inmitten des laufenden Abzuges aus Deutschland die Einstellung von „Vertragssoldaten" für die WGT. Dies konnte eigentlich nur mit Zustimmung aus Moskau geschehen. Auf seine Bitte hin entsandte z.B. der usbekische Verteidigungsminister Achmedow mit Zustimmung seines Präsidenten Karimow 7.000 Soldaten und Sergeanten per Flugzeug in die Bundesrepublik. Sie ersetzten zum Teil die entlassenen Wehrpflichtigen. Die Anzahl von freiwilligen Rekruten erreichte 1993 etwa 40.000 Soldaten. Darunter fielen auch Soldaten, die nach Ablauf ihrer Dienstzeit Zeitverträge erhielten. 1994 dienten in der WGT noch 10.000 „Vertragssoldaten".

1993

Am *2. Februar 1993* wurde einer der letzten russischen Kampfverbände in Sachsen verabschiedet. Der Abzug der Einheiten aus Sachsen zog sich jedoch bis zum Sommer 1993 hin. Mecklenburg-Vorpommern hatte bis Ende *Januar 1993* die Hälfte der Truppen mit ihrer Kampftechnik verlassen. In Sachsen-Anhalt erreichte die Abzugsquote an Personal und Kampftechnik bisher 45 Prozent.

Anlässlich des 50. Jahrestages der Gründung der 10. Panzer-Division fand am *26. Februar 1993* in der Garnison Altengrabow eine Parade und Festveranstaltung statt. Daran nahm der Oberkommandierende der WGT, Generaloberst Burlakow, teil.

Am *28. Februar 1993* war der Abzug der 20. Mot.-Schützendivision mit 8.255 Mann und 3.756 Stück an Kampfgerät aus den Stationierungsorten Grimma, Plauen, Wurzen, Glauchau, Leisnig und Pommsen vollzogen. Zur Division gehörten sechs Regimenter und zwei Bataillone.

Am *28. April 1993* fand auf dem Marktplatz in Schwerin die feierliche Verabschiedung der 94. Mot.-Schützendivision statt. Daran nahmen zahlreich erschienene Schweriner Bürger teil. Mit einer Kranzniederlegung auf dem sowjetischen Soldatenfriedhof in Schwerin ehrte die Garnison unter reger Teilnahme der Bevölkerung die im Krieg Gefallenen. Auf dem Friedhof befand sich das Monument eines drei Meter großen sowjetischen Soldaten. Zum Kampfbestand der in und um Schwerin stationierten Division gehörten sechs Regimenter und zwei Bataillone. Ihr Abzug dauerte bis *28. Mai 1993* und umfasste 9.274 Mann und 2.647 Stück an Kampfgeräten.

Am *10. Mai 1993* informierte der Chef des Verbindungskommandos der Bundeswehr, Generalmajor Foertsch, auf Anfrage der „Ostsee-Zeitung": „Der Abzug der russischen Truppen aus Deutschland liegt voll im Plan". Es befanden sich noch 4.120 gepanzerte Fahrzeuge, 812 Artilleriesysteme und 152.500 Tonnen Munition auf deutschem Territorium. 99.550 Soldaten und 76.250 Zivilbeschäftigte und Familienangehörige sind noch in den neuen Bundesländern stationiert.

In Mecklenburg-Vorpommern konzentriert sich der Abzug im Sommer 1993 auf die 94. Garde-Mot.-Schützendivision im Bereich der Landeshauptstadt Schwerin und der Hansestadt Wismar. Divisionskommandeur Oberst Gennadi Jemeljanowitsch erwähnte, dass die WGT den „Munitionsaltlasten eine besondere Aufmerksamkeit" widmen werde. Generalmajor Foertsch ergänzte, dass die Erkundung und Beseitigung von „Altlasten wie Munition und Ölverschmutzungen auf russischen Liegenschaften ein sehr, sehr langer Prozess" sein werde. Abzugsschwerpunkte im 3. und 4. Quartal 1993 in Mecklenburg-Vorpommern sind die Regionen Rostock, Tutow, Neustrelitz, Rechlin, Lärz, Wustrow und Greifswald.

Am *30. Juni 1993* wurde die 90. Panzerdivision aus Bernau, Eberswalde, Bad Freienwalde und Schönwalde abgezogen. Sie hatte ein Personalbestand von 11.395 Mann und verfügte über 4.398 Stück an Kampfgerät, vorwiegend Panzer des Typs T-80 und T-72. Sieben Regimenter und ein (1) Panzeraufklärungsbataillon verließen die Städte. Viele Kasernengebäude in Bernau und Eberswalde stammten noch aus Wehrmachtszeiten.

Am *15. Juli 1993* verließ das Kommando der 125. Jagdbomberfliegerdivision in Rechlin mit 408 Mann und 203 Stück an technischen Geräten die Garnison.

Drei Wochen später folgte am *10. August 1993* das Kommando der 105. Jagdbomberfliegerdivision mit 412 Mann und 207 Stück an technischen Geräten aus dem Standort Großenhain.

Bis *Ende Juli 1993* waren seit Beginn des Abzuges 437.038 Soldaten und Familienangehörige in die Heimat zurückgekehrt. Von den ehemals stationierten 4.288 Kampfpanzern verblieben noch 662 Panzer (15,4 Prozent) in Deutschland.

Zum Pressetermin am *10. August 1993* informierte der Chef des Verbindungskommandos, Generalmajor Foertsch, dass bisher 437.038 Soldaten, Zivilpersonal und Familienangehörige der WGT aus Deutschland abgezogen waren. Das entsprach 80 Prozent. Darunter befanden sich 279.385 Soldaten (82 Prozent). Es verblieben noch 58.415 Soldaten auf deutschem Boden. Bisher wurden 97.177 Stück an Kampftechnik, Waffen und Gerät (87 Prozent) in die Heimat nach Russland bzw. die GUS zurückgeführt. Von ehemals ca. 11.500 gepanzerten Fahrzeugen befanden sich noch 4.120 in Deutschland. Der Panzer-Bestand der WGT hatte sich bis Ende Juli 1993 auf 662 Stück verringert. Es existierten noch 812 Artilleriesysteme, 315 Flugzeuge und Hubschrauber sowie 152.500 Tonnen Munition in den Garnisonsstandorten der WGT.

Am *30. August 1993* wurde das verbliebene Kommando der 2. Garde-Panzerarmee unter Generalleutnant Popow aus Fürstenberg abgezogen. 1.921 Soldaten und 347 Stück an restlichem technischem Gerät verließen damit im Zusammenhang die Kleinstadt an der Havel.

Am *30. August 1993* verabschiedete sich das Kommando der 16. Jagdflieger-division mit 420 Mann und 210 Stück an technischem Gerät aus Rübnitz-Damgarten. Zugleich verlegten weitere Offiziere des Führungs-Kommandos der 16. Luft-Armee in den Militärbezirk Moskau.

Ab *September 1993* begann die 6. Garde-Mot.-Schützenbrigade mit dem Training für die Abschlussparade in Berlin. Einstudiert und geübt wurden synchrone Bewegungen der Kampffahrzeuge in Kolonnenformation, der gleichzeitige Start und das Anfahren aus dem Stand, Einhalten der Abstände zwischen den Fahrzeugen in Fahrt usw.

Am *8. Oktober 1993* fand in Berlin die 10. Sitzung der Gemischten Kommission statt. An ihr nahmen die beiden paritätischen Vorsitzenden, der Botschafter Dr. Duisberg und Generaloberst Burlakow, teil. Die Kommission befasste sich mit strittigen Themen, die zuvor in den Arbeitsgruppen beraten, aber nicht geklärt werden konnten.

Am *3. Dezember 1993* begann auf dem Güterbahnhof Berlin-Adlershof die Verladung von Panzern auf Eisenbahn-Flachwaggons der 6. Mot.-Schützenbrigade Berlin.

Ende 1993 waren 477.774 Soldaten, Zivilbeschäftigte und Familienangehörige (87 Prozent) des ehemaligen WGT-Personalbestandes aus Deutschland abgezogen. 86 Prozent von Kampftechnik und Gerät (105.252 Stück) wurden bis dahin zurückgeführt.

Defizite im Wohnungsbau

Der Oberkommandierende der WGT beklagte den Umzug seiner Soldaten mit ihren Familien aus gut eingerichteten Wohnungen in deutschen Städten bzw. Garnisonen auf freies Feld, ohne Straßen, Versorgung, Logistik und Kommunikationseinrichtungen. Die Schuld an dieser Misere schrieb er den sowjetischen Diplomaten in den Verhandlungen mit Deutschland zu. Nach seiner Ansicht hätten Spitzenpolitiker der UdSSR mit ihrer Unterzeichnung des Vertrages vom 12. Oktober 1990 einen „ernsthaften Fehler begangen".

Allein im Jahr 1991 verließen 16.695 wohnungslose Offiziere und Unteroffiziere der WGT mit ihren Familien Deutschland. 1992 waren es weitere 14.958 Personen. Für die bis 1992 insgesamt 31.653 zurückkehrenden, nunmehr wohnungslosen Bürger der ehemaligen Sowjetunion waren bis 1992 lediglich 3.537 Wohnungen errichtet worden. Der ursprüngliche Plan sah vor, in 1993 etwa 11.952 Wohnungen zu bauen (davon 9.953 in Russland). In 1994 sollten etwa 25.013 Wohneinheiten errichtet werden, davon 22.246 in Russland.

In zweieinhalb Jahren wurden lediglich zwei Siedlungen in der Ukraine, vier in Weißrussland und zwei in Russland gebaut. Insgesamt wurden 8.551 Wohnungen bis Juni 1994 übergeben. Das entsprach lediglich 23 Prozent vom geplanten Wohnungsbau.

Deutschland stellte für den Wohnungsbau 7,8 Mrd. DM zur Verfügung. Nach dem Zerfall der UdSSR stritten die Regierungen von Russland, der Ukraine, Weißrussland u.a. der GUS-Staaten um die Aufteilung der von Deutschland bereitgestellten Finanzmittel. Verlierer dieses Streits waren die heimkehrenden Soldaten mit ihren Familien.

Die desolate Wohnungssituation wurde zum Hauptproblem für die zurückkehrenden 55.000 wohnungslosen Familien der WGT. Hinzu kamen weitere ca. 5.000 Familien, die ihre Wohnungen im Baltikum, Moldawien und Transkaukasien durch den Zerfall der UdSSR verloren hatten. Damit waren ca. 60.000 zurückgekehrte Familien mit etwa 80.000 Kindern ohne eine Wohnung. Das Durchschnittsalter der Offiziere und Familien lag bei 32 Jahren.

Nach dem Treffen zwischen Kohl und Jelzin am 16. Dezember 1992 kam es zur Aufstockung des Wohnungsbauprogramms auf 43 Standorte mit insgesamt 46.000 Wohnungen. Russland profitierte davon mit 34.640 geplanten Wohnungseinheiten am stärksten. Auf Weißrussland entfielen 5.940 Wohnungen und auf die Ukraine etwa 5.200 Wohnungen. Am 9. Oktober 1996 wurden die letzten Wohnungen im Rahmen des Wohnungsbauprogramms den Soldaten mit ihren Familien übergeben. Auf die Vergabepraxis hatte die deutsche Seite keinen Einfluss.

Neun deutsche Firmen beteiligten sich am Wohnungsbauprogramm in Russland und in den GUS-Staaten. Dazu gehörten u.a. die Unternehmen Holzmann, Züblin, Magdeburg AG und die brandenburgische Firma Buck Inpar Pinnow GmbH (Landkreis Uckermark).

Die eigentlich auf die Zerlegung und Verschrottung von NVA-Raketentechnik spezialisierte Firma Buck Inpar hatte sich auch im Wohnungsbau profiliert. In Bernau-Friedensthal baute Buck mit einem Auftragsvolumen von 600 Millionen DM 2.300 Wohnungen.

1993 entstanden in Moskau und Sankt Petersburg mit russischen Partnern etwa 1.000 Wohnungen mit insgesamt 75.000 Quadratmeter Wohnraum für heimkehrende russische Soldaten mit ihren Familien. Einschränkend ist zu erwähnen, dass diese Wohnungen nicht an einfache Soldaten bzw. niedrige Offiziersdienstgrade vergeben wurden. Wegen Liquiditätsproblemen auf russischer Seite ging es jedoch im Wohnungsbau nicht zügig voran.

Im Januar 1993 forderte Burlakow auf der Sitzung der Gemischten Kommission, 20.000 bis 23.000 Wohnungen für seine Soldaten und ihre Familien zu bauen. Das Abzugstempo wäre „neunmal schneller als der Wohnungsbau". Im Umkehrschluss bedeutete diese Argumentation, das Tempo des Abzuges so zu verringern, bis die letzte versprochene Wohnung in der Heimat fertig ist.

Auch erwähnte Burlakow in dem Zusammenhang, wohl etwas unüberlegt, dass die GSSD in 48 Jahren auf deutschem Boden 20.000 Wohnungen gebaut hatte. Folgt man diesem Vergleich, dann ergab das rechnerisch den Bau von 417 Wohnungen im Jahr. Er verlangte jetzt, 20.000 bis 23.000 Wohnungen in einem Jahr zu bauen, wozu seine Landsleute 48 Jahre brauchten. Auch ließ Burlakow völlig außer Acht, dass die Rote Armee diverse Villen von deutschen Besitzern für ihre Stabsoffiziere einfach konfiszierte. So z.B. gingen ganze Straßenzüge von deutschen Villen in Fürstenberg/Havel in sowjetischen Besitz über.

Deutschland wollte und konnte sich nicht in innere Angelegenheiten Russlands und der Gemeinschaft Unabhängiger Staaten einmischen. Das Wohnungsproblem mit dem Abzug der WGT musste in Moskau und nicht in Bonn oder Berlin geklärt werden.

Die Ursachen für das Hinauszögern des Wohnungsbaus waren vielschichtig. Wie überall ging es um Geld, wer bekommt was und wie viel. Die örtlichen Behörden stellten Grundstücke für den Wohnungsbau nicht rechtzeitig zur Verfügung oder zogen gar ihre Bewilligung zurück. Das Gebiet um Wolgograd wollte überhaupt keine zurückkehrenden Truppen aus Deutschland aufnehmen.

Die Wohnungsvergabe erfolgte u.a. auch an Personen, die gar keine Angehörigen der WGT waren. Die in Deutschland verbliebenen Angehörigen der WGT waren neben den zu bewältigen Aufgaben des Truppen-Abzuges zusätzlich konfrontiert mit dem organisatorischen Unvermögen lokaler Behörden von Tausenden Kilometern ostwärts. Es mussten zusätzlich Geld, Material und Ressourcen in die Hand genommen werden, um die neuen Stationierungsorte einzurichten.

Der ehemalige Chef des Stabes der WGT, Generaloberst Terentjew, beklagte den Zustand, dass die oberste politische Führung um Präsident Jelzin die Aufgaben und Lösung von Problemen des Abzuges an das Verteidigungsministerium und an föderale Verwaltungen delegierte. Russische Funktionäre vor Ort ließen es gewohnt langsam angehen, nach dem Motto „budjet, budjet", wird schon. Das ging schief. Die russischen Soldaten in Deutschland ahnten und wussten das. Die Führung des russischen Militärs hätte es am liebsten, wenn die von Deutschland für den Wohnungsbau bereit gestellten Milliarden auf einmal gezahlt werden. Wo das Geld dann versickert wäre, bedarf keiner Spekulation.

3.6.   Das letzte Jahr 1994, „stiller" Abzug einer Militärgruppierung

In der letzten Phase des Abzuges im Jahr 1994 entwickelte das Pressezentrum im Oberkommando der WGT in Wünsdorf einen Plan der Verabschiedung ihrer verbliebenen Truppenteile gemeinsam mit der deutschen Bevölkerung in den jeweiligen Standorten.

Anfang *Januar 1994* bildete die 6. Garde-Mot.-Schützenbrigade Berlin aus ihrem Bestand zehn Kompanien als Parade-Einheiten für die Abschlussparade. Dazu gehörten u.a. Technik-Formationen von schweren Panzern, Schützenpanzer BMP-2, Schützenpanzerwagen BTR-80, Fliegerabwehrlafetten und Sturmgeschütze. Der Panzerfahrer Soldat Pawel Issakow erwähnte: „In Gedenken an die Abertausende, die im Kampf gegen den Faschismus ihr Leben gelassen hatten, konnten wir nicht einfach still und leise aus Deutschland weggehen".

Auf der 11. Sitzung der Gemischten Kommission in Bonn am *18. Januar 1994* führten Bundesaußenminister Klaus Kinkel und Generaloberst Burlakow ein Gespräch über die Ergebnisse des Abzuges in den letzten drei Jahren. Verhandelt wurde die Abgeltung der von der WGT verursachten Schäden mit einem bilateralen Zahlungsausgleich. Per *1. Januar 1994* war es im Verlauf des Abzuges zu 3.854 Verkehrsunfällen gekommen, die Angehörige der WGT schuldhaft verursacht hatten. Oberst Sapronow leitete die Arbeitsgruppe „Schadenersatz". Sie bearbeitete diese Fälle. Bis Ende *Juni 1994* konnten lediglich 500 Verkehrsdelikte (13 Prozent) mit einer Straf-Zahlung von 6,3 Millionen DM bearbeitet werden.

Am *26. Januar 1994* besuchte eine Gruppe von 18 Offizieren der Bundeswehr das Panzerreparaturwerk in Wünsdorf. Die Offiziere überzeugten sich von der fachgerechten Zerlegung und Verschrottung der gepanzerten Kampftechnik.

Am *27. Januar 1994* besuchte der Generalinspekteur der Bundeswehr, General Klaus Naumann, in Begleitung von Generalmajor Hartmut Foertsch das Hauptquartier der WGT in Wünsdorf. Nach Gesprächen mit Generaloberst Burlakow trug sich der ranghöchste deutsche Militär ins Gästebuch der WGT ein. Anschließend besuchte General Naumann die 6. Mot.-Schützenbrigade in Berlin-Karlshorst.

Am *23. Februar 1994*, dem Tag der „Verteidiger des Vaterlandes" bzw. der sowjetischen Streitkräfte fanden Kranzniederlegungen auf Ehrenfriedhöfen zum Gedenken der gefallenen Sowjetsoldaten statt. So u.a. in Berlin-Treptow und Tiergarten, Potsdam (Bassinplatz und Michendorfer Chaussee), Spremberg, Zossen, Treuenbrietzen, Baruth/Mark, Eberswalde, Bernau, Seelower Höhen, Dahme/Mark, Rathenow, Lebus im Oderbruch und Henningsdorf.

Vom *12. bis 19. März 1994* wurden Fliegerverbände aus Deutschland verabschiedet. Dazu gehörten das 20. Jagdbomber-Regiment (Templin), das 33. Jagdflieger-Regiment (Wittstock) und das 773. Jagdflieger-Regiment (Pütnitz bei Damgarten). Die letzte Kampffliegereinheit der WGT, 46 Maschinen des Typs MiG-29 und Gardeflieger des 177. Jagdbombengeschwaders, starteten am *11. April* vom Flugplatz Pütnitz in Mecklenburg-Vorpommern nach Andreopol, einer Stadt zwischen Moskau und Sankt Petersburg. Vorangegangen war ein gemeinsamer Appell mit Bürgern aus Ribnitz-Damgarten am Saaler Bodden.

Im *März 1994* veranstalteten Militärorchester der WGT und Bundeswehr gemeinsame Konzerte in Garnisonsstandorten der 20. Garde-Armee in Bernau, Eberswalde und Prenzlau sowie in Magdeburg und Stendal.

Am *15. März 1994* organisierte die WGT in Bernau ein Freundschaftsfest zur Verabschiedung des 399. Intendantur-Depots.

Die in Potsdam-Nedlitz stationierte 34. Artillerie-Division wurde am *18. März 1994* feierlich verabschiedet.

Am *2. April 1994* lud die WGT zur Verabschiedung der 385. Artillerie-Brigade in Planken (Sachsen-Anhalt) ein.

Das in der Garnison Hillersleben stationierte 26. und 153. Panzerregiment sowie das 7. Panzeraufklärungsbataillon der 47. Garde-Panzerdivision wurde am *6. April 1994* unter Anteilnahme der Bevölkerung feierlich verabschiedet.

Am *22. April 1994* fand die 12. und zugleich letzte Sitzung der Gemischten Deutsch-Russischen Kommission in Berlin statt. Die WGT zog eine Bilanz des Truppenabzuges 1991 bis 1993. Danach verließen in diesem Zeitraum 477.774 Angehörige der WGT Deutschland. Darunter befanden sich 306.515 Soldaten. Unter dem abgezogenen Personal befanden sich 36 Prozent Zivilbeschäftigte und Familienangehörige.

In 1994 mussten noch 68.426 Mann abgezogen werden, davon 32.285 Soldaten. Das deutete darauf hin, dass die verbliebenen Familienangehörigen (36.141) ihren Abschied aus Deutschland hinauszögerten. Im Zeitraum 1991 bis 1993 zogen die WGT 105.252 Kampftechnik und Geräte ab, darunter 3.797 Panzer und 6.835 gepanzerte Technik. Für 1994 verblieben noch 17.426 Kampftechnik und Geräte, darunter 491 Panzer und 1.373 gepanzerte Technik. Nahezu 92 Prozent des Materials waren abtransportiert.

Auf der Tagesordnung der 12. Sitzung standen Probleme des bilateralen Zahlungsausgleichs und die Verletzung von Zoll- und Steuervorschriften durch die WGT. Besprochen wurde die feierliche Verabschiedung der WGT aus Deutschland. Den Vorschlag der Bundesregierung, die Zeremonie in Weimar durchzuführen, hatte Generaloberst Burlakow bereits zuvor abgelehnt.

Zum sogenannten „Elbe-Day" fanden am *25. April 1994* in Torgau an der Elbe Feierlichkeiten zum Gedenken des historischen Zusammentreffens von sowjetischen und amerikanischen Truppen am 25. April 1945 statt. Daran nahmen russische und amerikanische Kriegs-Veteranen, Offiziere und Generäle von beiden Armeen und der Bundeswehr, Soldaten, Politiker und zahlreich erschienene Bürger teil. Auf einer Kranzniederlegung unter Teilnahme amerikanischer und russischer Soldaten sowie Offizieren der Bundeswehr wurde den Gefallenen vor 49 Jahren gedacht.

Für etwa 100 Soldaten und Offiziere der 6. Garde-Mot.- Schützenbrigade Berlin bot sich am *26. April 1994* die Gelegenheit, das Abgeordnetenhaus von Berlin zu besuchen. Am Empfang der Präsidentin des Abgeordnetenhauses, Hanna-Renate Lauien, nahmen auch der Oberkommandierende der WGT, Generaloberst Burlakow und neun seiner Generäle teil. Burlakow erneuerte auf dem Empfang seine Erwartung, dass die russischen Truppen ebenso würdevoll aus Deutschland verabschiedet werden, wie die Truppen der Westalliierten.

Am *27. April 1994* erfolgte die Verabschiedung der Armeeangehörigen und Zivilbeschäftigten der 47. Garde-Panzerdivision in der Garnison Mahlwinkel im Landkreis Börde. Neben der obligatorischen Parade zeigten Kampfsportler in Schaukämpfen ihr Können. Auf einer Betonbahn fanden 100-Meter-Läufe in Uniform statt. Auf der Tribüne hatten sich auch Offiziere der Bundeswehr und Politiker des Landes Sachsen-Anhalt eingefunden. Zur Division gehörten das in Mahlwinkel stationierte 245. Mot.-Schützen- und 99. Artillerieregiment. Die in den Garnisonen Hillersleben und Halberstadt stationierten drei Panzerregimenter befanden sich bereits in der Abzugsphase, ebenso das 7. Panzer-Aufklärungsbataillon und das 1009. Fla-Raketenregiment.

Auf dem Flugplatz Mahlwinkel hatte das 337. Kampfhubschrauber-Regiment (60 Hubschrauber Mi-8 und Mi-24) seinen Standort. Zum Regiment gehörten u.a. die 296. Hubschrauberstaffel (Mi-2, Mi-6, Mi-8 und Mi-24) sowie die 290. Drohnenstaffel (Tupolew M-143). Der letzte Abflug eines Kampfhubschraubers vom Fliegerhorst Mahlwinkel erfolgte am *24. Mai 1994*.

Am *10. Mai 1994* fand erstmals eine Totenmesse (Panichida) für die im Krieg gefallenen sowjetischen Soldaten am Mahn- und Ehrenmal in Berlin-Treptow statt. Hier waren etwa 5.500 sowjetische Soldaten begraben. Diese Totenmesse war der einzige Militärgottesdienst, in dem die im Kampf um Berlin gefallenen Soldaten der Roten Armee geehrt wurden. Daran nahmen auch Offiziere der in Berlin stationierten englischen, französischen und amerikanischen Streitkräfte teil.

Am *20. Mai 1994* fand in Oranienburg auf dem Flugplatz der WGT eine große Parade zur Verabschiedung des 239. Garde-Hubschrauberregiments statt. Das am westlichen Stadtrand befindliche ca. 400 Hektar große Areal gehörte bis Kriegsende im Mai 1945 zu den Heinkel-Flugzeugwerken. An der Zeremonie nahmen erstmalig auch Offiziere der in Berlin stationierten amerikanischen, britischen und französischen Truppen teil. Die Vertreter der US-Brigade in Berlin landeten mit eigenen Hubschraubern auf dem russischen Fliegerhorst.

Der war mit den Flaggen von allen vier Alliierten und der Deutschlandfahne beflaggt. Trotz des Regens erschienen zur Abschiedsparade zahlreiche Bürger.

Am *20. Mai 1994* veranstaltete die WGT in Altengrabow eine Parade und ein Freundschaftsfest zur Verabschiedung der 10. Garde-Panzerdivision. Unter Anwesenheit von Offizieren der Bundeswehr und von Landespolitikern fand am Panzerdenkmal der Garnison Altengrabow eine Kranzniederlegung statt. Vor den mehrgeschossigen Neubauwohnblocks standen bereits zahlreiche Container für den Abtransport des Hausrates der Angehörigen der Division. Zu ihr gehörten ca. 4.400 Soldaten von drei Panzerregimentern (450 Panzer), je ein (1) Mot.-Schützen-, Artillerie- und Fla-Raketenregiment sowie ein (1) Panzeraufklärungsbataillon.

Einen Tag später verabschiedeten sich am *21. Mai 1994* die Truppen der Garnison Eberswalde. Neben dem 81. Mot. Schützenregiment waren hier mehrere funktechnische Regimenter und ein (1) Pionierbataillon stationiert.

Am *27. Mai 1994* veranstaltete die WGT zur Verabschiedung ihrer in Deutschland stationierten Luftstreitkräfte einen gigantischen Appell auf dem Flugplatz Wünsdorf-Sperenberg. Die Soldaten hatten in Paradeuniform vor großen Transportflugzeugen Aufstellung genommen. In vorderster Front standen Fahnenkommandos mit roten Ehrenbannern.

Am *30. Mai 1994* vollendete sich der Abzug der letzten Einheiten der 47. Panzerdivision mit sechs Regimentern und einem (1) Panzeraufklärungsbataillon aus Hillersleben, Halberstadt und Mahlwinkel. 3.699 Mann und 2.460 Stück an waffentechnischen Geräten wurden nach Russland zurückgeführt.

Die in Potsdam-Nedlitz stationierte 34. Artilleriedivision verließ am *31. Mai 1994* mit 1.729 Mann und 1.293 Stück an technischem Gerät die Stadt.

Im *Juni 1994* fanden eine Reihe von Konzerten des Gesangs- und Tanzensembles sowie Militärorchesters der WGT in deutschen Städten statt. Der Oberbefehlshaber der WGT, Generaloberst Burlakow, lud zu einem festlichen Kulturprogramm ins Hauptquartier in Wünsdorf ein.

Am *11. Juni 1994* verabschiedeten sich die Armeeangehörigen des Oberkommandos der WGT im Hauptquartier Wünsdorf mit einer Militärparade. Unter Teilnahme der Bevölkerung defilierten Marschblocks von Soldaten und Offizieren an der Ehrentribüne auf dem Sport- und Exerzierplatz vorbei. Voran trugen sie die Fahne der russischen Föderation. Ein Marschblock von Soldaten in historischen Uniformen von 1945 erinnerte an die Befreiung vom Faschis-

mus vor 49 Jahren. Die Parade von Panzerfahrzeugen fand auf der Fernverkehrsstraße 96 statt. An der Spitze der Kettenfahrzeuge fuhr ein mit der roten
Fahne beflaggter Schützenpanzer. Die Abschiedsparade wurde live vom Fernsehen und Rundfunk übertragen. In Wünsdorf fand aus diesem Anlass ein
Volks- und Sportfest statt. Daran nahmen etwa 5.000 Besucher teil.

Auf einer eindrucksvollen Militärparade am *25. Juni 1994* „An der Wuhlheide"
in Berlin-Köpenick verabschiedete sich die 6. Garde-Mot.-Schützenbrigade der
WGT von der Berliner Bevölkerung. Neben dem Oberbefehlshaber der WGT,
Generaloberst Burlakow, hatten sich auf der Ehrentribüne die letzten Berliner
Kommandeure der amerikanischen Garnison (Generalmajor Walter H. Yates),
britischen Garnison (Brigadier David de Gonville) und französischen Garnison
(Brigadegeneral Jean Brullard) eingefunden. Anwesend waren der Regierende
Bürgermeister von Berlin, Eberhard Diepgen, sowie der Bürgermeister von
Moskau, Jurij Luschkow. Der Kommandeur der 6. Mot.-Schützenbrigade, Generalmajor Jurij P. Makarow, führte die Parade in einem offenen Personen-
kraftfahrzeug des Typs Wolga an. Das Fernsehen übertrug die Abschiedsparade. Tausende Berliner säumten an den Straßenrändern die akkurat im Exerzier-
schritt marschierenden Formationen von etwa 1.500 Mann der in Berlin-
Karlshorst stationierten Elitetruppe. Marschblocks mit diversen sowjetisch-
russischen Fahnen aus vergangenen Zeiten in farblicher Vielfalt defilierten an
den Zuschauern vorbei. Blumen flogen auf die vorbeifahrenden Panzer, Schützenpanzer (BMP) und Schützenpanzerwagen (BTR), die bei den sommerlichen
Temperaturen in der Sonne glänzten.

Alles erinnerte sehr an das Flair und die Atmosphäre einstiger NVA-Paraden in
der Karl-Marx-Allee in Berlin. Die zuvor instandgesetzte Asphalt-Straße musste im Anschluss von den hinterlassenden Panzerspuren nochmals bearbeitet
werden. Nach der Parade fand im Pionierpark Wuhlheide ein Volksfest mit der
Bevölkerung statt. Daran nahmen Tausende Berliner teil. Ein Militär-Orchester
spielte russische Lieder. An den Feldküchen bildeten sich Warte-Schlangen.
Soldaten schenkten nach russischer Tradition echte Buchweizensuppe mit
Schmorfleisch aus. Wegen der starken Nachfrage musste der Kessel-Inhalt in
den Feldküchen laufend nachgefüllt werden. Anlässlich der feierlichen Verabschiedung der Berlin-Brigade empfing der Regierende Bürgermeister von Berlin Angehörige und Ehefrauen der Eliteeinheit im Roten Rathaus.

Am *2./3. Juli 1994* veranstaltete die 6. Garde Mot.-Schützenbrigade in ihrer
Garnison Berlin-Karlshorst ein russisch-deutsches Freundschaftsfest.

Am *22. Juli 1994* verabschiedete der Umweltmister vom Land Brandenburg, Matthias Platzeck, in Potsdam Generalleutnant Viktor A. Koschelew. Der General vom Oberkommando der WGT informierte, dass die Westgruppe wegen des rapide gesunkenen Personalbestands allein nicht mehr in der Lage war, den Garnisons-Standort Wünsdorf von Altlasten zu entsorgen. Der General räumte ein, dass die Militärtechnik im Laufe der Zeit Umweltschäden verursacht habe.

Platzeck forderte bei dieser Gelegenheit die Medien auf, „durch das Aufbauschen von Einzelfällen bei umweltgefährdender Müllablagerung oder Altölbeseitigung die WGT nicht zum Prügelknaben zu machen". Diese Mahnung mit diplomatischer Verharmlosung der vom Militär verursachten Umweltschäden durch einen Umweltminister dürfte der russische General mit Wohlwollen vernommen haben. Die Rechnung zahlte der deutsche Steuerzahler (siehe Kapitel 4.2.). Platzeck bestätigte zugleich, dass es im Land Brandenburg bisher 6.500 Altlasten-Verdachtsflächen auf WGT-Liegenschaften gab.

Am *27. Juli 1994* lud das Oberkommando der WGT zu einer Pressekonferenz in ihr Hauptquartier in Wünsdorf ein. Vermittelt wurde der aktuelle Stand des Abzuges der Truppen aus Deutschland. Generalmajor Koscheljew informierte die Presse über das in Russland fertiggestellte Wohngebiet für 1.300 Familien in Durnewo. Die mit finanzieller Beteiligung der Bundesrepublik gebaute Wohnsiedlung bei Kursk war für Offiziersfamilien der 6. Garde-Mot.-Schützenbrigade (Berlin) vorgesehen.

Am *29. Juli 1994* veranstaltete die Landesregierung von Brandenburg unter Anwesenheit des Ministerpräsidenten, Dr. Manfred Stolpe und des Oberkommandierenden der WGT, Generaloberst Burlakow, im Residenzhotel Potsdam eine Abschiedsfeier für die im Bundesland stationierte Westgruppe der Truppen. Neben Parlamentariern aus der Bundes- und Landespolitik nahmen daran auch Vertreter der Bundeswehr teil.

Am *30. Juli 1994* verließ die Eisenbahngüterfähre „Greifswald" als letztes mit Soldaten und Militärtechnik der WGT beladene Schiff den Fährhafen Mukran. Zuvor gab es noch einen Empfang des Bürgermeisters von Sassnitz und Gästen im „Kurhotel Sassnitz". Anwesend war der Oberkommandierende der WGT. Generaloberst Burlakow erwähnte: „Wir scheiden mit dem Gefühl des Glücks, der Pflichterfüllung und vor allem als Freunde". Mit Bezug auf eine deutsche Volksweisheit sagte er: „Ob im Osten, ob im Westen - in der Heimat ist's am besten". Daran schloss sich im Hafen von Mukran ein militärisches Zeremoniell mit „Glanz und Gloria" an.

Burlakow verabschiedete gegen 13 Uhr unter Anteilnahme der Bevölkerung seine an Bord und auf der Pier angetretenen Soldaten in die Heimat. Im Gegensatz zu ihrem mit einem Helikopter eingeflogenen Chef kamen die bis zum Stehkragen zugeknöpften Soldaten noch einmal mächtig ins Schwitzen. Die Jungs mussten bei 28 Grad Celsius anderthalb Stunden in Paradeformation ausharren, bis beide Nationalhymnen abgespielt, die Ansprachen gehalten und die herbeigeeilten deutschen Volksvertreter ihren rhetorischen Senf abgelassen hatten. Zurück blieben die Paradesoldaten für die offizielle Verabschiedung in Berlin.

Diese fand am *31. August 1994* mit einem Festakt im Berliner Schauspielhaus statt. Daran nahmen der russische Präsident Boris N. Jelzin und der Bundeskanzler der Bundesrepublik Deutschland, Helmut Kohl, teil. Beide Staatschefs unterstrichen in ihren Ansprachen die historische Bedeutung der wieder erlangten Einheit Deutschlands. Sie stimmten darin überein, „die sowjetischen Streitkräfte und WGT leisteten eine stabilisierende Rolle bei der Erhaltung des Friedens in Europa". Der Oberkommandierende der WGT, Generaloberst Burlakow, erstattete dem sichtbar angetrunkenen Jelzin auf dem Gendarmenmarkt in Berlin-Mitte Meldung über die Beendigung des Truppen-Abzuges. „In drei Jahren und acht Monaten sind nach Russland und anderen GUS-Staaten abgezogen: die Führung der Westgruppe, sechs Armeen bestehend aus 22 Divisionen, 49 Brigaden und 42 selbständigen Regimentern. Die zwischenstaatliche strategische Operation des Abzuges der Westgruppe der Truppen ist beendet. Der moralische Zustand des Personals ist gesund. Das gesamte Personal ist bereit, weitere Aufgaben zu erfüllen". Den aus Deutschland scheidenden Angehörigen der WGT befiel in der Mehrzahl jedoch keine positive Vorahnung über ihre Zukunft.

Die Emotionen im Verlauf des Zeremoniells auf dem Berliner Gendarmenmarkt führten dazu, dass sich der russische Präsident den Stab des Orchesterdirigenten schnappte. Jelzin versuchte, das Orchester nach der Melodie „Kalinka" mit wilden Armbewegungen zu dirigieren. Bundeskanzler Kohl stand daneben und schmunzelte. Anwesende und TV-Zuschauer empfanden Jelzins „lustiges" und impulsives Auftreten eher beschämend. Das war nicht dem historischen Ereignis angemessen. Jelzins versöhnliche Rede über die Unschuld des deutschen Volkes und Russlands am vergangenen Krieg kommentierte die „Komsomolskaja Pravda" ironisch mit: „Hans und Gretchen, weinend vor Glück, verabschieden den russischen Iwan".

Nach dem offiziellen Akt im Stadtzentrum fand am Sowjetischen Ehrenmal im Treptower Park ein militärisches Zeremoniell für die im Kampf um Berlin gefallenen Sowjetsoldaten statt. Unter Trauermusik schritten Kohl und Jelzin die dort aufgestellten 16 Sarkophage ab. Vor den Monumenten des „Unbekannten Soldaten" hatten Elitesoladen der russischen Berlin-Brigade und von mehreren Kompanien des Wachbataillons der Bundeswehr Aufstellung genommen. Generaloberst Matweji Burlakow und der Generalinspekteur der Bundeswehr, General Klaus Naumann, nahmen auf den Stufen der Krypta die vorbeimarschierenden Formationen der WGT und Bundeswehr mit militärischer Ehrenbezeigung ab.

Die Soldaten der russischen Berlin-Brigade sangen in russischer und deutscher Sprache das Abschiedslied „Lebe wohl, Deutschland". Das beeindruckte alle Anwesenden. Eine Strophe des Liedes lautete: „Deutschland, wir reichen Dir die Hand und kehr'n zurück ins Vaterland. Die Heimat ist empfangsbereit. Wir bleiben Freunde allezeit. Auf Frieden, Freundschaft und Vertrauen sollten wir unsere Zukunft bauen. Pflicht ist erfüllt. Leb' wohl, Berlin. Unsere Herzen heimwärts ziehn".

Leider erfüllte sich die Prophezeiung des Liedtextes von Oberst Gennadi Luschetzki nicht. Das Vaterland, Russland, war nicht auf die Heimkehr seiner Soldaten und Familien hinreichend eingestellt. Die NATO und Regierung der Bundesrepublik Deutschland gerieten nach einem Jahrzehnt der Kooperation wieder in Konfrontation mit Russland.

Viele russische Offiziere empfanden die Verabschiedung der Westgruppe der Truppen getrennt von den Streitkräften der Westalliierten in Berlin als Demütigung. Sie wollten symbolisch, wie beim Sieg über den Faschismus im Mai 1945, nach 49 Jahren gemeinsam mit den einstigen Kriegsalliierten würdig aus Deutschland verabschiedet werden. Die gleiche Ansicht vertraten auch viele ehemalige Angehörigen der NVA und Teile der Berliner Bevölkerung.

Die damals zu nationalistischen Ansichten neigende Zeitung „Sovjetskaja Rossija" (Sowjetische Heimat) charakterisierte die Verabschiedung der WGT in ihrer Ausgabe vom 1. September 1994 mit den Worten: „Die Parade in Berlin war die Stunde des Triumphes für Helmut Kohl, die Stunde der Erniedrigung für Boris Jelzin und für das Land, das er vertritt".

Am *8. September 1994* wurden die westlichen Alliierten Streitkräfte (USA, Großbritannien, Frankreich) mit einem „Großen Zapfenstreich" der Bundeswehr am Brandenburger Tor in Berlin auf einer Militärparade feierlich verabschiedet. Nach der Periode des Kalten Krieges und von militärischer Konfrontation erlebten die Menschen in Europa eine Epoche der politischen Entspannung. Daran hatten auch die Angehörigen der sowjetisch-russischen Streitkräfte in der DDR und Bundesrepublik Deutschland Anteil.

"Hol nieder Flagge!"

Am *1. September 1994* holte der 16. und letzte Oberkommandierende der WGT, Generaloberst Burlakow, auf dem Flugplatz der WGT in Sperenberg die Fahne der Russischen Föderation ein. Er übergab das Banner an den Verteidigungsminister Russlands, Armeegeneral Pawel Sergejewitsch Gratschow. Beide bestiegen dann mit weiteren Generalen eine TU-154 B, die um die Mittagszeit in Richtung Moskau abhob.

Parallel verließ am *1. September 1994* um 12.45 Uhr der letzte Zug mit Soldaten der Berliner 6. Mot. Schützenbrigade mit ihren Familienangehörigen den Bahnhof Berlin-Lichtenberg. Zur Verabschiedung hielten die beiden Bürgermeister von Berlin und Moskau eine kurze Ansprache. Der Regierende Bürgermeister von Berlin, Eberhard Diepgen, zeichnete den Kommandeur der Brigade, Generalmajor Makarow, mit dem Verdienstorden des Landes Berlin aus. Die Kommandeure der westlichen Alliierten in Berlin erhielten diesen Orden am 6. September 1994. Militärorchester spielten russische Marschmusik und die „Berliner Luft". Berliner, die zur Verabschiedung gekommen waren, winkten mit russischen Fähnchen und überreichten Blumen. Die nach Osten heimkehrenden Soldaten verabschiedeten sich mit deutschen Wimpeln. Nach wechselseitigen Umarmungen auf dem Bahnsteig hieß es dann „Einsteigen und zurückbleiben!"

Der Zug nahm am *1. und 2. September 1994* einen Zwischenstopp im Grenzbahnhof Brest (Belarus) in Weißrussland. Hier erfolgte die Umspurung der Reisezugwagen. Die Drehgestelle der Wagen mit Normalspur mussten gegen Drehgestelle mit russischer Spurbreite ausgetauscht werden. Die Elitesoldaten der Berlin-Brigade wurden von der Bevölkerung herzlich begrüßt. Während des Aufenthaltes in Brest lieferten die Soldaten auf dem Bahnsteig Kostproben ihrer militärischen Perfektion. Begleitet vom mitreisenden Militärorchester sangen sie ihr Abschiedslied von Deutschland. Dagegen währte der Aufenthalt in Smolensk, dem ersten Halt des Zuges auf russischem Territorium, nur kurz.

Am *3. September 1994* kamen die Angehörigen der 6. Mot.-Schützenbrigade in Moskau auf dem Belorussischen Bahnhof an. Die Reisezugwagen waren mit Spruchbändern und Transparenten dekoriert, u.a. „Heimat empfange Deine Söhne!", „1945-1994" oder „Die WGT hat ihre Aufgabe erfüllt". In Paradeuniform marschierten die Soldaten in Begleitung ihres Musikorchesters dann anschließend vom Bahnhof durch das Stadtzentrum bis zum Roten Platz. Sie wurden von den Moskauern mit Musik und Beifall herzlich begrüßt.

In historischer Analogie zu den heimkehrenden siegreichen Truppen am Ende des Zweiten Weltkrieges sollte der Aufmarsch und Empfang an den Sieg von 1945 erinnern und an die Gegenwart anknüpfen. Die Männer der heimkehrenden Berlin-Brigade wurden in Moskau durch den russischen Ministerpräsidenten Viktor Tschernomyrdin und von Vertretern der russischen Militärführung begrüßt. Familienangehörige von Soldaten der Berlin-Brigade und Kriegsveteranen hatten sich ebenfalls eingefunden. Der Empfang der Rückkehrer auf den Moskauer Straßen bis zum Kreml fiel jedoch nicht so euphorisch aus, wie es sich Präsident Boris Jelzin und seiner Militärführung erhofft hatten.

Aus Anlass der Heimkehr der Westgruppe der Truppen aus Berlin fand auf der Poklonnaja Gora (Verneigungshügel) in Moskau eine Festveranstaltung statt. Das Programm gestalteten u.a. Künstler des Alexandrow-Ensembles und die populäre Sängerin Ljudmilla Sykina. Jagdflugzeuge der Luftstreitkräfte donnerten in Formationsflügen über den Ort der Festveranstaltung hinweg.

Am *4./5. September 1994* erreichte der Zug mit der Berlin-Brigade seinen Zielort Kursk. Auch hier bereitete die Bevölkerung den Soldaten einen herzlichen Empfang. Auf einem Spruchband war zu lesen: „Herzlich willkommen auf Kursker Boden, Verteidiger des Volkes". Reichlich mit Orden dekorierte Veteraninnen des Zweiten Weltkrieges begrüßten die Soldaten. Nach einer Parade und Kranzniederlegung auf dem Roten Platz in Kursk ging es weiter ins Neubaugebiet Kursk-Durnewo. Das vorwiegend für Offiziersfamilien der Berlin-Brigade errichtete Wohngebiet war eines der wenigen Neubau-Siedlungen, die rechtzeitig fertig wurden.

Am *9. September 1994* befahl der Chef des Stabes, Generaloberst Anatolij W. Terentjew, im Hauptquartier der WGT in Wünsdorf die russische Trikolore einzuholen. Damit endete nach 49 Jahren die Stationierung der sowjetisch-russischen Truppen in Deutschland. Einige Stunden später startete die letzte Gruppe von etwa 30 russischen Offizieren und Generalen mit einer IL-76 von Schönefeld nach Moskau.

Zur Verabschiedung in Schönefeld hatten sich der Leiter des Verbindungs-kommandos der Bundeswehr, Generalmajor Hartmut Foertsch, sein Stabschef Oberst Freiherr Grote, Dr. Carl Duisberg vom Auswärtigen Amt sowie Dr. Helmut Domke als Bevollmächtigter des Ministerpräsidenten des Landes Brandenburg für die WGT und Konversion eingefunden. Von Bord des Flugzeuges meldete Generaloberst Terentjew per Funk: „Der letzte russische Soldat verlässt Deutschland!"

Vom ersten bis zum letzten Tag des Abzuges der sowjetisch-russischen Streitkräfte aus Deutschland begleitete der Fotograf Detlef Steinberg die Soldaten mit ihren Familien. Mit seinen Fotografien dokumentierte er ein Zeitfenster deutsch-russischer Geschichte unmittelbar nach der deutschen Wiedervereinigung.

3.7. Impressionen und Einblicke zum Truppen-Abzug
207. Mot.-Schützendivision

Zu Beginn des vertraglich vereinbarten Truppenabzuges verlief im I. Quartal 1991 die Rückführung der 207. Mot.-Schützendivision der 2. Garde-Panzerarmee aus den Räumen Stendal, Gardelegen und Mahlwinkel. Kommandeur der Division war Oberst Kotenko. Er befehligte sechs Regimenter und acht Bataillone. Der Zeitrahmen, der ihm für den Abzug der gesamten Division vom Oberkommando in Wünsdorf gesetzt wurde, war sehr eng. Der Personalbestand der Division betrug 9.838 Mann. Die Division verfügte über 155 Kampfpanzer, 348 Schützenpanzer (BMP-2), 346 gepanzerte Mannschaftswagen (BTR-60), 126 Rohe Panzerartillerie, 72 Minenwerfer und 18 Stück Mehrfachraketenwerfer.

Trotz der sehr kurz bemessenen Vorbereitungszeit schaffte es Oberst Kotenko, seine Truppen bis März 1991 aus Deutschland abzuziehen. Die hierbei gesammelten Erfahrungen waren für die nachfolgenden Abzugsoperationen der sowjetisch-russischen Truppen von sehr großer Bedeutung. Burlakow beorderte deshalb Oberst Kotenko nach Abschluss der Rückführung seiner Division wieder zurück nach Deutschland.

Der Abzug hatte auch seine Schattenseiten. Nach Einschätzung von Burlakow verlief diese Militäroperation „Hals über Kopf, aus dem Stehgreif". Und „so chaotisch" sah es nach seiner Ansicht anschließend in den verlassenen Stationierungsorten auch aus. Die „Truppen ließen buchstäblich alles liegen und stehen, von Montageanlagen bis hin zu Sportausrüstungen, Wandzeitungen, Beleuchtungen, Schränke, ja selbst zerlegbare Bauten". Burlakow war über diese Nachlässigkeit der zurückgelassenen Gegenstände sehr verärgert. In Konsequenz entband er seinen 1. Stellvertreter und zugleich Verantwortlichen für den Abzug der 207. Mot.-Schützendivision, Generalleutnant Michael N. Kalinin, von seiner Dienststellung. Weitere Stabs-Offiziere in Wünsdorf wurden in der Anlaufphase des Abzuges ihrer Verantwortung nicht gerecht. Sie mussten ihren Posten räumen. Einige wurden in Reserve versetzt. Oberst Kotenko dagegen erhielt bald darauf seine Ernennung zum Generalmajor.

Der Oberkommandierende der WGT vertrat den Standpunkt, all das zu demontieren und mitzunehmen, was man am neuen Standort in Russland, der Ukraine und Weißrussland gebrauchen konnte. Die Palette reichte von Holz-Fußböden, Fenstern, Ziegelsteinen, Straßenlaternen und Waschbecken bis hin zu Wasserhähnen und Steckdosen. Was die abrückenden Truppen nicht für den eignen Bedarf am neuen Standort benötigen, könne man nach Ansicht von Burlakow in der Heimat zur Verbesserung der Wirtschaftlage und zur Selbstversorgung eintauschen. Wörtlich schrieb er: „Installiert man z.B. irgendwo tief in Russland an einer Dorfstraße die Beleuchtung auf Betonmasten, von denen es in Deutschland Hunderte gibt, könne man im Gegenzug drei bis fünf Ferkel bekommen. Umgibt man einen Kindergarten mit einem schönen Zaun, der sonst in Deutschland zurückgeblieben wäre, könne man vielleicht ein paar Kälber bekommen".

Viele Begleitumstände im Verlauf des Abzuges der russischen Truppen unterschieden sich in der Mitnahmepraxis wesentlich von den abziehenden amerikanischen, englischen und französischen Truppen aus Berlin. Davon konnte sich der Autor 1993 auf dem Flughafenareal der Royal Air Force in Berlin-Gatow überzeugen. Die Gebäude waren zwar nicht gefegt, aber hier fehlten keine Fenster, Fußböden, Dachziegel, Wasserhähne oder Steckdosen. Die elektrischen Kabel und Armaturen waren nicht demontiert oder aus den Wänden herausgerissen.

16. Garde-Panzerdivision

Der Abzug der 16. Garde-Panzerdivision aus dem Raum Neustrelitz, Ravensbrück (ehemaliges Frauen-KZ der Nazis), Rathenow und Wulkow (bei Neuruppin) verlief dagegen geordneter. Er dauerte jedoch fast ein Jahr (!). Am 17. September 1992 erhielt die Division den Befehl zum Abzug mit Verlegung in die Region der Stadt Tschaikowskij. Sie lag im Gebiet Perm (Militärbezirk Wolga). Per Bahn-, See- und Luft-Fracht gelangten Personal, Kampftechnik und Material von fünf Regimentern und sieben Bataillonen ins 4.000 Kilometer entfernte Tschaikowskij. Erst am 31. August 1993 war die Abzugs-Aktion abgeschlossen.

Die Waffentechnik der Division verlegte über den Seeweg. Sie wurde im Hafen Rostock verladen. Dazu gehörten 250 Panzer, 442 Schützenpanzer (BMP-2), 26 gepanzerte Mannschaftwagen (BTR-60), 126 Rohre Panzerartillerie, 356 Minenwerfer und 18 Mehrfachraketenwerfer. Per Eisenbahn gelangten das Material und diverse Ausrüstungen durch Polen über Brest nach Russland. Das Personal und teure Güter nahmen den Luftweg ab dem Fliegerhorst Pütnitz bei Ribnitz-Damgarten oder Sperenberg.

Für die stabsmäßige Vorbereitung der Abzugsaktion brauchte man allein sechs Monate. Defekte Technik musste erst repariert bzw. instandgesetzt werden. Im fernen Ural hatte man dazu keine Möglichkeiten. Nicht mehr benötigte Technik und Anlagenteile wurden ausrangiert. Das Material landete auf Schrotthalden. Einzelne Truppenteile bildeten „Rekultivierungstrupps" von 10 bis 15 Soldaten. Sie hatten die Aufgabe, die verlassenen Militärobjekte aufzuräumen. Vieles wurde dabei vergraben und entsorgungspflichtige Güter zum Teil in Holräumen vermauert. Davon konnte sich der Autor wenige Monate später vor Ort überzeugen.

Als erster Militärtransport der 16. Panzerdivision verlegte Anfang April 1993 das 66. Garde-Fla-Raketen-Regiment mit der Bahn über Brest nach Russland. Die Fahrt endete am Zielort Tschaikowskij. Dem Transport folgten dann dutzende weitere Züge. Am 25. Mai 1993, d.h. nach acht Monaten seit der Befehlserteilung, wurde in Neustrelitz der erste Panzertransport Richtung Überseehafen Rostock abgefertigt. Das 65. Garde-Panzerregiment benötigte allein 272 Flachwaggons zum Transport seiner Kampftechnik nach Rostock. 28 russischen Familien wurde ein befristeter Verbleib in Deutschland gestattet. Erst nachdem die Kinder in der oberen Schulklasse ihr Abitur absolviert hatten, sollten die Familien in die Heimat zurückkehren.

Burlakow charakterisierte die Abzugsaktion der 16. Garde-Panzerdivision in seinen Erinnerungen als einen Erfolg. Einige Bemerkungen erscheinen dazu angebracht. Noch nie hatte man in den sowjetischen Streitkräften eine solche Verlegung ins Hinterland geübt. Jahrzehnte lang war die Armee und ihre Führung vor allem auf Angriff bzw. Offensive, später auf die Abwehr gegnerischer

Schläge mit anschließendem Übergang in den Angriffsmodus trainiert und vorbereitet. Die Verlegung großer Verbände in unvorbereitetes Gelände konnte das Soldatenherz kaum erfreuen. Die Soldaten wussten, was sie im fernen Ural oder in den Weiten der Steppe erwarten würde. Glaubt man einem russischen Sprichwort, so blieben die Soldaten im Verlauf des Abzuges „zwischen Himmel und Erde stecken". Generaloberst Burlakow schilderte: „Es ging von gut eingerichteten Kasernenanlagen in Deutschland aufs freie Feld mit einem Zeltlager für 1.500 Mann für die Hauptkräfte der 16. Panzerdivision".

Mit dem Bau der Wohnsiedlung für die Soldaten und Angehörigen der 16. Panzerdivision sollte im Januar 1993 begonnen werden. Tatsächlich befanden sich die Bauarbeiten bei Ankunft der Division erst im Anfangsstadium. Abgesehen vom örtlichen Behörden-Chaos war der Umfang der in 1993 zu realisierenden Bauarbeiten für die beteiligten türkischen und deutschen Firmen enorm. Der Bebauungsplan beinhaltete die Errichtung von 22 größeren Wohnhäusern mit 1.385 Wohnungen, ein Wohnheim für 282 Plätze, Warenhaus, Kulturhaus mit 800 Plätzen, eine Schule mit 44 Klassenräumen, Kinderkrippe und Kindergarten für 330 Kinder, Wäscherei, öffentliches Bad, Hotel für 72 Gäste, Sportzentrum, Bäckerei und weitere Häuser inklusive Versorgungssysteme und Verkehrslogistik. Dafür hatte die Bundesregierung 219 Millionen DM bereitgestellt. All das befand sich erst in der Bauphase.

Neben der Unterbringung im Zeltlager (junge Offiziere und Unteroffiziere) kamen Offiziersfamilien in nahe gelegene Wohnheime, einem Lehrlingswohnheim und im Pionierlager „Energija" unter. Einige wohnten zur Untermiete bei Einheimischen. Um dem Nichts und sozialen Absturz zu entrinnen, gerieten viele Familien auseinander. Ehefrauen zogen mit den Kindern zu Verwandten in Russland, Ukraine oder Moldawien. Waffen und Technik wurden in 13 Feldparks des Umlandes untergebracht. Dabei erwiesen sich die mitgebrachten Baustoffe aus Deutschland als sehr nützlich, so u.a. Betonplatten, Ziegelsteine, Betonmasten, Fenster, Zäune usw.

Garnisonen Neustrelitz, Wulkow, Neuruppin, Ravensbrück

Der Autor hatte die Möglichkeit, die kurz zuvor von der 16. Garde-Panzerdivision und 12. Panzerdivision verlassenen bzw. noch in Räumung befindlichen Militärobjekte um Neustrelitz, Fürstenberg/Havel und Neuruppin im Juni und Juli 1993 zu besuchen. Bereits in der Abzugsphase der WGT lud das damalige Bauamt Neustrelitz am 1. Juni 1993 Vertreter von Entsorgungs-

und Recycling-Unternehmen zu einer Objektbegehung in das Tanklager **Neustrelitz**. Die Stadt wollte das an einem See liegende Terrain zeitnah vermarkten. Die Lage des Objekts war super, die Bauten dagegen überwiegend abbruchreif. Die örtliche Baubehörde initiierte eine Ausschreibung zur Entsorgung und für den Rückbau des russischen Tanklagers.

Mitarbeiter des Bauamtes und von eingeladenen Unternehmen sahen sich in Begleitung von russischen Offizieren und Soldaten genauer das Militärobjekt an. Deren Stimmung verschlechterte sich zusehends, je mehr unsere uniformierten Begleiter auf Restmengen in den Tanks aufmerksam gemacht wurden. Auch das von Kraftstoffen und Motorenöl kontaminierte Erdreich neben einigen Tankbehältern wurde von den Fachleuten nicht übersehen. Der Höhepunkt des Ärgers unter allen Anwesenden schien erreicht, als wir auf minenähnliche Munition und Raketenteile stießen. Den „Test", ob diese scharf oder nur zur Übung waren, wollten wir unseren Mitarbeitern ersparen.

Die russischen Offiziere befahlen ihren Soldaten barsch, die Munition verschwinden zu lassen. Was sie dann auch buchstäblich taten. Eigentlich hätten die Soldaten ahnen können, dass Ostdeutsche der russischen Sprache mächtig sind. Der Autor ließ sich mit seinem Kollegen etwas von der Besichtigungsgruppe zurückfallen. So konnten wir beobachten, was passierte. Die Soldaten ließen die Munition in Tankbehälter verschwinden. Damit taten sie genau das, was ihre Vorgesetzten befahlen. Sie öffneten den Tankdeckel und warfen die Munition hinein. Offenbar handelte es sich um weniger gefährliche Übungsmunition. Die Raketenteile warfen sie unbeobachtet in den See. Diese Insiderkenntnisse verhalfen uns zu einem dezidierten Angebot und schließlich auch Leistungsausführung mit Nachträgen zur Munitionsräumung.

Ähnliches sah der Autor auf dem Gelände im Tanklager **Wulkow**. Das Militärobjekt lag versteckt im Wald östlich von Neuruppin. Es war total geräumt. Die Mehrzahl der Tankbehälter der Größe 25 und 60 Kubikmeter hatten die Soldaten aus dem Erdreich gezogen. Sie sollten offensichtlich abtransportiert werden. Sie lagen nun kreuz und quer im Wald herum. Ein Teil der einst mit Schweröl bevorrateten Stahltanks befand sich noch im Erdreich. Einige Stahlkolosse ragten schräg nach oben aus der Erde heraus. Alles sah sehr chaotisch aus. Die Soldaten hatten die restlichen Tankinhalte vermutlich mit Handpumpen abgesaugt. Dabei ging vieles daneben. Die Gummischläuche hingen noch aus den Tanköffnungen heraus. Das Erdreich war stellenweise sowohl an der

Oberfläche als auch in der Tiefe stark kontaminiert. Das ergaben Grabungen in den Tankmulden.

Nach dem Aussehen der Gebäude in dem Tanklager zu urteilen, waren diese von russischen Soldaten selbst erbaut worden. Zum Zeitpunkt unserer Besichtigung gab es in den Gebäuden keine Fenster mehr. Innen waren der Fußboden und alle elektrischen und sanitären Armaturen demontiert. Hier konnte nur noch alles zusammengeschoben, separat entsorgt bzw. recycelt werden.

Chaotisch sah es in der nahe liegenden WGT-Kaserne Wulkow aus. Die lag direkt an der Hauptstraße. Man konnte das Objekt gut einsehen. Dort hatten die russischen Soldaten gemäß der Weisung ihres Oberkommandierenden nahezu alles demontiert und abgebaut. Der noch im Dienst stehende Wachschutz bestreifte ein potentielles Abrissgelände. Es dauerte nicht lange und Recyclingfirmen nahmen sich den Trümmer-Hinterlassenschaften an. Heute steht auf dem einstigen russischen Militär-Areal eine Justizvollzugsanstalt des Landes Brandenburg mit hohen Betonmauern.

Nur etwa 25 Kilometer westlich von Neustrelitz entfernt, befand sich in unmittelbarer Nähe zum größten Binnensee Deutschlands, die Müritz (kleines Meer, 117 Quadratkilometer), der WGT-Flugplatz **Lärz-Rechlin**. Auf dem Gelände des Militärflugplatzes an der Müritz-Havel-Wasserstraße waren 48 Jahre lang Kräfte des 19. Garde-Jagdfliegerregiments (MiG-23, MiG-27, MiG-23 UB) und der 439. selbständigen Hubschrauberstaffel (Mi-2, Mi-8, Mi-9 und Mi-24) der 16. Luftarmee stationiert. Anfang 1993 stellten die WGT den Flugbetrieb inmitten der Mecklenburgischen Seenplatte ein.

Von dort gelangten im Zuge des bis März 1993 andauernden Truppenabzuges unglaubliche Nachrichten über die auf dem Flugplatz von den sowjetischen Streitkräften verursachten Bodenkontaminierungen an die Öffentlichkeit. Die regionale Presse berichtete darüber ausführlich in Text und Bild im November und Dezember 1992. Durch den Betankungsbetrieb und das anschließende Herausreißen der unterirdisch verlegten Tankbehälter samt Pipeline aus der Erde flossen unbekannte Mengen von Kerosin in den Boden. Die russischen Soldaten gingen dabei nicht zimperlich mit den Stahl-Tanks, Leitungssystemen und Ventilen um.

Die deutschen Behörden waren alarmiert und forderten sofortiges Handeln. Wegen der massiven Umweltverschmutzungen in einem Trinkwassereinzugsgebiet sah sich das Oberkommando der WGT veranlasst, noch während des Truppenabzuges Entsorgungsmaßnahmen einzuleiten. Generaloberst Burlakow ließ dieses von seinen Truppen verursachte Umweltdesaster in seinen Erinnerungen unerwähnt. Die Presse schwieg nicht und meldete bald darauf: „Spezialeinheiten der WGT schürfen verlorenes Kerosin". Unter der humoristisch klingenden Schlagzeile verbargen sich Gefahren für den Menschen und die Umwelt. 260.000 Liter Kerosin sollen in den Boden geflossen sein. Bis November 1992 wurden über ein Drainagesystem 110.000 Liter Kerosin aus den kontaminierten Böden abgepumpt. Die Pumpen liefen noch bis zum Frühjahr 1993. Russische Militärlaster fuhren bis in den Dezember 1992 hinein 150.000 Kubikmeter mit Kerosin belastete Erden ab. Eine deutsche Firma reinigte anschließend die Erdmassen. Wie viel ausgelaufenes Kerosin und kontaminierte Erde insgesamt bewältigt werden mussten, ist dem Autor nicht bekannt. 10 Millionen Mark sollen für das Drainagesystem und den Bodenaustausch aufgewandt worden sein. Die massiven Umweltprobleme in Lärz und auf anderen Liegenschaften führten im Verhandlungspoker „Immobilienwerte der WGT im Verhältnis zu den Kosten zur Beseitigung von Umweltschäden" zwischen Kohl und Jelzin am 16. Dezember 1992 in Moskau zu einem einvernehmlichen Null-Kompromiss.

Neuruppin

Neuruppin hatte die Last und Folgen aus der Stationierung der 12. Panzerdivision mit drei Regimentern zu tragen. Zu den 27.000 Einwohnern der Fontanestadt kamen fast die gleiche Anzahl von sowjetischen Soldaten und deren Familienangehörigen hinzu. Etwa sechs Prozent der Kreisfläche entfielen auf eine militärische Nutzung. Dazu gehörten auch ein Militärflugplatz mit Tanklager, das Übungsgelände und eine Kasernenanlage im ehemaligen Herrengut Gentzrode. Das lag etwa fünf Kilometer nördlich von Neuruppin.

Das im Stil des orientalisierenden Historismus gehaltene Herrenhaus Gentzrode entstand 1876/77 nach Entwürfen von Martin Gropius und Heino Schmieden. Der Dichter Theodor Fontane war von dem turmartigen Anbau, den Zimmern mit ihrem prächtigen Ambiente fasziniert. Er beschrieb seine Eindrücke in den „Wanderungen durch die Mark". 1934 ging das Anwesen in den Besitz der Wehrmacht über.

Das ehemalige prächtige Herrenhaus der Gutsfamilie Gentz besetzte nach dem Krieg die Rote Armee. Die GSSD errichteten dann dort zusätzliche Kasernenbauten. Ende der 80er-Jahren hatte die GSSD auf dem Gutsgelände die 122. Raketenbrigade (SS-1c) sowie das 836. Funkmess- und Richtfunk-Bataillon stationiert. Seit dem Abzug 1992 stehen die Gebäude und das märchenhafte Schloss leer. Mehrere Investoren entwickelten phantastische Projekte, die sämtlich scheiterten. Eine türkische Firmengruppe wollte aus dem historischen Gebäudeensemble eine mondäne Hotellandschaft mit Golfplätzen errichten. Es blieb bis 2020 bei Träumereien. Heute ist das Schloss (Herrenhaus) eine Ruine mit einer vergessenen Geschichte.

Aus der Stadt Neuruppin zogen 1992 der Stab der 12. Panzerdivision und ihre Regimentsstäbe samt Truppen und Kampftechnik sowie das Fliegerpersonal ab. Geräumt wurden das Areal der Luftabwehrstation, die sowjetische Kommandantur, das Lazarett, Vorkriegskasernenbauten, Wohnblöcke der WBS-70-Serie (DDR-Neubau) und diverse Einfamilienhäuser. Die abziehenden russischen Soldaten hatten ihre genutzten Häuser und Kasernen besenrein hinterlassen. Die für die Wehrmacht 1935-1937 errichteten 15 Kasernenbauten waren noch gut erhalten. Die Gebäude, Depots und Fahrzeughallen befanden sich in einer idyllischen Seenlandschaft des Ruppiner Sees und Molchow Sees.

Nach dem Abzug der WGT wurde damit begonnen, einige Wohnblocks auf dem Flugplatzgelände für die Unterbringung von Asylbewerbern um- und auszubauen. Nach der Sanierung der Gebäude des ehemaligen Divisionsstabes in der Fehrbelliner Straße zog dort die Stadtverwaltung ein. Begonnen wurde mit der Umgestaltung des Komplexes der Seekaserne am Ruppiner See. Die Entsorgung- und Sanierungsarbeiten der ehemaligen WGT-Gebäude entlang der Straße nach Alt Ruppin gingen ab 1993 zügig voran. Davon konnte man sich während der Vorbeifahrt überzeugen.

Einige der Kasernenbauten wurden bereits ab 1996 als Oberstufenzentrum (Gymnasium) und vom Technologie- und Gründerzentrum genutzt. In weiteren Bauten sollte die Fachhochschule mit einem Wohnkomplex einziehen. 22 kleine und mittelständische Unternehmen hatten bis Mitte 1996 Büros bzw. Niederlassungen in der Panzerkaserne bezogen. Kasernenblöcke aus der Wehrmachtszeit und sowjetischer Truppenstationierung wurden nunmehr für eine zivile Nutzung saniert, hergerichtet und bezogen.

Fürstenberg/Ravensbrück

Die von der WGT in den neuen Bundesländern sukzessive geräumten Liegenschaften weckten auch territoriale Begehrlichkeiten in Nordrhein-Westfalen. Nach Presseberichten über den Abzug traten zwei Ingenieure an unser Unternehmen mit einer Anfrage heran. Sie wollten wissen, ob wir auf der Grundlage unserer Projektkenntnisse „Entsorgung & Sanierung WGT-Liegenschaften" Empfehlungen für geeignete Areale zum Bau einer Autoteststrecke auf Truppenübungsplätzen der WGT geben können. Die Herren arbeiteten im Auftrag eines größeren Autointeressenverbandes. Der Autor unterbreitete den Vorschlag zur Erkundung des ehemaligen Truppenübungsplatzes der WGT südlich von Fürstenberg/Havel. Das weiträumige Areal befand sich östlich der Fernverkehrsstraße 96, unweit vom gegenüber liegenden WGT-Objekt Drögen und nördlich dem WGT-Objekt Dannenwalde.

Wir machten uns 1993 auf den Weg nach Fürstenberg. Nach Ansicht der beiden Ingenieure aus Köln und Essen würde sich das bewaldete und hügelige Gelände ohne Ansiedlung gut für eine Autotest- oder Rennstrecke eignen. Der Autor konnte sich das kaum vorstellen. Die Herren waren jedoch von der Landschaft begeistert. Sie schienen schon das Heulen der Motoren zu hören.

Neben einigen Terminen bei lokalen Behörden wollten die Herrn vom Rhein auch eine russische Garnison sehen und nach Möglichkeit mit Angehörigen der WGT sprechen. Der Autor entschied sich für Fürstenberg-Ravensbrück. Das Hauptquartier der 2. Garde-Panzerarmee am Röblinsee in Fürstenberg, u.a. mit einem Museum und sowjetischem Hospital, war noch Sperrgebiet. In das Hauptquartier kam man nur mit einer Betretungs-Genehmigung der Kommandantur hinein. Am Röblinsee befanden sich auch mehrere direkt am See liegende Villen von deutschen Vorbesitzern. Nach dem Abzug der WGT hatte der Autor Gelegenheit, sich die Gebäude und Villen näher anzusehen.

Zur WGT-Garnison Fürstenberg gehörten u.a. ein Instandsetzungs-Bataillon für Panzer mit etwa 15 Fahrzeughallen, je ein (1) Funkmess-Regiment und Funktechnisches Bataillon, ein (1) Tanklager, die Verwaltung der 2. Garde-Panzerarmee und mehrere Wohnsiedlungen.

Zu DDR-Zeiten konnte man sich nur schwer vorstellen, dass sich auf dem Gelände des ehemaligen Frauenkonzentrationslagers der Nazis in **Ravensbrück** Truppenteile einer sowjetischen Panzerdivision einquartiert hatten. Das betraf das 60. Mot.-Schützenregiment und die 118. Versorgungs-Brigade. Die Befreier vom deutschen Faschismus wohnten in der Nachkriegszeit in den Villen und Häusern der SS-Wachmannschaften und Mörder von Tausenden Häftlingen. Auf dem Nebengelände des KZ, wo inhaftierte Frauen bis zu ihrer Befreiung qualvolle Tätigkeiten verrichten mussten, stand ein Teil der Kampftechnik der sowjetischen Armee.

Zum Zeitpunkt des Besuches bewohnten noch einige Familien der WGT die einst von der DDR an der Zufahrtsstraße zur Garnison errichteten mehrstöckigen Neubaublocks. Die beiden Kollegen aus Köln und Essen staunten über die chaotisch wirkende Wohnansiedlung. Die zum Teil vor dem Reihenhaus abgestellten Möbel deuteten darauf hin, dass die Bewohner am Ausziehen waren. Einige hatten uns bald bemerkt. Kraftfahrzeuge mit Essener und Kölner Kennzeichen waren hier eher selten. Wir stiegen aus und sahen uns interessiert um. Zum Glück wirkten meine Kollegen mit Jeans, Pullover und verschmutzen Schuhen nicht wie Manager, sondern eher wie neugierige Touristen.

Der Autor erkundigte sich auf Russisch, wie die hier wohnenden Menschen über den Abzug aus Deutschland dachten. Die Antworten von einigen aus den Fenstern lehnenden Bewohnern klangen düster. Nachdem sie bemerkten, dass wir uns für ihre Probleme des Abzuges interessierten, lud man uns zu meiner Überraschung zu einem Gespräch in eine Neubau-Wohnung ein.

Beim Eintritt in den Hausflur des Wohnblocks befiel uns, aus dem Kellergeschoss kommend, ein Gestank von Abwasser und Fäkalien. In der 3. Etage konnte man es schon aushalten. Eine auffallend geschminkte und parfümierte hübsche Frau öffnete und bat uns hinein. Ebenso wie eine Mitbewohnerin sprach sie Deutsch. Ich brauchte nicht zu dolmetschen. Das Gespräch, das sich bei einigen Tassen Tee und Kuchen entwickelte, war sehr herzlich und aufrichtig. Meine Kollegen sprachen über diese Begegnung noch Jahre später. Es war ihr erster Kontakt mit Bürgern aus der ehemaligen Sowjetunion bzw. Russland. Umgekehrt lernten die Frauen aus Russland unverhofft Bürger aus dem Bundesland Nordrhein-Westfalen kennen. Sie interessierten sich vor allem über Arbeitsmöglichkeiten im Westteil der Bundesrepublik.

Abschließend wollten wir wissen, womit wir ihnen eine Freude machen könnten. Wir erhielten zur Antwort, dass sie am liebsten in Deutschland bleiben würden. Eine Frau sagte, sie hätte sich mit ihrem Mann so verständigt. Er müsse demnächst nach Russland. Sie würde vorerst nicht mitreisen. Die von ihr geschilderten Lebensbedingungen für die Rückkehrer ins ferne Russland klangen in unseren Ohren sehr gedämpft. Viele Familien hätten am neuen Standort keine Wohnung und würden zerfallen. Die Frau sagte, dass ihr Mann als Oberleutnant in Deutschland so viel verdienen würde, wie etwa ein General in Moskau. Gegenüber der stabilen DM und dem Warenangebot herrsche in Russland eine Rubel-Inflation und allgemeiner Mangel. Meine Kollegen waren völlig sprachlos. Nach der Verabschiedung fuhren wir in den Supermarkt und kauften für die Gastgeberinnen noch einige Geschenke und Blumensträuße. Die Frauen freuten sich darüber sehr. Sie packten uns noch einige Stücke Kuchen ein. Sie wünschten uns „Glück und ein langes, gesundes Leben". Eigentlich brauchten sie das nötiger als wir.

Auf der Rückfahrt war es lange still im Auto. Meine Kollegen konnten nicht verstehen, dass ein Volk, dass Raketen zum Mond schießt und Kosmonauten um die Erde schickt, in solch erbärmlichen Verhältnissen lebt. Der WGT fehlte es offensichtlich an Geld, um die Abwasserleitung im Haus zu reparieren. Und so floss alles in den Keller. Auch die von den Frauen erwähnte Perspektivlosigkeit der Offiziere und ihrer Familien in Russland überraschte uns.

Später erfuhr der Autor, dass der Essener Kollege in Kontakt zu einer Frau aus dem einstigen Wohnblock in Ravensbrück stand. Er ebnete ihr den Weg in den „Westen". Sie fand in einem Logistik-Unternehmen als Dolmetscherin einen Job. Zum Bau der Autotest- und Rennstrecke kam es trotz der Investitionszusagen im Raum Fürstenberg nicht. Naturschützer hatten sich in der Region zum Widerstand formiert. Das anspruchsvolle Bauprojekt entstand dann einige Jahre später als Eurospeedway Lausitz bei Brand.

Begegnung mit einem General in Altengrabow

Im Beisein eines leitenden Beamten des Bundesvermögensamtes Magdeburg hatte der Autor im Frühjahr 1994 Gelegenheit, Teile des Kasernenkomplexes in Altengrabow südlich von Ziesar und des angrenzenden Truppenübungsplatzes im Fläming näher in Augenschein zu nehmen. Anlass des Besuches war die behördliche Anfrage zu einer Entsorgungsleistung. Um was es sich dabei handelte, erfuhr der Autor erst im Verlauf des Rundganges bzw. der Fahrt durch das Gelände. Nach meiner Irrfahrt um das noch von den russischen Truppen besetzte weiträumige Gelände fand ich schließlich doch noch das Haupttor. Dort zeigte ich dem russischen Posten meinen Ausweis und die Betretungsgenehmigung. Der Soldat schmunzelte und winkte mich einfach durch. Mein Kommen war avisiert worden. Ein leitender Beamte des Bundesvermögensamtes Magdeburg erwartete mich.

Für den Autor völlig überraschend, wurden wir von einem russischen Generalmajor empfangen. Ob es sich um den Divisionskommandeur, Generalmajor Alexander N. Jewtejew handelte, oder um seinen Nachfolger bzw. einen General des Oberkommandos, ist nicht mehr nachvollziehbar. Sein Name ist mir leider entfallen. Burlakow erwähnte in seinen Erinnerungen den Generalmajor Jewtejew. Laut den Angaben in seinem Lebenslauf war er zu dem Zeitpunkt abkommandiert. Der General begrüßte uns auf Deutsch. Ich erwiderte seine Begrüßung auf Russisch und stellte mich vor. So wusste er, dass ich Fregattenkapitän war, in der Volksmarine diente und seit 1993 in einem Recycling-Unternehmen arbeitete. Der anfänglichen Überraschung des Generals wich seine Frage, um was für ein Unternehmen es sich genau handelte.

Der freundlich und jung wirkende General hörte aufmerksam zu. Er sah mir direkt in die Augen und nickte zustimmend. Er sagte sinngemäß: „Wir wollen versuchen, Deutsch zu sprechen, damit uns ihr Kollege auch versteht". Der General bemerkte, dass ich mir sein Akademieabzeichen an der Uniformjacke ansah. Er wollte wissen, welche Akademie ich absolviert hätte. Ich antwortete, dass ich mehrere Diplome und eine Promotion abgelegt habe. Gegenwärtig gewänne ich Erkenntnisse und neue Erfahrungen aus dem Abzug der mächtigsten Streitkräftegruppierung der Welt aus Deutschland. Das schien ihn zu beeindrucken.

Das freundliche und sympathische Lächeln des Generals werde ich nie vergessen. Erst später begriff ich, dass er und seine Soldaten den Truppen-Abzug und Standortwechsel mit gemischten Gefühlen sahen. Viele hatten den Wechsel ins Zivilleben viel schwerer zu ertragen als die ehemaligen Berufssoldaten der NVA. Der General nahm sich etwas Zeit und fuhr uns mit einem Jeep durch das Militärgelände. Es war das einzige Mal, dass ich in meinem Leben von einem General bzw. seinem Fahrer chauffiert wurde und dazu noch auf diesem historisch interessanten Areal.

Auf dieser großflächigen ehemaligen Agrarlandschaft feuerte im Juli 1893 das Berliner Gardekorps die erste Artilleriegranate ab. Seitdem gehörte das Schießplatzareal mit dem „Mühlengut Altengrabow" dem Militär. Nach der Wehrmacht bezog die Rote Armee ab Mai 1945 diese Liegenschaft. Aus dem Artillerieschießplatz wurde ein großer Truppenübungsplatz mit einer Fläche von ca. 9.600 Hektar.

Nach wechselnder sowjetischer Truppenpräsenz und Kampftechnik waren hier 1990 die 10. Panzerdivision mit drei Panzerregimentern, das 744. Artilleriegiment, die 303. Artilleriebrigade, das 359. Fla-Raketenregiment (SA-8), die 36. Raketenbrigade (SS-1c) sowie das 248. Mot.-Schützenregiment stationiert.

Schließlich erreichten wir ein mehrgeschossiges Krankenhaus mit einem großen roten Kreuz an der Häuserwand. Hinein gehen brauchten wir nicht. Das ganze medizinische Inventar lag zu unserer sichtlichen Verwunderung draußen auf dem Vorplatz. Hier lagen Bettgestelle, diverse medizinische Glas- und Edelstahlapparaturen, Röntgenaufnahmen, Akten und Papiere vermischt mit Hunderten zerschlagener Ampullen, Spritzen und Kanülen aller Größen, Verbandmaterial lose und in Kartons, diverse Arzneimittel aus deutscher und russischer Herstellung, medizinische Geräte und OP-Bestecke sowie auch Wasch- und Toilettenbecken.

Beim Anblick des stark nach Desinfektionsmittel (Formaldehyd) riechenden Medizin-Chaos verschlug es einem die Sprache. Medizinisches Hilfsgut wurde zum Entsorgungsgut. Wie ist so etwas möglich? Zur Gefahrenabwehr sah sich das Bundesvermögensamt veranlasst, eine Sofortmaßnahme zur Entsorgung einzuleiten. Das alles hier musste unter Schutzkleidung zum Teil manuell separiert, in Sonderabfallbehälter verbracht und abgefahren werden.

Der anwesende Generalmajor, dem der Anblick peinlich war, erwiderte, dass alle medizinischen Geräte und Versorgungsgüter zum Abtransport vor dem Gebäude gelagert waren. Die Räumung der Liegenschaft erfolgt gegenwärtig unter großem Zeitdruck. Man schaffte es nicht mehr, das medizinische Material geordnet abzufahren. Vor lauter Frust walzten dann Soldaten eigensinnig mit einem Militärlastwagen das zum Abtransport gelagerte Material nieder. Die verantwortlichen Offiziere wurden bestraft.

Man spürte, der in großer Eile vollzogene Truppen-Abzug ins Ungewisse ging dem General sehr nahe. Er verlasse Deutschland ungern. Auf meine Frage, wohin es ginge, zuckte der General mit den Schultern. „Hier war unsere zweite Heimat auf deutschem Territorium (DDR), das wir für euch schützten. Nun ist es vorbei. Deutschland ist wieder vereint. Unsere Aufgabe ist erfüllt". An den Autor gewandt sagte er: „Sie haben als Offizier einen neuen Job. Ich wünsche Ihnen dabei Erfolg und ihrer Familie Gesundheit!" Diese Begegnung beschäftigte mich wochenlang. Auch der Herr vom Bundesvermögensamt war ziemlich geknickt. Ich habe diese Episode nicht vergessen.

Später erfuhr der Autor, dass die in Altengrabow stationierte 10. Panzerdivision mit etwa 10.000 Soldaten in die Weiten der Steppe in Usbekistan und Kasachstan verlegt wurde. Dort gab es keine Straßen, keine Häuser und keinen Flugplatz. Es musste erst eine hunderte Kilometer lange Straße aus Betonplatten gebaut werden, um mit den Fahrzeugen dorthin zu gelangen. Deshalb demontierten zuvor die russischen Soldaten ein Teil der betonierten Start- und

Landebahnen auf ihren Militärflugplätzen. Aus etwa 30.000 Stück Betonplatten wurden Straßen, Park- und Lagerflächen an den neuen Stationierungsorten.

3.8. Demilitarisierung durch Panzer-Recycling der WGT

Parallel mit dem Abzug der Streitkräfte realisierte die WGT in Übereinstimmung mit dem am 19. November 1990 geschlossenen Europäischen Abrüstungsvertrag für Konventionelle Streitkräfte die transparente Verschrottung von 2.389 ihrer Panzer und Schützenpanzer (BMP 1 und 2) auf deutschem Boden. Generaloberst Burlakow bezifferte die Anzahl der verschrotteten Panzertechnik mit 2.632 Stück. Das entsprach etwa 30 Prozent der gepanzerten Fahrzeuge. Garnisonen, die zuvor Panzer instandsetzten, verwandelten sich zu Recycling-Standorten zur Verschrottung von Panzer und Schützenpanzer. Diese nannten sich TLE-Reduzierungsstätten - Treated Limited Equipment, vertraglich vereinbarte Reduzierung von Gerät. Diese Demilitarisierungsstätten führte die WGT unter der anonymisierten Objekt-Nummer 4.446.

Generalleutnant Schulikow fungierte im Oberkommando der WGT als Chef des Ressorts „Rüstungskontrolle". Sein Unterstellter, Oberst W. Streinikow, der zugleich Sekretär der Gemischten Kommission war, leitete die Abrüstungsmaßnahmen. Die Panzerzerlegung, Verschrottung, Verwertung und Entsorgung der Betriebsstoffe (Motorenöl, Dieselkraftstoff, Kühlflüssigkeit) hatte für die in Deutschland zertifizierten Recyclingunternehmen nach europäischen Richtlinien für die Demilitarisierung von Kampfgerät zu erfolgen. Damit sollte eine Wiederverwendung der Waffentechnik ausgeschlossen werden.

Unter strengen Umweltauflagen begannen TLE-Reduzierungsstätten am 8. August 1992 mit der Panzer-Verschrottung. In unangemeldeten Kontrollen überwachten internationale Inspektoren die Arbeiten und umweltschonende Entsorgung. Inspektoren-Gruppen kamen aus den USA, Belgien, Kanada, Deutschland, Spanien, Großbritannien und Irland. Die Verwertung des Panzerschrottes war eine zusätzliche DM-Einnahmequelle für die WGT. Zu den Schrott-Abnehmern gehörte u.a. das RIVA-Stahlwerk Brandenburg/Havel. Es befand sich in der Nähe des ehemaligen Panzerreparaturwerkes in Kirchmöser. Der Transportweg der Schrott-Container betrug lediglich acht Kilometer.

Für die Zerlegung der Kampfpanzer war eine exakte Schnitttechnologie vorgeschrieben. Die Arbeiten begannen mit dem kompletten Ausbau der Panzer-Turmausrüstung mit der Zieloptik, Funkanlage und Stabilisierungseinrichtung der Kanone. Anschließend wurde der Panzerturm abgehoben. Daran schloss sich die Demontage der Panzerketten und äußeren Baugruppen (Kisten, Scheinwerfer, Abschleppseile, Kettenabdeckung usw.) an. Ein Kran hievte dann den Motor und das Getriebe aus dem Triebwerkssegment. Erst nach Entfernung aller Kampf-, Triebwerks- und Fahrerkomponenten erfolgte die weitere Turm- und Chassis-Zerlegung nach einem vorgeschriebenen technologischen Ablaufplan.

Am Beispiel des Panzertyps T-55, der auf der Verschrottungsliste stand, waren die Arbeitsschritte fachlich genau definiert. Diese, für den Laien schwer verständlichen Arbeitsschritte beinhalteten:

1. Zerstörung der Turmöffnung in der Wannendeckenplatte durch Heraustrennen eines Kreisringausschnittes aus dem Rand der Turmöffnung in der Decke der Wanne. Die Kreisringausschnitte in Höhe von 200 Millimeter waren zentrisch zur Turmöffnung in Fahrzeuglängsachse anzulegen.

2. Zerstörung der Wanne im Bereich der Öffnungen für die Seitenvorgelege durch Heraustrennen von Segmenten aus beiden Wannen-Seitenplatten. Dazu waren senkrechte und waagerechte Schnitte so in die Seitenplatten der Wanne und diagonale Schnitte in die Deck- und Bodenplatten sowie Front- oder Heckplatten anzulegen, dass die Seitenvorgelege in den herausgetrennten Segmenten enthalten waren.

3. Zerstörung des Schildzapfens und des Rohres der Hauptwaffe durch Abtrennen der Schildzapfen und des dazugehörigen Lagers im Turm. Anschließend erfolgt die Zertrennung des Geschützrohres in zwei Teilen in einer Entfernung von höchstens zwei Meter vom Bodenstück.

4. Zerstörung des Verschlusses entweder durch Verschweißen des Verschlusskeils mit dem Bodenstück an zwei Stellen oder Zerschneiden mindestens einer Seite des Bodenstücks entlang der Längsachse der Öffnung, die den Verschlusskeil aufnimmt.

Die weitere Arbeitsfolge beinhaltete die Demontage aller Baugruppen aus der Panzerwanne. Für die Segment-Zerlegung von Panzerwanne, Turm und Kanone galten die Größen-Richtwerte 1.500 mal 500 mal 500 Millimeter. Besonders das Brennschneiden des im Frontbereich 420 Millimeter starken Panzerturms war sehr anspruchsvoll. Die Panzermotoren mit bis 780 PS-Leistung wurden nach Gutbefund zivilen Zwecken zugeführt.

Deutsche Recycling-Unternehmen bewältigten ab 1992 ein umfassendes Demilitarisierungsprogramm von schweren Waffen der NVA. Von 1992 bis 1995 recycelte eine thüringische Firma allein 1.838 Kampfpanzer und 118 Schützenpanzer sowie 80 Kanonen und Haubitzen aus dem von der Bundeswehr übernommenen NVA-Bestand. Offiziere der WGT bzw. Inspektoren der Russischen Föderation informierten sich wiederholt an Standorten deutscher Recyclingfirmen über die vorschriftsmäßige Panzerzerlegung. Ihre Kontrollen dienten auch der Erkenntnisgewinnung für die eigene fachgerechte Verschrottung ihrer ausgemusterten Panzertechnik. Die WGT erzielte aus der Verschrottung und Vermarktung ihrer Panzertechnik dringend benötigte DM-Finanzmittel.

3.9. Umschulung und Berufsausbildung Personal

Für die Berufsausbildung und Umschulung in Zivilberufe von Offizieren, Fähnrichen und Unteroffizieren der WGT, die aus dem aktiven Militärdienst ausschieden, stellte die Bundesregierung 200 Millionen DM bereit. Deutschland unterstützte damit die Wiedereingliederung von Armeeangehörigen in das zivile Berufsleben. An dem Umschulungsprogramm nahmen auch Zivilbeschäftigte und Ehefrauen teil. Den Lehrgangsteilnehmern wurden betriebswirtschaftliche Grundlagen der Marktwirtschaft vermittelt, um diese dann in der Heimat anwenden zu können.

Zur Realisierung dieses anspruchsvollen Programms wurde die Arbeitsgruppe „Ausbildung und Umschulung" unter Leitung von Generalmajor Charsejew gebildet. Die ersten Qualifikationslehrgänge fanden in den Garnisonen Wünsdorf, Sperenberg, Weimar, Nohra, Dresden, Großenhain, Königsbrück, Naumburg, Zerbst, Zeitz und in Berlin statt.

So z.B. erhielt das Institut für Technische Weiterbildung Berlin e.V. (ITW) den Auftrag, russische Offiziere, Zivilangestellte und Ehepartner im Luftwaffenstützpunkt Sperenberg zu unterrichten. Die Umschulung begann im August 1992 mit einem Lehrprogramm von 200 Unterrichtsstunden. Es wurden sieben Kurse angeboten.

Am Beginn der Ausbildung stand das Einführungsseminar in Betriebswirtschaftslehre und das Fach Elektronische Datenverarbeitung. Zum Lehrprogramm gehörten u.a. die Schwerpunkte Existenzgründung, Marketing, Kalkulation, Kostenrechnung und Rechnungswesen. Gelehrt wurde in russischer Sprache. Das Institut konnte auf russischsprechende Dozenten zurückgreifen. Bildungsträger war u.a. eine Arbeitsgemeinschaft bestehend aus der ABU Akademie für Berufsförderung und Umschulung (Berlin), der Berlin-Consult GmbH und GOPA Consultants aus Bad Homburg. Zum Lehrpersonal gehörten auch Dozenten der Moskauer Hochschule für Luftfahrt.

Etwa 13.500 Offiziere und Familienangehörige sowie länger dienende Unteroffiziere kamen in den Genuss, diese Umschulung bzw. Ausbildung an 32 Garnisonen in Deutschland absolvieren zu können. 15 Ausbildungszentren existierten in Russland, Weißrussland und der Ukraine.

Nach der bestandenen Prüfung erhielten die Absolventen ein „Manager-Zertifikat". Von den zu Verfügung gestellten 200 Millionen DM Finanzmittel entfielen auf die WGT in Deutschland lediglich 22,8 Millionen DM (11 Prozent) für Umschulungsmaßnahmen.

129,32 Millionen DM (65 Prozent) flossen direkt nach Russland. Die Ukraine erhielt 22,98 Millionen DM. Weissrußland bekam 8,21 Millionen DM und Kasachstan 3,61 Millionen DM. Wohin die Restsumme von 13 Millionen DM abfloss, konnte der Autor nicht belegen.

Die Quoten-Festlegung basierte auf den prozentualen Anteil der abziehenden Soldaten auf das Territorium der einzelnen ehemaligen Sowjetrepubliken. Der Anspruch, Marktwirtschaft praxisnah vermitteln und studieren zu können, funktionierte dort am effektivsten, wo diese Wirtschaftsform bereits existierte. Aus diesem Grund schien es geboten, dass die aus dem aktiven Dienst ausscheidenden Offiziere und Unteroffiziere der WGT in Deutschland die Masse des Bildungsfonds zugestanden hätte. Diese Ansicht vertrat auch der Oberkommandierende Generaloberst Burlakow. Dem war jedoch nicht so. Wieder einmal feilschten Russland und die Gemeinschaft Unabhängiger Staaten (GUS) um die Aufteilung von DM-Devisen. Zweifel über den Inhalt und Erfolg der Umschulung im fernen Kasachstan scheinen berechtigt.

9 Autor mit russischem Kasernenschild, 1993 *(alle Fotos Autor Ingo Pfeiffer)*

10 Mosaikbild an Giebelwand sowjetische Kaserne „72 Jahre…."

11 MiG-Denkmal mit Autor 1993, Flugplatz Neues Lager Jüterbog

12 NVA-Panzer vor Verschrottung, 1994 *(Sammlung Ingo Pfeiffer)*

13 Abheben Panzerturm vom T-55 *(Sammlung Ingo Pfeiffer)*

14 abgeschnittene Kanone vom T-55 mit Bodenstück *(Sammlung Ingo Pfeiffer)*

15 demontierte Panzerketten *(Sammlung Ingo Pfeiffer)*

16 Parade Mot.-Schützenbrigade, 25. Juni 1994 Berlin, *(Detlef Steinberg)*

17 Marschblockformation, Parade 25. Juni 1994 Berlin *(Detlef Steinberg)*

18 Parade 25. Juni 1994 Berlin *(Detlef Steinberg)*

19 Parade 25. Juni 1994 Berlin, Wimpelträger *(Detlef Steinberg)*

4. Hinterlassenschaften Westgruppe der russischen Truppen in östlichen Bundesländern

Nach dem Abzug der WGT patrouillierte zeitlich befristet ziviler Wachschutz in Geisterstädten, leeren Kasernenobjekten, gespenstisch anmutenden Bunkeranlagen, Tanklager, Depots, auf Flugplätzen mit diversen Sheltern und auf Übungsplätzen. Warnschilder „Sperrgebiet-Betreten verboten! Bundesvermögensamt", „Militärischer Sicherheitsbereich", „Lebensgefahr-Fundmunition!", „Explosionsgefahr!", „Feuergefährlich!" usw. markierten verlassenes, aber dennoch gesperrtes militärisches Terrain. Vielerorts lauerten auf den Liegenschaften unsichtbare Gefahren von Rüstungsaltlasten aus jahrzehntelanger militärischer Nutzung.

Hunderte Katzen und Hunde waren sich ohne Herrchen selbst überlassen. Zurück blieben leergezogene Kasernen und Häuser, demontierte oder verfallene Gebäude, Denkmäler, Depots und Anlagen, diverse Schrott- und Müllberge sowie Trümmerareale mit Baureststoffen. Tanklager, Tankstellen und Fahrzeugparks waren häufig mit Treib- und Schmierstoffen, Chemikalien, Gefrierschutz- und Lösungsmittel kontaminiert.

Auf vielen dieser Plätze bot sich das gleiche Bild: Berge von ausrangierten Militär-Fahrzeugen mit dem weiß-roten CA-Symbol (Cowjetskaja Armija), Fahrzeugteile, verschlissene Lkw-Reifen ohne Felgen, militärische Ausrüstungsgegenstände, kleine und große Tankbehälter, Tausende Fässer (zum Teil aus Wehrmachtsbeständen) und Benzin-Kanister, Gasflaschen sowie Granathülsen und Munitionsreste.

Dem Schrottkundigen bot sich ein Durcheinander von Stahlalt- und Stahlneuschrott, Misch-, Guss- und Dosenschrott, Buntmetallen und Blei-Akkus. Die WGT hinterließ große Mengen von Haushaltsmüll, zerstörte Wellasbestplatten, unbrauchbares Dämm-Material und diverse Baureststoffe. Die Materialien waren häufig mit Teer, Farben, Bauschutt, Fette, Öle oder Chemikalien vermischt.

Für den Betrachter mehr oder weniger deutlich zu erkennen, lagen dazwischen auch Artillerie-Munition, Panzerfäuste und Minen. Die Beschriftung in kyrillischen Buchstaben auf den Kartuschen deutete teilweise auf Übungsmunition (russisch Uschepnoje) hin. Ob es sich dabei tatsächlich um Übungsmunition oder scharfe Munition handelte, wusste man nicht. Bei der Herstellung vieler

Rüstungsgüter spielten der Umweltschutz und Aspekte der späteren Entsorgung für das Militär eine untergeordnete Rolle. Jetzt jedoch stellten die WGT-Hinterlassenschaften hohe Anforderungen an eine systematische Liegenschaftsbegehung und qualifizierte Gefährdungsabschätzung. Bevor man mit der Entsorgung, dem Recycling und der Sanierung bzw. Renaturierung der Flächen beginnen konnte, musste die Munitionssuche und -räumung stattfinden.

Mit Ausnahme des WGT-Hauptquartiers in Wünsdorf mit preußischer, Wehrmachts- und russischer Militärgeschichte verloren viele militärisch genutzten Areale der GSSD bzw. WGT mit historischem Hintergrund ihre Konturen, ehe sie für die Gegenwart und nachfolgende Generationen begriffen werden konnten. Der Autor meint den Umgang mit Geschichte. Welche Geschichte ist es wert, dass man sie stehen lässt, sich mit ihr beschäftigt oder in Vergessenheit geraten lässt. Seit den 90er-Jahren existiert in Teilen unserer Gesellschaft der vorwiegend politisch diktierte Drang, Aspekte der DDR-Alltagsgeschichte und ihrer Militärgeschichte aus der Erinnerungskultur der Bürger zu säubern oder gar zu verbannen. Dazu gehört auch das Militärbündnis der NVA zu den sowjetischen Streitkräften.

Hilfreich sind Erklärungstafeln an einstigen Stationierungsorten oder ehemaligen Kasernenobjekten, die heute zivil genutzt werden, um ihre Geschichte für die Gegenwart besser zu verstehen. Außer dem einstigen Hauptquartier der GSSD bzw. WGT in Wünsdorf und dem Deutsch-Russischen Museum in Berlin-Karlshorst scheint im Land Brandenburg keine öffentliche Erinnerung an die Stationierung der GSSD zu existieren. Dennoch wird heute in Städten wie z.B. Fürstenberg, Eberswalde, Jüterbog, Potsdam oder Schwerin russisch gesprochen. Ehemalige Angehörige der GSSD bzw. WGT kehrten nach dem Armeedienst an ihren einstigen Stationierungsort zurück. Sie fanden dort Arbeit und sind in die Gesellschaft integriert.

Für den Bereich der Bundeswehr existiert eine Dienstanweisung über Verhaltensregeln der Bundeswehr im Umgang mit der Geschichte und zum Traditionsverständnis. Am 28. März 2018 unterzeichnete die damalige Verteidigungsministerin Ursula von der Leyen (CDU) den nach 1965 und 1982 nunmehr dritten Traditionserlass. Er trägt den Titel: „Die Tradition der Bundeswehr. Richtlinien zum Traditionsverständnis und zur Traditionspflege". Darin grenzt sich die Traditionskultur der Bundeswehr vor allem zur Geschichte der

NVA und ihrer Soldatengenerationen, einschließlich der Vorläuferorganisation, ganz entschieden ab.

Unterstellt wird von Anbeginn eine reine „Partei"-Armee in „bedingungsloser Gefolgschaft zur SED". Diese Sicht blendet u.a. den hohen Personal-Anteil von Angehörigen der Kriegsmarine (66 Prozent) beim Aufbau der Seestreitkräfte der DDR in den 50er-Jahren aus. Jenen Marinesoldaten fehlte überwiegend jegliche SED-Nähe. Auch waren damals viele Offiziere nicht Mitglied der SED. Das änderte sich mit dem Beschluss des SED-Politbüros vom 15. Februar 1957 über die Versetzung ehemaliger Wehrmachtsoffiziere aus dem aktiven Dienst der NVA in den Ruhestand. Dieser unsägliche Beschluss läutete das Ende der Dienstverwendung von Angehörigen der Kriegsmarine in den Seestreitkräften der DDR ein.

Ereignisse, die Aspekte von deutsch-sowjetischer Militärgeschichte auf dem Boden der DDR ab 1950 berühren, sucht man in der verordneten Erinnerungskultur vergeblich. Ebenso die Haltung der NVA-Angehörigen im Herbst 1989, die Reformbemühungen innerhalb der NVA im Zeitraum Dezember 1989 bis Mai 1990 und der überwiegend geordnete Übergang der NVA in die deutsche Einheit. Dieser verlief für viele Armeeangehörige der NVA nicht konflikt- oder problemlos.

Was ministeriell nicht erwünscht ist, muss ja nicht zugleich verboten sein. So kommt es mehr auf regionaler Ebene zu Treffen von Veteranen der sowjetischen Streitkräfte und NVA, z. B. im ehemaligen Marinestützpunkt der 1. Flottille in Peenemünde. Die dort als Museumsschiff der Volksmarine liegende Raketenkorvette des Projektes 1241 RÄ (NATO-Code TARANTUL) wurde mit Hilfe russischer Marinekameraden und Werftmitarbeiter komplettiert. Neben den jährlich Tausenden Besuchern treffen sich hier ehemalige Offiziere der Volksmarine mit Offizieren der Baltischen Flotte.

Ehemalige Angehörige der Volksmarine besuchen zum Tag der Russischen Seekriegsflotte jeweils am letzten Sonntag im Juli die jährlich von der Marine organisierten Veranstaltungen in Baltijsk oder Kaliningrad.

Wiederholt arrangierte die Botschaft der Russischen Föderation in Berlin Empfänge für ehemalige Hoch- und Fachschulabsolventen der DDR. Darunter befanden sich auch NVA-Offiziere, die an sowjetischen Bildungseinrichtungen studierten.

Zu den jährlich stattfindenden Feierlichkeiten und Kranzniederlegungen zum Tag des Sieges am 9. Mai nehmen in Berlin regelmäßig ehemalige Offiziere der NVA teil. So u.a. der letzte Chef der Volksmarine, Vizeadmiral a.D. Hendrik Born, sowie der ehemalige Chef der Hauptstabes der NVA, Generaloberst a.D. Fritz Streletz. Auch bei Angehörigen der Bundeswehr steht dieser Termin im Terminkalender.

Das Deutsch-Russische Museum in Berlin-Karlshorst veranstaltete Foren und Ausstellungen zur Stationierung und den Abzug der russischen Streitkräfte aus Deutschland, Polen und der Tschechoslowakei.

4.1. Funkzentrale GSSD im Marine-Nachrichtenbunker „Koralle", Lanke-Lobetal

Ein Beispiel von behördlich angeordneter Schließung, gescheiterter Privatisierung, von Verdrängen oder Negieren von Militärgeschichte sowie einsetzendem Vandalismus nach dem Abzug der WGT liefert die unterirdische Nachrichtenzentrale der 20. Garde-Armee in Lanke-Lobetal. Dieses Terrain, nördlich von Bernau liegend, hat eine interessante militärhistorische Vergangenheit. Die geriet jedoch im Wirrwarr von Zuständigkeiten, Geldmangel und Entsorgungsproblemen in Vergessenheit.

Unter Leitung des Marine-Standortbauamtes Berlin erfolgte 1940/41 der Bau des „Funk- bzw. Nachrichtenbunkers" am Hellsee südlich der Ortschaft Lanke. Die Deutsche Reichspost erstellte die Anbindung der Funkanlagen an das Fernkabelnetz. Im Juli 1942 stand die Tastleitung zu der ebenfalls im Bau befindlichen Sendeanlage „Goliath" bei Kalbe (Gardelegen). Im Spätsommer 1943 verlegte die Hauptfunkstelle des Befehlshabers der U-Boote nach Lanke-Lobetal in das neue Marine-Stabsquartier „Koralle". Nach dem Luftangriff auf Berlin am 22. November 1943 mit der Bombardierung der Gebäude des Oberkommandos der Marine am Tirpitz-Ufer bezog die deutsche Seekriegsleitung unter Großadmiral Karl Dönitz am 30. Januar 1944 das Marine-Stabsquartier in Lanke. Das Ausweichquartier mit Hauptfunkgebäude, zwei Hochbunker (Lage- und Flakbunker), Tiefbunker unter dem Hauptfunkgebäude, fünf großen Antennenanlagen und Baracken befand sich inmitten eines Waldgebietes, ca. acht Kilometer nördlich von Bernau.

Bis 2. Februar 1945 waren hier das Hauptquartier des Befehlshabers der U-Boote (BdU) mit seinem Stab (2. Abteilung Seekriegsleitung) und die Operationsleitung (1. Abteilung) der Marine für Überwassereinheiten, Teile der 3. Abteilung der Seekriegsleitung (fremde Marinen), die Amtsgruppe Marine-Nachrichtendienst und das Quartiermeisteramt untergebracht.

Etwa 1.500 Marinesoldaten und Nachrichtenhelferinnen, „Blitzmädel" genannt, versahen in „Koralle" Dienst. Im oberirdischen Hochbunker dirigierte Dönitz hinter meterdicken Betonwänden per Funkbefehle seine Marineeinheiten in See. Hier waren die Fernschreibanlagen installiert. 600 „Blitzmädel" arbeiteten im drei-Schichtsystem. Bis November 1944 war Kapitän zur See Killmann Kommandant von „Koralle". Dann erhielt Kapitän zur See Graf von Gymnich das Kommando.

Von „Koralle" aus bestanden Nachrichtenverbindungen zum Führerhauptquartier in Berlin, zur Nachrichtenzentrale „Zeppelin" des Oberkommandos des Heeres in Zossen, zu allen Dienststellen der Kriegsmarine in Frankreich, Norwegen usw. und zum Führungsstab des Oberkommandos der Kriegsmarine „Bismark" in Eberswalde. Die Märkischen Elektrizitätswerke versorgten über eine Hochspannungsleitung das Marinestabsquartier „Koralle" mit Strom. Bei Netzausfall übernahm ein Dieselgenerator im Tiefbunker die Stromversorgung.

In ihren Erinnerungen erwähnen ehemals in „Koralle" dienende Marineangehörige, dass man über eine abgeschrägte Betonrampe in den Tiefbunker unter das Hauptfunkgebäude fahren konnte. Sie wollen gesehen haben, dass sich hinter Erdwällen ein Lukensystem befand. Das ermöglichte über einen Klappenmechanismus die Ein- und Ausfahrt. Auch soll angeblich ein unterirdischer Verbindungsgang vom Hoch- bzw. Lagebunker zum Wohnhaus von Dönitz auf einer Anhöhe bestanden haben.

Mit Vorrücken der Roten Armee entschloss sich Dönitz am 2. Februar 1945, die 2. Abteilung der Seekriegsleitung (BdU) ins Ausweichquartier Sengwarden bei Wilhelmshaven zu verlegen. Als die Rote Armee am 16. April 1945 zum Angriff auf Berlin antrat, befahl Dönitz, „Koralle" zu räumen und ins Marinequartier „Forelle" bei Plön zu verlegen. Am 21. April 1945 näherten sich die ersten sowjetischen Panzer der 47. Armee von Rüdnitz kommend dem „Koralle"-Areal in Lanke. Marine-Kampfschwimmer, die an einem naheliegenden See ihr Ausbildungslager hatten, zerstörten mit Handgranaten alle Nachrichtenanlagen. Das Dieselaggregat ließ man heiß laufen. Die Stahlgittermaste der Antennenanlage brachten die Männer mit geballten Handgranatenladungen zum Einsturz.

Am 22. April 1945 eroberte die Rote Armee das Marinequartier. Mit Ausnahme des Tiefbunkers wurden das Hauptfunkgebäude und diverse Nebenanlagen (Hochbunker, Flak-Bunker, Unterkunftsgebäude) durch die Rote Armee gesprengt. Zuvor entnahmen die sowjetischen Soldaten alle noch verwertbaren funktechnischen Anlagen. Die verbliebene Inneneinrichtung und Baumaterialien wurden von der Bevölkerung geplündert. Eine weitere Nachsprengung des massiven Hochbunkers und Flak-Bunkers erfolgte im Frühjahr 1946. Dann wurde es still um „Koralle".

Anfang der 50er-Jahre bezogen die GSSD den noch intakten mehrgeschossigen Tiefbunker. Das etwa 54 Hektar umfassende Areal mit dem zwölf Hektar umzäunten Bunkergelände wurde Sperrgebiet. Anfangs diente der Bunker der in Bernau stationierten 90. Panzerdivision der GSSD als Munitionsbunker. Anschließend wurde der Bunker mit den beiden obersten Stockwerken zur Kommandonachrichtenzentrale der 20. Garde-Armee (Eberswalde) umgebaut. Welche Zweckbestimmung die darunter liegenden Bunker-Stockwerke hatten, blieb bis heute ungeklärt.

Nach zehn Jahren der Funkstille wurde Mitte der 50er-Jahre der Funkbetrieb wieder aufgenommen. 36 Jahre lang hielten die in Bernau und der Region um Eberswalde stationierten sowjetischen Truppen (48. Funktechnisches Bataillon, 6. und 51. Funkmess-Regiment, 81. Mot.-Schützenregiment) aus der ehemaligen Kommandozentrale des Befehlshabers der U-Boote Funkkontakt zur Zentrale in Wünsdorf und Moskau.

Im Mai 1992 verließen die WGT das Bunkerareal in Lanke. Um Gerüchten über die Art der militärischen Nutzung zu begegnen, gewährten zuvor Offiziere der WGT am 18. Februar 1992 regionalen Amtspersonen den Zutritt in ihre unterirdische Schalt- und Führungsstelle. Bei laufenden Demontagearbeiten und noch intaktem Dienstbetrieb erhielten Vertreter der Bundeswehr, des Bundesvermögensamtes Frankfurt/Oder und Landratsamtes Bernau, des Umweltamtes sowie der Bürgermeister von Lanke-Lobetal und die Hoffnungstaler Anstalten mit Liegenschaftsanspruch einen Einblick in die militärische Anlage. Nur wenige kannten zu diesem Zeitpunkt die marinehistorische Vergangenheit der Liegenschaft.

Die Bundeswehr lehnte eine Nutzung des Tiefbunkers ab. Am 3. Dezember 1992 wurde das Gelände dem Bundesvermögensamt Frankfurt/Oder übergeben. Wachschutz patrouillierte über das eingezäunte Gelände. Recherchen und

Untersuchungen zum Geheimnis umwitterten Tiefbunker und seiner Altlasten begannen. Daran war u.a. das Unternehmen des Autors beteiligt.

Der Zugang zum Bunker erfolgte bis 1993 über ein gemauertes Eingangsbauwerk oder Einstiegsschacht direkt neben einem einstöckigen kleinen Gebäude (13 mal 14 Meter). Der Bunker hatte einen Z-förmigen Grundriss mit den Flächenabmaßen 100 mal 25 Meter. Die Erdüberdeckung betrug etwa 1,5 Meter über einer Betondecke. Das erste Untergeschoss mit einer Raumhöhe von 3,40 Meter hatte 35 Räume. Hier befanden sich u.a. die Küche, sanitäre Anlagen und das Wasserversorgungssystem. Das zweite Untergeschoss mit ehemals funktechnischen Anlagen hatte eine Raumhöhe von zwei Metern. Hier waren Überreste eines Heizungs- und Lüftungssystems zu erkennen. Die sanitären Einrichtungen schienen noch funktionstüchtig. Dagegen war der Zustand der elektrischen Installation äußerst desolat. Viele Armaturen fehlten. E-Kabel waren zum Teil aus den Wänden herausgerissen.

Über die Art der Entwässerung existierten lediglich Vermutungen. Entweder wurde das Abwasser in das vermauerte dritte Untergeschoss des Bunkers eingeleitet oder es wurde über Entwässerungsschächte außerhalb des Bunkers gepumpt.

Völlige Unklarheit bestand zu dem vermauerten dritten Untergeschoss. Die Bodenplatte des zweiten Untergeschosses hatte ein versiegeltes Mauerwerk in den Abmaßen 3 mal 2,50 Meter. Vermutlich war das der Zugang zum dritten Untergeschoss. Die Existenz weiterer Bunkerebenen unter dem zweiten Untergeschoss konnte nie geklärt werden. Das Bundesvermögensamt beauftragte ein Unternehmen, um eventuell vorhandene Altlasten im und um den Tiefbunker zu erkunden.

Die Analyse einer Wasserprobe vom Ausflussbecken der ehemaligen Bunker-Kaserne ergab im November 1992 eine erhöhte Belastung durch Mineralölkohlenwasserstoffe (MKW) von 0,13 mg/Liter im Wasser. Dieser Wert entsprach einer 13-fachen Überschreitung des zulässigen Grenzwertes nach der Brandenburger Liste. Ähnliche Werte erbrachte eine Wasserprobe unterhalb des zweiten Untergeschosses in einem von 6,85 Meter bis 19,80 Meter tief abgesenkten Brunnen. Das Stahlrohr des Brunnens hatte einen Durchmesser von 40 Zentimeter. Das „Frischwasser" der auf dem Gelände befindlichen Brunnen roch stark verdorben und hatte eine bräunliche Färbung. Ein Wachhund verendete nach dem Genuss des Wassers.

Um nähere Informationen zu den Geschossebenen des Tiefbunkers, ihrer Anzahl und Zweckbestimmung zu erfahren, wurden im Juni 1993 mehrere Gespräche mit sechs russischen Offizieren in der Kommandantur Bernau geführt. Darunter befanden sich die Oberstleutnante Wladimir Sokdov und Viktor Soldodkov sowie die Majore Oleg Feoktiskov und Michail Wasjutin. Trotz ihres angeblichen Dienstes in der unterirdischen Nachrichtenzentrale konnten die Offiziere keine Angaben über die Anzahl der Geschossebenen und Raumnutzung machen. Über den Grund des hermetischen Betonverschlusses in der zweiten Bunkerebene herrschte Stillschweigen. Gegenüber der Frage, was in den Untergeschossen verbracht wurde, kam verbal zur Antwort „Abfall!"

Um Informationen über den ursprünglichen Bauzustand und die Funktionsweise der Bunkeranlagen im Marinestabsquartier „Koralle" zu erfahren, schaltete der Autor 1994 eine Suchanzeige in der Zeitschrift „Marine-Forum". Daraufhin meldeten sich kriegsgediente Marinekameraden, die in der einstigen Kommandozentrale des BdU dienten. Ihre Erzählungen trugen zur Vervollständigung des Bildes über das Marine-Stabsquartier „Koralle" bei.

Ein Kamerad brachte einen Metalldetektor mit. Er wollte nach Schätzen suchen, die er hier mit Kameraden im April 1945 vergraben hatte. Wegen der Sprengungen und der Unwegsamkeit im Gelände mit zugewucherten Fundamenten war eine Orientierung nach 50 Jahren nahezu unmöglich.

Eine ältere Dame, die hier offensichtlich 1944/45 im Dienst der Kriegsmarine stand, wollte nach Pressemeldungen die Überreste ihrer ehemaligen Dienststätte besichtigen. Gegenüber den Männern des Wachschutzes erzählte sie, dass man mit dem Fahrzeug in das Untergeschoss des Funkgebäudes hineinfahren konnte. Leider wurde die Dame mit offensichtlichem Hintergrundwissen aus ihrer Dienstzeit in der Kriegsmarine nicht ernst genommen. Die Männer des Wachschutzes verwiesen sie vom Gelände. Man versäumte es, sie um Hinterlegung einer Kontaktadresse zu bitten.

Nach der Gefährdungsabschätzung hatte der Autor nach 1994 mehrmals Gelegenheit, sich das ehemalige Marine-Areal mit dem von der GSSD genutzten Tiefbunker näher zu betrachten.

Anstelle einer Entsorgung, die aufwendig und teuer war, wurde für die Ewigkeit zugemauert. Eine Bunker-Interessengemeinschaft bemühte sich um die Übernahme des Tiefbunkers und des umgebenen Areals. Sie hatten damit kein Erfolg. Beabsichtigt war, Besuchern die Militär-Geschichte des Geländes mit der deutsch-sowjetischen Nutzung des Tiefbunkers im Zweiten Weltkrieg und in der Nachkriegszeit zu vermitteln.

Die Ruine des Hochbunkers nutzten zeitweilig Kletterer zum Training. Auch Dönitz-Verehrer trafen sich hier. Mittlerweile eroberte die Natur das nahezu in Vergessenheit geratene Gelände.

4.2. WGT-Erbe. Kasernenkomplexe und Liegenschaften nach Abzug: Jüterbog, Vogelsang, Fürstensee, Kirchmöser, Lieberose, Ohrdruf

Die WGT belegten auf dem Territorium der ehemaligen DDR eine Fläche von anfänglich 243.000 Hektar mit 777 Liegenschaften. Die Flächenzuordnung erhöhte sich abschließend auf etwa 290.000 Hektar. Das entsprach drei Prozent des Staatsterritoriums. Gegenüber der anfänglich von der WGT gemeldeten Flächen-Nutzung stieg diese im Verlauf des Abzuges kontinuierlich an. In der Literatur findet sich dazu u.a. der Hinweis, dass man bis zu einer Verdoppelung der Flächenangabe ausgehen kann.

Nutzungsverträge zwischen der GSSD bzw. WGT mit den Gemeinden, Städten, Kreisen und Bezirken wurden nur selten offiziell geschlossen und noch weniger dokumentiert. Die Beanspruchung und militärische Nutzung beruhten zum Teil auf regionale Absprachen oder Abmachungen im Geist der deutsch-sowjetischen Freundschaft. Mitunter wurde erst im Ergebnis von Beschwerden der Bürger die Vereinnahmung des Geländes durch das sowjetische Militär bekannt. Die Eingaben betrafen den illegalen Holzeinschlag auf Privatgrundstücken oder die Einrichtung von Fahrzeug-Trassen durch Wälder.

Das Land Brandenburg hatte die meisten Konversionsprobleme. Die WGT nutzte hier 341 offiziell und 228 nicht offiziell zugewiesene Liegenschaften mit einer Gesamtfläche von 124.000 Hektar. Diese Flächenangabe erhöhte sich im Verlauf des Abzuges der Truppen und anschließenden Übergabe an die Bundesvermögensämter.

Die von der WGT im Land Brandenburg beanspruchten Flächenareale entsprachen etwa fünf Prozent des Landesterritoriums. Darunter befanden sich 83 Kasernenkomplexe, 89 Wohngebiete, 74 Lagerobjekte, elf Großtanklager und 18 kleinere Tanklager, 19 Flugplätze, 45 Truppenübungs- und Schießplätze, 22 Bunkeranlagen, 36 Radarstationen und 28 Reparatur- und Instandsetzungswerke. In jedem Kasernenkomplex existierte eine Tankstelle. Nach Angaben des

Potsdamer Umweltministeriums waren im Land Brandenburg Ende der 80er-Jahre etwa 128.000 Militärs mit etwa 80.000 Familienangehörigen stationiert.

Rückübertragung

Nach Räumung der Liegenschaften und Militärobjekte durch die WGT übernahmen zunächst die Bundesvermögensämter (BVA) im Auftrag der Oberfinanzdirektionen der Länder die jeweilige Liegenschaft. Sofortmaßnahmen der Altlastenerkundung und Entsorgung wurden seitens der BVA eingeleitet. Diese hatten u.a. die Aufgabe, erforderliche Verwaltungs-Verfahren zur Immobilien-Rückübertragung bei Ansprüchen durch ehemalige Eigentümer (Land, Städte, Gemeinde, Privatpersonen) einzuleiten. Kaufanträge mussten amtlich bearbeitet werden. Viele Vorgänge konzentrierten sich im Land Brandenburg auf die BVA's in Potsdam und Cottbus.

Ein herber Rückschlag im laufenden Prozess der Rückübertragung und Vermarktung von Immobilien der WGT, der NVA, des MdI und der Stasi in Brandenburg ereignete sich am 21. April 1992. In den frühen Morgenstunden stand die 100 Jahre alte Villa des BVA Potsdam in der Berliner Straße 29 in Flammen. Nach polizeilichen Ermittlungen brach das Feuer im Dachstuhl aus. Es erfasste schnell die Aktenberge im Gebäude. Die mühevoll von den 120 Mitarbeitern recherchierten und zusammengetragenen Dokumente und Schriftstücke gingen in Flammen auf. Acht Löschfahrzeuge kämpften stundenlang gegen das Feuer. Das Gebäude brannte bis auf die Grundmauern aus. Der materielle Schaden betrug acht Millionen DM. Der ideelle Verlust war enorm. Sämtliche Akten von ehemaligen Liegenschaften der NVA, des MdI und von einstigen reichseigenen Liegenschaften wurden Opfer der Flammen. Dagegen blieb wie durch ein Wunder das Schriftgut zu den Liegenschaften der WGT größtenteils vom Brand verschont.

Die Zeitung „Neues Deutschland" berichtete am 11./12. Juli 1992 unter der Schlagzeile „Stasi-Seilschaften bremsen den Aufschwung Ost" vom „Freudenfeuer in Potsdam" und der „Freude bei allen Gegnern der Einheit". Amtsleiter Dr. Wolfgang P. erklärte gegenüber der Presse: „Wir fangen nach 18 Monaten wieder bei null an. Sämtliche Unterlagen müssen in mühevoller Kleinarbeit neu erstellt werden. Das kann Monate dauern und verzögert die Klärung und Übertragung von Eigentumsrechten sowie den Erwerb von Liegenschaften". In Konsequenz des verheerenden Brandes verfügte die Chefin der Oberfinanzdirektion Cottbus die „Bewachung aller Objekte" (BVA`s).

Im Juni 1994 übergab der Bund dem Land Brandenburg 92.000 Hektar Land aus dem Bestand der bis dahin abgezogenen russischen Truppen. Die entsprechende Verwaltungsvereinbarung schlossen der Bundesfinanzmister Theo Waigel und der Brandenburgische Finanzmister Klaus-Dieter Kühbacher in Potsdam. Die Bundesregierung behielt einen Teil der Objekte für den vorläufigen Bedarf der Bundeswehr in den neuen Bundesländern sowie für Bundesbedienstete. Ihnen wurden Wohnungen in attraktiver Stadtlage angeboten. Die Flächen bzw. Objekte sollten in den nächsten Jahren frei geräumt, entsorgt, saniert und dann verkauft werden. Beabsichtigt war, aus dem Verkauf von attraktiven Objekten und Flächen die Finanzmittel zu erwirtschaften, um mit Altlasten belastete Areale sanieren zu können.

Dazu gründete das Land Brandenburg 1994 die landeseigene Brandenburgische Bodengesellschaft für Grundstücksverwaltung und Verwertung mbH (BBG). Arbeits-Schwerpunkt dieser Behörde bildete die Konversion von Militärobjekten für die zivile Nachnutzung. Deren Geschäftsführer, Joachim Klinke, gab im September 2001 gegenüber der Presse bekannt, dass „die Hälfte der Objekte verkauft oder wenigstens wieder zivil nutzbar ist". Für die andere Hälfte der Liegenschaften und Objekte existierten 2001 „noch keine Vorstellungen, was daraus werden könnte". Die BBG erzielte aus der Verwertung der Immobilien 540 Millionen DM bis zum September 2001. Verausgabt wurden für die Konversion und Selbstfinanzierung der BBG 500 Millionen DM.

Die Immobilienbilanz nach sieben Jahre des Abzuges der WGT hätte besser sein können. Die Beseitigung der militärischen Altlasten erforderte Zeit und viel Geld. Investoren bevorzugten Flächen in Stadtnähe bzw. in erschlossenen Gewerbegebieten. Mitten in Wäldern gelegene Liegenschaften fanden trotz der anfänglich noch guten Bausubstanz kaum Käufer.

Auf den Betonpisten der ehemaligen Militärflugplätze stehen heute zum Teil Solaranlagen. Mitte der 90er-Jahre entbrannte eine Diskussion über Standort-Alternativen für den künftigen Großflughafen Berlin-Brandenburg. Neben Schönefeld wurden u.a. die ehemaligen Militärflugplätze der WGT in Sperenberg, Brand und Groß Dölln in Erwägung gezogen. Diese hatten jedoch wegen der schlechten Verkehrsanbindung und des begründeten Altlastenverdachts keine Chance. Übungs- und Schießplätze wurden überwiegend der Natur überlassen. Das betraf auch in Wäldern angelegte Tank- und Munitionslager sowie unterirdische Anlagen. Nach der Entsorgung, Entkernung und Räumung wurden die Flächen überwiegend renaturiert.

Militärische Altlasten

Parallel und mit dem Abschluss des Abzuges der WGT wurden in den neuen Bundesländern insgesamt 33.738 Altlastenverdachtsflächen auf militärischen Liegenschaften der WGT, NVA und Bereitschaftspolizei ermittelt. Dafür wurde ein 100-Millionen-DM-Programm aufgelegt. In einem eigens entwickelten Computersystem erfolgte die Erstbewertung. Diese Aussage traf der Parlamentarische Staatssekretär im Bundesumweltministerium, Ulrich Klinkert, im Juni 1995.

Bis zum I. Quartal 1995 ergaben Spezialprüfungen 4.010 Flächen (12 Prozent) mit sofortigem Handlungsbedarf. Diese betrafen vorwiegend ehemalige Tanklager der WGT mit bevorrateten Kraftstoffen und Ölen sowie Depots mit Militärtechnik und Kampfstoffen.

Die Erstbewertung ergab, dass 10.808 Flächen (32 Prozent) und Militärobjekte der weiteren mittelfristigen Beobachtung bedurften.

18.920 Flächen (56 Prozent) erwiesen sich als unbelastet. Nach Ansicht von Klinkert hätte sich „die anfängliche Befürchtung von einer flächenhaften Verseuchung in Ostdeutschland nicht bewahrheitet". Bei Erkennen akuter Gefahren für den Menschen und die Umwelt leitete der Bund in 3.814 Fällen (95 Prozent) Sofortmaßnahmen ein.

Klinkert äußerte die Erwartung, „dass nach Abschluss aller Untersuchungen zwischen 10 bis 20 Prozent der von russischen Militärs hinterlassenen Liegenschaften als sanierungsbedürftig übrigbleiben". Unter Federführung der Industrieanlagen- und Betriebsgesellschaft mbH (IABG) in Ottobrunn wurden bei der Altlastenermittlung etwa 40 Firmen aus den neuen Bundesländern einbezogen. Zwei Drittel der vom Bund finanzierten Projektgelder trugen damit zum wirtschaftlichen Aufbau in den neuen Bundesländern bei.

Ein bereits im Mai 1993 von der Industrieanlagen- und Betriebsgesellschaft mbH vorgelegter Zwischenbericht ergab, dass auf den bisher untersuchten 560 WGT-Liegenschaften rund 15.000 Altlastenverdachtsflächen mit ca. 25.000 Einzelkontaminationen existierten. Mineralöle aller Art, Farben und Lösungsmittel, giftige Flüssigkeiten, Chemikalien und Metallabfälle gehörten zu den häufigsten Stoffen mit verursachten Umweltschäden. Bundesumweltminister Klaus Töpfer, der den IABG-Bericht in Auftrag gab, erwähnte vor der Presse, dass Tanklager, Truppenübungsplätze und Flugplätze am stärksten belastet waren. Der Bund leitete für zwei Milliarden DM Sofortmaßnahmen zur Gefahrenabwehr ein.

Unabhängig davon vergab das Bundesministerium für Umwelt, Naturschutz und Reaktorsicherheit 1990 an das Umweltbundesamt in Berlin das Forschungsvorhaben „Verdachtsstandorte von Rüstungsaltlasten in Deutschland".

1991 wurden die neuen Bundesländer in das Projekt einbezogen. Im Ergebnis der ersten Bestandsaufnahme ermittelte man bis Oktober 1992 insgesamt 4.336 Rüstungsaltlasten-Verdachtsstandorte. Diese reichten bis in die Zeit des Ersten Weltkrieges zurück. Die Auflistung der Altlastenverdachtsstandorte füllte fünf Bände. Die Deutsche Presseagentur informierte über diese Ergebnisse im Juli 1993. Eine Pressemeldung vom 27. Juli 1993 besagte, dass zum Stichtag „Oktober 1992" das Land Nordrhein-Westfalen mit 687 Standorten den Spitzenplatz einnahm. In Niedersachsen wurden 524 Sanierungsfälle festgestellt. Das Land Bayern verzeichnete 453 verseuchte Standorte.

In Weiterführung des Projektes erschien im April 1996 die aktualisierte 2. Auflage der Bestandsaufnahme. In der sechsbändigen Dokumentation wurden mit Stand November 1995 bundesweit 3.240 Standorte mit Rüstungsaltlasten bzw. Verdachtsflächen ausgewiesen. Wegen unterschiedlicher Erfassungs- und Bewertungskriterien in den Bundesländern veränderte sich die Anzahl.

Diese Bestandaufnahme berücksichtigte lediglich alle Boden-, Wasser- und Luftverunreinigungen aus der Rüstungsproduktion des Ersten und Zweiten Weltkrieges. Erfasst wurden durch Chemikalien verursachte Umweltschäden von konventionellen und chemischen Kampfstoffen. Standort-Schwerpunkte bildeten Dynamit- und Munitionshersteller (Bomben und Granaten), Waffenfabriken sowie Flug- und Truppenübungsplätze, die bis hinein in die Nachkriegszeit genutzt wurden.

Einschränkend ist zu berücksichtigen, dass Mitte der 90er-Jahre noch keine einheitliche Definition für Rüstungsaltlasten existierte. Erforderlich war u.a. eine Unterscheidung zwischen den kriegsbedingten Altlasten (u.a. Munitions-Herstellung und ihre Lagerung) und den militärischen Altlasten aus der Truppen-Stationierung der WGT und NVA. Somit lassen sich die aus der WGT-Stationierung und NVA-Nutzung verursachten Umweltschäden nur bedingt in den 1995 erfassten Rüstungsaltlasten zuordnen.

In den vom Umweltbundesamt mit Stand November 1995 erfassten Rüstungsaltlasten-Verdachtsstandorten belegte Baden-Württemberg mit 412 Standorten den ersten Platz, gefolgt von Bayern mit 337 Standorten. Das Land Brandenburg hatte 336 Verdachts-Standorte. Auf dem 4. Platz lag Nordrhein-Westfalen mit 321 Standorten. Im Ranking der Umweltverschmutzung folgten die Länder Sachsen (278), Sachsen-Anhalt (270), Thüringen (223), Rheinland-Pfalz (210) und Mecklenburg-Vorpommern (196). Das Land Hessen verzeichnete 109 Standorte, Schleswig-Holstein 107 und Berlin 80.

Auf Anfrage der Bundestagsfraktion von Bündnis 90/Die Grünen (13/7249) wurde die im April 1996 vom Umweltbundesamt Berlin erarbeitete Bestandsaufnahme (Texte Nr. 25/96) im September 1997 öffentlich.

Der damalige Brandenburgische Umweltminister, Matthias Platzeck, erklärte zuvor am 22. Juli 1994, dass im Bundesland Brandenburg gegenwärtig 6.500 Altlasten-Verdachtsflächen existierten, die seitens der WGT verursacht wurden. Aus Kenntnis der Hinterlassenschaften und Umweltschäden der WGT erscheint dem Autor diese Anzahl im Juli 1994 realistisch. Nach dem Truppen-Abzug wurde zeitnah in den jeweiligen Stationierungs-Standorten die Beräumung von Militärschrott und Müll eingeleitet. Platzeck erwähnte, dass von 1991 bis Mitte Juli 1994 in Brandenburg 850.000 Kubikmeter Hausmüll der WGT der ordnungsgemäßen Entsorgung zugeführt worden war.

Im November 1998 veröffentlichte das Ministerium für Umwelt, Naturschutz und Raumordnung des Landes Brandenburg eine Liste von 275 Standorte mit noch bestehenden Rüstungsaltlasten im Land (Stand Juli 1998). Vordere Plätze nahmen dabei die Landkreise Oberhavel (42 Standorte), Teltow-Fläming (32 Standorte), Barnim (21 Standorte), Potsdam-Mittelmark (19 Standorte), Spree-Neiße (18 Standorte), Havelland (18 Standorte) und Dahme-Spreewald (18 Standorte) ein.

Die Recherchen berücksichtigten auch die Art der militärischen Nutzung der Standorte. Vordergründig handelte es sich dabei um Standorte mit ehemaligen Munitionsfabriken (83) aus der Wehrmachtszeit, Schießstände der WGT, NVA und Polizei (60), Munitionslager der WGT und NVA (53) und Sprengplätze der WGT und NVA (20).

Garnisonskomplex Jüterbog

Der Garnisonsstandort Jüterbog mit den Ortschaften Altes Lager, Neues Lager, Jüterbog-Damm und dem Stadtteil II (Militärobjekt 6) blickte auf eine 160-jährige militärische Nutzung zurück. In kleinen Satellitenortschaften der Umgebung existierten weitere Liegenschaften und Objekte der GSSD. Dazu gehörten u.a. Neuheim, Heidehof, Kloster Zinna, Markendorf und Reinsdorf. Bis 1945 waren auf dem insgesamt ca. 128 Quadratkilometer umfassenden Territorium in und um Jüterbog Truppenteile der Wehrmacht und Luftwaffe einquartiert. Neben Kasernenanlagen befanden sich hier Truppenübungsplätze (u.a. Forst Zinna), mehrere Schießstände und Munitionslager, eine Artillerieschule und Fliegerschule sowie ein großes Flughafengelände. Der Autor hatte im August 1992 und Frühjahr 1993 mehrfach Gelegenheit, sich Teile des Garnisonskomplexes, das Flugplatzgelände und drei Tanklager näher anzusehen.

Auf dem Truppenübungsplatz Forst Zinna konnte man nach dem Abzug der WGT ein Naturwunder bestaunen. Es handelte sich um eine ca. vier Kilometer lange, durchschnittlich 200 Meter breite und etwa acht Meter hohe Wanderdüne (Strichdüne). Umweltexperten erklärten, die Düne würde in einem Jahr um einen Meter wandern. Drei Millionen Kubikmeter Sand schoben sich in der Windrichtung West-Ost über den Truppenübungsplatz. Der lose feine Sand begrub Altlasten aller Art. Er verwehte Eingangsschleusen von Bunkern. Nur Einstiegsluken und Lüftungszugänge ragten aus dem Sand heraus.

Im Kasernenkomplex Altes Lager, gelegen an der Zufahrtstraße nach Jüterbog (heute B 102), entstand in den 30er-Jahren eine Fliegersiedlung. Gegenüber lag an der Fernverkehrsstraße die Artilleriesiedlung. 1945 nahm die sowjetische Armee die Kasernen in Besitz. Hier waren verschiedene Einheiten der GSSD stationiert. 1989/90 befanden sich in der Region um Jüterbog die 32. Garde-Panzerdivision mit sechs Regimentern, 27. Raketenbrigade (SS-1c), 387. Artilleriebrigade, 133. Fla-Raketenbrigade und das 154. Panzerjäger-Bataillon. Etwa 25.000 sowjetische Soldaten, Zivilbeschäftigte und Familienangehörige belegten 64 Prozent des Stadtgebietes mit Kasernenanlagen und Wohnansiedlungen. Ihr Abzug lief bis 1993.

In Jüterbog-Damm unterhielt die WGT ein großes Munitionslager. Hier befand sich auch ein Flugplatz. In der Region existierten zwei große Tanklager in Heidehof und Kloster Zinna. Das Tanklager Heidehof lag mitten in einem Kiefernwald. Im Sandboden lagerten etwa 730 Tankbehälter von vier bis 60 Kubikmeter Größe. Ein kleineres Tanklager befand sich in Neuheim.

Die roten Klinkergebäude im Stadtteil Jüterbog II wurden im neogotischen Stil um 1890 errichtet. Die Siedlung bewohnten dann Wehrmachtsoffiziere mit ihren Familien. Sie galt als vornehmste Siedlung in der Garnisonsstadt. Anschließend bezog das sowjetische Militär die Wohnsiedlung. Während meiner ungehinderten Vorbeifahrt waren die Bewohner in Uniform und Zivil dabei, ihren Hausrat und etwas Mobiliar in Container zu verstauen. Mehr als zehn Kubikmeter Inhalt pro Offizier bzw. Familie wurde den Rückkehrern in die Heimat nicht zur Verfügung gestellt.

1992 waren die russischen Soldaten mit Müll- und Abfall-Transporten zu einer selbst angelegten wilden Deponie beschäftigt. Diese befand sich an der Fernverkehrsstraße von Treuenbrietzen nach Jüterbog. Die WGT hinterließ hier eine großflächige Müllansammlung. Von dort qualmte und stank es fürchterlich. Berge von Gummireifen, Mobiliar und Hausmüll brannten vor sich hin. Die Soldaten gossen Benzin auf den Unrat und steckten dann alles an. Offensichtlich interessierte es keinen Menschen, was hier passierte. Selbst mein Fotografieren störte die Soldaten nicht. Militärlaster karrten Ladung für Ladung heran. Eine Planierraupe mit Schiebeschild walzte alles breit.

Schließlich bemerkten mich zwei Uniformierte. Einer wollte wissen, ob ich etwas kaufen möchte. Ich antwortete auf Russisch, dass ich mich für Tankbehälter und Militärschrott interessiere. Die Soldaten vermuteten, ich wolle Benzin kaufen. Man bot mir 20-Liter-Kanister an mit „bestem Sprit zum guten Preis". Um Missverständnisse zu vermeiden, zeigte ich zur Begründung meiner Anwesenheit die vom Bundesvermögensamt Potsdam ausgestellte Betretungsgenehmigung. Als die Soldaten das Dokument mit dem Siegel des Bundesadlers sahen, wurden sie zurückhaltend. Etwas verärgert murmelten sie: „Du Beamter, nicht Käufer!" Nach dieser Begegnung meldete ich mich bei den Männern des Wachschutzes. In Begleitung eines Wachschutzmannes begab ich mich zum Flugplatzgelände. Dort erwarteten mich Hunderte große Tankbehälter und diverse Tankpipelines.

Mein Interesse galt der technischen Aufnahme der vielen Tankbehälter, Fässer und gestapelten Tankpipelines. Diese Angaben wurden zur Unterbreitung eines Entsorgungs- und Verschrottungs-Angebotes benötigt. In Begleitung und mit Unterstützung des Wachschutzes ermittelten wir 325 Tankbehälter der Größe 60 und 50 Kubikmeter. Sie lagen ungeordnet kreuz und quer neben dem Flugfeld. Weitere 140 Stahl-Tanks mit einem Fassungsvermögen von 25 Kubikmetern lagen aufgereiht am Rande des Flugfeldes. Dazwischen befanden sich 45 kleinere Tanks mit einer Größe von vier Kubikmetern.

Auf meine Anfrage erzählte man mir, dass die russischen Soldaten zuvor die großen Stahltanks samt Pipeline und Ventile im naheliegenden Tanklager mit Panzern aus dem Erdreich gezogen hatten. Nun lagen sie, mit der Öffnung bzw. Domschacht teilweise nach unten, für den Abtransport neben dem betonierten Flugfeld bereit. Die WGT schaffte es nicht mehr, die gut erhaltenen Stahl-Kolosse in die Heimat abzutransportieren. Reste von Benzin, Diesel und Kerosin hatten das Erdreich kontaminiert. Deutlich wahrnehmbar lag der Geruch von Kraftstoff in der Luft. Stichproben in einsehbaren Tanks ergaben, dass die Innenwände der Stahlbehälter keine Durchrostung oder Schäden aufwiesen. Dagegen war die mit Bitumen oder Teer ummantelte Außenwand stellenweise von Rost befallen. Jetzt mussten sich Firmen um die Entsorgung der Tanks und ihre anschließende Verschrottung kümmern.

Neben der Tankbehälter-Ansammlung lagen auf einer Fläche von 120 mal 40 Metern in einem wüsten Durcheinander gestapelte Tankpipelines. Die unterschiedlich langen Stahlrohre hatten einen Durchmesser von etwa 14 bis 18 Zentimeter. Sie hatten teilweise einen Teeranstrich. Durch die gewaltsame Bergung aus dem Erdreich bzw. ihre Demontage waren die Stahlrohre stark verbogen und die Ventile deformiert. Das alles ließ sich nicht mehr als gebrauchsfähiges Material verwenden. Die Rohre wurden so zu Metallschrott (ca. 200 Tonnen) mit entsorgungspflichtigen Anhaftungen.

Etwa 40 Rollreifenfässer (200 und 500 Liter) und 60 Gasflaschen standen ebenfalls für den Abtransport bereit. Hinzu kamen verschiedene Gerätschaften, Fahrzeuge und Anlagenteile, die in die Heimat abtransportiert werden sollten. Dazu gehörten zwei Notstromaggregate, sechs Zugfahrzeuge für Flugzeuge, sieben Tankaufleger für Lastkraftwagen, zwei Kofferaufsätze für Lastkraftwagen, acht Militärlaster, ein (1) Kettenfahrzeug, mehrere Arbeitsbühnen mit Plattformen aus Stahl, transportable Feuerwehrleiter, diverse bereifte Flugzeugräder und eine große Anzahl von unterschiedlich langen Blitzableitern (bis 15 Meter) aus Stahl.

Auf dem Parade- bzw. Appellplatz des Militär-Flughafens stand ein Flugzeugdenkmal. Eine MiG in Originalgröße ragte auf einem Betonsockel schräg in den Himmel. Man hatte den Eindruck, als ob die MiG gerade vom Boden abheben würde. Auf einer Messingtafel waren Daten des Flugzeuges eingraviert. Das Denkmal bot ein schönes Fotomotiv. Offensichtlich erregte das gut erhaltene MiG-Jagdflugzeug auch bei anderen „Besuchern" Aufmerksamkeit. Nach einigen Tagen waren das Kampfflugzeug und die Messingtafel weg. Keiner der Wachschutzmänner konnte dem Autor erklären, wie das MiG-Denkmal über Nacht abhandenkam.

Der große Flugplatz bestand aus zwei parallel in Ost-West-Richtung verlaufenden Betonbahnen von jeweils 2,5 Kilometern Länge und ca. 100 Meter Breite. Auf diesen Pisten starteten und landeten Jagdflieger und Bombenflugzeuge. Deutlich zu erkennen waren die schwarzen Gummispuren auf dem Beton vom Abrieb der Fahrwerksräder. Eine parallel zur Start- und Landepiste verlaufende 200 Meter lange und 1,80 Meter hohe Betonmauer diente der Geräuschdämmung.

Neben der betonierten Fläche für Jagdflieger befand sich der Start- und Landeplatz für Hubschrauberkräfte. Er war ca. 500 Meter lang und 150 Meter breit. Der Beton auf den Flugpisten befand sich in einem sehr guten Zustand. Der Flugplatz soll erst 1987 fertiggestellt worden sein. In geringer Distanz zum Flugfeld befanden sich etwa 50 bis 60 Hangars für Jagdflugzeuge.

Seitlich von der Start- und Landebahn standen vier große Wartungs- bzw. Montagehallen. Sie waren ca. 150 Meter lang und 15 Meter hoch. Die Hallentore öffneten und schlossen sich automatisch. In einer Flugzeugmontagehalle hinterließen die Soldaten diverse Flugzeug-Ersatzteile, Wartungstechnik, defekte Aggregate, Tankbehälter und Rollreifenfässer. Die Fässer waren zum Teil noch befüllt. Sie enthielten Öl, Schmierstoffe, Farbreste und Teer. Säcke mit fest gewordenem Zement oder Baustoffe lagen herum.

Zum Flugplatzgelände gehörten mehrere kleine Werkstätten, ein Feuerwehrdepot, mehrere Versorgungs- und Bereitschaftsgebäude, ca. 20 Unterstände, Standplätze für Radarfahrzeuge und Luftabwehr sowie mit Erde aufgeschüttete kleine Munitionsunterstände. Zwischen den Rollbahnen befanden sich ca. vier Meter tief in die Erde eingelassene Versorgungsschächte aus Beton. Im Versorgungsschacht waren mehrere Tank- bzw. Leitungsverschlüsse zu erkennen. Dieses unterirdische Versorgungssystem war vermutlich in der Wehrmachtszeit angelegt worden.

Die Länge der auf dem Flugplatzgelände vorhandenen Betonstraßen betrug etwa zehn Kilometer. Der etwa 18 Meter hohe Tower der Flugleitzentrale war unbeschädigt. Dafür hatten sich schon einige Spray-Künstler am Mauerwerk verewigt. Die Glasscheiben in der Kuppel waren noch ganz.

Während des Rundganges bzw. der Fahrt durch die Kasernenkomplexe Neues Lager und Altes Lager fielen dem Autor die gut erhaltenen Gebäude der „Höheren Fliegertechnischen Schule" auf. Die Fliegerschule wurde ab 1930 im „Albert-Speer-Stil" errichtet. Sie entsprach den Vorstellungen von Reichsmarschall Hermann Göring. Im langen Hauptgebäude mit drei Etagen und

Dachgeschoss befand sich in der Mitte das pompös wirkende Eingangsportal. Mit einer Breite von etwa 25 Metern war es direkt im Gebäudeensemble integriert. Acht Betonsäulen an der Front- und Stirnseite trugen den ca. zwölf Meter hohen Überbau des Eingangsbereiches. Zwischen den Säulen konnte man mit dem Personenkraftwagen direkt in den Eingangsbereich fahren. An beiden Seiten des Eingangsportals befanden sich Treppenaufgänge. Die Türen zum Hauptgebäude waren zum Schutz vor Plünderung und Vandalismus verschlossen.

Der wuchtige und gut erhaltene Gebäudekomplex der Fliegerschule ähnelte der gigantischen Eingangshalle des „Kraft durch Freude"-Projektes (KdF) in Prora auf Rügen. Zum Gebäudeensemble gehörten gut erhaltene Rundbauten. Im betonierten Vorfeld des Hauptgebäudes befanden sich beidseitig mehrere Sockel. Darauf thronten einstige Trophäen bzw. Statuen aus der NS-Zeit. Welche Denkmäler die WGT darauf setzte, ist nicht bekannt. Sie waren im August 1992 nicht mehr vorhanden.

Das Gelände der Fliegerschule verfügte über ein Stabsgebäude und Klubhaus in einem palastähnlichen Baustil, mehrere Wohnhäuser, Kindereinrichtungen, Sporthallen, ein Stadionkomplex, 50-Meter-Schwimmbecken mit Sprungturm, Lazarett, Wasserwerk, Exerzier- und Appellplätze, eine Kampfbahn und Parkanlage. Das gesamte Militär-Objekt der Fliegerschule wirkte im August 1992 aufgeräumt und sauber. Ins Objekt führten mehrere intakte Gleisanschlüsse mit einer Verladerampe.

Neben den gut erhaltenen mehrgeschossigen Klinkergebäuden aus der Kaiser- und Wehrmachtszeit existierten in den Kasernenkomplexen, besonders im Bereich Altes Lager, viele zweigeschossige Offiziershäuser. Insgesamt sollen zur Garnison Jüterbog etwa 1.000 Gebäude gehört haben. Die Offiziershäuser stammten aus der NS-Zeit. Viele hatten inzwischen diverse Mauerwerks- und Dachstuhlschäden. Undichte Dächer, feuchte Wände und Keller vermittelten nach dem Auszug des Militärs ein trauriges Bild. Nach der Winterperiode 1993 führten durch den Frost geplatzte Wasserrohre und Heizungen zu weiteren Gebäudeschäden.

Die vielen von der GSSD errichteten Baracken und Flachbauten fielen wegen ihrer einfachen Bauweise besonders ins Auge. Einen stabileren Eindruck machten dagegen die großen Fahrzeughallen für Panzer, Schützenpanzer und Raketenträgerfahrzeuge sowie mehrere Stabsgebäude, Ausbildungsgebäude und das Kulturhaus. In den Speisesälen konnte man an den Wänden wahre

Kunstwerke von russischen Zeichenkünstlern bestaunen. Meist handelte es sich dabei um Heimatmotive. Die Sporthalle war im Innern durch ein Feuer nahezu ausgebrannt. Die Garnison verfügte auch über ein Panzertauchbecken.

Nach dem Abzug der WGT machten Fachleute und Mitarbeiter von Entsorgungsfirmen im Verlauf der Altlastenerkundung eine weitere Entdeckung. In Mulden von ehemaligen Erdkampfstellungen wurden mit Erdreich zugeschüttete Tankfahrzeuge gefunden. Diese mussten aufwendig wieder frei gelegt und das stark kontaminierte Erdreich entsorgt werden. Die Tankauflieger enthielten undefinierbare Mengen von Altöl und andere Substanzen. Die Soldaten hatten die Stoffe zusammengekippt und die Behälter samt dem Fahrzeug vergraben.

Garnison Vogelsang im märkischen Sand

70 Kilometer nördlich von Berlin befand sich in der Uckermark eine sowjetische Militärstadt mitten im Wald. Dort waren in Hochzeiten des Kalten Krieges bis 1989 etwa 18.000 Soldaten der 25. Panzerdivision mit mehreren Regimentern, selbständigen Truppenteilen und chemischen Diensten stationiert. Hinzu kamen Tausende Zivilbeschäftigte und Familienangehörige. Nach Wünsdorf, Jüterbog und Fürstenberg war das die viertgrößte militärische Liegenschaft der GSSD in Brandenburg. Unmittelbar nach dem Abzug der Panzerdivision hatte der Autor 1992 Gelegenheit, sich diese verlassene Garnisonsstadt mit kleineren Ansiedlungen, Lagern und Bunkern anzusehen.

Im Unterschied zu anderen Militärobjekten der GSSD entstand der Garnisonskomplex mit einem angrenzenden Schießplatz nördlich des Dorfes Vogelsang Anfang der 50er-Jahre mitten im Wald. Auf Weisung der SMAD und unter Regie der Forstschule Eberswalde holzten hunderte Waldarbeiter im März 1949 zwischen Zehdenick und Templin ein großes Waldgebiet ab. Das Kiefer- und Buchenholz beanspruchte die Sowjetunion als Reparationsleistung. Anschließend errichteten deutsche Bauarbeiter und Soldaten ein Stück Sowjetunion im märkischen Sand in der Nähe einer Havel-Krümmung.

Am Zufahrtstor der Garnison wurde der Autor von deutschem Wachpersonal mit einem Schäferhund auf Russisch begrüßt. Die Verblüffung war mir wohl anzusehen. Da mein Dienstfahrzeug VW „Passat" ein Nummernschild mit Essener Kennzeichen trug, vermutete man in mir einen „neugierigen Wessi", der hier eine Stück Brandenburg kaufen wollte. Der Autor konterte auf Russisch. Jetzt waren die Wachschutzmänner überrascht. Dann zeigte ich den

Männern meine vom Bundesvermögensamt Potsdam ausgestellte Betretungs-genehmigung. Einer der Kollegen diente zuvor im Panzerregiment 21/22 der NVA in Torgelow. Die Chancen, nach Abwicklung der NVA wieder in Arbeit zu kommen, waren in der Region gering. Die künftigen Herausforderungen an die Konversion boten jedoch auch neue Arbeitsplätze. Das Angebot für eine Führung durch die Liegenschaft nahm der Autor für die im Wald versteckten Bauten inklusive der Raketen-Bunker gern an.

Kilometerlange Betonstraßen durchzogen eine Waldstadt mit angrenzenden Teilsiedlungen. Die Straßen waren umsäumt von Pappel- und Birkenalleen. Man sagte mir, dass hier etwa 550 Gebäude stehen. Viele sahen 1992 noch gut aus. Sie bedurften aber einer Instandsetzung. Neben zahlreichen großen Hallen für Panzer und Schützenpanzer, Raketenfahrzeuge, Geschütze und Militärlast-wagen sowie technischen Gebäude gab es hier scheinbar alle Bauten, die man zum Dienst bzw. Leben benötigte. Die Garnison war völlig autark. Hier befan-den sich mehrgeschossige Wohnhäuser, Villen für höhere Dienstgrade, Stabs-gebäude, Essensäle, mehrere Kulturhäuser, Einkaufseinrichtungen, eine Feld-bäckerei, Schulen, Kindergärten mit Spielplätzen, Kinos, Krankenhaus bzw. Hospital, Sporthallen, Kläranlagen sowie ein Heizhaus mit einem angrenzen-den Gewächshaus.

Bei einem mehrgeschossigen Gebäude fielen die vergitterten Fenster auf. Hier hatte der russische Militärgeheimdienst GRU sein Dienstgebäude, erklärte man mir. In der unteren Keller-Etage befanden sich 16 Arrestzellen.

Während des Rundganges bemerkte der Autor, dass bei einigen Gebäuden die Fenster der Dachetage mit Ziegelsteinen vermauert waren. Der Mann des Wachschutzes lieferte dafür die Erklärung. „Den Russen fehlte es an Fenster-scheiben und Glas. Deshalb vermauerten oder vernagelten sie die Fenster mit Brettern".

Auch Gewächshäuser mit Dampfanschluss und Schweineställe befanden sich in der Wald-Siedlung. Zu meiner Verwunderung wuchsen hier viele Pilze, be-sonders Maronen und Steinpilze. Ich packte meinen Kofferraum damit voll, ohne zu ahnen, welchen Beigeschmack die prächtigen Pilze hatten.

Etwas dezentral befanden sich Bunkeranlagen mit gewaltigen Schiebetüren aus Stahl. Ihr Aussehen ähnelte großen Sheltern. Zur Tarnung wuchsen darauf etwa 30 Jahre alte Bäume. Hier lagerten 1959 die ersten sowjetischen Raketen vom Typ R5 M (SS 3), die mit Kernsprengköpfen versehen werden konnten. Welche Raketentypen in den Betonbunkern dann anschließend gelagert und

bewegt wurden, darüber wird bis heute unter Militärfans spekuliert. Die Start-
stellungen befanden sich irgendwo im Wald.

Auffallend einfach war zu diesem Zeitpunkt die noch existierende Anlage der
Verlade- und Transporttechnik vor dem Bunker. Die Raketen wurden per Spe-
zialwagen auf Gleisen bewegt. In der aus massiven Stahlträgern bestehenden
Dachkonstruktion befanden sich auf Schienen laufende Lasthebezüge. Mit
deren Hilfe wurden die Raketen vor den Bunkern umgeladen. Die Bauten waren mit grün angestrichenem Wellasbest überdacht. Wegen der Gefechtsbereitschaft der Raketentruppen soll das sowjetische Bedienpersonal zeitweilig im
Bunker gewohnt bzw. gehaust haben. Tische, Liegen und ein Kanonenofen mit
Abzugsrohr deuteten darauf hin.

Nach etwa sechs Stunden hatte der Autor genug gesehen. Vom Betreten des
Schrottplatzes wurde mir wegen vermuteter Restmunition abgeraten. Das
Durcheinander von Militärschrott, Karossen, Behälter, Müll und diversen Bau-
reststoffen ähnelte den Plätzen auf anderen Liegenschaften. Im Sand lagen zur
Abschreckung minenähnliche Gegenstände und Granathülsen.

Beim Verlassen der „Geister-Garnison" musste der Autor den Kofferraum im
Personenwagen zur Sichtkontrolle öffnen. Es durften keine Gegenstände ohne
Genehmigung mitgenommen werden. Das Wachpersonal schmunzelte über
die Pilzladung im Kofferraum. Man riet mir, diese kontaminierten Pilze nicht
zu verzehren. Jetzt war mit klar, weshalb hier kein Mensch Pilze sammelte.

Garnison Fürstensee mit Geheimnissen

Der WGT-Kasernenkomplex Fürstensee südlich von Neustrelitz und am Großen Fürstenseer See gelegen, bot im November 1992 mit Ausnahme des
Schießplatzes einen sehr aufgeräumten Eindruck. Die Bahngleise mit mehreren
Schienensträngen und Öl-geschmierten Weichen waren noch gut in Takt. Was
hier ver- und umgeladen wurde, war schwer nachvollziehbar. Vermutlich handelte es sich um Munition und Raketentreibstoff.

Gut erhaltene Betonstraßen führten entlang an zahlreichen oberirdisch angelegten Beton-Bunkern. Sie waren mit Erde aufgefüllt und von Sträuchern und
Gras bewachsen. Vorhängeschlösser an den Stahltüren verwehrten die Zugän-
ge vieler Bunker. In einigen zugänglichen Bunkern entdecken wir große Tankbehälter. Sie hatten ein Fassungsvermögen von 10 bis 40 Kubikmetern. Wie
diese Tanks aus Edelstahl mit einem Durchmesser von 2,75 Meter durch die

Bunkertür passten, gab dem Betrachter Rätsel auf. Ebenso betraf das den ursprünglichen Tank-Inhalt. Die WGT lagerte die Tanks vermutlich nicht ohne Grund in Beton-Bunkern. In zwei Bunkern befanden sich außengewöhnliche Edelstahltanks. Sie hatten ein Fassungsvermögen von jeweils vier Kubikmeter. Die Einfüllöffnungen der Behälter waren verschlossen. Die Aufschrift an der Tankaußenwand deutete darauf hin, dass sich im Tank technischer Sprit (russisch „cpirt wo pekt") bzw. hochprozentiger Alkohol befand.

An den Zugängen von einigen Beton-Bunkern waren am Eingang rote Totenkopfschilder mit der Warnung „Gift" (russisch „ja D") angebracht. Mit gebotener Distanz und Vorsicht wagten wir mit angelegter Atemschutzmaske samt Filter aus NVA-Beständen einen Blick in den Bunker hinein. Man konnte dort Fässer erkennen, die mit einem rot umrandeten Totenkopfemblem gekennzeichnet waren. Mit weißer Schrift stand auf Russisch „Phosphor". Das deutete auf chemischen Kampfstoff hin.

Weitere Totenkopf-Fässer trugen die Aufschrift „Sarin". Hierbei handelte es sich um einen sehr gefährlichen chemischen Kampfstoff. Diese Kampfstoffe hätten gar nicht in der DDR sein dürfen. Diese Entdeckungen meldeten wir umgehend dem zuständigen Bundesvermögensamt. Die Prüfung der tatsächlichen Substanz und die Entsorgung blieb Spezialisten vorbehalten.

Abseits von Fahrzeughallen und Beton-Bunkern lagerten am Waldrand in mehreren Erdmulden gruppenweise 120 Tankbehälter. Hierbei handelte es sich überwiegend um Stahltanks der Größenordnung von zehn Kubikmetern. Im Gegensatz zu anderen Behältergruppen wiesen diese keine erkennbaren Bodenverunreinigungen auf. Die Kupplungen und Verschlüsse der verlegten Pipeline waren offenbar dicht.

Anders sah die Fläche um ein Betongerüst aus. Dort lagerten auf Betonstützen in etwa 1,5 Meter Höhe zwölf große Tanks. Sowohl der Beton als auch der Boden waren stark kontaminiert. Da ging in der Vergangenheit bei der Betankung viel daneben.

Russische Fahrzeug - Mafia

Unweit der Liegenschaft Fürstensee befand sich bei Neustrelitz eine weitere von der WGT Hals über Kopf geräumte Garnison. Man vermutete hinter den Mauern einen versteckten Fahrzeug-Park. Die Typen der Personenwagen bzw. das, was von ihnen übriggeblieben war, passte nicht zur russischen Fahrzeugausrüstung. Fahrzeuge der Marken Audi, BMW, Daimler, Opel und VW wurden hier zerlegt und ausgeschlachtet. Die gebrauchsfähigen Teile nahmen offensichtlich den Transportweg in die Sowjetunion bzw. nach Russland. Die zurückgelassenen Karossen und Teile sahen teilweise noch gut aus.

Im Inneren einiger Fahrzeuge befanden sich zum Teil noch die Papiere von deutschen Vorbesitzern. Männer des einheimischen Wachschutzes berichteten, dass es sich hierbei überwiegend um gestohlene Fahrzeuge von Bürgern der Stadt handelte. Diese wurden von sowjetischen Soldaten anschließend hinter Mauern und Stacheldraht für den Transit in die Heimat vorbereitet. Die deutsche Polizei war den Tätern auf der Spur. Beim Zugriff ereignete sich in der Region Neustrelitz ein schlimmes, von sowjetischen Soldaten begangenes Verbrechen.

Die Bevölkerung war wegen der Fahrzeug-Diebstähle beunruhigt. Der Verdacht richtete sich schließlich gegen eine Gruppe russisch sprechender Männer. Die waren nachts auf Fahrzeug-Klau in der Stadt unterwegs. Die Diebe besaßen die Dreistigkeit, die vor Wohnblocks parkenden Autos zu stehlen. Die Anzeigen aus der Bevölkerung häuften sich. Die örtliche Polizei nahm sich der Vorkommnisse an. Es gelang der Polizei nach Observation, eine Gruppe von vier Männern beim Fahrzeug-Diebstahl auf frischer Tat zu stellen. Beim versuchten Zugriff wurden die Streifenpolizisten sofort mit MPi-Kalaschnikow beschossen. Im Kugelhagel starb ein Polizist. Ein weiterer wurde schwer verwundet. Den Gangstern gelang es, sich der Festnahme zu entziehen. Sie flüchteten mit einem Fahrzeug in ihre WGT-Garnison. Hier endete die Verfolgung von alarmierten Polizeikräften.

Die örtliche Polizei hatten gegenüber der Mafia in Uniform und Zivil kaum eine Chance. Selbst Oberbefehlshaber Generaloberst Burlakow, der sonst von seinen Soldaten begangene Delikte häufig als Presseverleumdung abstritt, gestand dieses Verbrechen mit den Worten ein: „Dieser schreckliche Zwischenfall hat die Westgruppe schwer erschüttert".

Der Ruf der WGT und ihrer Soldaten war in der Region um Neustrelitz ruiniert. Die Tat mit dem Tod des Polizisten war Gesprächsthema in der Bevölkerung. Das WGT-Oberkommando handelte. Es ließ die Garnison umgehend räumen. Offensichtlich wollte man Spuren und eine Tataufklärung vertuschen. Die Strafverfolgung der Täter lag in russischer Hand.

Panzerreparaturwerk Kirchmöser

1993 hatte der Autor Gelegenheit, die aus der Jugendzeit von außen her bekannte Garnison nunmehr auch von innen zu sehen. Zu DDR-Zeiten berichteten Kleingärtner aus der angrenzenden Garten-Sparte, dass das Brunnenwasser verunreinigt war. Es roch merkwürdig. In der Tat, hier lauerten auf einer Fläche von 42 Hektar eine Reihe von Gefahrenquellen. Von dem stillgelegten Gaswerk entwichen aus erdverlegten undichten Rohren immer noch gefährliche Dämpfe. Die Rohrleitungen mussten demontiert werden.

Umwelt-Spezialisten entdeckten auf dem kleinen Gelände 27 Altlastenverdachtsflächen. Bohrungen mit Meßpunkten ergaben Bodenverunreinigungen bis in neun Meter Tiefe. Stark kontaminiert waren die Bereiche der Panzerwäsche, das Galvanik-Klärschlammbecken, Tanklager, Öllager und die Tankstelle.

Die Panzer wurden 48 Jahre lang mit Lösungsmittel abgewaschen bzw. entfettet. Von den Rückständen ging vieles daneben und versickerte in der Erde. Die Ölbehälter und der Galvanikschlamm mussten deshalb umgehend entsorgt werden. Die Galvanik spielt bei der Oberflächenbeschichtung bzw. -veredlung (Verschleißschutz, Korrosionsschutz) und zur Reduzierung der Friktion in Gleitlagern eine Rolle. Galvanikschlamm fiel vermutlich bei der Entfettung durch Cyanid-haltige Abfälle mit Schwermetallen an.

Für alles, was nach 1945 auf dem Gelände gebaut wurde, existierten keine Bauzeichnungen. So konnte über die Zweckbestimmung der Bunkeranlagen und vielen Schächte nur spekuliert werden. Neben den giftigen chemischen Dämpfen, die aus dem Boden entwichen, roch es stark nach einer Schweinemasthaltung. Nach der Größe der Schweineställe zu urteilen, muss das Militärobjekt in Kirchmöser die WGT-Garnison in der Stadt Brandenburg mit Schweinefleisch und Wurst versorgt haben.

Die einst in den 20er- und 30er-Jahren errichteten Gebäude erfuhren im Verlauf ihrer Nutzung durch die WGT kaum eine Instandsetzung. Eine Ausnahme bildete ein rotes Backsteingebäude unmittelbar am Haupttor der Kaserne. Das war die ehemalige Reichsbahnschule. Die Bausubstanz der zur Panzer-Instandsetzung umfunktionierten zwei Lok-Produktionshallen war gut erhalten. Der Betonboden war jedoch stark von Öl und Diesel kontaminiert.

Während des Rundganges fiel uns ein flaches Gebäude mit vergitterten Kellerfenstern auf. Die geringe Raumhöhe des Kellergeschosses von etwa nur 1,40 Meter gab dem Betrachter Rätsel auf. „Das war der Arrest", erklärte unsere

Begleitung. In mehreren kleinen Verliesen befanden sich ein Tisch, Stuhl oder Schemel und Bettgestell. Die niedrige Raumhöhe sollte den Arrestanten strafverschärfend erniedrigen. Er konnte in dem Verließ nur gebückt gehen. Neben dem seelischen Schaden trat ein körperlicher.

Direkt vor der Kaserne standen zwei nach DDR-Standard errichtete mehrgeschossige Neubaublocks. Hier wohnten bis zum Truppen-Abzug die Offiziere und Zivilangestellten der WGT mit ihren Familien. In diesen Wohnblocks waren 1994 russische Aussiedler untergebracht.

Truppenübungsplatz Lieberose mit explosiven Altlasten

Seitdem der Schießlärm 1991 auf dem zweitgrößten Truppenübungsplatz in Deutschland verstummt war, umgab das Märkische Städtchen Lieberose im Kreis Beeskow eine idyllische Ruhe. Doch diese Ruhe in der brandenburgischen Niederlausitz trügte. In den Kieferwäldern und auf den kahl geschossenen Flächen des ca. 27.000 Hektar großen Übungsgeländes der Wehrmacht, Kasernierten Volkspolizei und GSSD lagerte tonnenweise Munition. Der 1992 von der WGT an das Bundesvermögensamt Cottbus übergebene Truppenübungsplatz Lieberose erstreckte sich über die Kreise Lübben, Beeskow, Guben und Cottbus.

Ende 1942 begann eine Abteilung der Waffen-SS mit der Errichtung des Truppenübungsplatzes „Kurmark" in der Lieberoser Heide. Für den Bau des Panzer-Schießplatzes wurden Häftlinge aus dem KZ Sachsenhausen herangezogen. Sie waren im Außenlager Lieberose untergebracht. Nach dem Krieg errichtete dort die Rote Armee ein Speziallager für deutsche Gefangene. Anfang der 50er-Jahre nutzte die Kasernierte Volkspolizei, der Vorläufer der NVA, und die Bereitschaftspolizei das Areal als Übungsplatz. Mit Übereignung des Geländes 1954 an die sowjetischen Streitkräfte war zugleich die Erweiterung und der Ausbau des Übungs- und Schießplatzes verbunden. Siedlungen und die Gleistrasse der Spreewaldbahn wurden abgerissen.

In der Folgezeit nutzten die GSSD und Armeen des Warschauer Paktes den Truppenübungsplatz zu Großraummanöver für Panzer-, Artillerie-, Raketen- und Luft-Boden-Schießübungen. 1970 fand hier das größte Militärmanöver „Waffenbrüderschaft" des Warschauer Paktes mit nahezu 50.000 Soldaten statt. Vom Generalshügel mit einer Aussichtsplattform verfolgten Staatsoberhäupter der UdSSR und DDR das Manövergeschehen.

Bei Schießübungen und Manöverhandlungen wurde die von Nord nach Süd durch das Gelände führende Fernverkehrsstraße 168 gesperrt. Niemand wusste mit dem Abzug der WGT, wo genau die Schießbahnen und Zielgebiete der sowjetischen Panzer und Artillerie lagen. Nicht einmal die Größe einiger Flächen des vom Militär genutzten märkischen Bodens war exakt kartographiert. Zum Zeitpunkt der Übergabe des Truppenübungsplatzes an das Bundesvermögensamt (1992) wurde über eine weitere Nutzung durch die Bundeswehr spekuliert.

Durch das damalige Übungsgelände führen heute die Bundesstraßen 168 und 320 sowie ein Verbindungsweg von Drachhausen zum Ortsteil Heide. Auf dem weitläufigen Gelände wurden seit 1943 Gewehrpatronen, Artillerie- und Panzergranaten, gelenkte Panzerraketen und alle möglichen Sprengmittel und Geschosse abgefeuert und verpulvert. Darunter auch Phosphor-Munition. Die Bevölkerung der Region wähnte sich mitunter wie im Kriegszustand.

Nachdem der Pulverqualm verzogen war, ging es ans Aufräumen. „Mit allem ist zu rechnen, Munition und Zünder vergehen nicht", mahnte ein Mitarbeiter des Bundesvermögensamtes Cottbus. Das Betreten der als munitionsbelastetes Sperrgebiet ausgewiesenen Flächen war streng verboten. Schilder „Achtung! Explosive Stoffe" wiesen auf eines der brisantesten Probleme im Land Brandenburg hin. Der Chef des Staatlichen Munitionsbergungsdienstes im Land Brandenburg, Horst Reinhardt, erwähnte, dass „Brandenburg auf einem explosiven Kriegserbe sitzt. Das Bundesland ist am meisten belastet. Hier tobten vor dem Sturm auf Berlin die letzten großen Kriegsschlachten".

Die Räumungs-Bilanz im Jahr 1994 ergab 569 Tonnen Munition, 549 Tonnen Munitionsschrott und 109 Tonnen Bomben. Die Suche und Vernichtung der Munition kostete dem Bund und Land Brandenburg 66 Millionen DM im Jahr 1994. Entwarnung war nicht in Sicht. 1996 fanden Experten des Munitionsbergungsdienstes 455 Tonnen Munition im märkischen Boden. Darunter befanden sich 120.000 Granaten, 7.200 Sprengbomben bis zehn Zentner sowie 1.500 Raketen überwiegend aus sowjetischen Beständen. Die Bergung und Räumung dieser aus der Wehrmachtszeit und Stationierung der GSSD stammenden gefährlichen Altlasten kostete im Jahr 1996 allein 67 Millionen DM.

Unter Führung eines Mitarbeiters des Bundesvermögensamtes galt das Interesse der Bieterfirmen dem Recycling von diversen Schrottansammlungen und der Entsorgung von Sondermüll am Rande des Truppenübungsplatzes. Die Menge des angehäuften Militärschrotts betrug etwa 1.600 Tonnen. Darunter befand sich auch Material aus der Wehrmachtszeit. Neben den Schrottplätzen lagerten diverse Tankbehälter und Fässer mit unbekannten Flüssigkeiten. Einige der 200-Liter-Fässer waren mit Gift gekennzeichnet. Ohne Schutzausrüstung war Zurückhaltung geboten. Die Vermischung der Stoffe bzw. Medien verursachte einen hohen Entsorgungsaufwand. Eine noch von der WGT beauftragte Berliner Firma hatte bereits mit der Entsorgung der Hinterlassenschaften begonnen. Die Arbeiten mussten wegen der Munitionsfunde immer wieder unterbrochen werden.

Ohrdruf im Thüringer Wald

Der Kasernenkomplex mit dem Truppenübungsplatz bei Ohrdruf trug schwer an seiner Vergangenheit. Hier probten südlich von Gotha die Militärs seit 1906 für Kaiser, Volk und Vaterland. Nach 1945 besetzte die Rote Armee mit wechselnden Divisionen und Regimentern das militärische Terrain. 1989/90 nutzte die 39. Garde Mot.-Schützendivision, die 390. Artilleriebrigade und die 915. Fla-Raketenbrigade (SA-6) der sowjetischen Streitkräfte das 5.100 Hektar große Areal. Es hatte einem Umfang von 60 Kilometern.

In dem über 1.000 Jahre alten Städtchen Ohrdruf und seiner Umgebung war 1990 die Hölle los. Wenige Tage vor der Wiedervereinigung wollten die sowjetischen Waffenbrüder von einst noch einmal demonstrieren, wer hier Herr im Hause ist. Der Bürgermeister und Stadtverordnete protestierten in „explosiver Atmosphäre". Sie forderten ein Ende der Ballerei auf dem Truppenübungsplatz. Im November 1991 zogen die WGT schließlich ab.

Im September 1992 hatte der Autor Gelegenheit, sich den Kasernenkomplex Ohrdruf im Auftrag des Bundesvermögensamtes Erfurt näher anzusehen. Den Schwerpunkt bildete das Tanklager und der auf dem Gelände gelagerte Militärschrott. Das Areal umfassende etwa 450 Gebäude. Darunter befanden sich Kasernen-Unterkünfte, wilhelminische Villen, Theater (750 Plätze), Sporthalle, Schule, Kindergarten, Läden, Post und Heizwerke. Plattenbauten mit etwa 800 Wohnungen, die erst Ende der 80er-Jahre gebaut wurden, standen leer. Hier fanden etwa 25.000 Armeeangehörige mit ihren Familien ein befristetes Zuhause.

Im Gegensatz dazu zählte das thüringische Städtchen Ohrdruf Ende der 80er-Jahre lediglich 6.500 Einwohner. Im Ort befanden sich drei Kirchen und eine touristische Attraktion, der „Tobiashammer". Das von DDR-Bürgern gern besuchte technische Denkmal stammte aus dem Jahr 1482. Trotz seiner ca. 500 Jahre war es gut erhalten und gepflegt. Anders sah das bei den militärisch genutzten Gebäuden und Anlagen aus.

Beim Kasernen-Rundgang fielen dem Autor die Lindenalleen und vielen Apfelbäume auf. Im Gegensatz zu den Jahren vor 1992 schien sich jetzt keiner für die Äpfel zu interessieren. Nach dem Weggang des Militärs galt das Interesse der Beseitigung von Altlasten. Davon gab es hier reichlich. Auf den Parkflächen der Panzer und Fahrzeuge sowie dem Truppenübungsplatz leistete sich die GSSD einen beispiellosen ökologischen Vandalismus. Das Erdreich war stark von Diesel und Öl kontaminiert. Man konnte deutlich die Rückstände von abgelassenem Motoröl und vergossenem Kraftstoff (Benzin und Diesel) erkennen.

Einwohner berichteten, dass die sowjetischen Soldaten ihre Panzer im Flüsschen Ohra wuschen. Am Ufer waren die Ketten-Spuren noch zu erkennen. Ein Mitarbeiter des Wachschutzes erklärte, dass der Truppenübungsplatz Ohrdruf Chancen hätte, von der Bundeswehr weiter genutzt zu werden. Thüringen hatte vier von den riesigen Flächen: Ohrdruf, Weberstedt, Künkel und Bad Salzungen. Gegen die militärische Nutzung formierte sich bei den Umweltschützern und einigen SPD-Genossen Widerstand. Sie wollten aus dem Truppenübungsplatz einen „Naturpark Thüringer Hügelland" machen. Im Angesicht der vielen Warnschilder „Munition-Lebensgefahr" erschien dem Autor dieses Vorhaben sehr kostenintensiv. Andere Bürger vertraten die Ansicht, dass bei Umzäunung des militärischen Geländes und gelegentlicher Ballerei von „Leo"-Schüssen das Areal sich zu einem ökologischen Kleinod entwickeln würde. Ihnen waren Leopard-Panzer lieber als bunt gekleidete Jogger mit Hunden. Die Mehrzahl der Ohrdorfer machte aus dem Knall eines russischen oder deutschen Kanonenrohres jedoch keinen Unterschied.

Mit ihrem Abzug hinterließ die WGT eine Unmenge ausgedienter Kampftechnik und Ausrüstung, Hunderte Tanks und Fässer mit Restmengen, Fahrzeugwracks, Kurbelwellen, Bremstrommeln, Pioniergerät und Raketencontainer. Dem Betrachter bot sich auf einer Länge von etwa einem Kilometer aufgetürmter Militärschrott von etwa 3.000 Tonnen. Darunter befanden sich stählerne Zeugnisse der 39. Garde-Mot.-Schützendivision: ausrangierte Schützenpanzer auf Halde und Mot.- Schützenpanzerwagen auf platten Reifen. Die Luft war raus, das CA-Symbol noch dran. Die Schützenpanzer lagen aufgereiht neben- und teilweise übereinander. Unweit der Panzerwracks befanden sich

Hunderte Tankbehälter und ebenso viele Fässer. Es roch förmlich nach Diesel und Benzin. Durch die Sonneneinwirkung flimmerte stellenweise die Luft über dem Boden. Raucher waren gut beraten, sich hier keine Zigarette anzuzünden. Der Boden war stark kontaminiert. Hier hatte selbst die sonst reichlich wachsende Kamille-Pflanze keine Wachstumschance.

Parallel mit den Arbeiten der Recyclingfirmen „förderten" die Kletterkunst beherrschende Mitarbeiter einer Munitionsbergungsfirma aus zig Metern Tiefe Minen und Granaten wieder an die Erdoberfläche. Die russischen Soldaten entledigten sich in den selten vorkommenden Erdspalten des Thüringer Waldes Teile ihrer Munition. Jetzt musste sie sehr aufwendig geborgen werden. Die Mitarbeiter hatten einen höchst gefährlichen Job.

Fassungslosigkeit befiel den Autor beim Betreten einer Turnhalle. Anstelle von Parkett war der Hallenboden betoniert. An den Wänden fehlte bis in etwa 1,50 Meter Höhe der Putz. Das Mauerwerk war porös und roch ätzend. Ein säuerlicher Geruch lag in der Luft. Auf meinen fragenden Blick gab mir ein Mitarbeiter des Wachschutzes zu verstehen, dass hier Kompanien von Soldaten mit ihren Füßen Weißkohl zu Sauerkohl gestampft hatten. Das konnte ich zunächst kaum glauben. Als Beweis zeigte man mir einen Raum mit diversen großen Gummistiefeln und leeren grünen Essigbehältern.

Ein Haus fiel wegen der vergitterten Fenster auf. Es war das KGB-Gebäude. Hier befanden sich u.a. vier Quadratmeter große Arrestzellen. An den Wänden des Militärknasts sah man noch Metall-Haken zum Anketten der Inhaftierten. „Schlagt mich tot!" war an einer Wand auf Russisch zu lesen. Der damalige zweite Bürgermeister von Ohrdruf erklärte, dass man dieses Gebäude mit „seiner schrecklichen Vergangenheit als ein Denkmal der Unterdrückung in den sowjetischen Streitkräften" erhalten wolle.

4.3. Schrottrecycling auf WGT-Liegenschaften

Alles, was die WGT nicht mehr benötigte und veraltet war, vom Schützenpanzer bis zum Kochgeschirr, landete buchstäblich auf einen Haufen. Die Folge waren Vermischungen von schwerem und leichtem Stahlalt- und Stahlneuschrott, Shredder- und Scherenvormaterial, Trägerschrot (Stahlschwellen und Profile), Blechabfälle, Dosenschrott, Maschinenguss (Motoren, Bremsscheiben), Aluminium-Profile, Kabel, Messing-Kühler und -Kartuschen, Bleiakku, Elektronikschrott (E-Motore, Schalttafeln), Maschinenaggregate, geschlossene

Behälter (Gasflaschen, Feuerlöscher) und Munitionsschrott. Dazwischen stapelten sich ausgeschlachtete Fahrzeugkarossen und ausrangierte Busse. Einige dienten als Abfall-Container.

Legierte Stähle (V2A-Chrom-Nickel, V4A-Chrom-Nickel-Molybdän, Chromstahl) und nostalgisch anmutende Maschinen übten eine besondere Anziehungskraft auf „private Sammler" und Schrottaufkäufer aus. Trotz Bewachung der Garnisonen kam es immer wieder zu Diebstählen. In Jüterbog verschwand über Nacht ein als Denkmal präpariertes MiG-Kampfflugzeug. Der Autor fotografierte die gut erhaltene Trophäe. Einige Tage danach existierte vom MiG-Denkmal nur noch der Betonsockel. Das Schmuckstück wurde gestohlen.

„Eisenbahnfreunde" entwendeten aus der Liegenschaft Dannenwalde eine Dieselkleinlok der Baureihe 270. Die auf dem Gelände des ehemaligen Munitionsdepots der Wehrmacht betriebene Lok nutzten anschließend die WGT. Unter Sammlern von Bahnfahrzeugen hatte sie historischen Wert.

Auf dem Flugplatz Borstel bei Stendal hatten die MiG's und Kampfhubschrauber einige ihrer Raketenbehälter zurückgelassen. Das in der Sonne glänzende Material bestand aus Aluminium und legiertem Stahl bester Sorte. Auch diese Teile verschwanden nach ein paar Tagen.

Die Attraktivität der bisher nicht öffentlich zugänglichen Schrottansammlungen von ausgedienter Militärtechnik stieß bei Schrotthändlern und Recyclingfirmen mit Beginn des Truppenabzuges auf großes Geschäftsinteresse. Etwa 120 mittelständische Unternehmen konkurrierten im Handel und in der Verwertung von russischem Militärschrott in den östlichen Bundesländern.

Das WGT-Oberkommando, Divisions-, Regiments- und Garnisonskommandeure schlossen im Zeitraum 1991/1992 allein im Land Brandenburg mit 45 Firmen 148 Schrottverträge. Die vertraglich vereinbarte Schrottmenge betrug auf dem Papier anfänglich insgesamt 69.000 Tonnen. Der größte Posten war mit 12.060 Tonnen deklariert, die kleinste Menge mit 15 Tonnen. Die Menge des tatsächlich direkt mit der sowjetisch-russischen Seite realisierten Handels mit Stahlschrotten und Buntmetallen ist nicht bekannt.

Schätzungsweise verkaufte die WGT parallel mit dem laufenden Abzug aus dem Land Brandenburg bis Ende 1992 dort etwa 35 bis 45.000 Tonnen Stahlschrott und Buntmetalle. Die größten Schrottansammlungen im Land Brandenburg befanden sich nach Angaben der WGT in den Garnisonen Werder (12.060 Tonnen), Wünsdorf (8.500 Tonnen), Krampnitz bei Potsdam (9.000

Tonnen), Königswusterhausen (6.900 Tonnen), Klein Bahren (6.100 Tonnen), Fürstenwalde (4.800 Tonnen), Neuruppin (3.000 Tonnen), Dannenwalde (3.000 Tonnen) und Bernau (1.800 Tonnen).

Über das Militärschrottaufkommen der Jahre 1993 und 1994 können keine quantitativen Aussagen getroffen werden. Mit fortschreitendem Truppenabzug häuften sich auf den Liegenschaften die Schrottmengen in allen fünf neuen Bundesländern. Im Ergebnis der Kohl-Jelzin-Vereinbarung am 16. Dezember 1992 mit dem fixierten Ende der Abzugsaktion zum 31. August 1994 kam es zur beschleunigten Räumung der Militärstandorte. Die WGT schaffte es zum Teil nicht mehr, defekte bzw. ausgesonderte Kampftechnik abzutransportieren bzw. ihren Militärschrott zu vermarkten. Vieles blieb zurück, u.a. die zum Abtransport vorbereiteten Stahltanks (siehe Kapitel 4.5.). Der Oberbefehlshaber der WGT, Generaloberst Burlakow, schätzte im Juli 1994 ein, dass ca. 190.000 Tonnen Metallschrott, Maschinen und Pionierausrüstungen auf den geräumten WGT-Liegenschaften lagerten. Diese Mengenaussage ist jedoch von den Bundesvermögensämtern nicht belegt.

Stets bei knapper Kasse, bot der in Jahrzehnten angehäufte Schrott von ausrangierter Technik den sowjetisch-russischen Militärs eine neue Divisen-Einnahmequelle. Vieles wurde im Zuge des Abzuges der Truppen zu Schrott und „beweglichem Vermögen" um-deklariert und in Westmark „verrubelt".

Diese Praxis widersprach der zwischen Kohl und Jelzin 1992 nachträglich getroffenen Vereinbarung über den Verbleib von „unbeweglichem Vermögen". Dazu gehörten auch Anlagen mit verbautem Stahl und Buntmetalle auf den WGT-Liegenschaften. Dieser Material-Posten diente anfänglich u.a. als ein Verrechnungs-Ausgleich für die dem WGT-Kommando teilweise in Rechnung gestellten Kosten zur Beseitigung der Umweltschäden und Altlasten.

Russische Militärs ließen sich auch von der verlockenden DM-Sofortkasse einiger Schrotthändler blenden. Die Offiziere bevorzugten, auf der Grundlage von Tonnage-Schätzungen, Vorkasse durch Cash-Zahlung. Sie verzichteten auf die allgemein übliche Praxis der Bezahlung auf der Basis von Schrottwiegescheinen. Die Restsumme konnten sie meist abschreiben. Unter diesen Geschäftspartnern befanden sich auffallend viele Händler mit gelben Fahrzeug-Kennzeichen aus den Niederlanden. Wo die auftauchten, hatten regionale Schrottfirmen meist nur geringe Chancen. Dagegen erwies sich der übliche gewichtsmäßige Schrottnachweis als ein Mittel vertrauensbildender Partnerschaft.

Das Unternehmen, das der Autor vertrat, ging mit den sowjetisch-russischen Militärs keine vertraglichen Beziehungen zur Schrottverwertung bzw. Entsorgung ein. Die russischen Erwartungen der Vorauszahlung in bar waren für unser Unternehmen weder akzeptabel noch praktikabel. Für die Militärs war Netto gleich Brutto. Die in Deutschland anfallende Mehrwertsteuer interessierte sie nicht. Ebenso waren die unterschiedlichen Ansichten zur Schrottbeschaffenheit ein Grund zur gebotenen Zurückhaltung.

Rangeleien über Fachkompetenzen und divergierende Ansichten zur Schrottbeschaffenheit blieben in den Verhandlungen nicht aus. Die russische Seite vertrat die Auffassung, dass die Preise über legierte Schrotte (V2A-, V4A- und Chromstahl) sowie Nichteisen-Metalle (Kupfer, Messing, Aluminium, Blei) dem aktuellen Börsenstand entsprechen müssen. Die Militärs ließen außer Acht, dass Nichteisen- bzw. Buntmetalle in legierter Form und in Verbindung mit Eisen anfallen. Die Buntmetalle lagerten für die weitere Verarbeitung nicht sortenrein. Dazu bestand durch die „Produzenten" keine Veranlassung.

Nach Abzug der WGT von den Liegenschaften und anschließender Objektsicherung hatten die regional zuständigen Bundesvermögensämter die Verfügungsrechte über die vom Bund übernommenen Liegenschaften bzw. „Immobilien" inklusive der Hinterlassenschaften. Die Leistungen wurden durch die Bundesvermögensämter grundsätzlich nach Wettbewerbskriterien vergeben. Dies geschah bei sofortiger Gefahrenabwehr für Mensch und Umwelt.

Zunehmend stiegen ab 1993 landeseigene Gesellschaften, Hochbauämter, Ingenieurbüros, Städte und Gemeinden (bei Liegenschaftsübereignung) in das Vermarktungs- und Sanierungsgeschäft der militärischen Liegenschaften ein.

4.4. Zeugen eines Explosionsinfernos – Garnison Dannenwalde

Völlig unverhofft erhielten einige Vertreter von Recycling-Unternehmen 1993 die Gelegenheit, eine gewaltige Schrottansammlung in der ehemaligen WGT-Garnison Dannenwalde näher in Augenschein zu nehmen. Was der Autor dann inmitten eines Kiefernwaldes im brandenburgischen Landkreis Oberhavel sah, übertraf alle bisherigen Vorstellungen und Erwartungen.

Auf einer Fläche von etwa 120.000 Quadratmetern lagerte in einem wüsten Durcheinander eine riesige Ansammlung von zerborstener Munition und Kartuschen sowie Raketenteile. Der Munitions-Schrott, alles metallische Überreste einer gewaltigen Explosion, lag stellenweise bis zu 1,50 Meter hoch im Wald.

Im Munitionslager Dannenwalde (zehn Kilometer nördlich Gransee) bevorratete die 3397. Bewegliche Raketentechnische Basis für die Truppenteile der 2. Garde-Panzerarmee große Mengen von Artillerie-Munition, Katjuschas, Minen und Raketen des Komplex 9K79 TOTSCHKA (SS-21, SCARAB). Die Raketen-Basis Dannenwalde sicherte die Versorgung der Garde-Panzerarmee mit Raketen, Gefechtsköpfen (nukleare und konventionelle), Raketentreibstoffen und Komplettierungselementen.

Das mitten im Kiefernwald gelegene 365 Hektar große Militärareal gehörte in der Wehrmachtszeit zur „Munitionsfabrik Sprengchemie Dannenwalde". Das Militär-Gelände mit drei voneinander getrennten Objekten umgab eine zweifache Stacheldrahtumzäunung mit Wachtürmen. Am Haupteingang befanden sich etwa zehn Gebäude. Ins Objekt führte eine von der Hauptstrecke Berlin-Rostock abzweigende Bahntrasse. Im Objekt waren mehrere Gleissträge verlegt.

Männer des Wachschutzes bestreiften auf betonierten Wegen das Gelände. Überall hingen Warnschilder „Betreten streng verboten!", „Minengefahr!", „Fundmunition", „Explosionsgefahr!" Unter Führung eines Mitarbeiters des Bundesvermögensamts Potsdam mussten wir exakt die zugewiesene Wegstrecke einhalten.

Im Waldgelände existierten etwa 40 kleinere Munitionslager bzw. unterirdische Bauten. Seitlich von der zunehmend brüchig werdenden Betonstraße bemerkten wir vereinzelte Erdkrater von früheren Explosionen. Rot-weiße Flatterbänder markierten im Gelände Gefahren von Fundmunition. Uns beschäftigte die Frage, was war hier passiert und weshalb diese Eile in der Gefahrenabwehr. Das Rätsel löste sich auf.

Recherchen ergaben, dass hier am 14. August 1977 Teile des Munitionslagers durch Blitzschlag explodierten. Das Inferno wurde bis 1990 als ein Staatsgeheimnis in der DDR gehütet. Kritik am Regime der GSSD war verboten. Die Stasi hatte Mühe, um den „Raketensonntag" aus dem Bewusstsein der Anwohner zu verdrängen. Keiner sollte etwas über das größte Munitionsunglück der sowjetischen Streitkräfte in der DDR erfahren.

Tausende Geschosse und Stahlsplitter der zum Teil frei lagernden Munition flogen an diesem Sommertag von 14 bis 20 Uhr durch die Luft. Getroffen wurden mehrere Raketenstapel. 778 Katjuschas des Typs BM-21 (Kaliber 122,4 Millimeter, Reichweite 20,8 Kilometer) und BM-24 (Kaliber 240,9 Millimeter, Reichweite sechs Kilometer) schlugen in umliegende Ortschaften auf einer Fläche von 180 Quadratkilometer ein.

Aus 23 Orten wurden Einschläge gemeldet, darunter Marienthal, Tornow, Zabelsdorf, Wentow, Blumenow, Seilerhof bis Gramzow und Zernikow. Das naheliegende, etwa 25 Kilometer westlich von Dannenwalde liegende Atomkraftwerk Rheinsberg blieb zum Glück vom Raketenhagel verschont.

Panik ergriff an diesem Tag die Dorfbewohner. Wer konnte, floh per Fahrzeug, Krad oder nahm das Fahrrad. Dannenwalde war innerhalb von wenigen Minuten leer. Als das Gewitter längst abgezogen war, krachte es in und über Dannenwalde weiter. Mutigen DDR-Eisenbahnern gelang es, einen mit Munition voll beladenen Güterzug aus dem Militär-Objekt zu fahren.

Einwohner wollen nach dem Tod bringenden Unglück Hunderte Zinksärge gesehen haben. Wie viele sowjetische Soldaten starben, unterliegt bis heute der Geheimhaltung. Nach Schätzungen sollen es 70 bis 300 junge Männer gewesen sein. Dabei hätte alles noch viel schlimmer kommen können.

Nur 300 Meter von der explodierenden Munition und den Katjuschas entfernt, befand sich ein hinter einem dritten Stacheldrahtzaun und von Verbotsschildern markiertes geheimes Sonderlager der GSSD. Hier lagerten die sowjetischen Streitkräfte chemische Kampfstoffe und vermutlich auch Nuklearmunition. Davon hatten weder die DDR- noch die NVA-Führung Kenntnis. Ein Himmelfahrtskommando sowjetischer Soldaten fuhr die schweren Fahrzeuge mit den Mittelstreckenraketen eiligst aus dem Objekt Dannenwalde. Diesmal verzichtete die WGT auf die Tarnung. Anwohner hatten zuvor diese Fahrzeuge bzw. Waffen noch nie gesehen.

In einem Gebäude im Objekt Dannenwalde entdeckte der Autor Halterungen von Helium-Behälter. Diese dienten u.a. zur Kühlung von Waffenmaterial. Auf zurückgelassenen Schautafeln an den Wänden waren „Granaten" mit drei gelben Ringen abgebildet. Diese Hinterlassenschaften erhärteten den Verdacht, dass hier vermutlich atomare und chemische Waffen gelagert wurden. Belege fanden sich dazu jedoch nicht.

Nach dem Abzug der WGT bot sich jetzt im Wald für jeden „Schrotti" ein verlockender Anblick. Hier lagerten ca. zwei Tausend Tonnen Stahlaltschrott und Trägermaterial bester Sorte („S 3" bzw. „E 3"), legierter Stahl sowie

Nichteisen-Metalle (Messing und Aluminium). Das Material war durch die Explosionen bereits auf eine für die Stahlschmelze passende Größe (Mindeststärke sechs Millimeter, Abmessungen unter 1,50 mal 0,50 mal 0,50 Meter) zerborsten. Es musste lediglich separiert, verladen und abtransportiert werden.

Die Freude über die im Wald angehäuften Schrottmassen währte jedoch nicht lange. Mehr oder weniger deutlich zu erkennen, waren die mit dem Munitionsschrott vermischten geschlossenen Behälter und Gasflaschen, Granaten mehrerer Kaliber, Teile von Panzerbüchsen und Minen. Als Laie war man sich nicht sicher, handelte es sich hier um scharfe oder Übungsmunition? Da, wo mit kyrillischen Buchstaben „uschebnoje" (zur Übung) draufstand, musste folgerichtig nichts Ungefährliches drin sein. Auch scharfe Munition war in der Schlussphase des Abzuges mitunter als Übungsmunition gekennzeichnet. Vermutlich war dieses Durcheinander von Munitionsschrott ein Grund, weshalb die russischen Soldaten das Material nicht in eigener Zuständigkeit vermarktet hatten.

Trotz Wachschutz und Umzäunung hatten Journalisten und findige Teams von Fernsehsendern dieses explosive Erbe aufgespürt. Sie berichteten in den Medien sensationell über die „Granaten-Idylle in Brandenburger Wälder". Militaria-Fans präsentierten sowjetische Granaten mit der beschrifteten Messingkartusche in Videos. Das zuständige Bundesvermögensamt Potsdam drängte zur Eile. Der im Kiefernwald großflächig verstreute Munitionsschrott und die metallischen Zeugnisse einer Explosion mussten weg.

Wegen der Gefahren bei der Beräumung und der hohen Kosten hielt sich der Bieterkreis von Unternehmen in Grenzen. Die ausführende Recyclingfirma musste sich bei der Schrottanlieferung mit Annahme-Weigerungen eines Stahlwerks im Land Brandenburg herumschlagen. Unbekannte hatten in Containern und offenen Waggons Munition „entsorgt". Das vom Autor vertretende Unternehmen beschränkte sich auf die Entsorgung von Tankbehälter und ölhaltigen Anlagenteilen als Sofortmaßnahme.

Elf Jahre später teilte die Brandenburgische Bodengesellschaft für Grundstücksverwaltung und Verwertung mbH am 16. April 2004 mit, dass die Folgen des Explosionsunglücks im Kerngebiet mit einem Aufwand von 2,3 Millionen EURO nunmehr beseitigt wurden.

Kampfmittelräumfirmen entsorgten eine (1) Million Stück kleinteilige Munition, über 600 Raketen (u.a. von der WGT vergrabene Katjuschas) und Hunderte großkalibrige Granaten. Die Liegenschaft im Wald wurde zehn Jahre nach dem Abzug der WGT als Landschaftsschutzgebiet „Neuruppin–Rheinsberg-Fürstenberger Wald- und Seengebiet" frei gegeben.

4.5. Explosives Erbe - Gefährdungspotential Tanklager

Wegen der Umweltgefahren, die von den stillgelegten Tanklagern der WGT ausgingen, konzentrierte sich die anfänglich von den Bundesvermögensämtern (BVA) ausgelöste Leistungsvergabe auf die Entsorgung und den Rückbau dieser häufig in den Wäldern verstreuten Anlagen.

Auf den ehemaligen Liegenschaften der WGT lagerten schätzungsweise 52.000 Stück größere Einhüllen-Stahltanks. Sie hatten ein Fassungsvermögen von 25 bis 60 Kubikmetern und einen Durchmesser von 2,80 Metern. Ihre Länge betrug 4,10 Meter (25-Kubikmeter-Tanks) sowie 9,60 bis 10,40 Meter für die 50 und 60 Kubikmeter fassenden Tanks.

Hinzu kamen nochmals etwa 12.000 Stück Behälter mit einem Fassungsvermögen von 10 bis 1,5 Kubikmeter. Die Stahltanks befanden sich vorwiegend im Erdboden, in Sand- und Grundwassermulden liegend sowie auf Beton-Gerüsten. In geringer Anzahl betrieben die GSSD bzw. WGT Tankbehälter aus Edelstahl (V2A, V4A) für besondere Flüssigkeiten und Raketentreibstoffe.

Die WGT betrieb in einigen Großtanklagern 1.000 Kubikmeter fassende Stahl-Behälter. Diese hatten ein modernes Betankungssystem.

Nach russischen Angaben sollten alle Tankbehälter zur Übergabe leer sein. Das erwies sich jedoch in der Praxis als gefährliche Illusion. Unabhängig von den Restmengen oder vom Leerzustand bildeten sich durch die Restbenzinbestände und Luft explosive Gase. Diese können sich bei Feuer entzünden und den Tankbehälter ähnlich wie bei einer Bombenexplosion zerfetzen. Kritisch kann es dann bei einem Waldbrand werden. Vor diesen Gefahren warnten seit dem Abzug der WGT nicht nur die örtlichen Förstereien und Feuerwehren.

Explosive Erbschaft

Entsprechend der Liegenschaftsdichte im Land Brandenburg konzentrierten die sowjetischen Streitkräfte hier auch ihre Treibstoffbevorratung an Benzin, Diesel, Kerosin, Raketentreibstoffen, verschiedenen Öl-Sorten und Gefrierschutzmitteln sowie chemische Flüssigkeiten.

Zu den größten im Land Brandenburg von der WGT betriebenen 28 Tanklagern gehörten die stark gesicherten Militär-Objekte in Altfriesack, Mixdorf, Klein Bahren, Kurtschlag, Groß Dölln, Rathenow, Velten, Biesenthal, Perleberg, Prenzlau, Neuruppin-Flugplatz, Wulkow, Fürstensee, Dannenwalde, Jüterbog-Altes Lager, Forst Zinna und Heidehof bei Jüterbog, Lübben, Vogelsang, Krampnitz, Sperenberg, Finsterwalde, Bad Freienwalde, Fürstenwalde (drei Stück, u.a. Berkenbrück), Falkenberg, Jamlitz, Drachhausen und Schönwalde-Flugplatz. Rund 9.500 Stück der größten im märkischen Sand verlegten zylindrischen Stahlbehälter, vorwiegend mit 60 und 25 Kubikmetern Inhalt, hatten ein Fassungsvermögen von etwa 360.000 Kubikmetern Treibstoff und Öl.

Für die Entwicklung eines Konzeptes zur Entsorgung, dem Recycling und der Renaturierung von Tanklagern der WGT war es erforderlich, sich direkt vor Ort ein Bild über die Beschaffenheit dieser Militär-Objekte und des von ihnen ausgehenden Gefahrenpotentials zu verschaffen. Von Bedeutung waren Kenntnisse über die Größe und den Bauzustand der Stahlbehälter, den ursprünglichen Tankinhalt sowie über das Aufkommen und die Art der Restmengen. Ermittelt werden musste der Grad der Umweltverunreinigungen durch Kraftstoffe, Öle, Kühlflüssigkeit, Bremsflüssigkeit und chemische Substanzen. Die Art der Verlegung der Tankpipeline und die Dichtheit der Kupplungen ermöglichte Rückschlüsse zur Betankung und Umweltverschmutzung.

Großtanklager Rathenow

Nach entsprechender Antragstellung bewilligte das Bundesvermögensamt Potsdam die technische Aufnahme des Großtanklagers Rathenow-Nord (Objekt 59) der WGT. Gemeinsam mit einem erfahrenen Tiefbau-Ingenieur der STRABAG Bau-AG (Köln) begab sich der Autor im Sommer 1992 dorthin. Neben Vermessungswerkzeug und kleinen Probeflaschen hatten wir vorsorglich Schutzkleidung, Schutzmaske und Gummihandschuhe im Auto eingepackt.

Zu meiner Überraschung hörte ich während der Fahrt von Berlin-Tegel nach Rathenow von meinem „West"-Kollegen das komplette Fontane-Gedicht vom Birnbaum des Herrn Ribbeck im brandenburgischen Ribbeck. Ich war sehr überrascht, denn ich kannte nur eine Strophe. Was wir dann nach etwa 80 Minuten Fahrzeit in Augenschein nahmen, überraschte dann besonders meinen Kollegen. Er hatte schon einige Militärobjekte ähnlicher Art der Bundeswehr und NATO gebaut. Ein Tanklager dieser Art und mit diesen Ausmaßen hatten wir nicht vermutet.

Hier lagerten in einem Terrain von etwa 60 Hektar 880 Tankbehälter in der märkischen Heide. Die Mehrzahl der Behälter, etwa 620 Stück, hatte ein Fassungsvermögen von 25 Kubikmetern. Die Länge der Tanks schwankte zwischen 4,10 und 5,20 Meter. Die Mehrzahl der 25-Kubikmeter-Tankbehälter war in der Erde vergraben. Nur ein Betonring mit einem Durchmesser von 1,30 Meter verriet die Lage des Tanks. Der Ring umsäumte den Tank-Domschacht. Hierbei handelte es sich um den Tank-Zugang mit dem Einfüll- bzw. Absaugrohr. Die Domschächte waren zum Teil mit Stahldeckel abgedeckt. Bei vielen Tanks waren die Domschacht-Deckel bereits demontiert. Offensichtlich hatte man sie verschrottet. Die Schrauben und Muttern lagen daneben. Das Erdreich um den Tankzugang war überwiegend von Öl und Kraftstoff durchtränkt.

Die größeren, etwa 200 Tankbehälter, hatten ein Fassungsvermögen von 50 bis 60 Kubikmeter. Sie waren 9,60 bis 10,40 Meter lang. Diese Stahltanks lagen überwiegend frei in Erdmulden, ohne Erdaufschüttung. So konnte man gut die Tank-Ummantelung mit einer schwarzen Bitumenschicht erkennen. Durch die Sonneneinwirkung wurde die Teerschicht rissig und zerbröselte stellenweise.

Obwohl die Tank-Behälter leer sein sollten, ergaben Stichproben auffallend viele Restinhalte. Alle inspizierten Tanks gasten stark nach. Es roch nach Vergaserkraftstoff, Diesel und Öl. Angebrachte Warnschilder mahnten deshalb zur Vorsicht: „Nje kurit!" (nicht rauchen!), „Feuergefährlich! Explosionsgefahr!" oder „giftige Flüssigkeit".

60 Tankbehälter hatten eine Füllmenge von 20 Kubikmetern. Bei diesen Einhüllen-Stahltanks betrug der Durchmesser 2,75 Meter bis 2,80 Meter. Das gesamte Tanklagerareal war von vielen, etwa 20 Meter hohen Stahlmasten mit Antennen für den Blitzschutz versehen.

Neben den in Rathenow vorgefundenen Tanks verwendete die WGT in anderen Tanklagern auch kleinere Tankgrößen. Dazu zählten Behälter von 10 bis 1,5 Kubikmetern Fassungsinhalt. Vor allem Sonderflüssigkeiten und Chemikalien lagerten in kleineren Tankbehältern von 4,5 bis 1,5 Kubikmetern Größe.

Treib- und Schmierstoffe, Flüssigkeiten

Entsprechend den russischen Beschriftungen konnten in den Tanklagern der WGT zwölf verschiedene Betriebsstoff-Arten (Benzin, Diesel, Kerosin) und diverse Schmierstoffe ermittelt werden.

Es existierten fünf verschiedene Sorten von *Vergaserkraftstoffen* (VK-Benzin) VK-70, VK-72, VK-76, VK-79 und VK-93. Vier Sorten von *Dieselkraftstoffen* für Sommer und Winter wurden benutzt. Die WGT bevorratete drei *Kerosin*-Sorten als Flugzeugtreibstoff (PT, T-6, TC).

Reichhaltig vertreten waren verschiedene *Motoren-* und *Getriebeöl*-Sorten. In Ergänzung zu weiteren inspizierten Tanklagern ermittelte der Autor insgesamt acht Motorenölsorten (M…) und vier Getriebeölsorten (TA…, TC…).

Drei Sorten von *Bremsflüssigkeiten* (A…, B…, P…) unterschieden sich in ihrer Zusammensetzung durch die Bezeichnung rot, gelb und grün.

Es existierten drei Sorten von *Antigefrierschutzmitteln* (M…, Antifrost) je nach dem Temperaturschutzgrad von minus 30 bis minus 65 Grad. Ein besonderes Antifrostmittel (TGF) war nur für Flugzeuge vorgesehen.

Schmierfette (Smaska) trugen den russischen Anfangsbuchstaben „U".

Daneben bevorratete die WGT in den Tanklagern *technischen Spiritus* bzw. *Alkohol* (russisch: Sprit wo pekt) sowie mit dem Wort *Gifte* (russisch: Ja, D) gekennzeichnete Tankinhalte und *sonstige Flüssigkeiten*. Darunter befanden sich unbekannte, leicht schmelzende Flüssigkeiten.

Besondere Aufmerksamkeit erregten Tankbehälter aus Aluminium oder hochwertigem Edelstahl V2A (Chrom-Nickel) und V4A (Chrom-Nickel-Molybdän). Ihre Ummantelung bzw. äußere Hülle waren bis zu zwei Zentimeter dick. Die Behälter im Tanklager Rathenow hatten ein geschätztes Fassungsvermögen von ca. 30 bis 35 Kubikmetern. Sie lagerten jeweils getrennt voneinander in betonierten Erdmulden ohne Überdachung. Doppelte Stacheldrahtumzäunung mit Totenkopfschildern markierte Lebensgefahr. Ähnliche Tankbehälter, zum Teil in kleinerer Ausführung, sah der Autor in den Tanklagern Fürstensee, Kurtschlag, Jüterbog (Altes Lager), Fürstenwalde und in den Garnisonen Dannenwalde und Elstal.

Entsprechend der russischen Beschriftung enthielten diese Edelstahl-Behälter die hochexplosiven Raketentreibstoff-Komponenten *Samin* und *Melange*. Bei *Samin* (TG 02) handelte es sich um den Flüssigbrennstoff, bestehend aus einem Gemisch von Di- und Triätylamin sowie Xylidin.

Die hochexplosive Treibstoff-Komponente *Melange* (20k) war der Oxydator. *Melange* bestand aus einem Gemisch von hochprozentiger Salpetersäure, Stickstofftetroxid, Phosphorsäure und Flurwasserstoff. Ein sehr geringer Wasserbestandteil wurde durch Hygroskopie verursacht.

In den Raketentruppen (WGT und NVA) kamen fünf verschiedene Treibstoff-Sorten zur Anwendung. Hierbei handelte es sich um stark toxische und ätzende Treibstoffkomponenten (Toxizität MAK-5 mg pro Kubikmeter). *Melange* war hochgefährlich für den Menschen und die Umwelt. Zusammen mit dem flüssigen Brennstoff *Samin* erzeugte *Melange* in Raketenbrennkammern den erforderlichen Schub, um die Rakete schnell und treffsicher sowohl in große Höhe als auch Entfernung ins gegnerische Ziel zu bringen.

Neben Edelstahl- und Aluminiumtanks bevorrateten die WGT diese Raketentreibstoffe auch in Rollreifenfässer von 200 Liter. Diese lagerten überwiegend in Beton-Bunkern, in deren Umfeld Raketentruppen stationiert waren.

Transportiert wurden die Raketentreibstoffe in Spezialfahrzeugen vom Typ KRAZ mit Tankaufleger aus Edelstahl. Wie viel Tonnen Raketentreibstoffe die GSSD bzw. WGT auf dem Territorium der DDR bevorrateten ist nicht bekannt. Der Rücktransport der Raketentreibstoffe der WGT per Bahn und Fährschiff erfolgte ab Herbst 1990. Dazu war eine Sondergenehmigung des Bundesministers für Verkehr erforderlich.

Auch die NVA besaß diese hoch giftigen flüssigen Treibstoffkomponenten für den Antrieb von Raketen in ihren Teilstreitkräften. Nach Erkenntnissen des Raketentreibstoff-Experten Rainer Radloff (siehe Literaturverzeichnis) lagerten die Teilstreitkräfte der NVA Ende der 80er-Jahre 4.436 Tonnen.

Die Volksmarine bevorratete für ihre Seezielraketen P-15 (NATO-Code SS-N-2B STYX), P-21 (NATO-Code SS-N-2 Charlie) und P-22 (NATO-Code SS-N-2 Delta) diese Treibstoffkomponenten für ihre Raketenschnellboote des Projektes 205 (NATO-Code OSA I), Raketenkorvetten Projekt 1241 RÄ und für den Küstenraketenkomplexes „Rubesh". In Abhängigkeit von der Raketenanzahl lagerte die Volksmarine Ende der 80er-Jahre etwa 600 bis 660 Tonnen im Lager Schwarzenpfost (bei Rostock) und Tilzow (auf Rügen).

Radloff recherchierte für 1990 im Lagerbestand von Russland 53.000 Tonnen Raketentreibstoffe. Die Ukraine bevorratete 16.200 Tonnen und Weißrussland 10.000 Tonnen Raketentreibstoffe. Es wurden Entsorgungs-Verfahren entwickelt, um *Melange* in Stickstoffdüngemittel für die Landwirtschaft umzuwandeln. Diese kamen in Ländern des ehemaligen Ostblocks zur Anwendung.

Im Ergebnis der technischen Aufnahme der Tankbehälter und des Leitungssystems im Militärobjekt Rathenow gelang es, ein Unternehmens-Konzept für die Entsorgung und Reinigung der Tankbehälter sowie für ihre Demontage und Verschrottung zu entwickeln. Die Entsorgung von diversem Müll und Baureststoffen bildete eine gesonderte Leistungs-Komponente. Der zu erwartende Aushub von stark kontaminiertem Erdreich konnte nur ansatzweise geschätzt werden. Hier waren Bodenuntersuchungen notwendig. Insgesamt erwartete den beauftragten Firmen in den neuen Bundesländern eine aufwendige Arbeit der Entsorgung, Reinigung, Demontage und Renaturierung dieser still gelegten Militärobjekte.

Die Stadt Rathenow drückte aufs Tempo. Sie wollte auf dem Areal Gewerbe-Unternehmen ansiedeln. Von dem Tanklager ging eine unberechenbare Gefahr für das Grundwasser der Stadt aus. Die Entsorgungsmaßnahmen liefen 1993 an. Das Bundesvermögensamt stellte allein nur für die Behälterentsorgung 2,1 Millionen DM bereit. Die ausführende Industrieservice-Firma fand heraus, dass die überwiegend aus DDR-Produktion der 60er-Jahre stammenden Tankbehälter keine Leckagen aufwiesen.

Der Leiter des Umweltamtes der Kreisverwaltung Rathenow erklärte gegenüber der Presse, dass die „massive Bodenkontamination bzw. Verschmutzung des Erdreiches aus dem kilometerlangen Leitungssystem resultierte. Die Rohrverbindungen bestanden aus Schnellkupplungen. Diese waren überwiegend undicht, weil Dichtgummis fehlten. Die sowjetisch-russischen Truppen sind hier in der Betankung umgegangen, wie andere mit Wasser".

Auch die Entsorgung der auf dem Grundwasser aufschwimmenden Mineralöl-kohlenwasserstoffe (MKW) musste erfolgen. Bei der Freilegung der Tankbehälter trat beim Bodenaushub häufig ein auf dem Grundwasser schwimmender dicker, bunter MKW-Film zu Tage. Benzin, Kerosin, Diesel, Öl und Bremsflüssigkeiten versickerten im Laufe der Jahre im Erdreich. Beim Bergen der Tanks traten sie, auf dem Grundwasser aufschwimmend, farbprächtig wieder zu Tage. Diese Umwelt-Verschmutzungen lieferten den Beleg für den jahrelangen unachtsamen Umgang mit Kraftstoffen und Ölen in den Militärobjekten der WGT. Hier wurde versehentlich nicht nur Wodka verschüttet.

Das beharrliche Leugnen oder die Verharmlosung dieser gravierenden ökologischen Schäden auf den russischen Liegenschaften durch den Oberkommandierenden der WGT, Generaloberst Burlakow, machte ihn zunehmend unglaub-würdig. Offensichtlich wollte er die Kosten der Entsorgung niedrig halten und den Wert der WGT-Immobilien steigern. Diese Taktik ging letztlich nicht auf.

Die bei der Übernahme der Liegenschaften festgestellten „Umweltsünden" in den vielen Tanklagern der WGT waren keine Einzelfälle, sondern überwiegend der Regelfall. Die Boden-Verunreinigungen und Umweltschäden wurden durch Presseberichte öffentlich. Sie waren Gesprächsthema in der Bevölkerung. Der für die Umwelt schädigende Umgang mit Kraftstoffen erzeugte in der Abzugs-phase der WGT innerhalb der Bevölkerung eine Abneigung gegenüber den sowjetisch-russischen Truppen.

„Warum zahlen die Russen nicht für die Umweltsünden, die sie Jahrzehnte lang begangen hatten?" Jene Rufer in der verschmutzten Rathenower Wüste verkannten die damalige finanzielle Lage Russlands. Präsident Jelzin hätte dann vermutlich Kanzler Kohl um weitere Kredite bitten müssen. Nein, man sollte froh sein, dass die russischen Truppen abgezogen waren. Jetzt konnten ihre Hinterlassenschaften inklusive der Boden-Verschmutzungen mit sprichwört-licher deutscher Gründlichkeit und Know how entsorgt und aufgearbeitet wer-den.

Großtanks 1.000 Kubikmeter

In Altfriesack, Mixdorf, Klein Bahren (Land Brandenburg) und Rochau-Ost (Land Sachsen-Anhalt) bevorratete die WGT insgesamt 118 große Flachbo-dentanks von je 1.000 Kubikmeter Fassungsvermögen. Das ergab eine Treib-stoffreserve von 118.000 Kubikmetern. Diese überwiegend in den 80er-Jahren errichteten Tanklager mit einer Pumpstation zeichneten sich durch ein verhält-nismäßig modernes Anlagen- und Betankungssystem aus. Der Betriebs- und Sicherheitsstandart unterschied sich beträchtlich von den im Sandboden anei-nandergereihten einwandigen 60- bzw. 25-Kubikmeter-Tanks.

Die etwa zehn Meter hohen 1.000-Kubikmeter-Tanks standen auf einer massi-ven Betonplatte. Die Stahlwandstärke betrug zehn Millimeter. Der eigentliche Tank war nochmals von einer Ummantelung aus Stahl oder Beton umgeben. Zwischen dieser äußeren Ummantelung und dem Tankbehälter befand sich ein 80 Zentimeter breiter Zwischenraum. In diesem Sicherheits- bzw. Kontroll-gang konnte man etagenweise um den Tank herumlaufen. An der Tankdecke ragten oben Luftschachtöffnungen und Armaturen heraus.

In der Pumpstation markierten farbige Pfeile an dickwandigen Stahl-Rohren den Strömungsverlauf der Betriebsstoffe. Benzin war mit gelb markiert, Diesel mit braun. Kerosin trug eine blaue Kennzeichnung. In der Pump- und Verteilerstation waren alle Armaturen übersichtlich angeordnet und funktional beschrieben. An den Ventilen und Schiebern hingen zum Teil Zettel mit dem Datum der letzten Entleerung mit anschließender Entlüftung.

Der Autor konnte eines dieser modernen Tanklager kurz nach ihrer Betriebsaufgabe gemeinsam mit russischem Personal besichtigen. Ihre Betreiber hatten in einem Tanklager sogar die Dokumentation bzw. Betriebsanleitung in russischer Sprache zurückgelassen. Die russischen Tankspezialisten befanden sich in dem Glauben, dass diese Großtank-Anlagen u.a. durch die Bundeswehr weiter genutzt werden können. Doch daraus wurde nichts.

In dem mit 66 Hektar größten WGT-Tanklager Altfriesack im Landkreis Ostprinitz-Ruppin betrieb die Westgruppe zahlreiche Flachbodentanks der Größe 1.000 Kubikmeter. In einem Teilstück des Waldes erkannte der Autor 16 Großtanks. Sie waren in zwei Reihen parallel zueinander angeordnet. In einer Reihe hatte die WGT acht Tanks verlegt.

Im Lager-Areal Altfriesack befanden sich nochmals 780 Stück Tankbehälter der Größenordnung 60 und 25 Kubikmeter. Damit gehörte der Standort Altfriesack mit zu den größten Tanklagern der GSSD bzw. WGT in den neuen Bundesländern. Anwohner berichteten, dass hier täglich 100 olivgrüne Tankfahrzeuge die umliegenden Garnisonen, Truppenteile und den Militärflugplatz mit Sprit versorgten.

Das Tanklager wurde unter der Regie der Brandenburgischen Bodengesellschaft mbH ab 1996 von Firmen entsorgt und zurückgebaut. Regionalzeitungen berichteten in dem Zusammenhang sogar von 29 Flachbodentanks der Größe von 1.000 Kubikmetern. Womöglich waren im Wald weitere Großtanks „versteckt".

Es dauerte mehrere Jahre, bis im Auftrag der Brandenburgischen Bodengesellschaft die Entsorgung und der Rückbau von insgesamt zehn Großtanklagern der WGT im Land Brandenburg abgeschlossen werden konnte.

Tanklager Velten

Die Ofenstadt Velten bei Oranienburg löste Anfang 1994 als eine der ersten Städte in den neuen Bundesländern den Auftrag zur Entsorgung und den

Rückbau eines Groß-Tanklagers der WGT aus. Das befand sich in der Nähe des Hafens Velten. Die GSSD hatte es 1978 als strategische Reserve für die um Berlin stationierten sowjetischen Truppen angelegt. Auf dem Gelände befanden sich 620 Tankbehälter mit einem Fassungsvermögen von 60 Kubikmetern (jeweils 10,40 Meter lang). Weitere 150 Tankbehälter hatten ein Fassungsvermögen von 25 Kubikmetern. Sie lagerten in Gruppen zu jeweils 20 Stück parallel in mehreren Reihen. Alle Stahltanks waren bis drei Meter tief in der Erde vergraben. Nur ein Betonring an der Domschachtöffnung verriet die Lage der Behälter.

Für die Entsorgung und Verschrottung bis zur Einebnung (Planum) des Geländes setzte der Auftraggeber einen Zeitrahmen von fünf Monaten. Betreut wurde die Leistungsausführung von einem überwachenden Ingenieurbüro.

Angeblich sollten alle Tankbehälter leer sein. Das versicherte der russische Oberst Tarnopolski anlässlich der Übergabe der Liegenschaft an die Stadt Velten. Die offizielle Version der russischen Seite „alle Tanks sind leer" erwies sich als gefährliche Illusion. Stichproben in Vorbereitung der Arbeitsaufnahme bewiesen das Gegenteil.

Am Beginn der Entsorgungsarbeiten stand das Abpumpen der in den Tankbehältern befindlichen Restmengen von Benzin, Diesel, Öl u.a. Flüssigkeiten. Im Militärobjekt Velten wurden insgesamt 78 Kubikmeter Benzin-, Diesel- und Öl-Wassergemische, inklusive der Reinigungsflüssigkeit, entsorgt.

Zur Verschleierung der in den Behältern verbliebenen Restmengen verstopften die Soldaten zur Liegenschaftsübergabe die unteren Durchbrüche in den Verstrebungen der Tankinnenwand mit Lumpen. Das Tanksegment am Einstieg bzw. Domschacht, wo man direkt in den Tank hineinsehen konnte, war dagegen blitzblank geputzt.

Wegen der Restbenzinbestände in den Tanks bilden sich explosive Gase. Dieser Nachgasungse-Effekt und weitere „Überraschungen" im Innern der Tankbehälter erforderten bei der Entsorgung der Reststoffe größte Umsicht. So fielen im Rahmen der Entsorgung u.a. 5,3 Kubikmeter Öl-Farbe (zum Teil bereits fest) und Rost als Sondermüll an. Die Mitarbeiter entsorgten 1,2 Tonnen öldurchtränkte russische Uniformen, die sich in einigen Tanks befanden. Auch entledigten sich die Soldaten beim Abzug ihrer Hunde und Katzen in den Tanks. Die Kadaver mussten entsorgt werden.

Besonders gefährlich und meldepflichtig war zu Beginn der Fund eines Cyanid-(Wasser) Gemisches. Bei Cyanid handelte es sich um ein Salz der Blausäure Cyanwasserstoff, auch als Hydrogencyanid oder Ameisensäure bezeichnet. Das hochgiftige Zeug roch nach Bittermandeln oder Marzipan. Bereits zwei Milligramm Blausäure pro Kilogramm Körpergewicht können beim Einatmen tödlich wirken. Man erstickt, denn die Zellatmung in der Lunge kommt zum Erliegen. Die Nazis verwendeten das Teufelszeug als „Zyklon B".

Mit dieser Chemikalie, in welcher Zusammensetzung auch immer, hatte keiner im Verlauf der Arbeiten gerechnet. Die Vorbesitzer hatten das verheimlicht. Vermutlich hatte der Oberst selbst keine Kenntnis von dieser Substanz. Über die Verwendung konnte man nur spekulieren. Anfragen an russische Stellen in Wünsdorf wurden nicht beantwortet.

Die Arbeiten mussten unterbrochen werden. Ein Krisenstab beschloss zur Gefahrenabwehr die umgehende Entsorgung des Sonderabfalls. Das war nicht ganz einfach. Auf keinen Fall darf Cyanid mit Säure in Verbindung kommen. Die Entsorgung erfolgte im basischen Milieu und mit geeigneten Oxidationsmitteln, z.B. Wasserstoffperoxid. Eine Spezialfirma erledigte das per Entsorgungs-Nachtrag. Dieser in der Presse veröffentlichte Zwischenfall auf der Liegenschaft war dann Gesprächsthema in Velten und der Umgebung.

Nach dem Absaugen der Restmengen wurden die Tankbehälter mit Druckluft belüftet. Erst danach konnten die Monteure über eine kreisrunde Tanköffnung zur Tankreinigung mit Schutzkleidung und Atemschutzmaske ins Innere einsteigen. Über eine in den Tank geführte Schlauchleitung wurden die Mitarbeiter mit Frischluft versorgt.

Die Monteure sprühten mit einer Spritzlanze im Kreislauf-Druckspülverfahren eine Spezialflüssigkeit auf die Tankinnenwände. Diese hat die Eigenschaft, die Kraftstoffreste und Gase zu absorbieren. Anschließend wurden die Tankinnenwände mit einem Gummispachtel gesäubert. Für festanhaftende Substanzen stand funkenfreies Werkzeug zur Verfügung. Danach wurde die Reinigungsflüssigkeit abgesaugt. Abschließend erfolgte nochmals eine Frischluftbelüftung. Erst wenn die Messung ergab, „keine Gase im Tank!" konnten diese zur Verschrottung freigegeben werden.

Mit schwerer Technik, überwiegend Kettenbaggern, wurden die bis zu 4,8 Tonnen schweren Stahltanks aus dem Erdreich gezogen. Die Erd-Krater bzw. Mulden verwandelten das Aral in eine Mondlandschaft. In Abhängigkeit vom Grundwasserstand und von Regenfällen rief der durchnässte Kiesboden beim

Herausheben der Tanks einen Saugeffekt hervor. Das erschwerte das Herausziehen der Behälter erheblich. Regenfälle verwandelten die Baustelle häufig in eine Schlammwüste.

Mit dem Radlader wurden die Tanks zum Zerlegeplatz transportiert. Hier musste manuell die Bitumenbeschichtung der Tanks entfernt werden. Diese Abfälle wurden ebenfalls der Entsorgung zugeführt. Erst dann begannen die Mitarbeiter per Schneidbrenner, die Stahltanks in Halb- und Viertelschalen zu zerlegen. Bei einer Stahl-Wandstärke von sechs bis mitunter sogar zwölf Millimetern waren die Schnittstellen nicht immer kalkulierbar. Wenn alles auf Containergröße geschnitten war, ging der Stahlschrott per Lkw-Transport zum Recyclinghof. Eine Schrottpresse verdichtete und zerlegte den Stahlschrott für die Stahlschmelze in Henningsdorf.

Zur Besonderheit der Leistungsausführung im Militärobjekt Velten gehörte, dass die Mitarbeiter des Unternehmens zeitweilig unter der Flugaufsicht russischer Hubschrauberpiloten arbeiteten. Das war wegen des Fluglärms und dem Luftwirbel der Rotoren gewöhnungsbedürftig. Die russischen Piloten beobachten mit der Kamera, wie die Arbeiten in ihrem ehemaligen Tanklager abliefen. Sie konnten demnach feststellen, dass die Tanks nicht leer waren. Die Mitarbeiter haben nicht ohne Grund mit einem speziellen Saug-Druck- und Spülwagen die Restmengen abgepumpt. Großes Interesse zeigten die Piloten in der Luft, wie die Tanks aus der Erde gezogen und anschließend zur Verschrottung in Segmente zerlegt wurden.

Eine weitere Überraschung bot das Großtanklager Velten mit einem unterirdischen „Flusskanal" aus Stahlröhren. Zur Umleitung eines Flussbettes verlegten die Soldaten im Erdreich aneinander gereihte 60-Kubikmeter-Tanks. Für den Wasserdurchlauf hatten sie die Tankstirnwände herausgetrennt. Erst bei der Beräumung des Tanklagers stieß das Unternehmen auf diesen Kanal aus Stahl. Er war auf keiner Karte eingezeichnet. Eine Befragung von älteren Anwohnern ergab, dass hier tatsächlich einmal ein Flusslauf existierte. Das Wasser trat irgendwo in Hafennähe zu Tage. Jetzt 1994 klärte sich der Wasserverlauf endlich auf. Auf diese Weise kamen nochmals 24 große Tankbehälter von jeweils ca. 10 Metern Länge hinzu.

Fässer

Tausende 200-Liter-Rollreifenfässer lagerten in den Garnisonen und in Tanklagerobjekten. So u.a. in Fürstensee, Altes Lager bei Jüterbog, Heidehof, Jamlitz, Sperenberg, Zerbst/Borstel und Ohrdruf. Die Inhaltsstoffe Öle, Teer, Farben, Fette, Chemikalien, Verdünnungs- und Antifrostmittel waren zum Teil ausgelaufen. Sie suchten sich einen Weg im Müllareal. Unter der Behältersammlung befanden sich Hunderte Fässer aus ehemaligen Wehrmachtsbeständen. Sie waren alle noch in einem guten Zustand.

Die WGT hinterließ in der Eile ihres Abzuges auch Spezialfässer mit rotem Totenkopfemblem. Sie trugen die Aufschriften Sarin, Soman und Phosphor. Von diesen chemischen Kampfstoffen galt Soman als das gefährlichste Nervengift. Es ist eine farblose bis gelbbraune Flüssigkeit mit hoher Toxizität. Durch Mischen mit organischem Polymer wurde er als verdickter Kampfstoff gelagert. Er trug in den sowjetischen Streitkräften die Code-Bezeichnung „R-55". Weshalb die WGT diese hochgiftigen Fässer als Beleg für eine geplante Kampfführung in Bunkern und Depots zurückließ, ist nicht nachvollziehbar. Die Entsorgung der Fässer erfolgte durch Spezialfirmen.

Im Vorfeld des Abzuges des in Biesenthal (Landkreis Barnim) stationierten chemischen Abwehrbataillons der WGT erhitzten sich im April 1993 die Gemüter der Bürger. Vermutet wurden von der WGT vergrabene Fässer mit Chemikalien. Anwohner hätten wohl 1990 beobachtet, dass sowjetische Soldaten des Bataillons diverse Fässer mit Chemikalien im Wald vergruben. Zuvor fällten sie auf dem Gelände an der Biesenthaler Bahnhofstraße mehrere Bäume. In mehreren ausgehobenen Gruben von acht mal acht Meter verschwanden dann diverse Fässer. Im Sommer 1992 mussten mehrere Trinkwasserbrunnen im angrenzenden Biesenthaler Musikerviertel gesperrt werden. Die Ursache der Verseuchung des Grundwassers wurde auf den Umgang mit Chemikalien auf dem Militärgelände zurückgeführt. Bemühungen, um auf das Gelände zu gelangen und die Ursache für die Trinkwasserverseuchung zu ermitteln, scheiterten durch die Ablehnung des sowjetischen Militärs. Jetzt unmittelbar vor der Übergabe der kleinen Garnison forderten die Stadtverordneten von der WGT die Beseitigung dieser vermuteten Altlasten. Die dachten nicht daran. Im September 1996 meldete die „Märkische Oderzeitung", dass die Kommune von Biesenthal in der Beweispflicht stehe, ehe der Bund eine Räumungs- bzw. Entsorgungsverfügung erlassen könne.

4.6. Militaria-, Kunst- und Waffenhandel

Sowjetisch-russische Verbindungsoffiziere bemerkten, dass wir Deutschen auf den vom Bund übernommenen Liegenschaften gefundene Symbole der GSSD bzw. WGT (Effekten, Ausweise, Wimpel, Orden, Fahnen, Anschauungstafeln, Dienstvorschriften bis hin zu Mosaikbildnissen) nicht wegwarfen. Das Material wurde gesichert, eingesammelt und musealen Zwecken zuführt. So z.B. bewahrte das vom Autor in Brandenburg geleitete Unternehmen von der WGT zurückgelassene Gegenstände zur Ansicht für Mitarbeiter, Besucher und Interessenten auf. Dazu gehörten Bilder, Effekte, Uniformstücke, Fahnen, Wimpel, Büsten, Porträts, Ausweise, Schautafeln, Betriebsanleitungen, Granat-Kartuschen, Propaganda-Geschosshülsen und Ausrüstungsgegenstände. Diese kleine Militaria-Sammlung über ein Zeitfenster deutsch-russischer Geschichte erregte auch in der Muttergesellschaft in Essen Aufmerksamkeit. Im Gegensatz zu den Militaria-Händlern am Brandenburger Tor oder am Check Point Charlie in Berlin wurden diese Funde nicht verkauft.

Mitarbeiter von Firmen versuchten, die von sowjetischen Soldaten an den Häuserwänden gestalteten farbigen Mosaikbildnisse (Soldatenporträts mit Militärtechnik) im Ganzen herauszufräsen bzw. zu demontieren. Nur zum Teil gelang es, von der WGT in Kasernen zurückgelassene Figuren, Plastiken oder Anschauungstafeln zu sichern. Vieles verschwand trotz Betretungsverbot und Objekt-Bewachung oder wurde zerstört.

Der Autor weilte 1992 und 1993 mehrmals zu informativen Gesprächen mit russischen Offizieren in der WGT-Garnison in Fürstenberg/Havel. Im Rahmen eines Besuches erhielt der Autor Zugang zu einer museumsreifen Sammlung von militärischen Ausrüstungen. Angeboten wurden Betriebsanleitungen von Militärtechnik, Funktabellen, Ferngläser, Uhren, Fahnen, Standarten, Bücher, Uniformen, Effekte, Orden und Abzeichen. Alles ähnelte einer „Verkaufsmesse". Der DM-Verkaufspreis der Akten und Bücher berechnete sich teilweise nach Gewicht. Mich interessierten vor allem Effekten, Fahnen und Wimpel, Schautafeln von Orden und Auszeichnungen sowie russische Militärausweise. Der Verkaufspreis war akzeptabel. Bezahlt wurde cash. Das Leuchten in den Augen der Militärs vergisst man so schnell nicht.

Auch Ikonen-Bildnisse, prunkvolle Vasen und diverse Schnitzereien befanden sich im Angebot. Woher das alles stammte, war nur zu vermuten. Diese prunkvollen Gegenstände gehörten jedenfalls nicht zur Kasernen-Ausstattung. Sie wurden aus der Heimat über den Militärflugplatz Sperenberg eingeflogen.

In der Abzugsphase besserten einige Militärs damit ihre DM-Geldbestände auf. Eine Prüfung der „Ware", ob es sich um echte Prunkstücke oder Fälschungen handelte, überließ ich lieber anderen Interessenten.

Ganz diskret lief der Waffendeal. Auf Wunsch wären auch MPi-Kalaschnikow und Pistolen vom Typ „Makarow" mit leerem Magazin lieferbar. Die Preise variierten je nach Modell von 200 DM bis 400 DM das Stück. Die Munition kostete extra. Der Autor konnte das anfangs gar nicht glauben. Nicht nur der Preis war hier zu heiß.

Nach Konsultation mit dem Ressort-Vorstand des Unternehmens informierte der Autor die zuständigen deutschen Behörden über den vermuteten Handel mit Kunstgegenständen und Waffen. Diese bestätigten, dass die Staatsanwaltschaft und Polizeibehörden davon Kenntnis hatten. Deren Kompetenz endete in der Vergangenheit jedoch oft vor dem Kasernentor. Die Beamten wussten, dass auf dem WGT-Flugplatz in Sperenberg „Waren" dieser Art von Militärangehörigen umgeschlagen werden. Deutsche Behörden führen nach Hinweisen des russischen Oberkommandos bzw. der Militärstaatsanwaltschaft entsprechende Untersuchungen.

Unter Generaloberst Burlakow entwickelten sich einzelne WGT-Objekte zu einem Warenhaus von Militärgütern, Kunstgegenständen, Waffen und Munition. Schieber- und Schmuggelgeschäfte nahmen im Verlauf des Truppenabzuges zu. Am 24. Januar 1994 meldete „Spiegel-online", dass in der dritten Januarwoche 1994 zwei Großtransporter des Typs „Antonow-12" auf dem WGT-Flugplatz Sperenberg mit brisanter Fracht aus Russland landeten. Die anschließend mit Militärlastwagen abtransportierte Ladung bestand aus 327 Holz-Kisten. Ihr Inhalt war als Sportwaffen deklariert. Die Fahrzeuge mit elf russischen Soldaten unter Führung eines Oberstleutnants kamen jedoch nicht weit. Nach einem Hinweis der Militärstaatsanwaltschaft stoppten deutsche Polizisten den Fahrzeug-Konvoi. Der Inhalt der Ladung entpuppte sich als 9.810 Stück Neun-Millimeter-Pistolen des Typs „Makarow". Die Waffen wurden beschlagnahmt und die Männer verhaftet. Es stellte sich heraus, dass der sowjetische Oberstleutnant zugleich Leiter der Jagdgesellschaft in Wünsdorf war.

Im Mai 1993 wurden in der Garnison Altengrabow 15 Pistolen vom Typ „Makarow" entwendet. Angeblich wurden diese Waffen samt Munition von „kriminellen" Soldaten, die inzwischen entlassen wurden oder geflohen waren, gestohlen und dann verkauft. Wie die zuvor an die Waffen und Munition gelangen konnten, blieb der Öffentlichkeit verborgen.

Dafür wuchsen in der Bevölkerung Ängste über den „Handel" mit russischen Handfeuerwaffen inklusive Munition. Andere witterten ein neues lukratives Geschäftsfeld. Der Oberkommandierende der WGT, Generaloberst Burlakow, erklärte wiederholt, dass es unter seiner Regentschaft keinen Waffen-Handel gäbe. Berichte von deutschen Journalisten in der Presse über „eine angebliche russische Waffen-Mafia" seien erfunden, um dem Ruf der WGT zu schaden. Die Praxis in der Abzugsphase der WGT sah jedoch anders aus.

4.7. Boldyrew-Report 1993

Juri Jurejewitsch Boldyrew (geboren 29. Mai 1960) war von 1990 bis Februar 1992 Mitglied des Higher Consultative Coordination Council unter dem Vorsitzenden des Obersten Rates der Russischen Sozialistischen Föderativen Sowjetrepublik (RSFSR) und anschließend unter ihrem Präsidenten. Nach seiner Beratertätigkeit für die russische Regierung war er von März 1992 bis März 1993 Oberster Staatsinspektor der Russischen Föderation. Zugleich leitete er die Kontrollabteilung der Präsidialverwaltung der Russischen Föderation. In dieser Funktion ermittelte Boldyrew die hemmungslose Bereicherungssucht, Schiebereien und illegalen Devisengeschäfte von Generälen und leitenden Offizieren der WGT sowie im russischen Verteidigungsministerium in Moskau.

Boldyrew und seinen Mitarbeitern blieben die fragwürdigen Geldüberweisungen, Schmuggelgeschäfte, Unstimmigkeiten in der Warenbeschaffung und im Weiterverkauf nicht verborgen. Er stellte im Verlauf des Abzuges der Truppen aus Ungarn, Polen, Deutschland und der Tschechoslowakei „grobe Verletzungen von verantwortlichen Militärs der Westgruppe und im russischen Verteidigungsministerium in Moskau bei der Veräußerung von Militäreigentum" fest.

Bis zu seiner Entlassung im März 1993 durch Präsident Jelzin bezifferte Boldyrew den „Schaden für Russland auf etwa 100 Millionen DM". Nach seinen Ermittlungen haben Militärs im Verteidigungsministerium und innerhalb der WGT außerdem etwa 10 Millionen DM aus dem Budget der von Deutschland finanzierten Abzugsaktion unterschlagen. Dieser Betrag bezog sich lediglich auf den Zeitraum 1991 bis März 1993.

Der Aufenthalts- und Abzugsvertrag vom 12. Oktober 1990 regelte u.a. „die Versorgung der Truppen mit Waren und Dienstleistungen". Diese wurden von Deutschland zollfrei geliefert und anschließend von der WGT zollfrei reimportiert. Nach Ansicht von Boldyrew „war das eine Einladung ins Schlaraffenland".

Ihm fiel u.a. auf, dass trotz des abnehmenden Personals in der Abzugsphase der WGT deren Waren-Bestelllisten gegenüber Deutschland immer länger wurden. Sein geheimer Bericht liegt irgendwo in einem russischen Archiv. Einige Vorgänge wurden dennoch fragmentarisch in Publikationen bekannt. In einem Interview, dass er in einer TV-Dokumentation zum Abzug der WGT gab (vermutlich 1994), verwies Boldyrew auf Erscheinungen von Amtsmissbrauch, Devisengeschäften, Schmuggel, Bereicherungssucht und Korruption in den Streitkräften.

Die in die Heimat zurückkehrenden Truppen stellten sich nach Erkenntnissen von Boldyrew wegen „mangelnder Unterstützung in den neuen Standorten auf Selbstversorgung und Biwak" ein. Einige Offiziere übertrugen den Geschäftssinn und das Profitstreben der in Deutschland erlebten Marktwirtschaft (Kapitalismus) auf ganz persönliche Weise auf Russland, besonders nach dem Zerfall der UdSSR. Sie machten die Erfahrung, dass man nur mit „schwarzen Geschäften und Korruption" in Russland existieren und leben kann.

Boldyrew fand heraus, dass die unter Leitung von General Fjodor M. Resjapow stehende Handelsverwaltung der WGT in Wünsdorf zeitweilig Waren im Wert von 174 Millionen DM hortete. In der Buchhaltung wurden diese als minderwertig abgeschrieben. Tatsächlich gelangten die Waren vom Militär über russische Vermittler zu kommerziellen Preisen in den freien Verkauf.

Boldyrews Finanzprüfer ermittelten eine Überweisung in Höhe von 13 Millionen DM von einem bei der Deutschen Bank in Leipzig geführten Konto der WGT zu Dritten. Im Gegenzug konnten jedoch keine Warenlieferungen oder erbrachten Leistungen festgestellt werden. Die Kontrolleure fanden heraus, dass die Geldanweisungen gefälscht und Geschäftskontakte nicht angegeben waren. Die Millionen waren jedoch weg.

Devisenbeträge (DM), die für die Versorgung der abziehenden Truppen aus Deutschland bestimmt waren, kamen dort teilweise nicht an. Boldyrew ermittelte, dass ein Teil des Geldes auf Bankkonten in Genf, Zürich oder New York landete.

Offiziere der WGT kauften zu völlig überhöhten Einkaufspreisen aus Österreich 3.390 veraltete Fernsehgeräte und Video-Recorder sowie 30.000 Stück Kochgeschirre für 14 Millionen DM. Die Sachen waren für die Truppe gedacht. Fernseher und Recorder wurden jedoch in Polen über dubiose kommerzielle Strukturen umgerubelt.

Nach Warschau ging per Luftfracht als Telefonapparate deklariertes Militärgut. Tatsächlich gelangten auf diesem Wege zollfrei 17.000 Liter Alkohol nach Polen. Auch Diesel und Kerosin aus Militärbeständen wurde verschoben.

Das Oberkommando der WGT in Wünsdorf kassierte von der Deutschen Telekom 5,6 Millionen DM für die Reparatur eines von Ahlbeck nach Kaliningrad (Königsberg) verlaufenden Seekabels. Die Leistung wurde jedoch nach Ermittlungen der Boldyrew-Kommission nicht erbracht.

Das Moskauer Verteidigungsministerium bestellte in Indien 800.000 Stück Garnituren Bettwäsche. Der in den Büchern vermerkte Einkaufspreis war zu 40 Prozent überteuert. Die Differenz gegenüber dem tatsächlich gezahlten Einkaufspreis floss in dunkle Kanäle. Die Bettwäsche war u.a. für die Soldaten der WGT gedacht. Dort ist jedoch kein einziges Bettlaken angekommen. Die in den Kasernen vereinzelt zurückgelassene Bettwäsche ähnelte mehr dem karierten NVA-Design in Blau-Weiß.

In Moskau entdeckten die Kontrolleure ein Militär-Warenlager mit exquisiten Möbeln, Schuhen, Textilien, Konsumgütern und Delikatessen im Wert von etwa 42 Millionen DM. Zugang hatten nur höhere Offiziersdienstgrade, die dort einkaufen konnten. Eine Flasche Champagner kostete umgerechnet 49 Rubel. Das entsprach damals 20 Pfennig.

In Magdeburg war ein russischer Oberst am Zigarettenschmuggel beteiligt. Er und seine Komplizen verschoben waggonweise unversteuerte Tabak-Waren nach Osteuropa.

Beamte in Kiel kamen Waffenschiebern auf die Spur. Sie beschlagnahmten u.a. einen Personenkraftwagen, der mit russischen Handgranaten beladen war.

Buntmetalle, Stahl und strategische Rohstoffe wurden im Westen für Devisen verhökert. Dafür wollte man Lebensmittel für die Truppe und Bevölkerung kaufen. Boldyrews Kontrolleure fanden heraus, dass die Erlöse jedoch in private Kanäle flossen.

Der russische Präsident Jelzin verzichtete auf eine strafrechtliche Verfolgung der Täter bzw. Verantwortlichen. Er brauchte die Loyalität seiner regionalen Eliten und neuen Oligarchen für die beabsichtigte politische Entmachtung des russischen Parlaments.

Nach den bekannt gewordenen Skandalen wurde Juri Boldyrew von Präsident Jelzin unter dem Vorwand entlassen, die Kontrolldirektion im Kreml neu zu organisieren. Diese Reorganisation stand im Gegensatz zu der von Jelzin zuvor verfügten Aussetzung der Überprüfungen der Moskauer Verwaltung und innerhalb der WGT.

So blieb alles beim Alten bzw. wurde noch korrupter. Die Spitzenbeamten im Kremel und in den Regionen kontrollierten sich nunmehr selbst. Dem Parlament wurde damit die Kontrolle entzogen. Boldyrew ging nach St. Petersburg und wurde dort Senator.

Durch die kriminellen Vorgänge innerhalb der WGT bis hin zu verschwiegenen und damit geduldeten Mafia-Methoden von Teilen des Offiziers-Korps geriet dessen Oberkommandierender, Generaloberst Burlakow, zunehmend in die Kritik. Nachdem er von Präsident Jelzin in Würdigung seines erfolgreich geleiteten Truppenabzuges Anfang September 1994 zum 1. Stellvertreter des Verteidigungsministers ernannt wurde, musste er bereits zwei Monate später gehen. Seine hemmungslose Bereicherungssucht brachte ihn zu Fall und ins Gerede unter seinen russischen Militär-Kollegen.

Die Zeitung „Neues Deutschland" berichtete in ihrer Ausgabe vom 3. November 1994, dass der „General von Wünsdorf in die Wüste" geschickt wurde. Dem ging eine ungewöhnliche Episode der „öffentlichen Demontage" von General Burlakow voraus. Der Kommandeur der 14. Armee in Moldawien, Generalleutnant Alexander Lebed, lehnte die beabsichtigte Inspektion seiner Armee durch den 1. Stellvertreter des Verteidigungsministers, Generaloberst Burlakow ab. Lebed erklärte: „In meiner Armee gibt es nichts, dass er (Burlakow) als Diebesgut einpacken könnte. Für mich ist er ein ganz gewöhnlicher Gauner!"

Generalleutnant Lebed kritisierte seine Vorgesetzten im russischen Militärapparat in Moskau als „unfähige Kader". 1995 wurde er aus der Armee entlassen. Er ging in die Politik. Am 28. April 2002 kam Lebed mit acht weiteren Mitstreitern bei einem Hubschrauberabsturz ums Leben. Die Ursachen und Hintergründe des Absturzes der Mi-8 mit dem Tod von Lebed blieben damals mysteriös.

20 gesprengter Hoch-Bunker Marinestabsquartier „Koralle", Lanke *(alle Fotos Autor Ingo Pfeiffer)*

21 Betonsegmente mit kyrillischen Schriftzügen Hoch-Bunker, Lanke

22 zugewachsene Straßen, WGT-Garnison Vogelsang

23 Gebäude WGT-Garnison Vogelsang

258

24 Gebäude (Schule, Kindergarten) WGT-Garnison Vogelsang

25 WGT-Garnison Vogelsang

26 zugemauerte Fenster Dachgeschoss, WGT-Garnison Vogelsang

27 Raketen-Bunker, Garnison Vogelsang

28 Panzerhallen, Garnison Vogelsang

29 Bunker WGT-Garnison Fürstensee

30 sowjetische Symbole und Militärschrott im Wald

31 diverser Militärschrott der WGT

32 Militärschrott der WGT mit CA-Symbole (Fahrzeuge, Pontons)

33 Schrottberge mit Militärausrüstung

34 Militärschrott im Wald, WGT-Garnison Dannenwalde

35 diverse Fahrzeugwracks der WGT

36 gestapelte Fahrzeugwracks der WGT

37 militärisches Gerät auf Schrotthaufen, Garnison Ohrdruf

38 Ausgediente Schützenpanzerwagen und Militärschrott, Garnison Ohrdruf

39 ausgemusterte Tankaufleger für Lkw, Garnison Ohrdruf

40 gestapelte Schützenpanzerwagen, Garnison Ohrdruf

41 ausgemusterte Schützenpanzerwagen auf platten Reifen, Garnison Ohrdruf

42 Zeugen einer Explosion: Ansammlung von zerborstenen Kartuschen und Geschossen im Wald, Garnison Dannenwalde

43 Munitionsschrott nach Explosion, Garnison Dannenwalde

44 abgekippter Munitionsschrott, Garnison Dannenwalde

45 Teile sowjetischer Panzerbüchsen RPG-7, Garnison Dannenwalde

46 Munitionsschrott, Garnison Dannenwalde

47 Granaten zur Übung oder scharf?, Garnison Dannenwalde

48 illegale WGT-Müllhalde, Garnison Jüterbog

49 Tanks 60-Kubikmeter mit Farbanstrich in Erdmulden

50 Tanks 50-Kubikmeter ohne Schutzanstrich in Erdmulden

51 geborgener 60-Kubikmeter-Tank mit Bitumen-Anhaftung

52 geborgener 60-Kubikmeter-Tank und Raketenbehälter für Flugzeuge

53 Tankgruppe 25-Kubikmeter-Behälter in Erdmulden

54 Tankgruppe 25-Kubikmeter-Behälter im Grundwasser

55 Tankgruppe (Motorenöl) 10-Kubikmeter-Behälter in Erdmulden

56 Tankgruppe (VK-79) 50-Kubikmeter-Behälter auf Betongerüst

57 Tanks 50-Kubikmeter (Gift: Äthylenglykol, Antifrostmittel)

58 mit Öl kontaminierte Tankbehälter, 25-Kubikmeter

59 von WGT aus Erdreich gezogene Tanks, 25- und 60-Kubikmeter

61 Tankpipeline mit Kupplungen

60 Edelstahltanks in Betonwanne (Inhalt Melange)

62 von der WGT geborgene Kraftstoff-Rohre

63 Ansammlung 200-Liter-Fässer

64 gestapelte Rollreifenfässer, z.T. aus Wehrmachtsbeständen

65 Einstieg in Tank über Domschachtöffnung mit Schutzausrüstung

66 Entsorgung Granathülse und Unrat aus Tankbehälter

67 Tankbehälter Innenreinigung mit Sprühlanze, 60-Kubikmeter

68 Tankbehälter-Innenreinigung mit Gummispachtel, 60-Kubikmeter

69 Bergung Tankbehälter aus Erdreich

70 Bergung Tankbehälter aus Erdreich

71 freigelegte Tankbehälter 60-Kubikmeter

72 Erdmulden nach Bergung Tankbehälter

73 nach Tankbergung aufschwimmender Kraftstoff auf Grundwasser

74 stark kontaminiertes Erdreich nach Tankbergung

75 Tankzerlegung 60-Kubikmeter per Schneidbrenner

77 NDR-Aufnahmeteam in Sneshnogorsk, links: Michael Schmidt
(Michael Schmidt)

76 Tankzerlegung 60-Kubikmeter

78 Innereien eines Atom-U-Bootes bei der Zerlegung *(Michael Schmidt)*

79 rostende U-Boot-Sektionen, Saida-Bucht, Kola-Halbinsel *(Michael Schmidt)*

5.   Nachbetrachtung

Am 25. September 2001 sprach der Präsident der Russischen Föderation, Wladimir Putin, vor den Abgeordneten des Deutschen Bundestages in Berlin. In seiner zum Teil in Deutsch gehaltenen Grundsatzrede mit kritischen Tönen legte er ein Bekenntnis zu Europa und zur Zusammenarbeit mit dem Westen ab. „Was die europäische Integration betrifft, so unterstützen wir nicht einfach diese Prozesse, sondern sehen sie mit Hoffnung. Wir tun das als ein Volk, das gute Lehren aus dem Kalten Krieg und aus der verderblichen Okkupationsideologie gezogen hat".

Putin erwähnte gegenüber den Abgeordneten: „Noch vor kurzem schien es so, als würde auf dem Kontinent bald ein richtiges gemeinsames Haus entstehen, in welchem Europäer nicht in östliche und westliche, in nördliche und südliche geteilt werden. Solche Trennungslinien bleiben aber erhalten, weil wir uns bis jetzt noch nicht endgültig von vielen Stereotypen und ideologischen Klischees des Kalten Krieges befreit haben".

Putin argumentierte, dass „Russland keine realen Möglichkeiten habe, bei der Vorbereitung von Beschlussfassungen mitzuwirken. Heutzutage werden Entscheidungen manchmal überhaupt ohne uns getroffen. Wir werden dann nachdrücklich gebeten, sie zu bestätigen".

Putin richtete an die Abgeordneten des Deutschen Bundestages die Frage, „ob das normal ist und ob das eine echte Partnerschaft ist?". Putins abschließende Worte waren ein Bekenntnis für Europa: „Unter allem schlägt das starke und lebendige Herz Russlands, welches für eine vollwertige Zusammenarbeit und Partnerschaft geöffnet ist". Die Abgeordneten spendeten lang anhaltenden Beifall und erhoben sich von ihren Plätzen.

Leider wurde Putins Rede damals von deutschen Politikern und Abgeordneten des Deutschen Bundestages nicht ernst genug genommen. Es gab weitere Angebote von russischer Seite, erwähnte Mathias Platzeck, 2002 bis 2013 Brandenburger Ministerpräsident, in einem Interview mit der „Berliner Zeitung" am 13. Dezember 2014. „Wir haben diese Angebote vom Tisch genommen, auf Druck unserer amerikanischen Freunde, die das einfach nicht wollten".

Anstelle des von Putin auf der Münchner Sicherheitskonferenz am 14. Februar 2007 erneut an den Westen gerichteten Angebots für eine Partnerschaft zwischen Ost und West trat die Geschichte eines wachsenden Vertrauensverlustes.

Platzeck habe „Putins Wutrede während der Münchener Sicherheitskonferenz als Rede eines Enttäuschten verstanden".

Aus gemeinsamen militärischen Manövern und Flottenübungen von NATO und Russland wurden bald wieder getrennte Demonstrationen von militärischen Fähigkeiten bzw. des vorhandenen Waffenpotentials. Auch ist es naiv zu glauben, dass wechselseitige wirtschaftliche Kooperation und Abhängigkeit die Lust auf Verschiebung von Staatsgrenzen durch militärische Manöver oder gar Annexionsbestrebungen mindern könnte.

Statt den EU-Sanktionsknüppel zu schwingen und das Wechselspiel von Annexion und Sanktion weiter auszuloten, sollte ein Dialog in Augenhöhe geführt und nicht eine Demokratie nach westeuropäischem Oberlehrer-Muster eingefordert werden. Russland wird sich entsprechend seinen Traditionen entwickeln, wohl eher nach einer gelenkten Demokratie a la Russe. Das Gebot der Zeitgeschichte lautet, die Vergangenheit als Auftrag für die Gegenwart ernst zu nehmen.

Nachdenklich stimmt in diesem Zusammenhang der offene Brief des Chefredakteurs von „Russkij Zhurnal", Alexander Morosow, an Brandenburgs ehemaligen Ministerpräsidenten Matthias Platzeck vom 21. November 2014. Darin erwähnte der Journalist u.a., dass die Annexion der Krim „ein Synonym für die Zerschlagung der Zivilgesellschaft in Russland" sei. Nach Auffassung von Morosow „stehe die Annexion für die alles durchdringende Militarisierung des öffentlichen Bewusstseins". Er erwähnte in dem Brief die für Außenstehende schwer nachvollziehbaren Rückschritte in der russischen Gesellschaft. Dazu zählen u.a. die eingeschränkte Meinungsäußerung, Tendenzen der Gleichschaltung und das Vorgehen der Polizei, Sicherheitskräfte und Justiz gegen Kremlkritiker und Journalisten. Wir erleben, dass Oppositionelle und Kritiker in Russland um ihre Gesundheit und ihr Leben fürchten müssen. Das nährt bei Politikern und in Teilen der deutschen Gesellschaft Zweifel an der Glaubwürdigkeit der russischen Führung und erschwert die bilaterale Zusammenarbeit zwischen Deutschland und Russland.

Für demokratische Europäer ist die Vorgehensweise der Angliederung der Krim an Russland eine völkerrechtswidrige Annexion. Wer sich heute darüber übermäßig aufregt, sollte aber auch wissen, in welch undemokratischem Vorgang die Halbinsel (seit 1783 zu Russland gehörend) 1954 durch den Ukrainer und KPdSU-Generalsekretär N.S. Chrustschow an die ukrainische Sowjetrepublik verschenkt wurde.

Als die UdSSR Ende 1991 zerfiel, schloss die Troika Boris Jelzin (Russland), Leonid Krawtschuk (Ukraine) und Stanislaw Schuschkewitsch (Weißrussland) am 8. Dezember 1991 nach einem Jagdausflug mit Saufgelage die russisch-ukrainisch-weißrussische Belowsche Vereinbarung, den neuen Unionsvertrag.

Offensichtlich wurde dabei jede Textseite mit „Schto Gramm" (100 Gramm) Wodka begossen. Vom Alkohol betäubt, verpasste man die historische Chance, die Krim nach 37 Jahren wieder an Russland zu geben. Die Krim konnte nur Betrunkenen oder im Kopf nicht ganz Klaren aus dem Blickfeld geraten. Der volltrunkene Jelzin erwähnte die Krim und den Marinestützpunkt Sewastopol nicht einmal.

Das 1997 geschlossene und 2010 um weitere 30 Jahre verlängerte Abkommen zwischen der Ukraine und Russland regelte die Stationierung der russischen Schwarzmeerflotte in Sewastopol mit 25.000 Marinesoldaten. Im Frühjahr 2014 verfügte die Flotte über 43 Kriegsschiffe, darunter drei U-Boote, ein (1) Raketenkreuzer, zwei große UAW-Schiffe, sechs kleine UAW-Schiffe, vier kleine Raketenschiffe, fünf Raketenschnellboote, elf Minensucher und sieben große Landungsschiffe. Die auf der Krim stationierten Seestreitkräfte der Ukraine hatten etwa 16 Kampfschiffe und diverse Militärobjekte. Beide Seestreitkräfte lagen bis vor den Kiewer Ereignissen 2014 einträglich im Stützpunkt.

Im Ergebnis des am 14. März 2014 auf der Krim durchgeführten Referendums sprachen sich 96,77 Prozent (Wahlbeteiligung 83,1 Prozent) für die Vereinigung der Krim mit der Russischen Föderation aus. Die Mehrzahl der Bevölkerung auf der Krim fühlte sich mehr zu Russland gehörend als zur Ukraine. Ebenso deutlich fiel das Votum bei den Angehörigen der Seestreitkräfte aus.

Bis April 2014 erhielten etwa 6.000 Angehörige der Seestreitkräfte der Ukraine die russische Staatsbürgerschaft. Konteradmiral D.W. Beresowskij, ehemals Befehlshaber der Seestreitkräfte der Ukraine, wurde Stellvertreter des Befehlshabers der russischen Schwarzmeerflotte.

13 Kommandanten (U-Boote, Korvetten, Minensucher) und 37 Regiments-, Brigade- und Abteilungschefs wechselten zur Seekriegsflotte der Russischen Föderation. Darunter befanden sich u.a. die hochrangigen Marineoffiziere O.P. Mikolajtschuk (ex Chef Verbindungskommando zu NATO-Seestreitkräften), R.O. Riemar (ex Befehlshaber Marinebasis Sewastopol), I.I. Kastorow (ex Chef Zentrum Navigation, Hydrographie, Meteorologie), W.P. Swjaginzew (ex Chef 5. Überwasserschiffsbrigade), W. Karpow (ex Chef 174. Minenwaffenbasis),

D.O. Kazaj (ex Chef 37. Nachrichtenregiment) sowie Oberst S.I. Storoschenko (ex Chef 36. selbständige Küstenverteidigungsbrigade).

Der Kommandant des U-Bootes „Zaporizhzhya" der Ukraine, Fregattenkapitän R.M. Schagajew, wurde mit Übernahme in die Schwarzmeerflotte Kommandant des neuen U-Bootes „Vlikiy Novgorod" und parallel zum Kapitän zur See befördert. All diese in den Dienst der Schwarzmeerflotte tretenden Soldaten galten in der Ukraine als Deserteure.

Die von Russland an die Ukraine zurückgegebenen Kriegsschiffe (u.a. Korvette U206 „Vinnitsa", Raketenschnellboot U153 „Priluki", Führungsschiff U500 "Donbass") waren stark demoliert und viele Anlagenteile demontiert. Neun konfiszierte ukrainische Kriegsschiffe behielt die russischen Flotte. Darunter das U-Boot U01 „Saporoshye", das Führungsschiff U510 „Slavutich" und vier Korvetten.

Deutsch-russisches Abrüstungs-Projekt

Ein Beispiel des Dialoges auf Augenhöhe, von wechselseitigem Verständnis und wirtschaftlicher Kooperation lieferte das weltweit einzigartige deutsch-russische Projekt „Entsorgung, Verschrottung russischer Atom-U-Boote. Errichtung eines Langzeitzwischenlagers" in der Marinebasis Sneshnogorsk im äußersten Nordwesten Russlands.

Der Rostocker Journalist Michael Schmidt begleitete von 2004 bis 2016 dieses Abrüstungs-Projekt auf dem weltgrößten atomaren Schrottplatz. Er war mit seinem NDR-Team der einzige Fernsehjournalist, der über zwölf Jahre hinweg darüber kontinuierlich berichtete.

Die abgeschirmte Militärbasis dient ausschließlich der Stationierung, Instandhaltung und Reparatur von strategischen, mit Nuklearwaffen bestückten Atom-U-Booten der Nordmeerflotte. 1994 wurde aus dem 1964 gegründeten „Murmansk-60" die verbotene Stadt Sneshnogorsk (Schneeberg, ca. 35 Kilometer nördlich von Murmansk). Die Stadt an der Saida-Bucht mit der „Nerpa"-Werft zählte etwa 8.000 Einwohner. In diese eisige militärische Sperrzone zu gelangen, Filmen und Reportagen machen zu dürfen, ist unter russischen Bedingungen sensationell.

Was Schmidt über zwölf Jahre in ständiger Konfrontation mit der Radioaktivität sehen, filmen und texten durfte, ist einmalig. Etwa 80 vergammelte, noch in der See aufschwimmende Stahlkolosse, 150 bis 170 Meter lang und radioaktiv verseucht, mussten aus der Barentsee geborgen, entsorgt, zerlegt und abschließend sicher an Land gelagert werden. Hinzu kamen Dutzende Reaktorsektionen, die, vor sich hin rostend, im Seewasser lagen.

Einigen der 15 Meter langen Sektionen konnte der Rost nichts anhaben, denn sie waren mit einer dicken silbergrauen Titan-Schicht ummantelt. Die Russen hatten z.B. für das U-Boot der Serie 941 AKULA (NATO-Code „Typhoon") etwa 9.000 Tonnen Titan verbaut. Dieser Unterwasser-Raketenträger stand jedoch im Rahmen des Projektes nicht zur Verschrottung.

Sneshnogorsk galt als die gefährlichste atomare Schrottkippe auf der Kola-Halbinsel. Russland war sich der Herkulesaufgabe und der Gefahren in der U-Boot-Verschrottung durchaus bewusst. Wegen fehlendem Know-how und Geld konnte Russland das Verschrottungs-Projekt nicht allein bewältigen.

Am 9. Oktober 2003 schlossen Bundeskanzler Gerhard Schröder und Russlands Präsident Wladimir Putin in Jekaterinburg den Vertrag über die „Errichtung eines Langzeitzwischenlagers für Reaktorsektionen und die materiell-technische Befähigung russischer Unternehmen zur Entsorgung von Atom-U-Booten".

Deutschland lieferte das Know-how und die finanziellen Mittel. Veranschlagt waren 600 Millionen EURO im Zeitraum von zehn Jahren. Techniker und Ingenieure der Energiewerke Nord (EWN) in Mecklenburg-Vorpommern erhielten für diese gigantische Herausforderung den Zuschlag. Sie verfügten über einzigartige Kenntnisse und Erfahrungen aus der Demontage von Kernkraftwerken (u.a. Lubmin und Rheinsberg).

Unter Kontrolle und Finanzierung der USA, Großbritannien und Frankreich entwaffneten die Russen ihre U-Boote. Sie entfernten den Kernbrennstoff aus den Reaktoren. Die Brennstäbe gingen in die kerntechnische Anlage „Majak" bei Tscheljabinsk. Neben Deutschland finanzierten sieben Länder die Zerlegung der russischen Atom-U-Boote.

Eindrucksvoll und verständlich schildert Schmidt in seinem Buch „Wie Russland seinen Atom-Schrott entsorgt. Sperrzone Murmansk", dass Erfahrungen „Made in Vorpommern" und ein deutsch-russischer Arbeitsdialog auf Augenhöhe zum Abrüstungserfolg führten. Neben aktuellen Fernsehreportagen für den NDR berichtete er über den Fortgang der Arbeiten. Er lässt den Leser am Ausbalancieren der Interessen und an temperamentvollen Diskussionen teilhaben.

In Kenntnis der russischen Seele liefert der Autor einen überzeugenden Beweis, wie man mit russischen Eigenheiten umgehen muss. Das bereitet dem interessierten Leser amüsanten Genuss. Schmidt berichtet über das 2011 fertiggestellte landgestützte sieben Hektar große Langzeitzwischenlager. Das streng gesicherte „Abklingbecken" für 175 U-Boot-Sektionen verschlang allein 228,5 Millionen EURO.

Der NDR-Journalist Schmidt beschreibt in seinem Report, wie deutsch-russische Beziehungen trotz politischen Gegenwinds funktionieren. Sachverstand setzte sich gegen Bedenkenträger und Kleingeister durch. Fachleute von Ostsee und Barentssee fanden sich zu einem Team auf Augenhöhe, was weltweit seinesgleichen sucht. Vertrauen wuchs aus Kompetenz, Zuverlässigkeit und Achtung einer Partnerschaft, in der Emotionen nicht ausblieben.

Die strengen Kontrolleure in Uniform gewöhnten sich an die deutschen Spezialisten, die fließend Russisch sprachen. Beim Passieren der Sperrzone schauten sie bald nur noch kurz auf, winkten durch und sagten: „Naschi" - das sind die Unsrigen! Es fiel die Bemerkung: „Irgendwie gehören die wohl doch eher zu uns als zum Westen". Darin widerspiegelte sich ein Vertrauen, an dem es heute leider mangelt.

2013/14 kühlten sich die Beziehungen zwischen Moskau und Berlin auf das Temperaturniveau des arktischen Sneshnogorsk ab. Dennoch lief das Abrüstungsprojekt stillschweigend bis 2016 weiter. Schmidt dokumentiert, dass konstruktive Zusammenarbeit mit Russland auch in „schwerer See" möglich und geboten ist.

Seine sehr interessante und zugleich nachdenklich stimmende Lektüre ist ein brisanter Exklusiv-Report zu einem Zeitfenster deutsch-russischer Sicherheitspartnerschaft und des Dialogs.

Auch aus dem Abzug der sowjetisch-russischen Streitkräfte aus der Bundesrepublik Deutschland im Zeitraum 1989 bis 1994 erwuchsen Erfahrungen, Lehren und Partnerschaften, die heute für das Ausbalancieren von Meinungsunterschieden und Interessen-Konflikten von Bedeutung sein können. Miteinander sprechen ist besser als gegeneinander handeln.

Abkürzungsverzeichnis

BMP-2	Schützenpanzer, Kette, russisch: Bojewaja Maschina Pjechoty
BdU	Befehlshaber der U-Boote (Kriegsmarine)
BTR-60	Schützenpanzerwagen, Rad, russisch: Broje Transportjer
BRT	Brutto Registertonne auf Schiffen
BRF	Baltische Rotbannerflotte
DDR	Deutsche Demokratische Republik (1949-1990)
DVdI	Deutsche Verwaltung des Innern (SBZ bis 1949)
DWK	Deutsche Wirtschaftskommission (Zentralverwaltungen SBZ)
EG	Erhöhte Gefechtsbereitschaft der Truppen, niedrigste Stufe einer höheren Bereitschaft nach ständiger (normaler) Bereitschaft (SG)
FDGB	Freier Deutscher Gewerkschaftsbund (DDR)
FSB	Innlandgeheimdienst der Russischen Föderation
GA	Gefechtsabschnitt an Bord eines Schiffes
GRU	sowjetischer Militärgeheimdienst, Hauptverwaltung Aufklärung
GSSD	Gruppe der Sowjetischen Streitkräfte in Deutschland
GUS	Gemeinschaft Unabhängiger Staaten (ehemalige UdSSR)
HV	Hauptverwaltung
HVA	Hauptverwaltung für Ausbildung, Vorläufer der NVA
HVS	Hauptverwaltung Seepolizei (1950-1952)
INF	Intermediate-Range Nuclear Forces
i. D.	in Dienststellung
IM	Inoffizieller Mitarbeiter der Staatssicherheit der DDR
KGB	Komitee für Staatssicherheit, sowjetischer In- und Auslandsgeheimdienst
Kerosin	Flugturbinenkraftstoff, Treibstoff für Gasturbinentriebwerke
KPdSU	Kommunistische Partei der Sowjetunion
KVP	Kasernierte Volkspolizei (1952-1956), Vorläufer NVA

KZ	Konzentrationslager (NS-Regime)
MdI	Ministerium des Innern der DDR
MfNV	Minister für Nationale Verteidigung der DDR
MfS	Ministerium für Staatssicherheit der DDR
MPi	Maschinenpistole
NDR	Norddeutscher Rundfunk
NVA	Nationale Volksarmee der DDR
RBB	Rundfunk Berlin Brandenburg
SED	Sozialistische Einheitspartei Deutschlands (1946-1990)
SBZ	Sowjetische Besatzungszone (1945-1949)
SKK	Sowjetische Kontrollkommission in Deutschland
SMAD	Sowjetische Militäradministration in Deutschland
SMA	Sowjetische Militäradministration (Länder bezogen)
UAW	U-Boot-Abwehr
UdSSR	Union der Sozialistischen Sowjetrepubliken
VG	Volle Gefechtsbereitschaft der Truppen. Beziehen Hauptdezentralisierungs- und Handlungsräume. Bereitschaft zur Durchführung erster Kampfhandlungen
VP-See	Volkspolizei-See (1952-1956)
VP-Luft	Volkspolizei-Luft (1952-1956)
WGT	Westgruppe der Truppen der Russischen Föderation
z.b.V.	zur besonderen Verwendung
ZK	Zentralkomitee der SED

Quellen- und Literaturverzeichnis

Ahrberg, Edda; Hertle, Hans-Hermann; Hollitzer, Tobias: Die Toten des Volksaufstandes vom 17. Juni 1953, Münster 2004

Ahrends, Martin: Immer lebe die Sonne, in: „Märkische Allgemeine" 3./4. Mai 2003

Atomraketen. Symbole des Kalten Krieges. Luftfahrtmuseum Finowfurt, 2009

Bange, Oliver: Die Sicherheitspolitik Moskaus und der Stationierungsalltag in der DDR. Vorgeschichte und Beginn des Abzuges von 1983 bis 1991, in: Der Abzug. Die letzten Jahre der Russischen Truppen in Deutschland. Dokumentation, S. 37-55

Baumgarten, Klaus-Dieter; Freitag, Dieter: Die Grenzen der DDR. Geschichte, Fakten, Hintergründe, Berlin 2004. Hier Zitat aus Brief Marschall Kulikow und Armeegeneral Gribkow an das Berliner Landgericht vom 1. Juni 1996

Beck, Marieluise: Putin zielt aufs Ganze, Interview Katja Tichomirowa, in: „Berliner Zeitung" vom 20./21. Dezember 2014

Behling, Klaus: Geheimnisse eines versunkenen Landes. Kurzweilige Anekdoten aus der DDR, Berlin 2015

„Berliner Morgenpost", 23. April 1994: Sondermüll in Oberhavel. In Öltanks lagerten 1,2 Tonnen Uniformen; Ders. Sonderausgabe zur 750 Jahr-Feier, 25./26. April 1987

„Berliner Zeitung", 1. September 1994; Ders. 31. August/1. September 2019: Fremde Freunde; Ders. 23./24. Juli 1994; Ders. 21. September 2001: 15 Tonnen Munition am alten Tanklager. Konversion 540 Millionen eingenommen; Ders. 11. Juni 2002: Vergessenes Land; Ders. 04. April 2014: Enttäuschte Liebe, Rede Wladimir Putin vor 13 Jahren vor dem Bundestag von Holger Schmale; Ders. 15. Dezember 2014: Interview mit dem Chef des Deutsch-Russischen Forums, Mathias Platzeck von Holger Schmale und Katja Tichomirowa; Ders. 18./19. April 2020: Goodbye Gut Gentzrode! Abschied von einem Bauensemble bei Neuruppin; Ders. 29./30. August 2020: Meine Damen und Herren, unsere Aufgabe ist, uns abzuschaffen, Interview Anna Reich und Sabine Rennefanz mit Lothar de Maiziere

Boldyrew, Juri Jurejewitsch: Interview in Dokumentation (russisch: Sapagnaja Gruppa Woisk. Woiwod is Germanii. Sowerschenno Sekretno. Woiwod ili begstwo? Kak eto bül…), deutsch: „Westgruppe der Truppen. Abzug aus Deutschland. Streng Geheim. Abzug oder Weglaufen/Rückführung? Wie es war…", in: YouTube.com, veröffentlicht 6. Oktober 2012

Boltunow, Michael: Westliche Gruppe der Truppen (russisch: Sapagnaja Gruppa Woisk). Der bittere Weg nach Hause, Verlag Chance, Sankt Petersburg 1995 (russisch)

Braun, Blaue: Erinnerungen an die Marine 1956-1996, Miles-Verlag 2012

Bundesarchiv, DC 20/12588, Schreiben Oberkommandierende GSSD an Vorsitzenden Ministerrat vom 25. August 1988, Schreiben Vorsitzende Ministerrat der DDR an Oberkommandierenden GSSD vom 6. Oktober 1988

Bundesarchiv Berlin, Stiftung Partei- und Massenorganisationen, DY 30/2784, Blatt 132ff, Schreiben Minister für Finanzen an Günter Mittag vom 17. August 1981; Ders. DY 30/2919, Blatt 18ff und 132 bis 137 Minister für Verkehrswesen über Maßnahmen in Auswertung Betriebsunfall am 19. Januar 1988 auf Bahnhof Forst Zinna, Schreiben Minister für Verkehrswesen an Stellvertreter Oberkommandierenden der GSSD

Bundesarchiv-Militärarchiv, Militäroberstaatsanwaltschaft, MB III (GSSD), Rechtshilfeersuchen; Ders. DVW 1/53315, Rechtshilfeabkommen; Ders. DVW, 1/1832, Blatt 48ff; Befehl MfNV vom 02. September 1957; Ders. MOSTA, MB III, Vorkommnisse GSSD 1976 bis 1989

Bundesbeauftragter für die Unterlagen des Staatssicherheitsdienstes der ehemaligen DDR (BStU), Archiv Zentralstelle, Nr. 23901, Blatt 24, Information Eisenbahnunfall 19. Januar 1988 Bahnhof Forst Zinna; Ders. MfS, ZOS, Nr. 1875, Blatt 9, Information Nr. 67/88 zentraler Operativstab MfS, Eisenbahnunglück 19. Januar 1988; Ders. Sekretariat Neiber, N. 505, Blatt 143 und 158, Maßnahmen zur Verhinderung von Vorkommnissen auf Eisenbahnlinien und Straßen; Ders. MfS ZAIG, Nr. 5174, Blatt 32, Zusammenwirken Organe GSSD und DDR bei Fahndungen nach Angehörigen GSSD; Ders. MfS, ZAIG, 750, Blatt 11ff; Ders. MfS, Sekretariat Neiber, Nr. 418, Blatt 252, Information HA VII, Abteilung Fahndung, 1984 bis 1987; Ders. MfS; Sekretariat Neiber, Nr. 73, Blatt 110, Information Fahnenfluchten WGT Juli bis September 1989; Ders. MfS, HA VII, Nr. 1334, Blatt 100ff, Vorkommnisse und Straftaten GSSD 1985, Information HA Kriminalpolizei zu Fahndungen Angehörige GSSD 1987; Ders. MfS, HA IX/6, Nr. 64, Blatt 13ff und 60, Vorkommnisse Angehörige GSSD 1982 und 1988; Ders.

MfS, HA IX, Nr. 15153, Blatt 243ff, Straftaten und Vorkommnisse GSSD Januar bis August 1984; Ders. MfS, HA IX, Nr. 16153, Blatt 196ff, Ermittlungsverfahren gegen Angehörige GSSD; Ders. MfS, HA IX, Nr. 2597, Blatt 34-42, Vereinbarung Zusammenarbeit KGB und MfS bei Strafverfahren; Ders. MfS, HA VII, Nr. 1814, Blatt 32ff, Rapportmeldungen Straftaten, Weiterleitung an Oberkommandierenden GSSD; Ders. MfS, HA-VII, Nr. 3251, Blatt 28, Aufgabenstellung bei Vorkommnissen mit Beteiligung Angehörige GSSD, 16. März 1988; Ders. MfS-HA I, 14166, Blatt 83-94; Ders. MfS-HA VII, 504, Blatt 15; Ders. MfS-ZAIG, 5316, Blatt 92; MfS-HA XVIII, 400, Blatt 19, Plan Maßnahmen für Sicherheit und Ordnung militärische Sperrgebiete; Ders. MfS-HA VIII, Nr. 400, Blatt 25ff, Rechtshilfeabkommen 1988; Ders. MfS, HA XVIII, 400, Blatt 32ff, Wohnungen GSSD; Ders. MfS, ZAIG, 7501, Blatt 12ff, Bauleistungen für GSSD, Information Generalmajor Dr. Zeiler; Ders. MfS, ZAIG, Nr. 2057, Blatt 1ff, Information Minister für Staatssicherheit 28. Juli 1972; Ders. MfS, HA XVIII, Nr. 400, Blatt 100ff, Analyse Stationierungsabkommen 1988; Ders. MfS, Abteilung X, Nr. 1302, Blatt 3- 17, Beratung MfNV zum Stationierungsabkommen 1988; Ders. MfS, Abteilung X, Nr. 919, Blatt 13- 23 und 39, Beratung MfNV zum Stationierungsabkommen, Sitzung Nationale Verteidigungsrat 1988

Bundesgesetzblatt 1991 II, S. 256f, S. 258-290 (Aufenthalts- und Abzugsvertrag 12.10.1990)

Bundesgesetzblatt 1990 II, Nr. 48 vom 19.12.1990, S. 1654-1659 (Abkommen überleitende Maßnahmen)

„Burger Volkszeitung", 17. Mai 1995: 395 Tankbehälter aus Lager der Roten Armee geborgen und entsorgt

Burlakow, Matwej P.: Abschied in Würde, Interview, „Wehrtechnik", H. 9- 1994

Burlakow, Matwej P.: Wir verabschieden uns als Freunde, 1994; Ders. Mitteilung an Presse „Russische Truppen ziehen bis August 1994 vollständig ab", in: „Ostsee-Zeitung", 3. Februar 1993

Burlakow, Matwej: Keiner interessierte sich für uns, Interview, „Der Spiegel" Nr. 53-2009 vom 28. Dezember 2009

Dahn, Daniela: Verblühende Landschaften, in: „Berliner Zeitung", 27./28. Juni 2020

„Das Parlament", Nr. 15-16 vom 4./11. April 1997, Verseuchte Böden und ruinierte Städte

Der Abzug. Die letzten Jahre der russischen Truppen in Deutschland. Eine fotografische Dokumentation von Detlef Steinberg. Berlin 2016

„Der Spiegel", 10. September 1990, Verhältnis DDR-Bürger zu sowjetischen Streitkräften; Ders. Nr. 16, 1991, Interview Außenminister Eduard Schewardnadze; Ders. Nr. 1, 1993: „GUS-Streitkräfte. Schweizer Konten"; Ders. Nr. 40, 1998: „Die Regierung weigert sich"; Ders. Nr. 13, 1993: „Sumpf der Gesetzlosigkeit" (alle mit Verweisen zu Ermittlungen von Boldyrew)

„Der Tagesspiegel": 7 Oktober 1996: Explosives Gemisch in alten Armeetanks; Ders., Unmut vor Wahlen in Russland, 14. März 2010 (Verweis zu Boldyrew)

„Die Welt" vom 11. Juni 1997: Sogar ihre Grabsteine mussten lügen. Großaktion „Vergeltung". Wie die Stasi vor 10 Jahren den Tod zweier Jugendlichen vertuschte

„Die Zeit" vom 13. Juli 1990, Befragung DDR-Bürger zu sowjetischen Streitkräften

Dokumentation „Entsorgung Tanklager Velten", Prenden/Essen 1994; Ders. Entsorgung Tanklager Biesenthal, Prenden/Essen 1994; Ders. „Entsorgung Tanklager Detershagen", Prenden/Essen 1995, alles Archiv Autor

Deutschland. Die Stunde der Einheit. Sonderausgabe „Berliner Illustrierte", 3. Oktober 1990. U.a. mit Aufsatz zum Kaukasusgipfel am 15./16. Juli 1990

Elchlepp, Friedrich; Jablonsky, Walter; Minow, Fritz; Röseberg, Manfred: Die Volksmarine der DDR. Deutsche Seestreitkräfte im Kalten Krieg, Hamburg, Berlin, Bonn 1999

Frank, Hans: Die Westgruppe der Truppen (WGT), in: NVA Anspruch und Wirklichkeit, Berlin, Bonn, Herford 1993

Forum Absolventen russischer und sowjetischer Hochschulen in Deutschland am 4. September 2010 im Russischen Haus der Wissenschaft und Kultur, Berlin, Friedrichstraße 176-179, in: GEG, Go East Generation e.V.

„Frankfurter Allgemeine Zeitung" vom 26. November 1990, (Information Tote in WGT); Ders. vom 15. April 1994 (Demontage Start- und Landbahnen Militärflugplatz nähe Neuruppin)

Gerschel, Michael: Letzte T-80 aus Deutschland abgezogen, in: Wehrtechnik, H. 7-1992

Gratschow, Andrej: Es gab Anzeichen, Gespräch mit Swetlana Alexejeva, in: „Berliner Zeitung" 9./10. November 2019

Gräser, Tilo: Russischer General-„Deutschland ist bester Freund" - trotz Enttäuschung nach Abzug 1994. Generaloberst Anton Terentjew zum 25. Jahrestag Abzug WGT, Forum Deutsch-Russisches Museum Berlin-Karlshorst, in: Sputnik Deutschland, 14. September 2019

Gorbatschow, Michail: Der Wille eines Volkes erfüllte sich, Interview Stefan Scholl, in: „Berliner Zeitung" 9./10. November 2019

Grote, Otto Freiherr: Die Westgruppe verlässt Deutschland. Der Abzug aus der Perspektive des Chef des Stabes des Verbindungskommandos zur WGT, in: Der Abzug. Die letzten Jahre der russischen Truppen in Deutschland. Eine fotografische Dokumentation von Detlev Steinberg, Berlin 2016

Hall, Peter: Raketensysteme WGT 1987/88/89, Mail vom 20. November 2019; Ders. Operativ-taktische und Taktische Raketensysteme und ihre Trägermittel im Zeitraum 1987 bis 1990. Mail vom 6. August 2020, Archiv Autor

„Handelsblatt" Nr. 116 vom 20. Juni 1995: Militär-Altlasten ermittelt

Hertrampf, Martin: Otkuda? Kuda? Woher? Wohin? Abzug der russischen Streitkräfte aus Sachsen, Schriftenreihe des Militärhistorischen Museums der Bundeswehr, Dresden 2012

Hoffmann, Theodor: Das letzte Kommando. Ein Minister erinnert sich, Berlin, Bonn, Herford 1993

Karlsch, Rainer: Allein bezahlt? Die Reparationsleistungen der SBZ und DDR 1945 – 1953, Berlin 1953; Ders. Ein Buch mit sieben Siegeln. Die Schattenhaushalte für den Militär- und Sicherheitsbereich in der DDR und ihre wirtschaftliche Bedeutung. In: Fischer, Wolfram; Müller, Uwe; Zschaler, Frank: Wirtschaft im Umbruch. Strukturveränderungen und Wirtschaftspolitik, St. Katharinen 1997

Klimow, Gregory: Berliner Kreml, 1952

Klippstein, Gerhard: Aufbau U-Boot-Lehranstalt in Sassnitz-Dwasieden unter dem Einfluss sowjetischer Militärberater, Niederschrift 1958, Archiv Autor

Koch, Fred: SCUD und SPIDER. Operativ-taktische Raketenkomplexe der NVA, in: Fahrzeug Profile H. 60, UNITEC-Medienvertrieb, Stengelheim

2014; Ders. FROG und SCARAB. Taktische Raketenwerfer der NVA, H. 66, UNITEC-Medienvertrieb, Stengelheim o.J.

Krenz, Egon: Wir und die Russen, Berlin 2019

„Krupp Mitteilungen", Nr. 5/August 1994: Statt fünf Monate nur sieben Wochen, Tanklager Velten in Brandenburg

Landesbeauftragte für die Unterlagen des Staatssicherheitsdienstes der ehemaligen DDR, Sachsen-Anhalt: Lizensierte Spionage. Die alliierten Militärverbindungsmissionen und das MfS, Magdeburg o.J.

Mai, Karl: Vortrag Kolloquium Rosa-Luxemburg Stiftung, 18. April 2009. Mit Verweis zur Berechnung von Prof. Arno Peters über Reparationsleistungen der DDR an UdSSR

„Märkische Allgemeine Zeitung", 23. Juni 1992: Potsdamer Vermögensamt fängt wieder bei Null an; Ders. 3. Dezember 1992: GUS-Gelände bald unter der Lupe; Ders. 5. Dezember 1992: Nur neun geräumte Liegenschaften wurden verkauft, nur 14 verpachtet; Ders. 12. Dezember 1992: Es gibt fast 12.000 Flächen mit Altlasten-Verdacht; Ders. 3. Februar 1993: Aus russischen Panzerkaserne Neuruppin soll ein Wissenschaftspark werden; Ders. 15. März 1993: Giftmüll landete auf dem Autodrom; Ders. 7. Juni 1993: Kreis Jüterbog „wuchs" um ein Fünftel; Ders. 26. Juli 1993: Betreten des Übungsplatzes Lieberose verboten; Ders. 27. Juli 1993: Abfälle auf Militärgelände; Ders. 17. Februar 1996: Ein Funke reicht und alles fliegt in die Luft; Ders. 11. Juli 1996: Explosive Erbschaft wird entsorgt. Bodengesellschaft beginnt mit Sanierung von Großtanklager; Ders. 23. April 1994: Bereits 388 Benzintanks in Velten geborgen; Ders. 15. April 1996: Der erste Treibstoff-Grosstank wird geborgen; Ders. 5. August 1996: Panzerstahl und Maisbesteck, Kaserne Neuruppin; Ders. 15. August 1996: Altlasten in Brandenburg; Ders. 5. Dezember 1996: Explosives Erbe wird entschärft; Ders. 22. April 1997: Russische Benzintanks gehoben

„Märkische Oderzeitung", 16. Februar 1992: Chemie-Abwehrbataillon räumt Objekt am Bahnhof Biesenthal; Ders. 3. Februar 1993: Russische Truppen ziehen bis August 1994 vollständig ab; Ders. 20./21. Februar 1993: Bei den GUS-Liegenschaften gilt eben nur „think bag"; Ders. 11. März 1993: Der ganze märkische Sand müsste gesiebt werden; Ders. 26. Mai 1993: Platzeck. Kommunen mit Altlasten-Kosten überfordert; Ders. 9. September 1996: Explosive Gefahr im märkischen Sand. Sowjetische Tanklager werden entsorgt; Ders. 11. September 1996: Land will explosive Tanks entsorgen-Bund spielt nicht mit; Ders. 28. Mai 1997: In Wäldern um Lieberose lauern tödliche Gefahren; Ders. 22. April 1997: Biesenthal atmet auf. Bergung der explosiven Tanks beginnt; 9. Juli 1997

Meißner, Christoph, Der Abzug der Westgruppe aus der Perspektive deutscher Quellen, in: Der Abzug. Die letzten Jahre der russischen Truppen in Deutschland. Dokumentation, Berlin 2016, S. 56-73

„Militär-Reform", Zeitschrift MfNV der DDR (Berlin), Nr. 11-1990 vom 14. März 1990; Ders. Nr. 17-1990 vom 8. Mai 1990; Ders. Nr. 18-1990 vom 17. Mai 1990

„Morgenpost", 13. September 1996: Russen-Tanklager werden Stück für Stück abgewrackt

„Neues Deutschland", 11./12. Juli 1992: Feuerbrunst von Potsdam. Bremsen Stasi-Seilschaften den Aufschwung Ost? Oder ging er nur in Flammen auf. Ders. 24. November 1992: GUS-Truppen schürft „verlorenes" Kerosin; Ders. 27. Juli 1993: Bericht über Rüstungsaltlasten; Ders. 3. November 1994: „Karriereweg. Von Wünsdorf in die Wüste"; Ders. 21. Juni 1994: Zehn Prozent des Landes waren top-secret;

„Nowyue Vremya" (Neue Zeit), Nr. 32-1990

„Oranienburger Generalanzeiger", 23./24. April 1994: Uniformen und Kerosin lagern in den Tanks

„Ostsee-Zeitung" vom 16. November 1977: Festwoche an der Oberschule III (Bergen). Gelungenes Freundschaftstreffen mit sowjetischen Matrosen; Ders. vom 3. Oktober 1986: Eisenbahnfährverbindung DDR-UdSSR zwischen Mukran und Klaipeda eröffnet. Neue Schienenstränge über die Ostsee; Ders. vom 16. Juli 1991: Do swidanija, du schöne Insel Rügen. Sowjetische Marine verließ nach 46 Jahren Sassnitzer Hafen; Ders. vom 26. Oktober 1991: Baltische Flotte nun komplett abgezogen; Ders. vom 18. Juli 1991: Friedliche Heimkehr in allen Ehren; Ders. vom 15. Dezember 1992: Abschied von der Insel in eine Ungewisse Zukunft; Ders. vom 29. Dezember 1992: Abzug der GUS verzögert sich; Ders. vom 5. Februar 1993: Das Erbe der russischen Soldaten; Ders. vom 11. Mai 1993: Russische Truppen ziehen planmäßig ab; Ders. 12. April 1994: Letzte Kampfflieger zogen aus Pütnitz ab; Ders. vom 5. August 1994: Sassnitz verabschiedete letztes Schiff mit russischen Soldaten; Ders. vom 29. Juli 1994: Ein historischer Tag

Pfeiffer, Ingo: Militärschrott. WGT-Hinterlassenschaften als Recycling-Herausforderung vor 15 Jahren, in: Europäische Sicherheit, H. 12-2005; Ders. Panzer unter dem Kommando von Recycling-Profis, in: Europäische Sicherheit, H.6-1998; Ders. Herausforderungen an die Konversion, in: Europäische Sicherheit, H. 11-1997; Ders. 17. Juni 1993. Zum Einsatz der VP-See in Mecklenburg-Vorpommern, in: MarineForum, H. 6-2003; Ders. Geschichte der Seestreitkräfte der DDR, Aufstand des 17. Juni 1953-Einsatz der VP-See, in: Leinen Los!, H. 5-2012; Ders. U-Boot-Intermezzo der DDR-Seestreitkräfte, Anfänge-Planung-Scheitern, in: Leinen Los!, H. 9-2018; Ders. Mondlandschaft wird Jugenddorf. TBS entsorgt Großtanklager in Sachsen-Anhalt, in: Krupp Mitteilungen, September 1995; Ders. Statt 5 Monate nur 7 Wochen. TBS entsorgt größtes Tanklager bei Velten in Brandenburg, in: Krupp Mitteilungen, August 1994; Ders. Heinz Neukirchen. Marinekarriere an wechselnden Fronten, Berlin 2018; Ders. Marine-Stabsquartier „Koralle" bei Lanke (Bernau), H. 27-1996, Interessengemeinschaft für Befestigungsanalgen beider Weltkriege, Köln; Ders. in: Marine-Forum, H. 3 und 4-1996; Ders. Erst integriert, dann eliminiert. Persönliche Erinnerungen an die Übernahme-Auflösung-Verwertung der Volksmarine, in: LeinenLos!, H. 6-2010; Ders. Vereinter Aufbruch – Visionen und Illusionen. Vor 25 Jahren. Musterung an der Marineschule Stralsund, in: Leinen-Los!, H. 2015; Ders. Das maritime Erbe der NVA. Die Abwicklung der Flotte (1990-1994), Teil I und II, in: LeinenLos!, H. 10 und 11-2016

Politisches Archiv des Auswärtigen Amtes Berlin, A 00304, Blatt 146ff., 152; Ders, A 16432, Blatt 2ff

Presse- und Informationsamt der Bundesregierung, ZD 1643590

Ratgeber Konversion, Land Brandenburg, Potsdam 1992

Radloff, Rainer: Melange. Geheime Verschlusssache. Verlag Sundwerbung, Martenshagen 2010. Ders. vom geheimen Raketentreibstoff zum gefährlichen Entsorgungsgut, Koblenz 2010. Archiv Radloff. Der Autor war Laborleiter in der Zentralen Raketentreibstoffbasis in Pinnow bei Angermünde. Er war verantwortlich für den in der NVA eingelagerten flüssigen Raketentreibstoff, seiner Qualitätsüberwachung, -erhaltung und Behandlung sowie Kontrolle. Oberstleutnant Radloff hatte Zutritt zu allen geheimen Raketentreibstofflagern in den Teilstreitkräften der NVA. Dazu erteilte ihm der Stellvertreter des MfNV, Generalleutnant Grätz, 1987 eine Vollmacht mit Sonderausweis. Der Offizier wurde im Dienstgrad Major 1990 von der

Bundeswehr übernommen. 1993 wechselte er in den Dienst als Zivilange-stellter. Von der „Organisation für Sicherheit und Zusammenarbeit in Europa" (OSZE) erhielt er seine Berufung in das internationale Expertenteam „Fact Finding Mission". Es hatte die Aufgabe, den fachlich-technischen Zustand der Lagerung und die Beschaffenheit der Raketentreibstoffe in Russland, Weißrussland, der Ukraine und Ländern Osteuropas zu ermitteln. Diese mehrjährige Arbeit bildete die Grundlage für die dann per Ausschreibung durchgeführte umweltgerechte Entsorgung von „Melange" und „Samin".

Rodig, Reiner: Abzug der Truppen der Russischen Föderation, in: Deine Bahn, Oktober 2014; Ders. Antworten zu Fragen Truppenabzug, Mail vom 25. November 2019, Archiv Autor

Rüstungsaltlasten im Land Brandenburg, Ministerium für Umwelt, Naturschutz und Raumordnung des Landes Brandenburg, Potsdam November 1998

Satjukow, Silke: Besatzer-Die Russen in Deutschland 1945-1994, Göttingen 2008

Sächsisches Staatshauptarchiv Dresden, Referat WGT, 185/36, Verabschie-dung 18. August 1992; Ders. Sächsische Staatskanzlei, Referat WGT, Nr. 185/47, Abzugsplan WGT

Schmidt, Michael: Wie Russland seinen Atom-Schrott entsorgt, Verlag Das Neue Berlin 2018

Scholl, Stefan: „Blick zurück ohne Zorn", in: „Berliner Zeitung" 9./10. November 2019

Semjonow, Wladimir: Von Stalin bis Gorbatschow. Ein halbes Jahrhundert in diplomatischer Mission 1939-1991, Berlin 1995

„Sovetskaja Rossija", vom 1. September 1994

Spiegel-online vom 24. Januar 1994

„Stadt-Journal Potsdam", Nr. 10/1992: GUS-Soldaten drücken Schulbank

„taz. Die Tageszeitung" vom 2. Januar 1991: „Sowjetgeneral in der Ex-DDR abgelöst"

Terentjew, Anton W., Der Abzug der Westgruppe der Truppen aus der Sicht eines russischen Generals, in: Der Abzug. Die letzten Jahre der russischen Truppen in Deutschland, fotografische Dokumentation von Detlef Steinberg, Berlin 2016, S. 90-99

Trambow, Stefanie: „Lenin in Vogelsang", Dokumentarfilm, o.J.

Unabhängiges Institut für Friedens- und Konfliktforschung e.V. (UIFK) Berlin-Leipzig: Befragung DDR-Bürger, Berlin Juni 1990

Verein 100 Jahre Königslinie Sassnitz-Trelleborg e.V.: 25 Jahre Fährhafen Sassnitz-Mukran 1986-2011, Sassnitz 2011

Woche im Bundestag 15/92-XX/82 vom 30. September 1992; Ders. 13/97 VII/353 vom 10.09.1997, 3.240 Standorte mit Verdacht auf Altlasten

Autor

Ingo Pfeiffer, Jahrgang 1949, trat 1968 in die Volksmarine ein. 1972 absolvierte er die Offiziershochschule in Stralsund mit der Ernennung zum Leutnant-Ing. und Verleihung des Diploms (FH) für Schiffsbetriebstechnik.

Mit 23 Jahren erhielt er seine erste Offiziersdienststellung als Leitender Ingenieur (LI) auf einem U-Jagdschiff. Nach der Bordverwendung war er bis 1979 Stabsoffizier in der 4. Flottille (Warnemünde). Mit Absolvierung eines gesellschaftswissenschaftlichen Studiums erhielt er 1983 seine Berufung zum Fachgruppenleiter für Geschichte an der Offiziershochschule in Stralsund. 1988 promovierte er an der Universität Rostock zum Dr. phil. Im Dienstgrad Fregattenkapitän beendete er Ende 1990 seinen Dienst in der Deutschen Marine.

Er studierte Betriebswirtschaft & Marketing. Anschließend entwickelte und realisierte er bis 2010 mehrere Stahl-Recycling-Projekte.

Der Autor befasst sich mit der Herausbildung von maritimen Polizeikräften in Mecklenburg, dem Aufbau von Seestreitkräften der DDR (1950-1960), der Entwicklung der Volksmarine bis zu ihrer Auflösung am 2. Oktober 1990. 2014 erschien dazu sein Buch „Seestreitkräfte der DDR. Abriss 1950-1990".

In seinem 2012 vorgelegten Buch „Gegner wider Willen - Konfrontation von Volksmarine und Bundesmarine auf See" recherchierte er zahlreiche Episoden bilateraler Begegnungen von beiden deutschen Seestreitkräften auf See.

In „Heinz Neukirchen. Marinekarriere an wechselnden Fronten" (2018) schildert er anhand des Dienstweges von Vizeadmiral d. R. Neukirchen die befristete Verwendung von ehemaligen Angehörigen der Kriegsmarine beim Aufbau der Seestreitkräfte der DDR.

Daneben widmet er sich der Thematik von Fahnenfluchten in der Volksmarine und der Tätigkeit der Staatssicherheit in der Volksmarine. 2009 erschien dazu sein Buch „Fahnenflucht zur See - die Volksmarine im Visier des MfS".

Der Autor veröffentlichte marinegeschichtliche Aufsätze in den Zeitschriften „Leinen Los!", „Marineforum", „Europäische Sicherheit", „Strategie & Technik", „Schiff & Hafen" und in „Köhlers Flottenkalender". Im NDR für Mecklenburg-Vorpommern beteiligt er sich mit Reportagen zur regionalen Marinezeitgeschichte. In der ARD/RBB-Produktion „Was wurde aus der NVA?" (2015) äußerte er sich zur Auflösung und Abwicklung der Volksmarine im Zeitraum 1990 bis 1994.

WIR SIND TRADITION

Bildnachweis (von unten nach oben): Bild Gesund © Carl-Heinz Rocker | Bild Gesund | © B.P. Winne

WERDEN SIE JETZT MITGLIED IM
DEUTSCHEN MARINEBUND
DEM GRÖßTEN MARITIMEN INTERESSENVERBAND DEUTSCHLANDS

www.deutscher-marinebund.de
www.facebook.de/deutschermarinebund

Carola Hartmann Miles-Verlag

<u>Militär und Gesellschaft</u>

Hans-Christian Beck, Christian Singer (Hrsg.), *Entscheiden – Führen – Verantworten. Soldatsein im 21. Jahrhundert,* Berlin 2011.

Wolf Graf von Baudissin, *Grundwert Frieden in Politik – Strategie – Führung von Streitkräften,* hrsg. von Claus von Rosen, Berlin 2014.

Marcel Bohnert, Lukas J. Reitstetter (Hrsg.), *Armee im Aufbruch. Zur Gedankenwelt junger Offiziere in den Kampftruppen der Bundeswehr,* Berlin 2014.

Phil C. Langer, Gerhard Kümmel (Hrsg.), *„Wir sind Bundeswehr." Wie viel Vielfalt benötigen/vertragen die Streitkräfte?,* Berlin 2015.

Alois Bach, Walter Sauer (Hrsg.), *Schützen. Retten. Kämpfen. Dienen für Deutschland,* Berlin 2016.

Marcel Bohnert, Björn Schreiber (Hrsg.), *Die unsichtbaren Veteranen. Kriegsheimkehrer in der deutschen Gesellschaft,* Berlin 2016.

Angelika Dörfler-Dierken (Hrsg.), *Hinschauen! Geschlecht, Rechtspopulismus, Rituale: Systemische Probleme oder individuelles Fehlverhalten?,* Berlin 2019.

Wolfgang Peischel (Hrsg.), *Wiener Strategie-Konferenz 2018 – Strategie neu denken, Band 3 der Reihe,* Berlin 2019.

Wolfgang Peischel/Christoph Bilban (Hrsg.), *Building Military Science for the Benefit of Society – International Society of Military Sciences,* Berlin 2020.

Daniel Schilling, *Die Rudel-Affäre 1976. Genese, Wirkung und Folgen eines politischen Skandals (Bd. 10 der Reihe: Schriften zur Geschichte der Deutschen Luftwaffe),* Berlin 2020

Gustav Lünenborg, *Feuer statt Asche. Für Recht und Freiheit – Briefe eines Soldaten aus dem Ruhestand 2010 – 2020,* Berlin 2020

Alois Bach, Carola Hartmann (Hrsg.), *Unbekannte Helden des Alltags. Soldaten und Ehefrauen berichten über Verantwortung, Humanität und Belastung im Einsatz,* Berlin 2020.

Markus Seemann (Hrsg.), *Mutige Zeugen,* Berlin 2020.

Schriften zur Tradition

Eberhard Birk, Winfried Heinemann, Sven Lange (Hrsg.), *Tradition für die Bundeswehr. Neue Aspekte einer alten Debatte,* Berlin 2012.

Joachim Welz, *Vom Kontingentsheer zum Reichsheer: Militärkonventionen als Motor der Wehrverfassung,* Berlin 2018.

Donald Abenheim, Uwe Hartmann (Hrsg.), *Tradition in der Bundeswehr. Zum Erbe des deutschen Soldaten und zur Umsetzung des neuen Traditionserlasses,* Berlin 2018.

Donald Abenheim, Uwe Hartmann, *Einführung in die Tradition der Bundeswehr. Das soldatische Erbe in dem besten Deutschland, das es je gab,* Berlin 2019.

Eberhard Birk, Heiner Möllers (Hrsg.), *Die Luftwaffe und ihre Traditionen (aus der Reihe Schriften zur Geschichte der Deutschen Luftwaffe, Band 10),* Berlin 2019.

Hans-Günter Behrendt (Hrsg.): *Erinnerungsorte der Bundeswehr – Personen, Ereignisse und Institutionen der soldatischen Traditionspflege,* Berlin 2020.

Erinnerungen

Blue Braun, *Erinnerungen an die Marine 1956–1996,* Berlin 2012.

Klaus Grot, *So war's, damals. Dienstchronik eines Pionieroffiziers im Kalten Krieg 1954–1991,* Berlin 2014.

Gustav Lünenborg, *Bürger und Soldat. Innere Führung hautnah 1956–1993, 1993–2015,* Berlin 2015.

Adolf Brüggemann, *Als Offizier der Bundeswehr im Auswärtigen Dienst. Meine Erinnerungen als Militärattaché in Seoul (Republik Korea) 1978–83 und in Prag (Tschechoslowakei/Tschechien) 1988–1993,* Berlin 2015.

Rainer Buske, *Eine Reise ins Innere der Bundeswehr. Wundersame Geschichten aus einer anderen Welt,* Berlin 2016.

Heinz Laube, *Duell am geteilten Himmel,* Berlin 2016.

Viktor Toyka, *Dienst in Zeiten des Wandels. Erinnerungen aus 40 Jahren Dienst als Marineoffizier 1966-2000,* Berlin 2017.

Hans-Eckhard Tribess (Hrsg.), *Im Leben unterwegs – für den Frieden. Festschrift für Wolfgang Altenburg zum 90. Geburtstag am 22. Juni 2018,* Berlin 2019.

Kurt Graf v. Schweinitz, *Notizen im Transit von Krieg und Frieden,* Berlin 2020.

Militärgeschichte

Eberhard Kliem, Kathrin Orth, *"Wir wurden wie blödsinnig vom Feind beschossen".* *Menschen und Schiffe in der Skagerrakschlacht 1916,* Berlin 2016.

Hans Frank, Norbert Rath, *Kommodore Rudolf Petersen. Führer der Schnellboote 1942–1945. Ein Leben in Licht und Schatten unteilbarer Verantwortung,* Berlin 2016.

Eckhard Lisec, *Der Völkermord an den Armeniern im 1. Weltkrieg – Deutsche Offiziere beteiligt?,* Berlin 2017.

Ingo Pfeiffer, *Gegner wider Willen. Konfrontation von Volksmarine und Bundesmarine auf See,* Berlin 2012.

Ingo Pfeiffer, *Seestreitkräfte der DDR – Abriss 1950-1990,* Berlin 2014.

Ingo Pfeiffer, *Heinz Neukirchen. Marinekarriere an wechselnden Fronten,* Berlin 2017.

Joachim Welz, *Erfolgsstory oder Trauma – die Übernahme von Armeen. Lehren aus der Übernahme des österreichischen Bundesheeres in die Wehrmacht 1938 und der Reste der NVA in die Bundeswehr 1990,* Berlin 2018.

Joachim Hoppe, Manfred Wilde (Hrsg.), *Die Unteroffizierschule des Heeres, Die militärische Meisterschule,* Berlin 2016.

Georg Neuhaus, *Am Anfang war ein Speer. Eine Chronographie der Kriegs- und Militärtechnologien,* Berlin 2018.

Hans-Werner Ahrens, *Die Transportflieger der Luftwaffe 1956 bis 197. Konzeption – Aufbau – Einsatz, (Bd. 8 der Reihe Schriften zur Geschichte der Deutschen Luftwaffe),* Berlin 2019.

Jobst Reller, *Die Anfänge der evangelischen Militärseelsorge,* Berlin 2019.
Eberhard Frhr. v. Senden, Friedrich Frhr. v. Senden, *Der Erste Weltkrieg 1914–1918. Erlebnisse eines jungen Leutnants,* Berlin 2020.

Einsatzerfahrungen

Sascha Brinkmann und Joachim Hoppe (Hrsg.), *Generation Einsatz. Fallschirmjäger berichten ihre Erfahrungen aus Afghanistan,* Berlin 2010.

Artur Schwitalla, *Afghanistan, jetzt weiß ich erst… Gedanken aus meiner Zeit als Kommandeur des Provincial Reconstruction Team FEYZABAD,* Berlin 2010.

Rainer Buske, *KUNDUZ. Ein Erlebnisbericht über einen militärischen Einsatz der Bundeswehr in AFGHANISTAN im Jahre 2008,* Berlin [2]2016.

Jahrbuch Innere Führung (seit 2009)

Uwe Hartmann, Claus von Rosen (Hrsg.), *Jahrbuch Innere Führung 2017. Die Wiederkehr der Verteidigung in Europa und die Zukunft der Bundeswehr,* Berlin 2017.

Uwe Hartmann, Claus von Rosen (Hrsg.), *Jahrbuch Innere Führung 2018. Innere Führung zwischen Aufbruch, Abbau und Abschaffung: Neues denken, Mitgestaltung fördern, Alternativen wagen,* Berlin 2018.

Uwe Hartmann, Claus von Rosen (Hrsg.), *Jahrbuch Innere Führung 2019. Bundeswehr im Aufbruch. Hindernisse von den verteidigungspolitischen Vorstellungen der AfD bis zu den sicherheitspolitischen Meinungen in der Zivilgesellschaft,* Berlin 2019.

Standpunkte und Orientierungen

Daniel Giese, *Militärische Führung im Internetzeitalter,* Berlin 2014.

Dirk Freudenberg, *Auftragstaktik und Innere Führung. Feststellungen und Anmerkungen zur Frage nach Bedeutung und Verhältnis des inneren Gefüges und der Auftragstaktik unter den Bedingungen des Einsatzes der Deutschen Bundeswehr,* Berlin 2014.

Hartwig von Schubert, *Integrative Militärethik. Ethische Urteilsbildung in der militärischen Führung,* Berlin 2015.

Fouzieh Melanie Alamir, *Vernetzte Sicherheit - Quo Vadis?,* Berlin 2015

Uwe Hartmann, *Hybrider Krieg als neue Bedrohung von Freiheit und Frieden. Zur Relevanz der Inneren Führung in Politik, Gesellschaft und Streitkräften,* Berlin 2015.

Klaus Beckmann, *Treue.Bürgermut.Ungehorsam. Anstöße zur Führungskultur und zum beruflichen Selbstverständnis in der Bundeswehr,* Berlin 2015.

Florian Beerenkämper, Marcel Bohnert, Anja Buresch, Sandra Matuszewski, *Der innerafghanische Friedens- und Aussöhnungsprozess,* Berlin 2016.

Martin Sebaldt, *Nicht abwehrbereit. Die Kardinalprobleme der deutschen Streitkräfte, der Offenbarungseid des Weißbuchs und die Wege aus der Gefahr,* Berlin 2017.

Christian J. Grothaus, *Der „hybride Krieg" vor dem Hintergrund der kollektiven Gedächtnisse Estlands, Lettlands und Litauens,* Berlin 2017.

Uwe Hartmann, *Der gute Soldat. Politische Kultur und soldatisches Selbstverständnis heute,* Berlin 2018.

Christian Bauer, Marcel Bohnert, Jan Pahl, *Vitalis Innere Führung! Zum Status Quo der Führungskultur in den deutschen Streitkräften,* Berlin 2018.

Helmut Jermer, *Innere Führung kompakt. Eine Zusammenschau als Lehr- und Lernhilfe,* Berlin 2019.

Martin Sebaldt, *Das Elend der Strategen. Warum die deutsche Militärpolitik versagt,* Berlin 2020.

Offiziersbibliothek

Uwe Hartmann, *Offiziersbibliothek I: Deutschland,* Berlin 2020.

Schriften zur Geschichte der Deutschen Luftwaffe

Eberhard Birk, Heiner Möllers, Wolfgang Schmidt (Hrsg.), *Die Luftwaffe zwischen Politik und Technik, Bd. 2,* Berlin 2012.

Eberhard Birk, Heiner Möllers (Hrsg.), *Luftwaffe und Luftkrieg, Bd. 3,* Berlin 2012.

Claas Siano, *Die Luftwaffe und der Starfighter. Rüstung im Spannungsfeld von Politik, Wirtschaft und Militär, Bd. 4,* Berlin 2016.

Eberhard Birk, Peter Andreas Popp (Hrsg.), *Luftwaffenoffizier 21 – Das Selbstverständnis der Luftwaffenoffiziere des 21. Jahrhunderts, Bd. 5,* Berlin 2016.

Eberhard Birk, Heiner Möllers (Hrsg.), *Luftwaffe und Luftverteidigung, Bd. 6,* Berlin 2017.

Dirk Schreiber, *Die Luftwaffe und ihre Doktrin. Einsatzkonzeptionen bis 1971, Bd. 7,* Berlin 2018.

Hans-Werner Ahrens, *Die Transportflieger der Luftwaffe 1956 bis 1971. Konzeption – Aufbau – Einsatz, Bd. 8,* Berlin 2019.

Hans-Werner Ahrens, *Die Rettungsflieger der Luftwaffe 1956 bis 1971. Konzeption – Aufbau – Einsatz, Bd. 9,* Berlin 2019.

Eberhard Birk, Heiner Möllers (Hrsg.), *Die Luftwaffe und ihre Traditionen, Bd. 10,* Berlin 2019.

Daniel Schilling, *Die Rudel-Affäre 1976. Genese, Wirkung und Folgen eines politischen Skandals, Bd. 11,* Berlin 2020.

Monterey Studies

Uwe Hartmann, *Carl von Clausewitz and the Making of Modern Strategy*, Potsdam 2002.

Frank Reimers, *Security Culture in Times of War: How did the Balkan War affect the Security Cultures in Germany and the United States*, Berlin 2007 (^{2}2020)

Frank Hagemann, *Strategy Making in the European Union*, Berlin 2010.

Ralf Hammerstein, *Deliberalization in Jordan: the Roles of Islamists and U.S.-EU Assistance in stalled Democratization*, Berlin 2011.

Jochen Wittmann, *Auftragstaktik*, Berlin 2012.

Michael Hanisch, *On German Foreign und Security Policy. Determinants of German Military Engagement in Africa since 2011*, Berlin 2015.

Grégoire Monnet, *The Evolution of Strategic Thought Since September 11, 2001*, Berlin 2016.

Stefan Klein, *America First? Isolationism in U.S. Foreign Policy from the 19th to the 21st Century*, Berlin 2017.

Torsten Gojowsky, Sebastian Kögler, *Building Special Operations Relationships with Fragile Partners. Best practices from Iraq, Syria, and Afghanistan*, Berlin 2019.

Darell Moyers, *Frontline Leadership – Leadership Advice for USAF Junior Officers, Mid-Grade Officers & NCOs*, Berlin 2020.

www.miles-verlag.jimdo.com